王座上的
幽灵

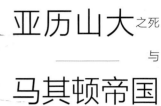

亚历山大_{之死}与马其顿帝国_的分──裂

THE DEATH OF ALEXANDER THE GREAT
AND THE BLOODY FIGHT FOR HIS EMPIRE

〔美〕詹姆斯·罗姆（James Romm）───著

葛晓虎 ───译

社会科学文献出版社
SOCIAL SCIENCES ACADEMIC PRESS (CHINA)

本书获誉

罗姆用名侦探的技艺记录下了每一次局势逆转与每一场歃血为盟。

——《洛杉矶时报》(*Los Angeles Times*)

扣人心弦……《王座上的幽灵》(也是) 一部饱含学识的潜心之作。

——《新标准》(*The New Criterion*)

在呈现节奏明快而又富有戏剧性的叙述的同时,本书还融合了最新的研究成果与详尽的史料文献……(罗姆) 为他的讲述平添了几分活力与激情。

——《华尔街日报》(*The Wall Street Journal*)

罗姆既是一位受人尊敬的研究者,也是一位才华横溢的说书人。

——《选择》(*Choice*)

(罗姆现在已经) 掌握了所有古典学研究者都应熟稔的技艺:他可以深入文献史料,并让往事变得栩栩如生……这正是每一位读者都应该知晓的历史,也正是这段历史正确的呈现方式。

——《开放文学月刊》(*Open Letters Monthly*)

罗姆讲述了亚历山大猝然离世后的动荡岁月……令人激动不已：（谁）将会在这跌宕起伏的帝国继业之争中活到下一个章节呢？

——《史书俱乐部》（*History Book Club*）

罗姆……是世界上少数可以被称为亚历山大研究专家的历史学者之一。

——《西部博览在线》（*Westfair Online*）

这与其说是一本历史巨著，倒不如说是一部惊险大作。

——《自由民日报》（*The Daily Freeman*）

节奏明快、引人入胜……扣人心弦……这是对于古代历史上鲜被提及的一个时代所做出的完美描述。

——《出版者周刊》（*Publishers Weekly*）

栩栩如生……这部作品记叙了一位横跨洲际的征服者英年早逝所引发的灾难性后果，既具有学术性，又不失活泼生动……罗姆对古代政治进行了生动的刻画。

——《科克斯书评》（*Kirkus Reviews*）

献给我的母亲悉妮和继父维克多·里德

德摩斯梯尼身殒于卡劳利亚，希佩里德斯命丧于克莱奥内，这反倒让雅典人对亚历山大和腓力统治的时代抱有无尽的激情与向往。正因如此，当安提柯死后，继承其位的统治者开始肆意凌虐民众之时，人们发现了一个农夫在弗里吉亚的土地上四处挖掘。当人们询问他何以为之时，他痛苦地呻吟道："我正想把安提柯给找出来。"

——普鲁塔克《福基翁传》29.1

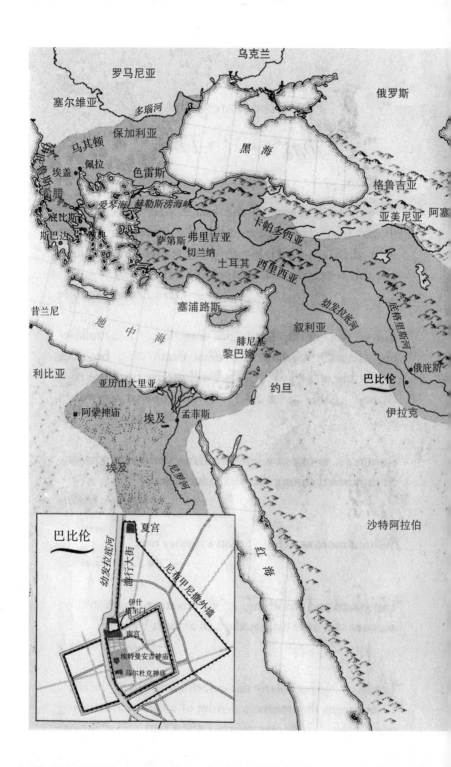

乌克兰

罗马尼亚

塞尔维亚

俄罗斯

多瑙河

保加利亚

黑 海

马其顿

佩拉

埃盖

色雷斯

格鲁吉亚

亚美尼亚

阿塞

卡帕多西亚

爱琴海

赫勒斯滂海峡

底比斯

雅典

萨第斯

弗里吉亚

斯巴达

切兰纳

土耳其

西里西亚

昔兰尼

塞浦路斯

地 中 海

叙利亚

幼发拉底河

底格里斯河

腓尼基

黎巴嫩

俄庇斯

利比亚

巴比伦

亚历山大里亚

约旦

阿蒙神庙

埃及

孟菲斯

伊拉克

埃及

尼罗河

巴 夷

沙特阿拉伯

巴比伦

幼发拉底河

夏宫

游行大街

尼布甲尼撒外墙

伊什塔尔门

南宫

埃特曼安吉神庙

马尔杜克神庙

哈萨克斯坦

吉尔吉斯斯坦

中国

乌兹别克斯坦

塔吉克斯坦

索格底亚那

土库曼斯坦

扎瑞亚斯帕·

巴克特里亚

兴都库什山脉

印度河

阿富汗

希帕西斯河

伊朗

印度半岛

印度河

波斯波利斯

巴基斯坦

印度

格德罗西亚

波斯湾

卡塔尔

阿联酋

阿拉伯海

呵曼

0　　　　　　500千米

0　　　　　　500英里

亚历山大帝国

公元前323年，亚历山大大帝逝世时

目　录

图片版权说明

书前地图 亚历山大帝国（Beehive Mapping）

地图 1 巴比伦协议中划分给各主要将领的领地（Beehive Mapping）

地图 2 希腊战争第一阶段诸部行军的路线（Beehive Mapping）

地图 3 雅典及其港口比雷埃夫斯（Beehive Mapping）

地图 4 安提柯与欧迈尼斯在帕莱塔西奈之战前的行军情况（Beehive Mapping）

书后地图 四分五裂的亚历山大帝国（Beehive Mapping）

彩图部分

01 腓力墓（© Astaldo，Wikimedia Commons）

02 王公之墓（© Evilemperorzorg，Wikimedia Commons）

03 亚历山大大帝与他亲密的朋友赫费斯提翁（Wikimedia Commons）

04 亚历山大大帝之死（Wikimedia Commons）

05 亚历山大大帝之死（Wikimedia Commons）

06 托勒密的半胸像（Wikimedia Commons）

07 利西马科斯的头像（© José Luiz Bernardes Ribeiro，Wikimedia Commons）

08 位于雅典普尼克斯的讲演台（Wikimedia Commons/ A. D. White Architectural Photographs，Cornell University Library）

09 希佩里德斯（bookwiki）

10 德摩斯梯尼（© Eric Gaba，Wikimedia Commons）

11 亚历山大大帝与克拉特鲁斯猎狮（Wikimedia Commons/ Pella Archaeological Museum）

12 亚历山大大帝的灵柩车（Courtesy Stella Miller – Collett）

13 赫勒斯滂战役（Wikimedia Commons）

14 旃陀罗笈多·孔雀（Wikimedia Commons）

15 在现今土耳其南部的一处墓葬外所发现的一块石雕（Wikimedia Commons/Courtesy Andrew Stewart）

16 福基翁之死（Wikimedia Commons/Milwaukee Art Museum）

17 一座在雅典发掘的纪念碑（Courtesy Olga Palagia）

18 腓力三世时期的铸币（© CNG Coins，Wikimedia Commons）

19 亚历山大四世时期的铸币（Wikimedia Commons）

20 唯一已知的亚历山大时代关于大象参战的描绘（Courtesy Frank Holt）

前　言

马其顿帝国曾经是世界上幅员最为辽阔的帝国之一，然而
它无疑也是一个昙花一现的帝国。公元前 325 年，随着亚历山
大大帝侵入印度河流域（现今巴基斯坦的东部），帝国达到最
大版图，至此，亚历山大大帝结束了对欧洲、亚洲以及北非长
达十年的远征。而这个帝国却在公元前 323 年亚历山大大帝猝
然离世之后，迅速分崩离析。整个帝国仅仅保持了两年的领土
完整与相对稳定。

读者们对亚历山大大帝征服的故事早已耳熟能详，但是这
个故事颇为戏剧性且影响深远的后续鲜为人知。这是一个折损
不断的故事，其在伊始便迎来了最为惨重的损失——创建帝国
的王者陨落了。"在众人对他最为渴念之时，他却撒手人寰。"
古代历史学家阿里安（Arrian）回望那个时代的时候如是写道。
这句话暗含两个意思：一是帝国的统一有赖于亚历山大大帝的
惊人天赋；二是这位王者已然受到万众景仰，甚至在他生命中的
最后几年成为人们崇拜的对象。就像过往的时代因亚历山大大帝
的存在而留名一样，随后到来的岁月却被认为是一个缺乏傲视群
雄者的时代。这就好比太阳从太阳系里消失了；行星和卫星开始
向着新的方位疯狂地转动，时常以令人胆战的力量相互碰击。

在这个已经没有了阳光的新宇宙中，最明亮的天体莫过于
亚历山大大帝帐下的那些高级军事将领，他们有时也是亚历山

大大帝最为亲密的挚友。现代历史学家经常将他们称为"继业者"（与此意思几近相同的希腊词是"Diadochs"[1]）。然而，在亚历山大大帝去世后的头七年里，这个表述是颇为不合时宜的，因为彼时这些人中谁都没有想过要去继承王位；他们为争权夺利而纷争厮杀，却并非为了问鼎王座。在本书涉及的全部时间段中，都有尚在人世的阿吉德嗣裔（Argeads，他们都是马其顿王室的成员），这些人中的每一个都有权袭得王位。因此，我把那些通常被称作"继业者"的人简单地称呼为亚历山大大帝的将军们；他们是军事层面的而非至高王权的竞争者。尽管他们中的许多人最终将荣登王位，但那是在公元前308年之后的事了，届时人们清楚地意识到阿吉德王朝的时代已经彻底结束。

这些将军之间的冲突往往都发生在亚历山大帝国的广袤土地之上，而且经常会在两大洲甚至三大洲中同时燃起战火。从第三章开始，我会使用类似快照的框架模式将看似毫无关联实则互有联系的事件组织起来，给每个事件起一个小标题，从而提醒读者们事件涉及的地点、时间以及主要人物。读者应该注意的是，我在标题中所使用的日期是存在争议的，因而可能会和别处记载的时间有所出入。历史学家们也在两个对立的纪年方案——长年表纪年法和短年表纪年法（high and low chronologies）[1]——

---

① 古巴比伦王朝的第十位王阿米萨杜卡（Ammisaduqa，又译作阿米嚓杜喀）在位期间有关金星观测的记录，成为确定古代近东年代（例如汉谟拉比元年）的关键所在。而现代天文研究对阿米萨杜卡元年得出了多种公元年值，继而出现了不同的古代近东的纪年方案，包括长年表（Long or High Chronology）、中年表（Middle Chronology）、短年表（Short or Low Chronology）以及超短年表（Ultra – Low Chronology）。详细内容可以参看东北师范大学世界古典文明史研究所编著《世界诸古代文明年代学研究的历史与现状》，世界图书出版公司，1999。——译者注

上存在分歧。我在此给出的时间遵循了长年表纪年法，而这些日期也在布莱恩·博斯沃思（Brian Bosworth）出版的杰作《亚历山大的遗产》（*The Legacy of Alexander*）中被予以认可。虽然我认为这两种纪年方案的背后都有可靠的立论和确凿的依据，[2] 就像最近被提出的融合了这两种方案元素的混合方案[3]一样，但正是博斯沃思的权威性促使我下定决心采取了这种纪年方式。

　　尽管有两位卓越的希腊历史学家撰写了有关这一时期的研究作品，他们中的一位还是这一系列重大事件的见证人，但古代对于这一时期的记录依旧是残缺不全的，这不禁令人心生沮丧。卡迪亚的希洛尼摩斯（Hieronymus of Cardia）是一位幸运的希腊战士，有幸身临后亚历山大时代权力斗争的中心。他所撰写的一手史料——有时被称为《继业者的历史》（*History of the Successors*）——很可能是一部古代伟大的历史叙事作品，虽然这部作品在达尔文式的"优胜劣汰"过程中最终湮没于历史长河，但是其广为传抄复刻的学院文本却保留到了古代晚期，而那个时候其他的作品早已踪影无存。在这本书最终散佚之前，公元 2 世纪，一位聪慧的希腊作家尼科米底亚（Nicomedia）的阿里安，在准备编写自己有关公元前 323 ～ 前 319 年的编年史时，为了获取信息而对这部作品进行了钩沉。虽然阿里安的作品现今也已经散佚，但是这本书的一位读者——君士坦丁堡的牧首佛提乌（Photius）在公元 9 世纪对书中内容进行了记录。佛提乌对于阿里安作品所做的简要概括，完全是出于个人所需，而并未考虑后世所求，这份记录以《亚历山大死后之事》（*Events After Alexander*）为题保存至今，虽然经过了二次转录，但这本质上还是希洛尼摩斯记载的一种模糊的反映。

xv

不过，还是有一本希腊人对后亚历山大时代的记叙较为完好地保存至今，这部作品也让我们能够更接近那些失落的一手文献。公元前 1 世纪，西西里的狄奥多罗斯（Diodorus Siculus，又译作狄奥多罗斯·西库路斯）编纂了一部希腊世界全史，这部作品通常被称为《历史丛书》（*Library*）。狄奥多罗斯是一位差强人意的作家，却并非一位历史学家。他对自己所发现的材料进行了艺术的塑造，但是在这个过程中却混淆了素材的年代，并且对其细节进行了削减，省略了一些不符合自己写作计划的事件。虽然他的作品存在诸多缺点，但是在记叙有关亚历山大帝国掌控权之争的时候——在其《历史丛书》的第 18 卷至第 20 卷中——他呈现了一部佳作，这很大程度上是因为他这部分的写作依赖希洛尼摩斯的记载。

大约和狄奥多罗斯同时，罗马作家庞培·特洛古斯（Pompeius Trogus）编写了一部马其顿帝国的总览之作，取名为《腓力比史》（*Philippic History*），而这部作品最终也彻底散佚。和阿里安的《亚历山大死后之事》一样，这本书很可能也是因为另外一个叫作查士丁（Justin）的罗马人在公元 3 世纪编纂的一部简明概要而为人所知。

对这一时期最为丰富多彩却又最难以理解的记述则出自普鲁塔克（Plutarch）的《希腊罗马名人传》（*Lives*）。普鲁塔克是公元 1 世纪末至 2 世纪初的伟大的希腊散文家与传记作家。普鲁塔克也同样钩沉了希洛尼摩斯的历史论著以及其他的原始文本，但他这么做是为了洞察传主性格，而并非着眼于对历史事件的记录，他的兴趣在于道德方面而非历史层面。尽管如此，我在这本书中还是会时常引用他的作品，也会引用其他非同寻常的资料：编写军事战略的波利艾努斯（Polyaenus）的作品，热衷于搜集谐语逸闻的阿特纳奥斯（Athenaeus）的作品，以及佚名作者所撰的《十大演说家传》（*The Lives of the Ten Orators*）。这些作家对执掌那个时代的人物有着深刻的见解，虽然这点无法被完全证实，但我还是会用这些作家的作品去展现那些历史人物的性格特征，因为就像普鲁塔克所做过的那样，我相信绝对不能脱离历史人物的性格背景去理解那些历史行为。

　　然而，对于性格的判断无疑是充满主观色彩的。一个人仅需阅读那些当日参与权力角逐者的现代传记——仅用英文写的就有关于利西马科斯（Lysimachus）、托勒密（Ptolemy）、欧迈尼斯（Eumenes）、福基翁（Phocion）、奥林匹娅斯（Olympias）、塞琉古（Seleucus）以及安提柯（Antigonus）的——便可以看到有多少事关意图与动机的问题是未有定论的。这是一种罗生门（Rashomon）式的体验，即通过多重视角来观察同一组历史事件。不同的观点会随着历史焦点的变化而变化，并且也会随着作者的变化而变化，因为有的诠释者更倾向于以最大之恶意揣测笔下人物之行动，而有的人则愿以善意度人。

　　事实证明，在这群人当中有一个人物的形象是颇具争议的。现存的有关希腊将领欧迈尼斯的记载都非常正面，出现这些记载的原因可能是撰写者们都受到了希洛尼摩斯的偏爱的影响，而希洛尼摩斯可能就是欧迈尼斯的朋友和同乡，甚至有可能是他的族属。[4]在这些记载中，欧迈尼斯不仅是一位才华横溢的战术家，智珠在握、奇计频出，而且还是一位有着崇高目标的人——他要守护马其顿的王室，尤其是要保护身处险境的亚历山大大帝的幼子。现代的历史学家都纷纷否认了这种英勇形象的刻画，并且将欧迈尼斯描绘成了一个纯粹的机会主义者。[5]
在接下来的文本中，我将会更加严肃地对待这些古代文献中的
观点。我相信欧迈尼斯曾是阿吉德王室最后的捍卫者，哪怕只
是因为这些王室成员是他政治生存的最大希望。

如果古代的作家们在其记载中所描述的事件是一致的，或
者在该处没有理由去怀疑狄奥多罗斯的记述（因为那是目前
最完整的史料来源）的话，那我是不会费心在注释中去解释
每一个历史事实是如何被还原的。那些想要仔细追踪史实例证
的人，最好参考一下沃尔德马·赫克尔（Waldemar Heckel）
所写的《亚历山大大帝时代名人传略》（*Who's Who in the Age
of Alexander the Great*），这本书将传记的组织结构与清晰全面
的征引体系结合在了一起。然而，我也的确在注释中提供了一
些来自罕见资料的信息以及有关历史人物私人生活和内心想法
的叙述的参考资料。不像那些关于公众事件的内容，我无法保
证这部分叙述的真实性，故而我尽力向我的读者们保证，这些
叙述并非简单的胡编乱造，或者至少并非出自我的编造罗织。

本书所提及的人名和地名均是用拉丁文来拼写的，因此这
些名词在直接从希腊文英译的文本中经常会出现不同的拼写形
式。有时"Craterus"（克拉特鲁斯）可能在彼处被拼写成
"Krateros"，而"Aegae"（埃盖城，又译作埃盖拉）则会在其
他地方被拼成"Aigai"。如果某个地方出现了名称形式和拼写
上的分歧，那么我会遵循赫克尔在《亚历山大大帝时代名人
传略》中的用法，这也是为了方便将那本价值非凡的书作为
参考的读者。假如一个人物拥有多个名字，我会使用更具区别
性的名字，从而尽量减少混淆。阿狄亚（Adea）在成婚之后
便被称作欧律狄刻（Eurydice），而因为在叙述中还有一位人

物也叫欧律狄刻，所以为了表示区分，我会继续称她为阿狄亚。但是就亚历山大同父异母的兄弟阿里达乌斯（Arrhidaeus，后来加冕成为腓力三世）而言，他的称谓出现重叠是无可避免的，在他登基之前我会称呼他为阿里达乌斯，而在他登基之后我则会称呼他为腓力。

　　本书的参考文献会根据所列作品的主要关注点而划分成数个部分，这些关注点会大致遵循叙述的顺序排列。我希望这个　xviii
文献体系可以在部分情况下取代注释内容，而注释也会以更为学术的方式呈现。读者可以一目了然地看到我最为仰赖的二手文献，而无须费力去翻阅数量繁多的注释。这种细分将会对那些对特定领域感兴趣的人有所裨益，但是会给那些想要找寻注释中所引文献完整引文的人带来不便，这些读者或许得查找两到三个类别才能找到所需的特定内容。尽管如此，我还是希望我给各个类别所加上的小标题能够让检索变得更加容易些。

　　最后，我还采取了一项非比寻常的举措，即在参考文献部分提供了古代文献翻译的相关网址，不过这些网站所提供的翻译文本并不是我写作时所使用的更为学术的文本。这些更为学术的文本有很多是很难在大学图书馆之外找寻到的，而其中关键的一本，也就是阿里安所写的《亚历山大死后之事》，（除了希腊文本之外）在任何一本书中都找寻不到踪迹。尽管这些在线翻译并非尽善尽美，但其文本很多都选取自声望卓著的公开出版书籍。本书中所出现的希腊文和拉丁文翻译均出自我本人之手。

关于发音的注解

读者们在朗读专有名词的时候不应该感到畏惧，因为在读的时候其实很少会出大差错。这些名字从希腊文到拉丁文再到英语的演变就意味着，往往有不止一种有效的方式去将它们读出来。元音组合"ae"在发音的时候，有的时候会与"buy"押韵，有的时候则会与"bay"押韵，甚至有的时候还会和"bee"押韵；尽管第一种发音似乎更为可靠，但其他的发音也并非没有可能。许多古典学研究者从来都是不拘一格的，他们会在读特定单词的时候选择那些听起来更为正确的发音方式。而我在说到马其顿的古都埃盖城（Aegae）的时候，更喜欢把"Aegae"中的两个音节都发成"eye"的音。

一些辅音也提供了不止一种的可能性。"c"可以发软音（发"s"的音），也可以发硬音（发"k"的音）。大多数说英语的人都会遵循我们自己所说的语言模式，让"c"在元音"i"（就像"Phocion"中的"i"那样）和一些"e"之前发软音。同样地，字母"g"在"e"之前发软音（发"j"的音），但是在其他字母之前则会发硬音；这种发音方式将有助于区分"Antigonus"（安提柯）中的发硬音的"g"和"Antigenes"（安提贞尼斯）中发软音的"g"，而这两个名字在其他方面极为相似。

名字末尾的音节"－es"总是被读作"eez"，因此

"Eumenes"（欧迈尼斯）和 "Demades"（德马德斯）各自拥有三个音节（而需要在第一个音节进行重读）。而名字末尾的 "e" 要么被读成 "ee" 要么被读成 "ay"，但总是以音节的形式来发音。希腊语中没有不发音的元音，同样也没有不发音的辅音：英语使用者在朗读 "Ptolemy"（托勒密）一词时往往会舍弃开头的 "p"，而那些敢于发出 "p" 音的人所说出的名字将更加接近希腊人的发音。

　　音节重音的问题有的时候会给读者带来压力。在诸如 "Antigonus"（安提柯）、"Leosthenes"（利奥斯典纳斯）和 "Hyperides"（希佩里德斯）这类四音节名字的发音中，有一个很好的规则，那就是重音一般都落在第二个音节上。当然，"Alexander"（亚历山大）这个名字打破了这条规则，正如他本人击溃了自己所有的敌手一般。

致　谢

我在古代史领域的同事在回答我不断提出的问题时，慷慨 xxi
地与我分享了他们的专业知识。我要特别感谢爱德华·安森
（Edward Anson）、利兹·贝纳姆（Liz Baynham）、吉恩·博尔
扎（Gene Borza）、布莱恩·博斯沃思、伊丽莎白·卡尼
（Elizabeth Carney）、沃尔德马·赫克尔、贾德森·赫尔曼
（Judson Herrman）以及伊恩·沃辛顿（Ian Worthington）。其
他人，尤其是弗兰克·霍尔特（Frank Holt）、安德鲁·斯图尔
特（Andrew Stewart）和斯特拉·米勒－科利特（Stella Miller
－Collett），也同样慷慨地与我分享了照片或者艺术品。所有
这些学者都让像我这样的新人在他们所负责的领域感受到了宾
至如归。罗宾·沃特菲尔德（Robin Waterfield）也是如此，他
亲切地指导我拜读了那些我们共同研究的领域中新近出版且晦
涩难懂的作品。罗宾甚至还和我分享了他即将出版的书籍的打
字稿，虽然在他分享给我的时候，我已经完成了自己书籍的写
作，所以并没有参详。

对于古根海姆基金会和美国国家人文基金会在这个写作项
目的各个阶段给予我的慷慨支持，我都深表感激。即使是在繁
忙的教学日程中，我的母校巴德学院依然还是允许我保留一部
分时间用于写作和研究。假如没有我的两位好友的帮助，那么
这本书或许永远无法动笔：丹尼尔·门德尔松（Daniel

Mendelsohn）在与我多次共品印度料理的时候和我进行了头脑风暴，丹·阿克斯特（Dan Akst）也在午间与我一起品尝日本料理的时候进行了相同的思考。而在这一路上一直鼓励着本书写作的读者们也同样值得我表达深深的谢意：他们是肯·马库塞（Ken Marcuse）、杰克·纳贝尔（Jake Nabel）、伊芙·罗姆（Eve Romm）以及亚历克斯·赞恩（Alex Zane）。保罗·卡特利奇（Paul Cartledge）是我和其他许多人的灵感灯塔，他通读了本书手稿并且帮助修正了不少错误，假如本书内容依然存在疏漏的话，那么我将承担全部的责任。

　　我很幸运能够与我的编辑薇姬·威尔逊（Vicky Wilson）共同完成这本书的相关工作，是她让我觉得这本书值得我们全力以赴。薇姬和我一样都很喜欢自行车骑行，而我也从薇姬那里了解到好的历史叙事就应该像一辆卓越的公路自行车：它拥有流线型的架构，并且剔除掉冗余的重量。我还要感谢薇姬亲切的助手卡门·约翰逊（Carmen Johnson），感谢她帮忙整理手稿和插图。此外，我还要感谢的人是：我的代理人格伦·哈特利（Glen Hartley）；来自"蜂巢制图"的制图师凯利·桑德弗（Kelly Sandefer）；帮我获得了插图许可和使用权的英格丽德·马格里斯（Ingrid Magillis）；文字编辑英格丽德·斯特纳（Ingrid Sterner）；巴德学院的劳里·纳什（Laurie Nash）、伊芙琳·克鲁格（Evelyn Krueger）和简·赫里什科（Jane Hryshko）；古代世界研究所的萨拉·罗默（Sara Roemer）和杰西卡·夏皮罗（Jessica Shapiro）；以及我的连襟维克多·刘（Victor Liu），他为我提供了技术上的帮助和建议。

　　我的妻子坦尼娅·马库塞（Tanya Marcuse）所做出的贡献已经不是一个小小的致谢所能够表达的了。与这位睿智贤达且充满爱意的女性共度人生，让我了解到研究古代世界和一切事物的重要所在。

　　这本书要献给我的母亲悉妮（Sydney）和我的继父维克多·里德（Victor Reed），希望此书能够给他们带来些许快乐，哪怕不及他们给彼此带来的快乐的分毫。

序 幕 墓穴启封

维尔吉纳（希腊北部）

公元 1977～1979 年

"请尽可能地保持冷静。"[1] 马诺利斯·安德罗尼库斯
（Manolis Andronikos）在缓缓地扩出一条通向幽深黑暗的洞穴
时，对自己的助手如是说道。那是 1977 年 11 月 8 日的下午，
在希腊北部维尔吉纳（Vergina）的村镇外，他即将发现现代
爱琴海考古中最为令人惊叹的一幕。

安德罗尼库斯已经在维尔吉纳大墓（Great Tumulus）上挖
掘了二十五年，这个大墓是一座由沙子、泥土和砾石构成的
40 多英尺高的土丘，为了找到埋藏于其下的物品，他已经设
法挪走了土丘上数千吨的覆盖物。埃盖城是马其顿王国的古都
以及历代国王的陵寝所在，他深信自己现在就身处其遗址之
上。现如今，在几近放弃了另外一段毫无收获的发掘历程之
后，他在土丘一处尚未勘探的地下发现了两座建筑物的墙垣。
其中一处被证实是一座遭到洗劫的墓室，地面上散落着古代盗
贼遗落下来的人类遗骸，而墙壁上则装饰着精美的画作。在第
一座坟墓的旁边，安德罗尼库斯于地下 23 英尺处发现了第二
座建筑物的顶部，现在正准备沿梯而下进入下面的墓室。

当安德罗尼库斯的身形隐入洞口之时，他向自己的助手们
宣布了一项惊人的消息。在手中的电筒捕捉到银器的亮闪和氧

化铜器的幽幽暗绿之时，他不禁惊呼道："这里面的一切都完好无损！"这数十件珍贵的文物中，任何一件都足以回报一年来的辛苦挖掘，它们在安德罗尼库斯手中电筒的光照下展露出真实的模样。马其顿战士不可或缺的装备——盔甲和武器被放置在墙边和角落里，精雕细琢的酒器成堆地摆放着。在墓室的中央，安德罗尼库斯还发现了一个覆着盖子的中空大理石棺椁。当棺椁被开启时，发掘者们惊讶地发现里面还有一个精致的金匣，匣子里盛放着一位成年男性的骨灰。在主墓室旁边一个狭小的前室中也发现了一个类似的金匣，而在这个金匣里则是一名二十多岁妇女的骸骨。

在墓穴的地板上有马其顿人曾经装饰过的木质卧榻的腐烂残骸，安德罗尼库斯从中发现了五个雕刻精美的象牙头像（最后他又找到了另外九个头像）。这些微缩的杰作展现了一群英武不凡的男性形象，其中两位蓄须且神情肃穆，而其他几位则面部光滑无须、神情平静且颇为年轻（甚至有部分被认为是女性）。这些人像所展现的丰富多彩的人物性格令人震惊不已。根据发掘陶器所确定的年代，这些头像的时间应该在公元前350年到公元前315年之间，所以安德罗尼库斯很快就认出了一个蓄须的头像，他就是亚历山大大帝的父亲腓力二世（Philip Ⅱ），他于公元前336年遭人暗杀而身亡。另一个头像描绘了一个瘦削、没有胡须、脖子呈奇怪角度弯曲的年轻人，看起来应该是亚历山大大帝本人的形象。安德罗尼库斯把这些头像带到了他自己的住处，这一夜他久久凝视着马其顿王国最伟大的两位国王及其战友们的面庞，在亢奋激动中度过了一个不眠之夜。

5　　在这座坟墓（现称为二号墓）的正面，安德罗尼库斯的团队还发现了一个引人注目的彩绘饰带。当饰带被清理加固之后，映入人们眼帘的便是一幅狩猎的画面，画面中有十个身形健硕的人物在用剑刃枪矛猎杀各式猎物。这些人物的脸庞栩栩如生、极富表现力，或许也是根据真人描摹而成的。安德罗尼库斯又一次认为自己从中认出了腓力二世和亚历山大大帝，他们在画面中被描绘成了一位四十岁的成熟男性和一位十二三岁的少年。而在狩猎场景中的其他人物，那些看上去比亚历山大大帝要稍微年长一些的无须青年，被安德罗尼库斯认定为王室侍从，这些人在腓力二世的宫廷中成长，并最终成了亚历山大大帝的挚友。

1977 年的考古发现留下了一系列足以让任何学者求索一生的谜团，其中也包括墓主的身份问题——这个问题在三十余年之后仍旧悬而未决。不过此时的安德罗尼库斯并没有结束在维尔吉纳大墓的探索和发掘。十八个月后，他在这座土丘的其他地方发掘到了第三个建筑（也就是三号墓），他将这座墓穴称为"王公之墓"（Prince's Tomb）。因为受到上层巨大封土的保护，这座坟墓中的物品亦保持了原封不动。内中藏品虽然不如邻近的陵墓那般奢华，但是不管怎样仍然算得上颇为壮观。这座陵墓只有一个墓主，其骨灰被盛放于一个巨大的银质三耳瓶中，而非入殓于金匣之内。经过分析，这应当属于一个十余岁的男孩。有证据表明，这座陵墓可以追溯到公元前 4 世纪晚期，所以墓主只可能是亚历山大大帝的儿子，同时也是帝国的继承者，这位继承者在公元前 309 年或公元前 308 年被自己的政敌杀害。

维尔吉纳大墓实际上就是一枚封存着亚历山大大帝死后动荡时世的时间胶囊，这一点可以说是无可非议的。这位命中注定要去追随世界上已知最为强大的征服者的少年国王，被自己身负的血脉推入了王朝动荡的旋涡。这里同样也藏有画笔绘制与象牙雕刻的亚历山大大帝伙友们的肖像，这些伙友与亚历山大大帝共同成长，在他的麾下奋战，在百战而归后成了他最为忠实的追随者，然后却为了执掌这个帝国而不惜让国家一次又一次地浸染鲜血。而假如有关二号墓墓主的主要推论被证实无误的话，那么在这里应该还安葬着亚历山大大帝同父异母的兄弟和外甥女——这两位王室成员在试图独占亚历山大大帝死后的王位时遭到了屠戮。[2]这对夫妇的遗骸似乎也见证了他们生前所处的那段动荡时期，因为有一位专家判断，他们是在肉身彻底腐烂之后才经历了"干法"火化。[3]难道他们是先被滞留在他处任其腐烂，而后才被迁葬到这座豪华的坟墓当中的吗？

那些从维尔吉纳大墓出土的骸骨和图像，都应属于与亚历山大大帝共处一个时代的那群人物，而那些人的声名在很大程度上都被亚历山大大帝的威名所掩盖。不过，他们的故事却又可以跻身任何一部历史巨著中最为惊心动魄且又充满悲剧的部分。他们组成了这幕呈现衰落之景的壮阔戏剧的全部阵容：他们目睹了一个帝国的解体，一种政治秩序的崩溃，以及一个历时近四个世纪的王朝的灭亡。他们的面庞，如今可以在位于维尔吉纳（一度被称作埃盖城）珍藏着安德罗尼库斯发掘文物的博物馆中寻见。在接下来的书页中，他们的故事将会被娓娓道来。

第一章 护卫与伙友

巴比伦

公元前 323 年 5 月 31 日至 6 月 11 日

没有人知道究竟是什么正在夺取亚历山大大帝的生命。有 些人认为他根本就不会逝去，因为他在十二年的统治期间所进行的征服，让他更加近乎神祇而非凡人。甚至还有人悄悄地表示，亚历山大大帝根本就不是马其顿先王腓力二世的儿子，而是埃及主神阿蒙（Ammon）的子嗣。现如今，在公元前 323 年 6 月的第一周，亚历山大大帝病入膏肓，似乎难逃一死，事实上他也已经离死亡并不遥远了。亚历山大大帝身边最为亲近的人——他的七名护卫官，还有更多的一群被称为"伙友"的密友们，正眼睁睁地看着他无助地日渐虚弱，唯有面面相觑。他们都是卓越的指挥官，也是有史以来最为成功的军事行动的领导者，而他们同样也非常善于应对危机。但如果用日后发生的事情来判断的话，就在此时此刻，谁也不知道自己应该怎么做，也不知道其他人的所思所想，同样也无法料到接下来将会发生些什么。

在临终守护的阴霾中，众人的思绪都回到了前一年，想起 了一件在当时似乎并不重要的事情。[1]那时亚历山大大帝的军队正在行军途中，从印度半岛（现今的巴基斯坦东部地区）班师回朝，而那里也成了亚历山大大帝所能征服的最远地区。

（本书首尾的两幅地图便显示了亚历山大帝国的所有主要地区。）随军行进的还有一位叫作卡拉诺斯（Calanus）的东方圣哲，这位年长的圣哲已经成了军中许多高级军官的导师。然而，卡拉诺斯在大军抵达波西斯（Persis）的时候病倒了，他预见到自己即将缓慢步入死亡，于是安排了一场自焚来结束自己的生命。卡拉诺斯在这场庄严的仪式上向自己的每一个信徒告别，但是当亚历山大大帝向他接近时，他却连连后退，卡拉诺斯神秘地表示，自己将会在巴比伦城见到国王的时候与他相拥。接着他当着马其顿全军的面爬上了一座高高的柴堆，四万人目睹了他静静地安坐在火焰中，最终被大火所吞噬。

11　　如今，众人来到了富庶之城巴比伦（位于现今伊拉克南部），卡拉诺斯的话语也逐渐开始应验。最近发生的几件其他的事情也突然有了不祥的寓意。在亚历山大大帝病倒的前几天，有一个陌生人突然闯入王宫的觐见室，穿戴上了亚历山大大帝外出活动时留在那里的王冠与衮服，并且堂而皇之地坐在了王座之上。[2]这个人在接受审讯的时候却声称自己只是遵循了埃及神祇塞拉比斯（Serapis）的指示而为之，或者（按照另外一种不同的说法）他可能只是一时兴起。然而，亚历山大大帝怀疑这是一场阴谋，故而下令处决了这名男子。无论这个闯入者的动机到底是什么，这一举动都似乎隐约地带着一丝威胁性，或许预示着这个国家即将面临危险。

　　发生了这起离奇事件的觐见室以此类预兆而闻名于世。在三个世纪之前，伟大的巴比伦国王尼布甲尼撒（Nebuchadnezzar）修建了这间厅堂来作为自己宫殿的中央大厅。也正是在这里，他的后代伯沙撒（Belshazzar）举行了一场盛大的宴会，[3]宾客们在席间看到了无形的手指在墙上写下了一行神秘的句子：弥尼，弥尼，提客勒，乌法珥新（Mene mene tekel upharsin）。一位名叫但以理（Daniel）的先知——他是从耶路撒冷被掳到巴比伦的希伯来俘虏之一——破译了这条信息，他表示这意味着：伯沙撒被称在天平里，显出了自己的亏欠，他的帝国将会瓦解，而国土将会被争夺亚细亚掌控权的新势力米底人（Medes）① 与波斯人所瓜分。根据《圣经》中的故事版本，这则预言在当晚就应验了。⁴伯沙撒在一场突如其来的袭击中被弑杀，而他的权柄也被波斯诸帝——居鲁士大帝、大流士、薛西斯等人——执掌了两百多年。

现在波斯人的统治也垮台了，这个伟大的宝座归属于亚细亚与马其顿的统治者们，也归属于他们的国王——亚历山大大帝。尽管厅堂墙壁上的文字早已淡出了人们的视线，但是这次冒出的新预兆——也就是那个坐在王座之上的陌生人——似乎也蕴含着同样令人不安的含义。目睹这一事件的所有人都清楚，没有人可以继承这个王位，也没有人可以统领一个从亚得里亚海沿岸到印度河流域、地广 3000 英里的大帝国。除了亚历山大大帝本人之外，没有人适合指挥这支打下整个帝国的军队，这是一支极具毁灭性的精锐部队。在过去的两年中，甚至就连亚历山大大帝自己也差点没有控制住这支军队。如果没有他的领导，它究竟会给这样一个仍处于萌芽状态的世界秩序带来什么样的混乱呢？

在一些古代文献中流传着这样一则传说：当亚历山大大帝在弥留之际被人问及他的权力应该交给谁的时候，他回答道："给最强者。"⁵而在一些其他的版本中，这位征服者还补充说道，

12

---

① 《但以理书》中作"玛代人"。——译者注

他预见到了一场围绕着他的陵墓的激烈竞技，从而以无情的双关寓意引出了在英雄的葬礼上举办体育竞技的希腊传统习俗。或许这些话都是子虚乌有的，但字里行间仍然包含着一个基本真理。由于缺乏一个明确的继承者或继承方针，亚历山大大帝的逝去，将会引发一场世间旷古未见的权力斗争，而这个世界本身——亚细亚、阿非利加以及欧罗巴——将会是这场斗争胜利的奖赏。

亚历山大大帝的葬仪竞技的确成了历史上最为激烈，也是最为复杂的博弈之一。在国王逝世后的数年内，六位将军将在纵横三大洲的征战中相互厮杀，而有六位王室成员则会竞相角逐王位的归属。将军与君王们将会因为共同的利益而联合，而后在更加有利可图的时候转换立场、互相攻伐。这场博弈将成为一场世代相传的接力赛，军事领导者们将旗帜传交给自己的儿子，而王后们也将会把权杖传交给自己的女儿。在近十年之后，真正的赢家才开始逐渐显现，而获胜的人选将与曾在巴比伦陪伴于垂死帝王身侧、站在起跑线上的参赛者们迥然不同。

当亚历山大大帝在公元前 323 年春返回巴比伦的时候，迦勒底的祭司们警告他说，进入这座城市很可能会给自己招致厄运，这和七年半之前亚历山大大帝第一次造访巴比伦时形成了鲜明的对比。那个时候亚历山大大帝才二十五岁，有着超人的精力和无与伦比的雄心。彼时数周之前，他刚刚亲率一支骑兵冲锋，在战场上直扑波斯国王大流士三世，迫使大流士三世远遁，从而在至此世界上规模最大的战役中击溃了波斯人。此时，亚历山大大帝依然对自己新纳入统治的亚细亚子民们抱有警惕，在接近巴比伦城的时候，他的军队依然保持着战斗的姿态。然而，巴比伦城的居民们却对亚历山大大帝报以热烈的欢迎，将其视作把众人从波斯统治中解救出来的解放者，而非一位新的征服者。[6]他们聚集在一起夹道欢迎亚历山大大帝的到来，在他通往伟大的伊什塔尔门的行进途中抛撒花瓣，颂唱着赞美诗并且燃起了银质香炉。假如一定要选择某一天来作为马其顿军队在这十一载亚细亚征程中最为辉煌的凯旋之日的话，那么公元前331年10月大军第一次进驻巴比伦城的时刻无疑当为首选。

长达一个月的饕餮盛宴和庆祝活动令亚历山大大帝的军队第一次领略到了东方的奇景。这些马其顿人大多是乡野之人、牧羊者和农夫；在亚历山大大帝率领他们来到亚细亚之前，很少有人离开过那片多山之地。他们被尼布甲尼撒留下来的雄伟的宫殿与巍峨的塔楼深深震撼，也为高耸于殿宇之上、被木桶与滑轮所构成的精致灌溉系统所浇灌的空中花园而折服，更为那饰有狮子、公牛和龙浮雕的、环城而筑的巨大的三层城墙而惊叹不已。驻扎在壮丽的南宫（Southern Palace）的亚历山大大帝的指挥官们置身于一座拥有六百多个房间的迷宫之中，而其中的许多房间都面朝数量众多且曲折蜿蜒的庭院。这座迷宫的中央便是尼布甲尼撒那伟大的觐见室，这座厅堂的釉面砖墙深蓝背景之上则描绘着棕榈树和狮子。在那间觐见室内，众人目睹亚历山大大帝第一次坐上了亚细亚的王座。

亚历山大大帝至此已经达成了自己的目标。在二十岁时践祚成为马其顿国王之后，他立刻着手继续自己父亲腓力二世未竟的事业，他的父亲在准备入侵波斯帝国的时候遇刺身亡。亚历山大大帝率领了一支四万五千人的部队横渡赫勒斯滂海峡（Hellespont，现今的达达尼尔海峡），在三年中与波斯人三度交手，每次都取得了辉煌的胜利。在这些征讨的过程中，他前往埃及进行了为期六个月的远行，而在那里人们将他誉为解放

14

15 者，并且（根据一些关于其在北非沙漠中寻访神谕的记载）将其视作阿蒙神的子嗣。或许连亚历山大大帝本人也开始相信自己就是阿蒙神的后裔，因为他已经赢得了超越凡人的权势和无与伦比的财富。[7]随着波斯人被亚历山大大帝击溃，帝国积攒数个世纪且囤积在苏萨和波斯波利斯雄伟宫殿中的金银和贡赋，都展露在了世人面前。看似无人可敌的亚历山大大帝，吸引了包括波斯曾经的敌人在内的诸多强大盟友与之为伍。

亚历山大大帝本可以驻足于巴比伦，满足于自己已经取得的划时代成就；然而对他而言，征途只完成了一半。他率军继续向北、向东，进入巴克特里亚（Bactria，又被称为大夏）和索格底亚那（Sogdiana，又被称为粟特）（二者相当于现今的阿富汗、乌兹别克斯坦和塔吉克斯坦地区），追索亡命天涯的波斯王大流士三世以及其他妄图夺取王位的人。亚历山大在与这些地区不羁的游牧民族的相处中度过了两载时光，而他在伏击和陷阱中所遭受的损失比在任何一次沙场会战中的都要惨重。在公元前327年的早春时节，亚历山大大帝的军队登上7000英尺高的山口，在齐胸深的皑皑白雪中忍饥挨饿，马匹艰难行进，最终亚历山大大帝百折不挠，穿越兴都库什山脉（Hindu Kush）进入了印度半岛。

接着亚历山大大帝又在印度半岛度过了两年的时光，而这些年他麾下部队的精力也几近枯竭。那些曾在巴比伦城体验过东方奇景的人现在也目睹了东方的可怖之处：狂热的游击战士、表里不一的部落首领、滚烫的沙漠热浪，以及最可怕的同时也是他们从未与之交手过的毁灭武器——训练有素的印度战象。最后，在位于印度河最东端的支流希帕西斯河（Hyphasis，现今的比亚斯河），他们终于到达了极限。[8]当亚历山大大帝命令自己的士兵继续前进的时候，他第一次面临哗变。他的部下们不想去征服更多的世界了，也不愿意渡过河流。亚历山大大帝勉为其难地率领着他们调头往西。但是，因部队哗变而恼怒不已的亚历山大大帝，将自己的军队投入了与顽固的印度抵抗者们的艰苦战斗，而他的部下们都不是很想参与这些战斗。

亚历山大大帝在印度半岛上一个反叛的城镇中身先士卒地发动了突袭，却酿成了灾难性的后果。他攀上了自己部下不愿爬上的攻城梯，然后仿佛是在羞辱自己的士卒一般，站立在城墙之巅，暴露在敌军的火力之下。一队步兵追随着他蚁附而上，然而梯子因为众人的重压而垮塌。亚历山大大帝毫无畏惧地从城墙上一跃而下，攻入城内，身边只有两三名扈从相护。在随后的混战中，一名印度弓手射出了一支 3 英尺长的弓箭，穿透了亚历山大大帝的铠甲，扎进了他的肺部。亚历山大大帝麾下惊慌失措的士兵赶忙冲进城门，将他拖了出来；一名军官将箭矢拔出，随之而来的就是令人胆寒的汩汩鲜血和与之相伴的嘶嘶空气，紧接着他们的国王便不省人事了。

当亚历山大大帝被杀死的谣言传开时，全军立即陷入了恐慌。[9]不久之后，一封亚历山大大帝所写的信件开始在军中传阅，但是人们纷纷谴责这封信不过是最高统帅团构设的赝品罢了。秩序趋于崩溃，直到亚历山大大帝本人恢复了足够的气力，来到众人面前展示自己无恙，这才挽回了局势。亚历山大大帝被一艘船运到了附近的一条河流之上，从集结大军的侧畔穿行而过，他无力地举起自己的手臂表示自己已经恢复了意识。当他所乘之船靠岸的时候，他命令自己的侍从把坐骑牵过来，并且让人把自己扶上马背，这一举动引起了人群中的阵阵

16

狂喜：当他下马的时候，士兵们将他团团围住，向他投掷鲜花，紧紧地攥住他的手、他的膝盖以及他的服饰。

亚历山大大帝在印度半岛的死里逃生仿佛是为他的死亡进行的一场彩排，虽然整个过程进展得并不顺利。亚历山大大帝的确培养了一批卓越的高层人员，然而其中没有哪个能够成为他的副手；他将很多要紧的任务委派给了人数众多的助理官员，故意将权力分散。若是没有他居于中心之位的话，基层的官兵们就会丧失信心、心有疑虑，并且试图徒劳地去寻找一个明确的指挥体系。只有国王的再次出现，才能避免局面的彻底崩溃。

亚历山大大帝逐渐从自己所受的肺部创伤中恢复。公元前325 年夏，他率领着部队离开了印度半岛，其中一批人从陆上翻山越岭而回，另一批人则乘船穿过现今的阿拉伯海，而他自己则率领着分遣队穿越了名为格德罗西亚（Gedrosia，即现今伊朗南部的俾路支斯坦地区）的沙漠地带，由于补给线和支援网难以维系，所以这支部队常常会面临物资匮乏、干旱炎热的恐惧。这样一支精疲力竭的军队从这片荒凉之地中突围而出，重新进入了古老波斯帝国中心的肥沃土地。在与自己的战友久别重逢之后，他们跟随着亚历山大大帝回到了七年前他们欢庆荣耀的地方，那正是尼布甲尼撒之都、空中花园的所在——无比富足的巴比伦城。

在马其顿历法中的戴西奥斯月 （Daisios）① 的第十七日[10]，

---

① 古代马其顿的历法属太阴历，共有十二个月份，其中戴西奥斯月大致对应的是现今公历的 5～6 月。有关希腊化时期的历法可参看 Alan Edouard Samuel, *Greek and Roman Chronology*, C. H. Beck, 1972, pp. 139 – 51, 有关戴西奥斯月的对应月份可参看 Martin Wallraff, *Julius Africanus und die christliche Weltchronistik*, p. 94。——译者注

同时也是现代历法中的公元前 323 年 6 月 1 日[11]，驻扎在巴比伦城的马其顿部队获悉了亚历山大大帝患病的第一个迹象。那天，国王出现在了尼布甲尼撒的宫殿外，虽然他遵循了身为国家元首的职责，主导了当日的祭祀活动，但是亚历山大大帝自己是被抬在担架之上的。前一天晚上，亚历山大大帝和自己的高级军官们还在一个私人聚会上饮酒，但在返回住处之后便开始发烧。到了拂晓时分，他已经病得无法走动了。

在这次短暂而令人不安的露面之后，亚历山大大帝便退入宫殿开始休息。当晚，他的军官们被召集到了他的寝处，商讨定于三日后开始的针对阿拉伯人的军事行动。这场作战的计划并没有被改变，也没有任何迹象表明亚历山大大帝的病情会成为计划落实的障碍。

参加那次会议的人都属于亚历山大大帝的核心圈子，其中最为重要的人物就是他的七位近身护卫官（Somatophylakes）。他们不仅负责保护亚历山大大帝的安全，还是他最为亲密的朋友，更是他的决策共商者，而在作战当中，他们也是其最高指挥权的持有者。这些人中的大多数都与亚历山大大帝同龄，还有几位曾与他相伴成长。并非所有人都必须成为伟大的将军或战术家。他们不必变成这样，因为亚历山大大帝会为他们规划谋略。而他们所有人都以对亚历山大大帝及其事业坚如磐石般的忠诚而著称。[12]他们在知晓国王的目标后便会毫不犹豫地选择支持；他们支持着亚历山大大帝度过了每一次危机，并驳斥一切反对意见。亚历山大大帝可以毫无保留地信任他们，尽管他们彼此之间并不总是相互信任或者相互认可。

托勒密本人当时就在现场，他从小就是亚历山大大帝的亲密战友，而且可能比这位三十二岁的国王要大上几岁。[13]托勒

18

密从一开始就参加了亚细亚的作战，但是多年以来一直没有担任过指挥官；他的性格与气质也显然与战士迥异。亚历山大大帝在征战中途纯粹基于个人关系而让他成为自己的近身护卫官，此后也开始给他分配作战任务。在印度半岛的时候，亚历山大大帝委派托勒密去执行了他的第一项重要任务，然而这反而将自己的老友推入了更大的危险。在一次和印度人交战的过程中，托勒密被一支据说箭头敷了毒的羽箭射中；据传说，亚历山大大帝后来在梦里获知了解毒的植物并且从中提取了汁液，亲自给托勒密服用了解毒剂。[14]正如托勒密后来的事迹所证实的那样，他或许并不是亚历山大大帝手下最为老练的军官，却是最聪明的一位。

相比之下，佩尔狄卡斯（Perdiccas）自作战伊始就一直身处军中高位，到目前为止已经积累了驻扎在巴比伦的军队中最为杰出的军旅记录。当亚历山大大帝在印度半岛等待其肺部创伤愈合时，他可能主动接管了军中要务。佩尔狄卡斯可能也比国王年长几岁[15]，这位贵族青年从小就在宫廷里长大，同时也是亚历山大的父亲腓力二世国王的侍从。事实上，他第一次展露英勇行为就是在十几岁的时候，当时他身为腓力二世的荣誉侍从，在腓力二世最后一次公开露面时，追逐并击杀了刺杀腓力二世的刺客。佩尔狄卡斯出身于曾经统治过马其顿高原诸多独立王国的王室之一。随着腓力二世治下帝国的不断发展，这些家族都被剥夺了权力，然而只要他们保持忠诚，他们的后代就会在亚历山大大帝的宫廷中享有特权，而佩尔狄卡斯无疑就是这样的例子。

列昂纳托斯（Leonnatus）之前也是腓力二世的一名侍从，同样有着王室血统，也曾帮助佩尔狄卡斯追索过刺杀腓力二世后逃窜的刺客。他在之后亚细亚的征战中荣升最高指挥官之一；在印度半岛的时候，他曾在亚历山大大帝遭到弓箭袭击的那次作战中斩获荣耀。列昂纳托斯正是在那场与亚历山大大帝身陷围城的作战中和他并肩作战的三个人之一。他在用自己的身体保护坠倒的亚历山大大帝时负了重伤，这也成了英雄主义和献身精神的突出体现。另外一名士兵朴塞斯塔斯（Peucestas，又译作佩乌塞斯塔斯）也采取了相同的行动，亚历山大大帝为了褒奖他而将其晋升为护卫官，创造了史无前例的第八位护卫官。

　　同样列席的还有希腊人尼阿库斯（Nearchus），他是亚历山大大帝最为年长也最为亲密的朋友之一，但他并不是护卫官（希腊人在马其顿人的眼中是一个虽同宗同源却依旧殊途的异族[16]，自然也就不会被允许进入这炙手可热的七人护卫团）。亚历山大大帝从后卫部队中召唤了尼阿库斯，并将他带到了印度半岛，最终任命他为舰队指挥，指挥沿着印度河航行、返回波西斯的庞大舰队。这是亚历山大大帝所有部属中接到过的最为艰难的任务。航行从一开始就偏离了预定的航向，尼阿库斯的舰船在缺乏食物和淡水的情况下熬过了漫长的航程。当这支舰队和陆军再次会合时，亚历山大大帝起初甚至都没认出他那疲惫不堪、饱经风霜的朋友，然后他握住尼阿库斯的手，流下了欣慰的泪水。[17]

　　在那次会议中还有另外一个希腊人，那就是三十七岁的欧迈尼斯，他拥有一张充满稚气的面庞，身材修长，从小就与亚历山大大帝相识，但是他为亚历山大大帝效力的方式与众不同。亚历山大大帝的父亲很早以前就任命欧迈尼斯为王家书记官——这个新职位是为了处理日益壮大的帝国内的复杂文书工

作而设立的。根据一项记载，当腓力二世看到欧迈尼斯赢得了

20 一场无限制的摔跤比赛时，只是对这个男孩的样貌表示了欣赏，
便当场给予了任命。[18]在亚细亚征战期间，其他的伙友们都嘲笑
欧迈尼斯是用笔和写字板而非用剑和盾在追随亚历山大大帝，
而且有时还会强行把自己塞入众人的视野。在印度半岛的时候，
欧迈尼斯遭到了令人痛苦的轻视：亚历山大大帝最钟爱的赫费
斯提翁（Hephaestion）夺走了被指定给他的寝处，并将之重新
分配给一个普通的长笛手。[19]欧迈尼斯向亚历山大大帝道出了心
中的愤懑，亚历山大大帝先是替他的书记官责骂了赫费斯提翁，
但是后来又改变了立场，指责欧迈尼斯居然向王家寻求庇护。
无人知晓在这样一个基于军事勇武的马其顿等级制度中，一个
希腊异邦人，同时也是一个非战斗人员究竟应该如何自处。

最终，亚历山大大帝认定欧迈尼斯或许也这般勇武，或者
他可能允许欧迈尼斯用实际行动去展现勇武。于是，亚历山大
大帝在印度半岛的时候，让自己的这位书记官负责指挥一支小
型的骑兵部队，并派他率领一股骑兵前往两座叛乱的城镇，要
求对方投降。事实证明，城镇里的居民在欧迈尼斯到达之前就
已经逃之夭夭了，虽然并未交战，但这次任务还是让欧迈尼斯
有机会在敌方的土地上率军行动，同时表明如果马其顿的骑兵
收到了亚历山大大帝的命令，那么他们会接受一个希腊人作为
他们的指挥官。在亚历山大大帝生命的最后一年，他还采取了
一项更具有戏剧性的举措，即将欧迈尼斯任命为一支精锐骑兵
部队的指挥官，而这支部队之前是由位高权重的佩尔狄卡斯率
领的。[20]以前还从来没有哪个希腊人在亚历山大大帝的军队中
担任过如此显赫的职务。的确，年轻的欧迈尼斯现在已然身居
高位，而且他的职位注定还会升得更高。

　　亚历山大大帝寝殿里的大多数人，在赢得自己的指挥权力的过程中都经历过血雨腥风。大军在印度半岛的征讨显得尤为严酷：亚历山大大帝屠杀了平民，甚至连战俘都不放过，他希望借此让这个遥远的省份被震慑住，从而选择屈服。他的将军们遵循了这样的命令，因为他们相信有大义可以证明他们所作所为的合理性。随着波斯人被征服，里海和兴都库什山脉之外的化外部落因畏缩而逡巡不前，亚历山大大帝觉得自己即将把整个已知世界都融合为一个单一的国度。宗教与文化的自由、经济的发展，甚至（在可能的情况下实行的）地方自治，将使得帝国治下的民众成为积极的参与者而非不甘的臣服者。而亚历山大大帝本人——他的形象经过了精心打造，旨在体现宽容、和谐与进步——将成为各国团结于其下的旗帜。

　　要使得这个美丽新世界成为现实，需要做的就是消灭掉那些威胁它存在的人，无论这些威胁是来自外部的攻击，还是来自内部的叛乱。那些帮助执行亚历山大大帝屠杀指令的将军并非嗜血屠夫，他们只是君王宏大愿景的忠实支持者罢了。他们对追求亚历山大大帝设想的多民族世界国家表示认同，而终有一天他们也会共同参与治理那个国度。事实上，亚历山大大帝已经明确表示了自己的将领们将会扮演多么重要的角色。在亚历山大大帝人生的最后一年，在其于波西斯建成的皇家楼阁中，有一座宏伟的大帐被成千上万的精锐部队簇拥包围，组成了同心圆环，他还安排自己的护卫官们坐在一个又一个的银质四脚长榻之上，而所有长榻都直接围绕着亚历山大大帝的黄金王座——亚历山大大帝自己成为这个宇宙最内层轨道的核心。[21]

　　现在这些备受信赖的将军正准备对阿拉伯人采取军事行动，虽然阿拉伯人并没有直接威胁到他们的帝国。不过，在大军返回巴比伦之后，许多未被征服的民族纷纷派遣使节觐见以示臣服，阿拉伯人却没有这么做。阿拉伯人表现出的沉默令人担忧，因为他们所处的地理位置横跨了连接帝国亚洲腹地与欧非两大洲的水道。如果阿拉伯人变成了敌人，那么他们就可能掠夺亚历山大大帝治下城市的贸易收入，抑或限制他的舰队的航行范围。而相反，假如马其顿人控制了阿拉伯之地，那么他们的海岸将为亚历山大大帝计划中航行于地中海和东方之间的船只提供港口和锚地。

22　　在亚历山大大帝患病的第一个晚上，会议的讨论主要集中在战略和后勤上。军队完全可以胜任今后的军事行动。马其顿的步兵方阵将构成这支远征部队的支柱，他们是由挥舞着长达18 英尺、名为萨里沙（sarissas）的长矛的战士所组成的庞大战斗群。精锐的伙友骑兵——这支军队主要的破局利器——也将会加入战场；各式各样的攻城武器——装备有攻城锤和吊桥的大型装轮塔楼，以及由能工巧匠新设计的石弩与抛射武器——将被拆解成零件装运登船。一旦阿拉伯人被征服，这支舰队还将为陆军储存物资，以及用于建造遍布波斯湾沿岸的驻军城镇的建筑材料。

　　毫无疑问，亚历山大大帝任命了率领每支部队的将领。作为列席的高级将帅，佩尔狄卡斯按照计划将负责陆军的指挥，因为亚历山大大帝本人打算与尼阿库斯的舰队一起航行。欧迈尼斯作为一支伙友骑兵的统帅在军中担任要职。没有人能确定一个希腊人是否能够胜任这样的角色，更别提这个希腊人甚至都没有多少实战经验，然而亚历山大大帝似乎决心要找到此中答案。

　　在会议结束之后，亚历山大大帝被抬出了宫殿，登上了一艘船，沿着幼发拉底河泛舟而去，可能是要前往巴比伦城北区的小型夏宫。[22]这里有波斯人口中的"天堂"（paradeiza，希腊语作 paradeisos，也是英语中"paradise"的词源），是一座专为阿契美尼德王朝（Achaemenid）国王的消遣而设计打造的自然保护区与猎苑，这里还有凉爽的微风来缓解美索不达米亚令人窒息的酷热。亚历山大大帝想让自己从这一整天的高烧中解脱出来，但也有可能是想要遮掩自己患病的情况。鉴于他在印度半岛与死神擦肩而过时发生的那些事情，尤为重要的是，别让大家知道自己罹患重疾。

两天后，曾与亚历山大大帝会面的高级军官们又一次被召来进行会谈，这次会议地点是在夏宫的偏僻之处。此时国王的病情已经有所好转。他间歇性地发着烧，有的时候还能够自主进食，与人交谈。现在距离阿拉伯作战行动只剩下两天了，一切都正按部就班地进行着。

在这些日子里，这些将军一定谈论过假如亚历山大大帝的病情恶化他们将会面临的局面。他们也的确有理由感到焦虑。去年秋天，健康与体力正处于巅峰时期的高级军官赫费斯提翁在七日内就死于一场与亚历山大大帝这次情况相似的高烧。而且两人都是在饮酒之后突然病倒的，这引发了是否有人投毒的问题。在某个时刻，这些将军或是相互认可，或是自行承认：亚历山大大帝有可能就是暗杀阴谋的受害者。

有不少人会乐于见到亚历山大大帝死去。虽然总的来看，波斯人是随波逐流的群体，并且满足于亚历山大大帝分配给他们的统治份额——这个份额颇为可观，但是那些被征服的波斯人对他几乎没有爱戴之情。而亚历山大大帝的希腊臣属们则更为活跃，且更不易被安抚。他们已经在欧洲境内的诸城邦中发动了两次叛乱，而且——正如很快就会揭晓的那样——他们正准备发动第三次叛乱。亚历山大大帝曾接受过希腊导师的教导，其中就有哲学家亚里士多德，亚历山大大帝试图表现出自己对希腊理念的支持，然而他的风格往往是一位独裁者，而非一位哲学王。事实上，当他提出了一项计划，要求他的廷臣们应该以波斯传统向他鞠躬行礼时，一位希腊哲学家对此表示反对，后来亚历山大大帝找到一个借口，将这个人逮捕起来，甚至（据一些记载）将此人处决。这位哲学家就是亚历山大大帝的宫廷历史学家卡利斯提尼（Callisthenes），而他恰好也是亚里士多德的亲戚和门生。那么当时居住在雅典的亚里士多德有没有可能通过设计毒死自己的学生来作为报复呢？

在国王的马其顿臣属中也存在保守派，他们反对亚历山大大帝关于共治帝国和文化融合的奇怪愿景。虽然许多这样的反对派已经被清除掉了，但还是有一位仍然执掌权柄：他便是老迈的安提帕特（Antipater），此时的他已经年过七旬，在他的儿子卡山德（Cassander）——一个和亚历山大大帝年龄相仿的年轻人——的帮助下，作为亚历山大大帝的代行者，忠诚地守护了马其顿的大后方长达十二年。不过，国王决定通过让其隐退或者更为极端的方式剥夺安提帕特的权力。当亚历山大大帝命令他卸下职位、前往巴比伦城报到的时候，这位高级将领却出于不明原因留在了马其顿，并委派自己的儿子代替他前往。众所周知，卡山德并不喜欢亚历山大大帝，也对新近出现的亚细亚化的宫廷习俗表示轻蔑，他在亚历山大大帝病倒之前刚刚抵达巴比伦。莫非是他和他的父亲出于对亚历山大大帝的仇恨，或者出于对自身安危的恐惧，进而密谋害死了自己的国王？

不少希腊人和马其顿人都用肯定的语气回答了这些问题，

尤其是对于后者。在亚历山大大帝逝世时，有传闻[23]称，亚里士多德从据说是冥河发源地的泉水中收集了一种致命的饮品，而卡山德则应自己父亲的要求将之带到了巴比伦。根据这些传闻，这种冰冷刺骨、令人麻木的毒药是盛装在骡子的蹄子里进行运输的，因为据说这种毒药强大的腐蚀性足以蚀穿任何容器，甚至是坚硬的钢铁。然后这毒汁被时任国王侍酒者的卡山德兄弟伊奥劳斯（Iolaus）放入亚历山大大帝的杯盏。从阴谋的动机、手段乃至机遇的角度来看，这个说法都具有一定的道理。人们普遍认为，之后亚历山大大帝的母亲将伊奥劳斯入葬的骸骨掘出并且任其散落，就是对他参与阴谋的惩罚。

这些传言到底有多少可信度犹未可知。在亚历山大大帝的最后时日依然支持他的人们，会继续粉饰他的形象并且争夺他的权力，他们会根据自己的目的来篡改关于他的死亡（甚至是整个统治时期）的公开记录。他们甚至会传播虚假的记载来将竞争对手牵连其中。所谓的《亡者之书》（*Liber de Morte*）中记载的故事——声称要揭露亚历山大大帝被毒害阴谋的耸人听闻的叙述——似乎就是因此而出现的。在公元前323年之后的数年里，到底是谁杀死了亚历山大大帝、他是否属于自然死亡的问题，会因为各方的政治利益而被反复扭曲，从而使真相再难被复原。

有一份史料让现今的释读者们感到尤为棘手。虽然《王宫日志》（*Ephemerides*）现在早已佚失，但是普鲁塔克和阿里安都在他们对亚历山大大帝最后时光的记载中进行了征引。据《王宫日志》的记载，亚历山大大帝是在长时间高烧的过程中慢慢步入死亡的，根本没有一般中毒者会出现的那种迅猛且暴虐的死亡状态。而且，《王宫日志》也没有提及其他文献中所

25

记载的一个可疑的细节：亚历山大大帝在痛饮了一大杯美酒之后，因为背部的刺痛而呼叫不已。这份文献被认为是亚历山大大帝的希腊书记官欧迈尼斯撰写的，而他也是文献所录事件的见证人，因此在某些人看来，这份记载具有一定权威性。但是，它也有可能是被伪造的，或者欧迈尼斯自己也可能篡改了文献以掩盖一些阴谋。[24] 而让整个问题变得更加复杂的是，阿里安和普鲁塔克对于《王宫日志》的总结存在差异，有些地方甚至明显相左。毫无疑问，两位作者中的一位所看到的是一本经过篡改后的版本——或者他们两人看到的都只是被篡改后的文本。

亚历山大大帝同时代的人们对于他的死因的争论，使人们很难接受任何流于表面的证据。这是一个恍若镜厅的世界，在这里越是具有说服力的记载，反倒越有可能被怀疑是狡猾的刺杀者在试图掩盖自己的罪行而创造的作品。然而，历史研究必须要从一个地方入手；倘若没有任何材料可信的话，我们就会对历史一无所知。这里所描述的事件是基于阿里安对《王宫日志》的总结；不过我们必须认识到，我们所依据的资料中没有哪一份具有绝对的真实性。

在6月3日的会议结束之后，亚历山大大帝又在高烧中度过了一夜，但第二天他还是设法主持了晨间的祭祀活动，并会见了自己的高级军官。6月4日，亚历山大大帝的身体情况变得更加糟糕，但在第二日他还是再次会见了自己的高级指挥官们，并且继续谋划针对阿拉伯的远征（显然原定的出发日期被推迟了）。到目前为止，亚历山大大帝还拒绝承认自己的病情有可能危及自己的事业。他在过去经常会把军事行动当成一剂恢复良方。在他最亲密的朋友赫费斯提翁的逝世令他陷入长期的抑郁之后，亚历山大大帝最终又重新振作了起来，冲入米底（Media，现今伊朗北部）的山区，穿过厚厚的积雪，奔袭了居住在那里冥顽不化的科萨亚人（Cossaeans）。普鲁塔克记载："他用战争来抚慰悲伤，就像休憩狩猎一般——只不过狩猎的对象是人类。"

与此同时，在宫殿里的私密房室中，至少应该还有一位女子在帮助照料患病的亚历山大大帝——假如提及她的消息来源可信的话。亚历山大大帝的妻子罗克珊娜（Rhoxane）——或者用她的母语称其为"萝莎娜可"（Rauxsnaka[25]，意为"闪耀的小星"）——比亚历山大大帝要年轻得多，彼时她可能未及桃李年华，她在文化上与亚历山大大帝的差异，就如同宝嘉康蒂（Pocahontas）之于约翰·史密斯船长一般天差地别。她来自被希腊人称为巴克特里亚的崎岖山区的某处（或许是现今的乌兹别克斯坦）。亚历山大大帝的军队在那里遭受了游击侵袭，在长达两年的时间里艰难行军，而罗克珊娜的父亲奥克夏特斯（Oxyartes）正是其面对的最为顽固的敌人之一。在确使他投降之后，亚历山大大帝与他结为盟友，并通过迎娶他的女儿来巩固同盟的关系。

罗克珊娜在与亚历山大大帝结婚后的一年内便怀孕了，但是要么流产，要么就是孩子在婴儿时期夭折了。[26]在公元前323年6月，她正处于第二次怀孕的妊娠晚期。她和自己垂死的丈夫在其患病期间到底发生了什么，除了包含诸多不可靠史料的《死亡之书》和《亚历山大传奇》（*Alexander Romance*）所记录下的这对夫妻离奇而感人的故事之外，几乎完全无人知晓。这些故事毫无疑问都是杜撰出来的，[27]但或许基于某些真实的 27

事件。根据其记载，有一天夜晚，当罗克珊娜步入国王的病房时，发现床榻上空无一人。她发现了一条敞开的密道，于是就悄悄地溜出宫廷去追赶自己的丈夫，当亚历山大大帝正无力地向幼发拉底河爬去时，罗克珊娜追上了他。两人在那里相拥，罗克珊娜意识到她的丈夫是想要溺死自己，于是痛哭着说服他放弃原先的计划。亚历山大大帝只得顺从地返回了皇宫，并且慨叹道："是你让我痛失不朽。"亚历山大大帝一直试图让自己的躯体凭空消失，这样的话他的追随者们就可能会认为他真的是一位神。

除了罗克珊娜之外，还有另外两位女性肯定也在焦急地关注着亚历山大大帝的情况，因为她们和罗克珊娜一样，自己的地位乃至人身安全都完全仰赖于亚历山大大帝。她们是最后两任波斯国王的女儿斯姐特拉（Stateira）和帕瑞萨娣丝（Parysatis），两人大约是在一年前成了亚历山大大帝的第二位和第三位妻子。目前尚不清楚这两位公主是与自己的丈夫一起待在巴比伦，还是留在了波斯王都之一的苏萨——亚历山大大帝自公元前331年以来一直将她们羁押在那里，并于公元前324年与她们完婚。不过，即使她们身在苏萨，也一定能够在亚历山大大帝病发后的一两天内就获悉消息。这些讯息会通过波斯的邮政系统和烽火传讯在两座城市之间迅速传播。

亚历山大大帝与两位波斯公主的婚姻是他将军队领导权与亚细亚精英加以融合，为自己的三洲帝国创造一个混合型统治阶级的努力的一部分。他在苏萨举办了一场集体婚礼，并将自己的数十名伙友与来自波斯与巴克特里亚贵族家庭的新娘们进行婚配，他仔细地调整着每一位新娘的人选，使之符合他希望赐予新郎们的恩惠。他将最大的褒奖——他自己的新娘斯姐特

拉的妹妹——赐予了赫费斯提翁，这样他的孩子和赫费斯提翁
的孩子就会成为一级表亲。亚历山大大帝还特别甄选了其他
人，让他们获得了融入大家庭的至高荣誉。尼阿库斯、欧迈尼
斯和托勒密纷纷迎娶了巴耳馨（Barsine）的亲属。巴耳馨曾 28
是亚历山大大帝的情妇，也是他目前唯一在世的儿子海格力斯
（Heracles）的母亲。亚历山大大帝的另外一位高级将领克拉
特鲁斯（Craterus）则迎娶了斯妲特拉的堂妹阿玛斯特里丝
（Amastris）。和其他王室女性一样，她也在公元前 331 年被
俘，此后一直作为阶下囚在亚历山大大帝任命的导师那里学习
高贵的古典希腊文。[28]

　　然而，克拉特鲁斯却对自己的新娘不满意。[29]他比国王核
心圈子里的其他成员都要年长，他已年逾不惑而非刚刚而立，
他所奉行的传统主义让他与亚历山大大帝的欧亚融合策略格格
不入。尽管克拉特鲁斯尊敬他的国王，并且对其忠心耿耿，[30]
但他还是觉得自己有资格多次向亚历山大大帝谏言，告诉亚历
山大大帝他在接受波斯风俗的方面做得太过火了。亚历山大大
帝对这种干涉表示了不满，尤其是这种劝谏使上至克拉特鲁斯
这样的英豪，下至效法克拉特鲁斯的普通士兵、曾经的农民和 29
农场主，都依然把波斯人视作被击溃的敌人，而非统治的伙
伴。然而，亚历山大大帝十分看重克拉特鲁斯的才能，以至于
并没有因为他的异议而对他加以责罚。亚历山大大帝让他迎娶
高贵的阿玛斯特里丝，或许就是希望进行最后一次努力，争取
让克拉特鲁斯参与这场他深表疑虑的事业。

　　集体婚礼在苏萨王宫举行。近百张做工精美的长榻被摆成
一排置于王宫大厅之中，伙友们都斜倚在长榻上，每人的手里
都端着一杯美酒。所有人都举杯祝酒，然后在精心编排的流程

中，那些亚细亚的新娘纷纷进场，每位新娘都坐在了自己的新郎身边。亚历山大按照波斯成婚的习俗，牵着自己两个新娘的手，亲吻了她们的嘴唇；这仿佛是一种暗示，于是其余的同伴也照做了。一场盛大的宴会随之开始，之后每位新郎都护送着自己的新娘前往王宫殿宇中早已准备好的寝处安歇。至于亚历山大究竟是如何安排自己与两位新娘的新婚之夜的，我们的文献史料便未曾透露了。

接下来便是为期五天的欢庆与盛典，在此期间，亚历山大大帝向征战印度半岛期间的杰出之士赠送了黄金花环。列昂纳托斯和朴塞斯塔斯——这两位在反叛的城镇中将亚历山大大帝从敌方弓手的箭下救出——获得了这闪耀着光芒的荣誉标志。而尼阿库斯——这位希腊的海军将领在一场危险的航行中率领舰队渡过了难关——因为其历经艰险而收获了认可，所以同样也获赠黄金花环。托勒密也戴上了黄金花环，身为国王老友的他在印度半岛证明了自己足以胜任作战军官的职责，这个花环就是对他的肯定。然而，忠诚英勇的克拉特鲁斯可能因为经常反对亚历山大大帝的融合计划，所以在这场仪式上并没有被授予花环。[31]欧迈尼斯也没有，因为他在印度半岛时主要还是书记官，并非作战人员。

在 6 月的第一周临近结束的时候，巴比伦郊外军营中的马其顿军队愈加不安了起来。在上次晨间祭祀亚历山大大帝坐在轿辇上现身之后，众人已经很久没有看到他们的国王了。国王如此长时间地处于公众视野之外，是极不寻常的，尤其是他马上还要率领袍泽去展开军事行动。不过尽管如此，他们还是在为征战阿拉伯准备着武器装备。

这些部队中的大部分士兵都使用一种名为萨里沙的步兵长矛，以及短剑和盾牌进行作战。亚历山大大帝的父亲腓力二世在统治伊始就引进了萨里沙长矛——这种长矛的矛身是18英尺长的结实木杆，而矛尖则是2磅重的金属刀刃——并且招募强壮的年轻人进行操练，从而打造了一种全新的步兵方阵（phalanx），仿佛一夜之间就改变了战斗的面貌。现在腓力二世训练的这批新兵已经年逾五十，但是依然还在前线参加战斗，当他们向敌军推进时，他们会用双手将萨里沙长矛刺出，而他们的盾牌则悬系在自己的脖子上。经过了数十载的戎马生涯、在各种地形和战术条件下磨炼出的纪律，将会让这些老兵在任何敌手面前无懈可击，除非他们遇到了另外一支相同的部队，而很快他们就会认识到这一点。

此外，腓力二世还创建了一支称为持盾卫队（Hypaspists 或 Shield Bearers）的精锐步兵，他们所携带的装备比步兵方阵士兵的装备更轻[32]，移动速度也更快。三千名持盾卫队战士因其力量、耐力和对国王的忠诚脱颖而出，在艰苦的军事行动中或者亚历山大大帝本人的安全受到威胁时，他们就会率先受到召唤。他们在崎岖的地形上每日可以行进远达40英里，他们会冒着如雨的投石攀缘绝壁、突击城墙，他们还能在身处炎热沙漠与冰封山道时保持士气不减。无论是在战场上还是在战场外，亚历山大大帝都十分倚重这些士兵，并且与他们保持着密切的联系。在印度半岛的时候，持盾卫队经受住了迄今为止最大的艰险，为了表彰这些士兵，亚历山大大帝为这支部队的装备镀上白银，因而这支部队也获得了一个新的名字——银盾兵（Silver Shields）[33]。

不过，最近国王和他的老兵之间的关系开始变得紧张起来。亚历山大大帝征召了波斯人和巴克特里亚人，并且训练他们以马其顿的战法进行战斗，甚至还将他们招募到了自己最精锐的部队当中。这种行为既让自己同胞的自尊心受到了伤害，也让他们加深了对异邦人的偏见。他们勉强接受了亚历山大大帝任用波斯人成为高级官员，也接受了亚历山大大帝采用波斯的服饰与宫廷礼仪，甚至接受了自己的国王及其高级官员们与亚细亚妇女联姻。然而武装部队的整合是一个更为严重的问题。当亚历山大大帝在波斯城市俄庇斯（Opis）举行的一次军事集会上宣布，他将派遣一万名马其顿军人返乡，并且安排波斯人接替他们的位置时，士兵们断然回绝了。

在俄庇斯的这次出现哗变的集会中，事态开始迅速失控。这些人纷纷开始表达自己的鄙夷之情，嘲笑自己的国王不需要他们中的任何一名士兵，因为他的"父亲"会帮助他渡过难关——这是对有关亚历山大大帝乃阿蒙神后裔的嘲讽。亚历山大大帝勃然大怒，在扈从的护卫下冲到人群中，抓出了几个最为直言不讳的反对者并就地处决。然后亚历山大大帝退回到自己的住处，拒绝同胞的觐见，反而允许波斯军官入内。他当即采取措施，要用从亚洲招募来的部队替换掉自己的整支军队，甚至连神圣的银盾兵也要如此。他允许自己新任命的波斯廷臣以吻唇礼的方式来迎接自己——这是波斯国王允许自己的宠臣们采取的亲密行为。他认可了那些马其顿士兵所说的话语，他会表明自己并不需要这些人中的任何一个。

与早先在印度半岛发生的哗变相比，这次国王与士兵之间的嫌隙更为严重。当时亚历山大大帝别无选择，只能妥协，因为彼时他没有其他的军队可以驱使。然而波斯帝国的中心地带现在已经将亚历山大大帝视为合法的统治者，曾经为大流士三世而战的亚细亚首领们也时刻准备为他而战。亚历山大大帝已经不再任由军队意志摆布了，这一点他和他的士兵们都十分清楚。军队就这样顽抗了三天。当士兵们再也无法忍受自己与国王断绝关系时，他们便集体前往亚历山大大帝的大帐，并在大帐入口前扔下自己的武器，乞求国王收回武器，以期博取国王的欢心。他们就像被抛弃的恋人一般，哀叹着亚历山大大帝准许其波斯廷臣献上吻礼，而马其顿人还从来没有得到过这样的亲吻。

　　这种悔恨的表现足以让亚历山大大帝心满意足。他走出帐外迎接自己的同胞，邀请他们像波斯人一样亲吻他。亚历山大大帝表示会恢复对他们的青睐，并且再次成为他们的领袖。这些马其顿男儿都如释重负、欣喜若狂，在行完吻唇礼之后，就唱着欢快的胜利之歌回到了营地。亚历山大大帝举行了一场盛大的宴会来庆祝这场和解以及他所取得的胜利。接着他按计划遣送了一万名老兵，并委派克拉特鲁斯（然而并非巧合的是，他也是对亚历山大大帝政策最为反感的高级将领）率领着他们返乡。返乡士卒中还包括银盾兵，这些士兵长期以来因其英勇和忠诚深为亚历山大大帝所倚重，但是在希帕西斯河与俄庇斯哗变之后，他们都被亚历山大大帝视为麻烦制造者。[34]

　　出发返回欧洲的每个士兵都获得了 1 塔兰特的白银作为退伍的奖金——按照标准费率来计算的话，相当于数年的薪酬。[35]而那些留下来的人，可能还有六千名步兵，他们的薪水则较起始水平增加了数倍。[36]提高薪酬是为了预防更多可能发生的哗变，并且对自己部队与蛮族人并肩作战所受的屈辱加以补偿。这也是亚历山大大帝承认自己军队的使命已经改变的一种方式。他麾下的军队早在十二年前就已经四处征战了，而现在他们还要被要求去维系一个帝国的统治。这些人已经逐渐转变为一个永久的军事阶层，一座支撑着亚历山大世界帝国的人形基础设施。即使这些士兵们愿意，他们也永远无法回归羊圈和农场，而且经过了十二年的军事征服，他们中可能很少有人会选择这样去做。[37]他们就如同雇佣兵一样，出卖了自己的生命，所以亚历山大大帝也觉得他们理应获得高额的报偿。

因此，留在巴比伦城并准备向阿拉伯进军的马其顿步兵成为一个特权阶层。除了他们享受的高薪，以及他们在新的"混血"方阵中所担任的领导角色之外，他们还组成了最受国人尊崇的王家卫队，这支部队直接在国王帐下听候差遣。根据马其顿的悠久传统，王家卫队有权集结起来并通过口头表决的方式做出某些决定，其中就包括他们所肩负的最重要的职责，即对新的王位继承人加以认可。随着亚历山大大帝淡出公众视野长达一周甚至更长时间，其中的一些人已经开始怀疑自己是否很快就要被要求去执行这项庄严的任务了。

聚于巴比伦夏宫的护卫官们很难继续维持亚历山大大帝很快就能康复的假象了。国王的病情并没有好转，每次主持晨祀的时候，他还是要被抬在轿辇之上。不过，他还是继续召开战争会议，讨论着即将进行的作战。

在避人耳目地生活了一周多之后，亚历山大大帝准备乘舟沿着幼发拉底河返回南宫，并且号召所有军队和部队指挥官在那里做好准备。或许他正期待着宣布征讨阿拉伯人的军事行动开始。他现在的情况不容乐观，让人难以相信他居然打算登上战船，涉足那鲜为人知的波斯湾海域，然而他的精力和耐力所创下的壮举都超出了人们的想象，譬如他曾在肺部被刺穿、死里逃生的仅仅数月之后，就艰苦行军穿越了格德罗西亚沙漠。又或许，其实他可能已经意识到自己离死亡不远了，并且召集了军官班底来听取自己对即将到来的权力移交所做出的指示。[38]

无论亚历山大大帝曾经打算下达什么样的命令，最终这些都化为泡影。因为到了第二天，亚历山大大帝已经失去了说话的能力。他一直发着高烧。一艘船顺着幼发拉底河将他带到了巴比伦的中心，毫无疑问，是他的护卫官们把他带回到了他一周前所离开的宫殿。

6月10~11日对巴比伦城中的马其顿人而言，是阴郁的日子。此时，亚历山大大帝已经无法行动，也说不出话来。一些伙友甚至不顾一切地想要用超自然的方式帮助他们的国王，他们在询问了神祇是否应该将亚历山大大帝带到神庙后，就直接留宿在了当地神祇的神庙当中。当天夜晚他们在梦中得到了答复：亚历山大大帝还是待在原地更好。后来，在亚历山大大帝死后，这条神谕被解释为，在神祇的眼中，死亡是比康复"更好"的结果。

护卫官们严密地把守着接近国王的渠道，士兵们也开始变得焦躁起来。有传闻说国王已经病逝，但是最高指挥者们正在隐瞒这一事实。士兵们曾在印度半岛表现出的疑虑现在开始再度显现，他们的情绪变得阴沉而暴躁。一群士卒聚集在宫殿外要求进宫，甚至用武力威胁护卫官们，或者根据一则记载，他们突破了城墙，打破了针对他们的封锁。最终，这些高级将领不得不屈服，让诸军将士进入国王的寝处。

列成长队的士兵与伙友在那个临终虚弱的身影面前排开，亚历山大大帝使出足够的气力通过转动视线或者晃动脑袋向每个人致意。很显然，死亡的降临无可避免。这将是他们最后的告别，除非像卡拉诺斯在自焚之前所暗示的那样，他们有可能会在入土之后的某个世界中再度相拥。

35

　　最后的时刻发生在 6 月 11 日的傍晚时分。在那一天，一位佚名的巴比伦书记官在自己的天文日志中留下了一则记录，那是一份恍若先知般将政治事件与天体运行相关联的记录。他用楔形的刻笔划入泥板——现今泥板的碎片正藏于大英博物馆当中——创造了亚历山大时代保存至今的记录中最为平淡、最为冷漠，但同时在某些方面也是最为有力的记载。根据巴比伦历法，那一天是艾亚鲁月（Aiaru）①的第二十九日，他在当天的条目中写道，"国王崩殂"，接着在解释他为何无法观测星空的时候又简单地补充道："有云。"

　　在大约三个半世纪之前，另外一位马其顿国王——亚历山大大帝的鼻祖——也曾卧在病榻之上，就其葬礼向自己的儿子发出指示。名叫阿吉乌斯（Argaeus）的儿子即将顺理成章地加冕为王，他被自己的父亲告知要在其当时居住的城市埃盖城建造一座皇家陵寝。阿吉乌斯的父亲警告他说，马其顿的历代国王都必须安葬于此，因为倘若有人在别处安葬，他们的王朝将会宣告终结。[39]

　　埃盖城是当时马其顿人的王庭所在。这座城市的名字揭示了马其顿人并不显赫的出身，因为该词与希腊语中的"山羊"一词颇为相似。在历史上的大部分时间中，马其顿人都是以畜牧为生，然而正是这群人奇迹般地转变为腓力二世与亚历山大

36

---

① 古代巴比伦的历法属太阴历，以新月初见作为一个月的开始，共分十二个月，分别为：Nisanu，Aiaru，Simanu，Duzu，Abu，Ululu，Tashritu，Arahsamnu，Kislimu，Tebetu，Shabatu，Addaru。其中艾亚鲁月（Aiaru）与马其顿历法中的戴西奥斯月相对应，相当于现今公历的 5～6 月，详细可参看 Alan Edouard Samuel, *Greek and Roman Chronology*, C. H. Beck, 1972, pp. 140 –41。——译者注

大帝麾下的战士与征服者。根据罗马史家查士丁曾经记录的一则传说，人们认为这种转变即使不是昭昭天命，也早已被众神预见。一则古老的神谕宣称，山羊将引领着马其顿人建立起一个伟大的帝国。马其顿早期的一位国王在埃盖发现了一群野山羊时，回想起了这个神谕，于是之后便总是擎着绘有山羊的旗帜，率领着自己的士兵参加战斗。因此，埃盖这个名字更像是代表着这个足以征服世界的民族所肩负的帝国之运，而非单单指的是他们曾经牧羊的过往。

阿吉乌斯国王的名字对于马其顿人来说，同样也有神话般的影响，因为这个名字似乎可以追溯到希腊城邦阿尔戈斯（Argos）。相传阿吉乌斯的父亲曾是阿尔戈斯的流放者，并且通过武力夺取了马其顿的控制权，进而在非希腊地区建立起了希腊人的王室。[40] 而在希腊世界，没有人知道他们到底是否应该相信这个神话（尽管在公元前 500 年前后，一个致力于将非希腊人排除出奥林匹亚运动会的评审团接受了这一说法），现代的学者们倾向于把这则神话视作一种宣传。[41] 不过，马其顿诸王却为阿吉乌斯的名字中所暗示的与阿尔戈斯的联系而感到自豪；他们还有一位更为久远的祖先名为阿吉阿斯（Argeas，又译作阿耳格阿斯），据说还是宙斯的孙子。于是王室便用一个集合名称"阿吉德"（Argeads）来称呼自己，从而强调自己与这个先祖乃至阿尔戈斯希腊人的联系。

在亚历山大大帝崛起之前的三个半世纪里，阿吉德家族逐渐变成了马其顿政治生活的核心。因为所有相关任命和政府职位都由国王决定，所以他们便是唯一的合法政府。在这片出于地理原因而分裂成多个区域的土地上，是王室定义了民族的认知：倘若一个人归阿吉德家族统治，那么这个人就是马其顿

人。在王国臣属的眼中，君主制成为一套神圣的制度，这也是
他们了解自我身份的主要方式。他们将自己排列成同心圆，围
绕着在位的国王；而贵族们标榜自己是国王的"朋友"和
"伙友"，他们在喧闹的宴会上与国王举杯共饮，同国王一起狩
猎野猪，并将自己年幼的儿子送到王宫中成为"国王的侍从"。

　　虽然阿吉德家族备受尊崇，但这并不意味着他们可以醉生
梦死。由于缺乏遴选继承人的制度，他们很容易陷入自相残
杀，或者总是通过内战来解决王朝纷争。他们奉行的一夫多妻
制产生了多个家族谱系，而这些家族也为了继承王位而相互竞
争，有时甚至出现了恶性竞争。这类竞争的获胜者往往会将对
手斩草除根：亚历山大大帝在继承其父腓力二世的王位时就曾
这样做过，从而让王室因为缺乏必要继承人而濒于破灭。最
终，能够夺得王位的阿吉德成员才能够坐稳王位，而在武装士
兵云集的仪式上，民众通过阵阵欢呼向他们的新统治者致意。

　　三个半世纪以来，这个纷争不休的家族一直统治着马其顿
王国，并且遵照阿吉乌斯的训导将逝者埋葬在埃盖城。即使之
后王庭迁至佩拉（Pella）——一个更加外向且更易于出海的
地方，曾经的古都依然是王室陵寝所在。仿佛这个家族相信阿
吉乌斯从自己父亲那里听到的预言，坚信他们的王朝只有在保
留皇家陵寝的情况下才能存续。阿吉德家族坚持着这项传统，
矢志不渝。

　　然而，亚历山大大帝却选择了打破这个桎梏。在他最后下
达的一系列指示中，他要求将自己的尸体安葬在埃及西部，因
为那里靠近沙漠中的阿蒙神庙。[42] 八年前，亚历山大大帝曾经
拜谒过这座神庙，并且向神祇求问自己的来历出身。据说，他
被告知自己是阿蒙神的儿子，而非腓力二世的子嗣。不论他在

那里究竟听到了什么，他都决定在这片世间难以抵达之地——现今的锡瓦（Siwa）绿洲——长眠。他的遗体将被置于绝美的隔绝之境中——其周围将会环绕着人迹罕至、令人生畏的荒漠——而非与祖先相伴、安葬于埃盖城的陵寝中。仿佛亚历山大大帝只想要一位神作为自己的亲族。

38

　　在 6 月 11 日晚间，他的护卫官们面临的诸多问题之一，便是要不要同意亚历山大大帝提出的古怪要求。众人在一时之间无法解决这个问题，因为很快就会有更加紧迫的问题需要他们关注。两年之后，这一问题将会以他们自己抑或亚历山大大帝本人都无法预见的方式得到解决。亚历山大大帝的遗体，就如同他的王朝与帝国一般，即将踏上一场史无前例且艰险万分的旅程。

第二章　佩尔狄卡斯的试炼

巴比伦

公元 323 年 6 月 11 日至夏末

　　根据一些古籍的记载，在亚历山大大帝生命的最后几日，他曾做出唯一的尝试，希望可以借此应对自己患疾所造成的权力真空。亚历山大大帝从病榻上把他用来密封自己行政命令的印章戒指递给了资深护卫官佩尔狄卡斯。[1]这一姿态所蕴含的意义是显而易见的。亚历山大大帝已经授予佩尔狄卡斯监督军队、监管帝国的权力，直到亚历山大大帝从病中康复或者新国王登基。

　　亚历山大大帝的军队并没有明确的等级制度来指定某个人担任统帅的副手，不过，有一个叫作千夫长[2]（chiliarch）的职位，即精锐伙友骑兵第一分队的队长，在军中可谓炙手可热。赫费斯提翁一直担任着这个职务，直到去年秋天因病逝世，尔后这个职位便一直空置。亚历山大大帝因为失去了最为亲密的挚友而悲痛欲绝，起初甚至下令没有将领可以率领这支出类拔萃的骑兵分队，这样的话这支部队将会被永远冠以赫费斯提翁之名。然而，最终亚历山大大帝还是任命佩尔狄卡斯接替了赫费斯提翁的位置，并把自己的希腊书记官欧迈尼斯安排到了佩尔狄卡斯执掌的骑兵指挥体系当中。

　　佩尔狄卡斯接替赫费斯提翁担任军中要职虽然顺理成章，

却不是必然的选择。佩尔狄卡斯拥有王室血统，尽管出自一个曾经统治过马其顿中部以外山区的、早已退出历史舞台的王朝。他长期任职军中且战功卓著。他在参与亚细亚征战约五年后就被擢升为近身护卫官，这也是他对国王忠心耿耿的标志。在印度半岛的时候，佩尔狄卡斯曾经领导了数场重大军事行动，其中就有与赫费斯提翁共同完成的、在印度河上架设桥梁的关键任务。有古籍记载[3]，在大多数人因害怕失手让国王死亡而畏缩不前的时候，正是佩尔狄卡斯在印度半岛的那场战役中从亚历山大大帝的胸膛上拔出了箭矢。［还有一种说法认为，是一位名为克里托德穆斯（Critodemus）的医生帮忙拔出了箭矢。］

当看到是佩尔狄卡斯而不是自己荣升为千夫长时，有几个伙友难免会心生沮丧。其中克拉特鲁斯或许是最有理由嫉妒的那一位。年逾不惑的克拉特鲁斯比其他人都要年长，他也在诸军之中、将官之间素有威名。亚历山大大帝经常依仗克拉特鲁斯来负责调拨步兵方阵、辎重用车与象兵部队，同时克拉特鲁斯还会率领更多的机动部队向前冲锋。不过，尽管克拉特鲁斯出色地完成了每一项任务，但是众所周知，因为他反对亚历山大大帝的欧亚文化融合计划，所以他在王庭中反倒成了局外人。最终，亚历山大大帝让他率领返乡老兵回到马其顿，奉命镇守欧罗巴——这实际上意味着从皇家部队中光荣退役。

托勒密也曾有希望被擢选为亚历山大大帝最为宠信的臣属。虽然托勒密只是在亚细亚征战的后期才得以荣升高位，不过从那时起，他的实力便不断壮大。他是国王麾下与之相处最久且最值得信赖的朋友之一，而一个人的可靠性比任何其他因素都更能决定其在亚历山大大帝的宫廷所获得的晋升。那么列 41

昂纳托斯是不是那个合适的人选呢？当初国王在印度半岛负伤之后，列昂纳托斯可是用自己的身体护住了亚历山大大帝倒下的身体。列昂纳托斯也梦想着自己能够获得更高的地位。这段时间以来，他一直都在模仿亚历山大大帝身着的服饰甚至发型——他遵照国王的标志性发型，将自己的头发从额头往后向两边翻转着梳理成形。[4]

最终，佩尔狄卡斯接替赫费斯提翁成了千夫长，亚历山大大帝在自己生命的最后几天将印章戒指交给了他。可是，当佩尔狄卡斯从国王手中取走那枚戒指时，其实也是从其他所有人——甚至包括克拉特鲁斯，此时他正在向马其顿行军的路上，距离这里有数百英里之遥——的手中将它给夺走了。至少在亚历山大大帝自己看来，他们中的每个人都配得上国王所能授予的至高荣誉。在征战期间，亚历山大大帝总是小心翼翼地让他们保持着平衡，平均地施以恩惠，从而让（除了赫费斯提翁以外的）任何人都不会被过度犒赏。[5]查士丁在谈及亚历山大大帝的高级军官时写道："亚历山大在给他们授予荣誉的时候是如此一视同仁，以至于你可能会认为他们每个人都是国王。"[6]不过查士丁并没有抓住重点，而是将一切都归因于万恶的命运女神，他没有看到相关的国家政策——维持将领们的力量均衡。

佩尔狄卡斯在诸多场合都展现了自己处理危机的能力，尤其是在亚历山大大帝于印度半岛的城镇中负伤后的恐慌时刻——假如那次真的是佩尔狄卡斯对国王进行了紧急治疗的话。亚历山大大帝被拖出险境之后，胸前还插着一支3英尺长的箭。[7]箭头没入了他的胸骨，因为害怕弄碎骨头，所以谁也不敢擅自锯断箭杆。亚历山大大帝此时仍然保有神智，试图用自己的匕首砍断箭杆，然而因为身体失血，他已经耗尽了自己的力量。一些围观者开始哭泣，而另外一些人则吓得连连后退，亚历山大大帝怒斥这些人都是懦夫和叛徒。正如一则史料中所说，佩尔狄卡斯能在这个时候挺身而出——在没有时间找到合适的医疗器械时将自己的刀剑当作手术刀——需要非凡的勇气。在暴怒的马其顿人所奉行的赏罚原则中，医者很可能会因为没有挽救病人的生命而遭到杀害。[8]

　　现在一场新的危机已经迫在眉睫，佩尔狄卡斯需要倾尽全力保持镇定。在这种情况下，他不会因为亚历山大大帝的死而饱受指责，但是会因为自己无法成为亚历山大大帝而饱受非议。他的一举一动，都会引起对手们的嫉妒和怨恨。驻扎在巴比伦的军队——或许有六千名马其顿步兵——几乎都无法对他表示信任。就在前一日，他们刚违抗了佩尔狄卡斯的命令，强行从他身边穿过，前去探视病榻上的亚历山大大帝。近年来，这些士兵的行为变得异乎寻常地桀骜不驯，甚至连对亚历山大大帝也是如此。现在，既然他们唯一的主人已经逝去，那么他们还会听从谁的命令呢？

　　因为古史记载众说纷纭，所以我们现在无法清晰地了解佩尔狄卡斯为应对公元前323年的危机所采取的具体步骤。事实上，在6月11日后的那一周，整个巴比伦城是如此狂暴与混乱，以至于没有哪两个见证者能够以完全相同的方式回忆起那段往事。三部古代编年史——阿里安的《亚历山大死后之事》、狄奥多罗斯的《历史丛书》和查士丁对庞培·特洛古斯作品的摘要——中的不同记载就像是三股绳索，需要现代的历史学家们将之合织成更为贴近史实的绳股。使得这项任务变得复杂的是第四部史料，这部史料对于后亚历山大时代的头几天发生的事件进行了非常详尽的描述，但是其内容往往与另外三部史料相左。生活在帝国早期的罗马政治家昆图斯·库尔蒂乌斯（Quintus Curtius，又译作昆图斯·柯提斯）[9]在撰写亚历山大大帝史略的时候并没有止步于亚历山大大帝的逝世，而是往后记叙了国王逝世后的数日内所发生的事件，就像同时代的其他罗马人一样，他也为权力的真空所造成的危险而深深地着迷。然而，库尔蒂乌斯想要在马其顿的历史中看到罗马的模式，甚至还将两者叠加了起来，这就使他的作品的可靠性备受质疑。[10]

不过可以肯定的是，6月12日，在亚历山大大帝君临天下之所——同时也是尼布甲尼撒王宫的觐见室——举行了一场高级军官会议。七名近身护卫官和其他一些要员列席会议，他们所有人都全副武装，仿佛要去参加战斗，这彰显了此时此刻的危机紧迫性。据库尔蒂乌斯所述，佩尔狄卡斯为这次会晤准备了令人吃惊的布景：本来已然空空荡荡的王座上，如今却装饰着国王的王冠、铠甲以及衮袍。他仿佛是想要让亚历山大大帝的幽灵来主持这场审议一般。库尔蒂乌斯记载道，佩尔狄乌斯将象征着亚历山大大帝无上权威的印章戒指也放到了这些遗物之中——假如一切属实的话，这无疑彰显了一种谦逊的姿态。

现在佩尔狄卡斯着手解决诸位将领面临的最为紧迫的话题，即选举出王位继承人。他指出，亚历山大大帝的妻子罗克珊娜还有最后几周就要临盆了。倘若她的孩子是男性而且没有早夭的话，那么马其顿人将会拥有一位合法的继承人。佩尔狄卡斯表示，诸军现在最需要做的就是等待，并且期待着这两个最好的结果。

亚历山大大帝的高级海军将领尼阿库斯接着进行了发
言。[11]虽然他并非近身护卫官，但是亚历山大大帝一直将他视　44
作密友。尼阿库斯当即提议将亚历山大大帝与名叫巴耳馨的情
妇所生的儿子海格力斯拥立为新的国王。他认为，毕竟还有这
么一位朝气蓬勃的继承人尚在人世——或许这位继承者方才四
岁——他们并非只有一种选择。然而，尼阿库斯的发言很快就
被其他军官反对的喧闹声给打断了，不仅是因为他提名了一个
没有资格继承王位的私生子，而且作为一个希腊人，在马其顿
人的会议中这般发言也是不合时宜的。甚至有人怀疑他提及海
格力斯是出于私利，因为在苏萨的集体婚礼上，他迎娶了巴耳
馨的一个女儿，所以现在的尼阿库斯就是海格力斯半血亲的
姐夫。

接下来发言的是一位叫作墨勒阿革洛斯（Meleager）的军
官，他直言不讳地提出了困扰军队良久的欧亚融合问题。他观
察到，海格力斯的母亲和罗克珊娜都至少有一部分亚洲人的血
统（巴耳馨是混血希腊人），而且还是属于被马其顿人征服和
统治的民族。也许亚历山大大帝无视这样的界限，但并非所有
人都能够跟随他的脚步，尤其是墨勒阿革洛斯和他的步兵战友
们。继承王位的为什么不能是一个拥有更为纯正的血统且已经
成年的人呢？他就是亚历山大同父异母的兄弟阿里达乌斯
（Arrhidaeus），他是腓力二世和其欧洲妻子所生的儿子之一。
这个人现在就在巴比伦，与大军同在，时刻准备好去执掌
权柄。[12]

现在轮到托勒密进行发言了，他指出了一个尴尬的事实：
阿里达乌斯在心智方面并没有统治的能力，他看上去似乎能够
较好地表达和履职，但是他的能力只能达到孩童的水平——用

现在的术语来说就是发展性障碍——所以正如一个孩童需要监护人一样，阿里达乌斯也需要一个监护者或者摄政王。托勒密表示，与其让这么一个代理人来摄政，马其顿人更应该组建一个由高级将领所组成的委员会去统治国家。这些人可以在亚历山大大帝空荡荡的宝座前进行会晤，就像他们现在正在开的会一样，并遵照投票多数做出决定。托勒密分析道，通过这种方式，马其顿人就能被一群已被证明才能卓越之人所领导，这些卓越之士之前就已经非常成功地行使过各自的指挥权。

毫无疑问，当托勒密发言的时候，不少人都斜眼瞥了佩尔狄卡斯一下。佩尔狄卡斯既是亚历山大大帝任命的千夫长，同时也获得了国王的印章戒指，所以从逻辑上说，他将会成为幼童或者心智羸弱者的监护人。托勒密有关下放权力，甚至是废除君主制度的提议，无论从哪方面来看，都对佩尔狄卡斯造成了冲击。托勒密本人也肯定清楚自己的话语会产生什么样的影响。在这两位首席护卫官之间的殊死搏斗中，他已经率先提出了挑战。

在那场决定性的会议上，可能会有更多的演说（库尔蒂乌斯记载，还有人提议让佩尔狄卡斯加冕为王，但这似乎把罗马式的奇想移植到了马其顿的背景当中）。[13]最终，佩尔狄卡斯的计划被众人采纳。军队会等待罗克珊娜诞下孩子，倘若她生下的是儿子，那么这个孩童将会成为国王。而婴孩的监护人（倘若那孩子是个女孩，那么他们也可能会执掌权力）将会是一个四人委员会：近身护卫官佩尔狄卡斯与列昂纳托斯，外加现在正在西亚缓步行军，率领着麾下老兵返乡的克拉特鲁斯，还有过去十二年间一直负责欧洲后方事务的马其顿政坛名宿安提帕特。托勒密的位次与其中三位相差无几，甚至还高于列昂纳托斯，但不知为何被排除在了人事安排之外。或许，他现在已经被佩尔狄卡斯视为危险的对手。

这四位摄政者大致划分了个人的治权范围：克拉特鲁斯与安提帕特将会管理欧洲的领土，而佩尔狄卡斯和列昂纳托斯将会管理亚洲的领土。克拉特鲁斯被赋予了一些职权模糊的行政地位，这使得他有权代表国王行事，且因此可以动用王家国库。对于这位深受爱戴的老将来说，这是一种慰藉，此时他正指挥着一万名老兵，拥有马其顿诸位领导者中最为强大的军事力量。克拉特鲁斯一旦得知亚历山大大帝的死讯，就可能率军轻松地冲入巴比伦并且夺取唯一的权力，若他真要如此，可谓旦夕可成。

觐见室中的众人向四人委员会进行了宣誓效忠，然后整个骑兵部队被召集到了宫殿外的庭院中，这些人也都立下了类似的誓言。将军们希望让骑兵全力支持这个方案，然后再把这个方案作为既成事实告知步兵部队——步兵在人数上胜于骑兵。但是，他们严重误判了自己赢得普通士兵支持的能力。因为也有记载表示，即使是在众将会晤期间，步兵部队也选择分别召开会议，并且推举出一位截然不同的即位人选——亚历山大大帝那位心智有碍的同父异母兄弟阿里达乌斯。佩尔狄卡斯派遣在会议中已经明确表示支持阿里达乌斯即位的步兵军官墨勒阿革洛斯作为使者前往步兵驻地进行接洽——这是他作为新政权的领导人所犯下的众多错误中的第一个错误。

我们并不清楚步兵驻地距离宫殿到底有多远，也不清楚步兵对骑兵所做出的决定到底了解多少。查士丁暗示这两大军事集团并没有相互接触，而库尔蒂乌斯则认为当时步兵就在觐见

46

室之外，聆听着场内的演说，随后如同暴徒一般闯了进去。无论双方的物理距离几何，彼此之间的观点已然是天差地别。早先在印度半岛的时候，当这些步兵认为骑兵指挥官们刻意隐瞒亚历山大大帝死讯而险些发动针对他们的兵变之时，这条鸿沟便出现了，而在近两年之中这条鸿沟变得越来越大。现在选择亚历山大大帝继承者的时候到了，按照惯例此事需要举行一场大规模的军队集会，但是大会并没有如期召开。[14] 在这危机重重的氛围中，这些步兵战士很容易对其统帅们的意图做出最坏的打算。

这些步兵很容易对自己的上级产生不信任的情绪。亚历山大大帝经常将自己仰赖之人从步兵部队拔擢到骑兵部队，这就让之前接受将领指挥的步兵士卒感到自己受到了轻视，继而逐渐与他们的高级统帅产生隔阂。其中最大的隔阂就是来自国王所做的文化融合实验。亚历山大大帝开始沉湎于身着波斯皇室的紫色衣袍，接受波斯廷臣的阿谀奉承，甚至还迎娶了一位来自巴克特里亚以及两位来自波斯的女子。然后，在他生命的最后一年，他甚至开始将亚细亚的新兵们掺入自己的大军。他组建的全新的步兵方阵——在他们看来就是一个混血怪胎——中马其顿士兵和蛮族士兵的比例差不多是一比三。骑兵部队早已出现了多国融合的情况，只不过融合程度较低；马其顿人和希腊人在骑兵中依然占据多数。

因此，这些步兵在服役的十年乃至更长的时间中历经了翻天覆地的变化，而他们自身也改变良多。他们因战争的不断历练而坚毅，而在印度半岛哗变的成功让他们变得更加胆大妄为，任性而固执，不断地要求获得报偿与津贴。他们虽然依然崇敬阿吉德王朝的君主制，也敬畏亚历山大大帝的崇高形象，而他们所展现出的崇敬较之以前却变得更加不情不愿，就仿佛是一条没养熟的狗对能够击打自己口鼻的主人所表现出的敬畏一般。相较之下，他们爱戴的将领是步兵出身的军官克拉特鲁斯，他曾经多次在质疑亚历山大大帝的亚细亚化政策时直言不讳地陈述步兵士卒们的感受。[15] 在他们眼中，克拉特鲁斯代表着一个文化纯正的往昔，在那个时候他们自己的身份，以及他们敌人的身份都清晰明了，在道德上也无可指摘。

　　率领步兵的高级军官墨勒阿革洛斯也曾批评过亚历山大大帝所奉行的国际主义，然而他的直抒己见让自己付出了高昂的代价。多年之前，在印度半岛的时候，墨勒阿革洛斯参加了一场庆祝亚历山大大帝与当地罗阇（raj）安比（Ambhi）刚刚结为同盟的宴会。[16] 亚历山大大帝向东道主赠送了大量的礼物，其中就有 1000 塔兰特的巨额白银。墨勒阿革洛斯当时已经喝得大醉，当看到如此巨量的财富被赐予一个蛮族时，他感到愤懑不平，于是直截了当地表达了自己的愤怒，他用众人都能够听得到的声音讥讽亚历山大大帝："你倒好呀，终于在印度半岛找到了一个价值 1000 塔兰特的家伙。"此后，墨勒阿革洛斯的军旅生涯便一蹶不振。在所有以队长（taxiarchs，步兵分队的军官）身份参加亚细亚作战的人群中，只有墨勒阿革洛斯还一直身居部队中层，而非晋升到更为杰出的骑兵部队当中。 48

　　墨勒阿革洛斯在王宫的议事会中支持阿里达乌斯作为王位继承者，而与此同时在别处开会的步兵部队也做出了相同的选择，这绝非巧合。在这两种情况中，他们对于阿里达乌斯的青睐都源于自己对于往昔的热盼。作为伟大的国王腓力二世的儿子，阿里达乌斯唤起了人们对于亚历山大大帝之前的那个时代的回想：在那个时代，亚细亚人依然是他们的敌人和奴隶，而非并肩作战的战友。毫无疑问，这些为阿里达乌斯进行膏礼的步兵士卒都渴望他来进行统治。这些人采取了一项史无前例的举措，他们帮新任国王修改了名字，用他那受人尊崇的父亲的名字将他取名为腓力。

墨勒阿革洛斯很清楚自己的步兵战友们为何要把阿里达乌斯奉为君主，并且拒绝让罗克珊娜未出生的孩子加冕为王——因为这尚未诞下的混血婴孩正体现着令他们憎恶的欧亚融合计划。他对他们的想法感同身受，却被派往这些步兵的驻地去说服他们改弦易辙。佩尔狄卡斯希望墨勒阿革洛斯能够让自己的部下接受骑兵部队做出的选择。正因为墨勒阿革洛斯止步不前的军旅生涯使得他在步兵中享有无与伦比的声誉，他也是诸位高级将领中唯一留在步兵中的军官，所以他是一个完美的中间人。倘若他发声支持众位将帅以及他们即将出生的新王的话，那么步兵的哗变就很有可能被平息。

但是，假如按照墨勒阿革洛斯自己的意愿来行事的话，他也很有可能率领着这场哗变走向胜利。当他踏入步兵营地之时，步兵士卒们正在为刚刚改名为腓力的阿里达乌斯山呼，于是墨勒阿革洛斯仔细斟酌了面前出现的良机。现在这里有一位被拥戴的国王，但他十分无能，需要一个监护者来照料他；这里有一支已经将他奉为领袖的军队，而这支军队的数量远超佩尔狄卡斯麾下的部队。只要率领这支军队，拥戴这位国王，墨勒阿革洛斯就可以像佩尔狄卡斯那样轻松地掌握至高的权力，事实上会更加容易，因为此时他站在一位真实存在的君王身边，而并非寄托于子宫里的希望。他决定接受命运女神的赐予。他顶盔贯甲，站在昔日的阿里达乌斯（现在的腓力）的身旁——这是他拥戴新王的姿态。

49

步兵们陷入了癫狂，长矛在盾牌上敲击得铮铮作响，他们在为自己哗变的新领袖欢呼致敬。墨勒阿革洛斯发表了演说，煽动了他们的愤怒，并且要求他们采取行动。一群哗变的暴徒在一脸困惑的腓力的陪同下，全副武装地向王宫进发。正如他们两天前所做的那样——当时，他们要求进入亚历山大大帝所在的房间。

在事先得到警告之后，佩尔狄卡斯在觐见室集结了数百名精锐士兵，并且关上了大门。他希望自己能够守住这个房间，从而保持自己对权力的脆弱把控。亚历山大大帝的遗体，以及装饰着皇家盔甲与徽章的空王座——这些象征着权威的护符，现在都被锁在房内，与他同在。现在看来，谁拥有了这些，谁就能够掌控整个帝国。

步兵们强行把门打开，冲入房间，随时准备投掷标枪。作为这伙暴徒的首领，墨勒阿革洛斯与佩尔狄卡斯狭路相逢。一场全面冲突似乎已然迫在眉睫，[17]然而佩尔狄卡斯和他的部下们看到自己与对方实在是实力悬殊，所以选择了战术性撤退，从侧门离开了王宫，然后策马前往城外平原的安全地带。

在这次迅疾的政变中，墨勒阿革洛斯控制住了宫室、宝座以及亚历山大大帝的遗体。他和他的步兵袍泽们在无人照看的亚历山大大帝遗体前建立了新政府。他们愚钝的国王腓力被任命为政府的首脑，并且穿戴上了空王座上遗留下的皇家物什——亚历山大大帝的衮袍与王冠。

佩尔狄卡斯和其他的将领都不见踪影，只有一个人还待在那里。亚历山大大帝曾经的书记官、刚刚被提拔为骑兵指挥官的年轻的欧迈尼斯选择留在宫中，希望自己能够调解这场冲突。欧迈尼斯认为，自己作为一个对马其顿政治并无兴趣也无

50

得失的希腊人，可以赢得双方的信任。欧迈尼斯很可能以非常真诚的态度提出了这一理由，而且还得到了墨勒阿革洛斯部下的接受——尽管未来数年里所发生的事情，会让这种理由显得那么可笑天真。

据传亚历山大大帝临终前曾经预言，在他的陵墓前将会举办一场盛大的葬礼竞技。然而，即使是亚历山大大帝本人可能也很难相信，仅仅在他逝后的一天内，两支部队就会在他的遗体前剑拔弩张。这种瓦解的速度——信任与秩序崩溃的规模——着实令人咋舌。在这件事情上马其顿人表现出的唯一可取之处就在于，在巴比伦发生的一系列事件进展得如此之快，以至于比昭告天下的传讯使者都要迅速。那些本可以在混乱中渔利的行省，那些本可以发动叛乱的臣民，此时甚至还不知道亚历山大大帝已经逝世了。

墨勒阿革洛斯现在要做的第一件事，就是下令逮捕已经亡命的对手佩尔狄卡斯。他肯定已经意识到，只要佩尔狄卡斯还有一息尚存，自己的统治就难以长久。虽然骑兵和步兵之间存在不信任的情况，但是军队中的传统领袖依然可以赢得诸多普通士兵的忠诚。事实上，佩尔狄卡斯似乎也在期待着部队重申对他的忠诚，他仍然留守在巴比伦，同时向外派出了自己的同僚军官。墨勒阿革洛斯决心阻止佩尔狄卡斯如此行事。获取必要的授权并非易事：墨勒阿革洛斯向国王腓力解释了为何佩尔狄卡斯的存在会有害于国家，然后国王所表现出的困惑不解的沉默被理解为了准许。一支小队被派去逮捕佩尔狄卡斯，他一旦反抗就会被就地格杀。[18]

佩尔狄卡斯以惊人的冷静沉着回应了这次大胆的袭击。当

墨勒阿革洛斯的人马接近时，他正和仪仗队的十六名侍童待在
自己的住处，此刻缺兵少将，根本无法自保。然而他毫无畏
惧，只是表现得义愤填膺，顶盔贯甲地出现在门口，谴责那些
想要逮捕他的人都是墨勒阿革洛斯麾下的叛逆和奴仆。他的计
谋奏效了。这些士兵因为遭到了最高统帅的斥责而羞愧难当，
于是在没有完成任务的情况下就溜之大吉了。接着，在其他袭
击者还没有到来之前，佩尔狄卡斯便赶忙离开了这座城市。

　　墨勒阿革洛斯针对佩尔狄卡斯的失败打击，在哗变的军队
中激起了与之相左的情绪波动。第二日，便有人指责墨勒阿革
洛斯，甚至要对其滥用职权提起司法调查。国王腓力本人也接
受了问询，并且承认自己批准了针对佩尔狄卡斯的行动。不
过，他抗辩道——这显然表明，腓力在有限的情况下，还是可
以发表见解、做出分析的——既然佩尔狄卡斯并没有死去，那
么何必如此大费周章呢？于是，墨勒阿革洛斯得以幸存，但是
他的地位被极大地削弱了。觐见室展现了一幅围绕执政席位展
开的虚无假象：使节们来来往往，国家事务照常进行，然而，
列席于其中的人沉默地怒视彼此，却又不敢承认自己内心的恐
惧与疑虑。[19]

　　在经历了三天沉闷的期待之后，骑兵们着手反击的消息传
了进来。驻扎在巴比伦城外的骑兵切断了城市的粮草供应，威
胁要让步兵忍饥挨饿直至投降。哗变者们不仅为自己身处的困
境而担忧，还为城市供给被切断导致的城内人口动荡而感到不
安。一些士兵面见了墨勒阿革洛斯，要求他要么马上就和佩尔
狄卡斯交战，要么就着手安排相关交易。而迄今为止一直冷眼
旁观的欧迈尼斯终于打算出手干涉，他敦促哗变的士兵们在造
成更多伤亡之前尽快与自己的前任统帅达成谅解。

51

虽然内心极不情愿，但墨勒阿革洛斯最终还是被迫与佩尔狄卡斯展开了谈判。骑兵部队一开始宣布了极其严苛的条件，坚持要求步兵将哗变的头目移交给他们进行即决惩罚。接着，佩尔狄卡斯亲自出现在了步兵们的面前，表达出和解的意愿。他无所畏惧地走到士兵当中，对于现今迫在眉睫的危险发表了一场慷慨激昂的演说。[20] 他表示，若哗变继续，那么马其顿人就会让自己遭受从未在敌人手中遭受过的失败；他们付出的所有辛劳都将付之东流；他们会用自己的鲜血安抚那些被屠杀的敌人鬼魂。这熟悉的、威严的声音，唤醒了那些哗变的士兵。他们明确表示，准备在合适的条件下，让佩尔狄卡斯重新成为自己的领袖。

虽然众人达成了一项奇怪的协定，但无论如何，协商解决的道路现在已经变成了坦途。佩尔狄卡斯和骑兵们承认这个原名阿里达乌斯、现名腓力的人成为他们的国王，而墨勒阿革洛斯以及步兵们则同意倘若罗克珊娜诞下的是一个男孩的话，那么他将成为第二位国王。腓力将在这个二元君主制中居于首位，因为他有统治国家的能力，至少比一个新生婴儿更有能力去统治。以国王的名义，墨勒阿革洛斯将会被纳入管理帝国的监护委员会，以取代被莫名移除的列昂纳托斯。墨勒阿革洛斯在从属于佩尔狄卡斯的情况下管理亚洲之地，而克拉特鲁斯和安提帕特将继续共同代管欧洲的领土。墨勒阿革洛斯所发动的哗变让他赢得了相当巨大的帝国控制权，虽然他注定无法长久享受这份权力。

危机已经被化解。通过建立起共治王权——一种与君主制理念相悖的特殊安排——双方都被从内战的深渊中拉了回来。步兵和骑兵重新合并为一支完整的军队，尽管两者间信任的裂

痕并没有那么容易修复。双方肯定都清楚，虽然表面上达成了
大赦，但是一旦曾经的领袖们重新掌握权力，依然有许多问题
亟待解决。

　　距离亚历山大大帝逝世已经过去了数日。此时，国王的遗
体还静静地躺在王宫的觐见室中，悄无声息地见证着在其肃穆
之躯前所发生的斗争。在纷乱喧嚣中，人们根本没有机会对遗
体采取任何的防腐措施。然而根据普鲁塔克和昆图斯·库尔蒂
乌斯的说法，遗体居然奇迹般地没有腐烂，依然显现了一种不
同于国王在世时的俊美、有力与芬芳。事实上，当防腐处理者
们终于被召唤而至时，他们居然害怕处理这具看上去似乎并未
死去的遗体。或许这些人的害怕并没有错：1996 年，一支专
家小组在分析了亚历山大大帝之死以后，在其发表于《新英
格兰医学杂志》（*The New England Journal of Medicine*）的研究
成果中表示，国王可能并没有在 6 月 11 日逝世，而是进入了
一种与死亡极为相似的麻痹状态。[21]

　　马其顿人通常不会使用埃及和巴比伦的防腐方法来处理死
者的遗体。想来必是佩尔狄卡斯决定要从亚历山大大帝的遗体
中取出器官并且将其制成木乃伊，然后放入一个装满香料的金
棺，这样所有人都可以在没有恶感的情况下瞻仰他们的国王。
他指派一位名叫阿里达乌斯的军官（此人与亚历山大大帝同
父异母的兄弟并非同一个人；那位阿里达乌斯已经更换了王室
称谓，现在叫作腓力了）去监督一辆装饰豪华的灵柩车的建
造情况，并且还要负责管理已经进行干燥处理的遗体直至灵柩
车建成。阿里达乌斯将奉命把遗体运至最后的目的地——很显
然，此时灵柩车的目的地仍然是亚历山大大帝自己选择的长眠

53

之所——埃及的阿蒙神庙。

对于佩尔狄卡斯而言，他在过去的一周里虽然遭受了一定程度的损失，却并非毫无希望。墨勒阿革洛斯的背叛令他大吃一惊；他对这位步兵将领存在误判，他本以为这个人踏实可靠，所以当时委派墨勒阿革洛斯去实现他所希望的、控制住怀有敌意的军队的目的。佩尔狄卡斯一直关注着自己的骑兵同僚们（尤其是托勒密）是否会存在不满的情绪，并考虑如何对付缺席会议的对手克拉特鲁斯和安提帕特。步兵爆发的哗变打了他一个措手不及。不过，佩尔狄卡斯很快就恢复了局势的均衡。他成功地让军队听命于他，接受他的权威。而最高指挥中枢的其他成员们也都选择站在他的一边，甚至连他的对手托勒密也都依然表现得忠心耿耿。军队传统的等级秩序已经得到了恢复。

54　　现在的问题是应该如何处理这些哗变者，尤其是墨勒阿革洛斯。佩尔狄卡斯能够获取答案的最佳模板莫过于亚历山大大帝。虽然亚历山大大帝拥有神祇般的力量，但是也会遭遇挑战。有人曾拒绝服从他的命令，有人曾在他人面前与他针锋相对，甚至还有人曾经对他大加嘲讽。这些人不管做过什么，最终都丢掉了性命。

首当其冲的就是克利图斯（Cleitus），人们会称呼他为黑克利图斯（Cleitus the Black），他是一位贵族，同时也是一位高级军官。他在与波斯人的第一场战役中曾经救了亚历山大大帝一命，当敌方剑士即将击中国王头颅时，他砍断了敌人的手臂。多年以后，当黑克利图斯在巴克特里亚的一次宴会上喝得酩酊大醉的时候，他开始抱怨亚历山大大帝不仅欠了自己的项上人情，还对不起其他人付出努力帮他所取得的征服伟业。黑克利图斯还认为亚历山大大帝太过傲慢地将虚伪的荣耀加诸己身，把自己打扮得像个波斯的纨绔子弟，而且也不像他的父亲那样富有男子气概。亚历山大大帝终于忍无可忍，伸手去取武器。护卫官们赶忙一把抓住国王，将他控制住，而黑克利图斯则被赶出了宴会厅。然而过了一会儿，当护卫官们松开手时，黑克利图斯又回到了酒宴上，喋喋不休地进行更多的嘲讽。亚历山大大帝当即抓起一把萨里沙长矛，将那硕大的矛尖刺入了黑克利图斯的胸膛，当场就把他给杀死了。虽然这是一场毫无预谋、鲁莽为之的谋杀，但或许亚历山大大帝并不会为此而后悔。

　　接着殒命的是卡利斯提尼，他被认为是希腊文学之光，曾作为宫廷编年史家随军而行。作为一位受人尊敬的智者，同时也是亚里士多德的甥孙，卡利斯提尼可以用自己的名声为亚历山大大帝的征战增光添彩，而他通常也非常乐意去颂扬这场远征。然而突然之间，在黑克利图斯死后一年左右，卡利斯提尼却动摇了。在一次即兴演说中，他抨击了国王的代表所提出的想法，即廷臣们应该像波斯人在他们的君主面前那样向亚历山大大帝鞠躬致敬。卡利斯提尼斯断言，这是把世俗之人与神祇混为一谈了，并且将原本有限的君主制度转换成了专制制度。亚历山大大帝虽然最终放弃了鞠躬致敬的仪式，但是对卡利斯提尼的忤逆暗自恼怒。数月之后，当卡利斯提尼的一些年轻崇拜者密谋杀害国王却被发现时，一场针对卡利斯提尼本人所设置的圈套也就顺理成章了。一些记载中描述，卡利斯提尼之死可谓骇人听闻，他要么是在经受拷打之后被绞死，要么就是被关在一个臭气熏天的笼子里，跟随着军队被一路拖拽着，直至虱虫和病魔夺去了他的生命。

55

针对亚历山大大帝权力的最后一次挑战，其实也是最为严重的一次。亚历山大大帝在俄庇斯当众宣布自己将让一万名老兵退役，同时让波斯人接替他们的位置，他的士卒们纷纷表达了自己的轻蔑之情，嘲笑他的专横独断和成神妄想。亚历山大大帝当即做出了残忍的回应。他走入人群，拍了拍那些嘲笑声最为响亮之人的肩膀，将他们挑选出列，立即执行了死刑。十三个人——他们是有着长期服役经历且战绩杰出的老兵——就这样在未加听证和审判的情况下遭到了处决，然而这的确止住了那些呢喃抱怨。亚历山大大帝又重新掌控了局面。

现在轮到佩尔狄卡斯去应对哗变的军队了。很显然，那些向他发出挑战的人必须付出代价，而且必须在众目睽睽之下付出相应的代价。然而，他所拥有的惩罚权力与亚历山大大帝截然不同。立刻发起攻击是不现实的。他目前的权威还是太低了，再者说，他又怎能在巴比伦的街头巷尾、宫殿楼宇中成功将惩戒付诸实施呢？骑兵需要平坦的平原，以便其纵马驰骋、发动冲锋。于是，佩尔狄卡斯与他的骑兵将领同僚们一起制订了一项计划。

从最早的时候开始，马其顿军队就会举办一种叫作"涤罪净化"（lustration）的仪式，用来在众神面前净化自己。在仪式中，一条狗会被宰杀，然后被切成两半，两半尸体会被拖到旷野的两侧。接着，所有士兵都会全副武装地从两者间列队穿行而过。有的时候，在这场行军结束之后，骑兵与步兵之间会发生一场演习式的对战。佩尔狄卡斯现在下达命令，要在巴比伦郊外的旷野上举行这样的涤罪仪式，从而洗刷武装部队参加哗变的污点。所有人都会聚在一处举行这场仪式，骑兵与步兵分别相向列队。

毫无疑问，墨勒阿革洛斯曾经怀疑过佩尔狄卡斯的意图，但是佩尔狄卡斯采取的进一步策略确保了他乖乖与之配合。[22] 56 佩尔狄卡斯安排一些代表大声抱怨墨勒阿革洛斯在权力分享的交易中所获得的拔擢。当墨勒阿革洛斯获悉这些怨言之后，他便跟佩尔狄卡斯抱怨道这些不满之人必须受到责罚。佩尔狄卡斯则指出，在即将到来的涤罪仪式上，当骑兵被部署在具有充分战术优势的开阔地带时，他们将会获得绝佳的逮捕机会。墨勒阿革洛斯同意了这个计划，并且希望借此将自己的对手一网打尽。然而事实上，这场计划正是针对墨勒阿革洛斯支持者的。

步兵们列队走出了巴比伦的城墙，进入了骑兵享有优势的地区，准备举行庄严的涤罪仪式。而在旷野的另一边，骑兵们全副武装，在一群战象的率领下向前开进。当马其顿人在印度半岛第一次遇到这种奇异的战争武器之时，他们感到十分畏惧，不过很快就学会了如何击溃它，并且知道了如何去掌握它。从此，大象就成了马其顿军营中常见的一景，但是在涤罪仪式上看到这些动物就非常奇怪了，毫无疑问也令人备感不安。

随着两支队伍之间的距离越来越近，佩尔狄卡斯图穷匕见。他委托国王腓力向步兵们发表了一份准备好的演说，要求主要哗变者——正是那些人让他登上了王位并且赐予了他新的名字——投降，并威胁说倘若他们拒绝，己方就会发起摧枯拉朽般的骑兵冲锋。墨勒阿革洛斯已经被出卖了，但是他对此无能为力。他那三十名最为坚定的支持者被交出并捆绑，并在汇于一处的步兵们的注视下被扔在大象的脚下踩踏至死。[23]在这一次雷霆出击中，整个军队中最麻烦的成员被清除掉了。然而佩尔狄卡斯的心口不一并非全无代价。在总结阿里安在已经佚失的《亚历山大死后之事》中提出的观点时，佛提乌表示，自此之后这位千夫长便"无法取信于人，并且疑虑缠身"。

墨勒阿革洛斯本人虽然逃脱了被当场"净化"的命运，但是在几天或几小时之后，佩尔狄卡斯便开始对他展开清算。当军官们指控他背信弃义的时候，墨勒阿革洛斯根本就没有费心为自己辩护。他逃到了附近的一座神庙中，因为他相信一项古老的禁忌——任何逃往神坛寻求庇护的人都不会受到伤害。不过，这种禁忌在当前的危机中显然成为一种无法兑现的奢侈品。佩尔狄卡斯命令自己的部队进入神庙，将墨勒阿革洛斯给拖了出来。对摄政的更迭毫不关心或者一无所知的国王腓力，就像他早先签署过的一项针对佩尔狄卡斯的令状一样，签署了处决墨勒阿革洛斯的命令。

佩尔狄卡斯为了在军中彻底碾碎煽动哗变的情绪，还策划了另外一场完全不同的清洗行动。我们对此中内情一无所知，因为只有一位古代的编年史家普鲁塔克提到了这场清洗，而且只是在一个简短而令人困惑的段落中提及的。不过，我们没有理由去质疑这场清洗是否发生过。在这一事件中，佩尔狄卡斯拥有一位非同寻常的合作者——一位并不习惯于政治谋杀的女性，年轻且已然怀孕的亚历山大大帝的遗孀——罗克珊娜。

在亚历山大大帝逝世后的数天中，罗克珊娜肯定意识到了自己即将成为王太后。但是，她肯定也知道自己尊崇的地位是极为脆弱的。亚历山大大帝的另外两位遗孀——斯妲特拉和帕瑞萨娣丝都是波斯前任国王的女儿。亚历山大大帝原本打算让这两人诞下自己的孩子，这样的话，所生的孩子就同时拥有了欧洲和亚洲的皇室血统，也将成为波斯－马其顿帝国的理想统治者。现在，这两位波斯公主为其他人——或许是亚历山大大帝麾下的某位将领——提供了一个机会，她们可以诞下一位至少从母系来看是皇室血脉的贵胄。在新的政治格局下——欧亚两洲被亚历山大大帝的强力意志强行并为一体——这样的孩童是否能够成为王位候选者，尚且不得而知。而一种更加令人琢磨不定的可能性则是，两位波斯公主中的一位或者两位已经怀上了亚历山大大帝的孩子，或者至少她们声称如此——这种说法无疑会给罗克珊娜以及她那尚未出生的孩子带来巨大的危险。

因此，佩尔狄卡斯和罗克珊娜打算共同行动，下定决心至少要除掉一位波斯公主，或者干脆把两个人都给杀掉。[24] 于是，一封看似亚历山大大帝所写的伪信被送到了斯姐特拉那里。由于佩尔狄卡斯掌控着亚历山大大帝的印章戒指，所以人们很容易想到就是他用那枚戒指密封了这封伪造的信件。斯姐特拉在信中读到的内容将她引到了罗克珊娜等候她的地点，然后罗克珊娜就在那里杀死了斯姐特拉和另外一位随行的女子——可能就是帕瑞萨娣丝。接着，她们的遗体被人偷偷地投入井中，并且井里还被人填满了泥土。罗克珊娜和佩尔狄卡斯不想让任何人知道到底发生过什么事情，他们只是让那两位女子永远地消失了。如果不是因为普鲁塔克记载的出自佚名消息者的一句话，这桩罪行可能时至今日都难以为人所知。

古希腊语中有一个动词是"phthanō"[①]，意指采取先发制人的行动，尤其可以指代在防止敌方伤害己方的情况下，抢先对敌方造成伤害。当亚历山大大帝仅凭一些微弱的证据就认定

58

---

① phthanō（φθανω）的本意是"先于某人到达某地"。——译者注

一位名叫菲罗塔斯（Philotas）的高级军官参与了暗杀阴谋，继而让其接受审判并且将他处死之后，这座执行审判的城市——在这里亚历山大大帝得以化险为夷——便被取名为"普洛夫达西亚"（Prophthasia，意为"先发制人"）。"先发制人"一直都是马其顿君主享有的特权。为了君主的安危，消灭掉可能出现的威胁是正当的。然而，罗克珊娜和佩尔狄卡斯合谋杀死波斯公主的事情，将这一逻辑推到了一个新的极端。之前曾经有过除掉王位继承者的先例，但为了防止女性诞下王位继承人而对其大开杀戒是前所未有的事情。

一旦这种先发制人的逻辑付诸实施，它的应用方式就很难受到限制。这种先发制人所许可的暴力，将会在未来的数年内夺走所有与亚历山大大帝有血缘关系或者曾与他同床共枕的女子的生命。然而不知何故，一个本不该幸免的幸存者却逃脱了屠杀，继而帮助建立了一条新的王室世系。

罗克珊娜在7月或者9月的时候——我们所参考的资料在这一时间上存在分歧——诞下了一个男孩。当时，如此之多的人正热切地期待着一个男婴的降生，这种情景可谓前无古人。大多数人无疑松了一口气，但是没有谁能比佩尔狄卡斯更加如释重负。他所做出的安排看来已经安全无虞了。他对帝国未来的规划——和亚历山大大帝的规划一样，要求在巴比伦而非欧洲建立起帝国的权力中心——看来可以顺利推进了。

因为这个婴儿的共治者阿里达乌斯已经以自己父亲的名字腓力给自己命名了，所以这个婴儿毫无疑问地获得了自己父亲的名字亚历山大。刚刚出生的亚历山大与刚刚更名的腓力，被共同尊为帝国的国王。历史上一般称呼他俩为亚历山大四世和腓力三世（有的时候也会称后者为腓力·阿里达乌斯）。[25]

佩尔狄卡斯现在该给近身护卫官们指派新的任务了，因为这些人所受过的训练或者身上具有的气质并不适合照料神志不清之人和嗷嗷待哺的婴孩。佩尔狄卡斯需要奖赏那些在步兵哗变期间依然保持忠诚的人，并且让自己的对手尽快远离这里。众人最终决定，除了佩尔狄卡斯之外，每一位护卫官都将会离开巴比伦，就任行省总督（satrap，这一职位的波斯语名词已经被希腊语所采用，并且一直沿用到今日的英语当中）。[26]这一任命不仅赋予了履职者权力与地位，而且具有战略层面的重要性，因为总督控制的小股军队可以协助巩固帝国的统一——或者也会掀起叛乱，最终摧毁帝国。各省总督必须是可靠之人，他们需要足够强大但又不能太过强大，他们也需要服从佩尔狄卡斯以共治国王的名义下达的命令。

然而，这些职务的划分也带来了外交上的复杂问题。佩尔狄卡斯不可能冒着得罪自己同僚的风险，要么把他们扔到一些毫无价值的行省中去，要么用一个过于富庶强大的行省去激励他们。最终，他在这种微妙平衡的两端都犯下了错误，而这些错误很快就会威胁到其政权的存续。

佩尔狄卡斯现在面临的最大问题就是如何安置第二强大的护卫官托勒密。尽管托勒密在步兵哗变的时候曾经支持佩尔狄卡斯，但是两人显然并不对付。托勒密想要获得埃及。[27]埃及是帝国行省的瑰宝，拥有无可估量的财富，其人民对马其顿人十分友好，其行省边界易守难攻——在佩尔狄卡斯看来实在是太好防守了。想要让托勒密放弃埃及，就难免会让双方的关系存在破裂的风险；但是佩尔狄卡斯也不能允许托勒密把埃及作为发动叛乱的基地。佩尔狄卡斯找到了一个外交解决方案：托勒密将会得偿所愿，但是会有一位副手委派给他，那位副手就是诺克拉提斯的克里昂米尼（Cleomenes of Naucratis）。这个肆无忌惮的希腊人此时已经是埃及的财务官了。很显然，克里昂米尼的任务就是替佩尔狄卡斯监视托勒密的一举一动，防止他欲行不轨。

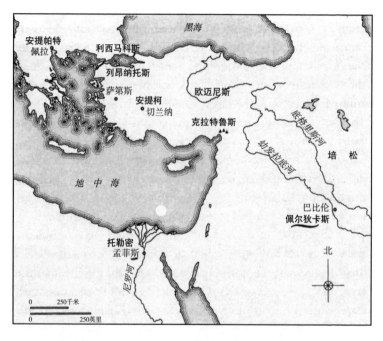

**地图 1　巴比伦协议中划分给各主要将领的领地，
以及亚历山大逝世时正前往欧洲的
克拉特鲁斯所处的临时位置**

　　另外两位护卫官利西马科斯和列昂纳托斯则接受了新的指
61　令，负责管理横跨赫勒斯滂海峡的地域。这个欧亚之间的交汇点具有重大的战略意义，因为这里连接着帝国广袤的亚洲部分与马其顿的大后方。在这个分水岭的西侧是色雷斯，那里是一片多山崎岖之地，也生活着诸多骁勇善战的部落——利西马科斯肩负着安抚当地的严峻职责。而在东部，列昂纳托斯则负责管理赫勒斯滂弗里吉亚（Hellespontine Phrygia），这是一个面积较小但较为富庶的行省。作为佩尔狄卡斯与墨勒阿革洛斯所达成的协议的一部分，列昂纳托斯已经接受了从帝国治理委员会中降职的处理。佩尔狄卡斯可能认为——事实证明他想错了——自己的这位长期支持者会满足于这样一个微不足道的报偿。

这场领土抽签的大赢家是亚历山大大帝的希腊书记官欧迈尼斯，他最近也荣升为一名骑兵军官。因为欧迈尼斯在步兵哗变期间进行的斡旋，以及为了肯定亚历山大大帝对他的青睐，他获得了骑兵兵员丰富的卡帕多西亚（Cappadocia，现今土耳其东部）。这是一项非凡的荣誉，因为在此之前只有两个希腊人有幸成为总督，而且都在遥远的东方履职。然而事情并没有一帆风顺。卡帕多西亚并没有完全被亚历山大大帝所征服，这里现在是一位波斯军阀的乐土，他就是躁动不安的阿里阿拉特（Ariarathes）。这个人拒绝承认马其顿的至高权威，还拥有一支由抵抗者组成的军队。欧迈尼斯需要通过作战来获得属于自己的权力，这对于一个从未在战场上领导过军队作战的人来说，无疑是一项艰巨的任务。也许佩尔狄卡斯打算进行一项试炼，看看这个聪慧精明的希腊人，这位迄今为止只是擅长文书工作的专家，到底能否胜任武装战斗。

为了协助欧迈尼斯，佩尔狄卡斯指示两位临近的总督将他们的部队向前推进，从一侧调集来的是列昂纳托斯，而在另一侧受到调遣的是弗里吉亚（现今土耳其西南部）的总督——独眼的安提柯（Antigonus One-eye）。安提柯是一位勇毅之士，他年轻时因为作战而失去了一只眼睛，而且长期以来都被排斥在亚历山大大帝的军队核心之外，在亚历山大大帝挥师东进的时候被安排留守管理西亚地区。安提柯已经和其他将领们有十年未曾相见了，所以当佩尔狄卡斯写信给比自己年长二十岁的安提柯下达命令时，肯定是存在不确定性的。或许佩尔狄卡斯是希望安提柯对欧迈尼斯的喜爱之情能让他给予支持，因为虽然这两个人在体型、位阶及权力上可谓南辕北辙，但很久以前他们俩在马其顿的宫廷中就已经成为好友了。这或许也是一重试炼，因为佩尔狄卡斯需要知道自己是否能够赢得现任总督们的尊重——这些总督在新政权的建立过程中是缺席的，而新政权的成立也没有获得他们的同意。

虽然在计划起草的时候另外两位实力强劲的人都与巴比伦城相距甚远，但是他们也必须接受这个权力划分的计划。克拉特鲁斯在去国还乡的路途上进展缓慢，他和那些被迫退役的老兵正驻扎在西里西亚（Cilicia，又译作奇里乞亚）；而在欧洲，忠实守护着马其顿后方的元老安提帕特则会继续留守在亚历山大大帝曾经打算将其裁撤的岗位之上。虽然这两个人现在已经跻身于管理帝国的执行议事会，但当佩尔狄卡斯独领亚细亚之后，他们俩反倒更像是被贬谪到了欧洲。在最终的权力安排中，安提帕特将会负责马其顿、希腊以及巴尔干诸地区。相比之下，克拉特鲁斯的职权并不明晰；毫无疑问，佩尔狄卡斯是故意把他的安排设置得含糊不清，为的就是不想得罪这位将领，此时的克拉特鲁斯既享有士卒之爱戴，又因机缘巧合掌控了大量的军队。佩尔狄卡斯可能希望尽可能地以温和的方式鼓励克拉特鲁斯前往欧洲，并与安提帕特分享权力。他并不希望这样一位才华横溢的将领率领着一支一万人的部队蛰伏于亚细亚之地。

佩尔狄卡斯并没有就任总督。他所担任的角色是共治国王的监护者和王家卫队的指挥官，而这两个行政权力的中枢都位于巴比伦。佩尔狄卡斯为了巩固自己的地位，任命了一个值得信赖的属下塞琉古作为自己的副手，并且委任他担任自己曾经担任过的千夫长一职。佩尔狄卡斯现在成了最接近帝国中央权威的人，有权从皇家府库中调拨资金——这些府库坐落于整个帝国戒备最为森严的堡垒之中，用以存放贵重金属。坐拥财帛的力量是佩尔狄卡斯掌握领导权的关键支柱。在亚历山大大帝尚在人世时，军队们就已经明确表示过，他们只会为丰富的报偿而战，要么支付给他们报酬，要么就让他们纵兵抢掠，或者两者兼而有之。任何试图保有军队忠诚的统治者，都需要拥有能够及时偿付的资金。

至此，巴比伦的众位将领们，仿佛是主宰大半个宇宙的诸神一般，掌管着亚历山大帝国的各个部分，他们所拥有的一切都和他们的权势、气质乃至位阶息息相关。那位刚刚即位的国王腓力——正如普鲁塔克讽刺地评述道，他跟在佩尔狄卡斯身后就仿佛是一名长矛手或者临时混入剧目的哑剧演员——对这样的划分完全表示赞同。

在将领们启程前往自己封地之前，佩尔狄卡斯召开了一个军队大会来审议亚历山大大帝最后留下的那些计划。据狄奥多罗斯所载，佩尔狄卡斯在皇家议事厅所藏的文书中发现了一份包含这些计划的文件。这份文件描述了一系列无论范围还是规模都令人瞠目结舌的事业，以至于一些现代学者认为那只是赝品而已，不过大部分人认为文件是真实的。[28]佩尔狄卡斯想要

63

取消这些计划，但是在巴比伦紧张的气氛中，假如他得不到军队的支持，那么他根本无法违背逝去的亚历山大大帝的意志。[29]因为，他命人在军队大会上把这份文件大声宣读了出来，告诉他们现在这位已经被制成木乃伊的君王的意图。

亚历山大大帝想要建造一千艘战船，用于在西方的作战。西亚的沿海城镇将为这些船只的建造提供木材，所有船只都会比标准尺寸的拥有三排划桨手的三层桨战舰（trireme）还要大。这支新舰队的目标是迦太基、北非的其他地区，以及西西里、伊比利亚半岛乃至它们之间的欧洲海岸线。为了给这支舰队提供支持，他们还将修建一条横穿北非直至赫拉克勒斯之柱（Pillars of Heracles，即直布罗陀海峡）的道路，道路每隔一段就会有配合贸易与海军作战的港口与船坞。假如我们相信这最后的计划不是伪造的话，那么亚历山大大帝就正在谋划第二次但是向西的大规模作战，其征服之野心足以比肩之前的东方远征。

除此之外，亚历山大大帝还希望能够在希腊和马其顿选址建造恢宏而耗资巨大的神庙。他将会在特洛伊——亚历山大大帝曾在这里为希腊人征服异邦的愿景立下一座纪念碑——建造一座"无可匹敌的"雅典娜神庙。为了纪念亚历山大大帝一生中最为亲近的人——他的父亲腓力二世，以及他的挚友赫费斯提翁——他也将不惜一掷千金。这份文件明确指出，腓力二世的陵墓规模将会与埃及的大金字塔不分伯仲。

最后同时也是亚历山大大帝最为雄心勃勃的计划，便是他打算呼吁欧洲民众迁移到亚洲去，而亚洲的民众迁移到欧洲去，其目标正如狄奥多罗斯所传达的那样，"希望通过通婚与家庭纽带，使两大洲实现共同之和谐与兄弟般的情谊"。很难想象这个计划到底意味着什么，又将会如何被实施。很显然，它代表了亚历山大大帝文化融合计划的一个崭新的、雄心万丈的阶段，它将会把在苏萨举行的异族通婚扩展到全世界。

通过宣读这份文件，在场的人都对自己痛失的那位领袖有了更为充分的认识。在这些计划的背后是一副令人瞠目结舌的愿景：那将是一个从大西洋延伸到印度半岛的世界帝国，其拥有之文化将与欧陆支柱相异，其广袤之领土将通过陆路与航道相连接，一座又一座纪念碑将会拔地而起。这个愿景将激发历时两千三百余载的惊奇与恐怖，因为它预见到了基督教的新耶路撒冷和法西斯独裁统治下的扭曲乌托邦。

然而获悉这些最终计划的军队，既没有感到振奋也没有厌恶之情，有的只有倦怠。他们在印度半岛的所作所为表明，他们的耐力是他们的国王建立普世帝国梦想中的薄弱一环。当诸军被问及如何回应这些计划的时候，他们纷纷表示拒绝执行，给出的理由用狄奥多罗斯的话来说就是这些计划"过于宏大，根本难以实现"。而其中的大部分计划从未再被考虑过。[30]

通过投票表决，佩尔狄卡斯终于让马其顿帝国长达三十五载的扩张停下了脚步。现在的他只能设法维系既有所得，而这项任务也已经被证实并不轻松。

第三章　雅典人的背水一战（一）

欧洲的希腊世界

公元前 323 年夏至冬

　　亚历山大大帝逝世的消息花了数周时间才传达到欧洲的希腊诸城市。信息最快的传播路径是从西亚的港口直接穿越爱琴海。然而等到第一批来自巴比伦城的报告抵达港口之后，船只可能要到 6 月中旬才能扬帆起航，然后要到 7 月初方才能够抵达欧洲的港口。此时船只最有可能停泊的港口应该是比雷埃夫斯港，这里是爱琴海最为繁忙的商贸中心，这座港口为整个希腊世界最为重要的民主势力同时也是最为强大的军事力量——雅典城服务。

　　这个消息的到来将会深刻地改变许多人的生活，也会改变这座城市的集体命运。雅典的政治家们——这些人也被称为"公共演说家"（rhētores），因为他们会通过在公民大会上发表演说来施加自己的影响力——将会通过自己与亚历山大大帝和马其顿政权的关系来界定自己的立场。[1] 一些人——譬如德摩斯梯尼（Demosthenes）和他那伶牙俐齿的同伴希佩里德斯

（Hyperides）——憎恶这个政权，渴望自己能有机会去抵制它；而其他人——譬如德马德斯——则选择与这个政权合作。当时最为资深且通晓哲学的政治家福基翁①则位处这两个极端

---

　　① "福基翁"（Phocion）一词最为恰当的读音应为"福西昂"（Foe – see – on）。

之间，他勉强接受了马其顿的支配地位，因为他认识到雅典实在是太过脆弱了，根本没有其他的选择。在过去的三十年中，这四个人都做出了艰难的选择，因为雅典正努力地适应着自己再度屈居于人下的现实。现在，他们面临着其他的同时也是更为艰难的决定，不仅如此，他们还要对自己已经做出的决定重新进行评估。

不仅是那些政治领袖，知识分子们很快也将会被要求界定自己与马其顿政权的关系。包括声名卓著的亚里士多德在内的许多思想家，都从希腊世界的其他地方被吸引到雅典，他们纷纷被这座城市的自由氛围和诸如柏拉图学园（Academy of Plato）等哲学学园所吸引。但是，柏拉图的老师苏格拉底的命运无疑表明，这座城市所表现出的开明还是有其局限性的。如果危险时期在政治上站错了队，那么正如他们从苏格拉底的例子中可以察觉到的那样，即使身处希腊世界里最为多元化的社会之中，也可能会被判处死刑。

现在危险的时期又要迫临。在过去的十五年中，亚历山大大帝和他在欧洲的首席代理人安提帕特的统治体制虽然广遭诟病，但是提供了稳定且确定的局面。这个体制成了驾驭帝国航船的北极星。倘若没有这么一个固定的导航信物，那么雅典就将会漂流于危浪激流之中。雅典的成年男性公民可以在陪审法庭和公民大会中通过投票来决定所有的政策问题，然而他们缺乏可靠的指南导向之物。他们所仰赖的那些演说家会对一个隐约浮现于整个亚历山大大帝统治时期的问题存在意见上的分歧：他们是否要去反抗马其顿的统治，并让雅典一如既往地重新成为欧洲的强权。

更加糟糕的是，这座城市最受人爱戴的两位领导者此时都　68

不在城中。其中一位已经逝世，他便是杰出的行政官员来库古（Lycurgus，又译作吕库古斯或吕库古），他通过财政改革和缜密的军事构建让雅典处于自马其顿崛起以来最为强大的时期。而另外一位则是德摩斯梯尼，此时他正不巧处于流放之中，并且被剥夺了公民权利。这位能言善辩的演说者，以前经常会在危机来临之时于公民大会上率先挺身而出，[2]但是这一次他没有办法在雅典人最需要指导的时候提供指引。

一 德摩斯梯尼（卡劳利亚，公元前323年7月）

对于德摩斯梯尼而言，远离雅典的时光令他备受煎熬。他从少年时代起就进行了严格的公众演说的演练，从而踏上了从政之旅，在他漫长政治生涯的大部分时间里，他都会公开表示对马其顿人的反对，号召自己的同胞们与北方的政权相抗衡。在公元前338年，他推动希腊人发起了全面而彻底的战争，然而在喀罗尼亚（Chaeronea）附近的原野上，他们却输给了亚历山大大帝的父亲腓力二世，从而输掉了这场战争。当时，雅典和斯巴达选择并肩作战，两座城邦联合起来，在战场上投入了大约三万名士兵。德摩斯梯尼本人当时也加入了军队，这位四十六岁的政治家第一次穿上了步兵战甲。但是，与腓力二世麾下身经百战的精锐老兵相比，他和那些稚嫩的雅典征召兵根本就不是对手。[3]

多亏腓力二世的慷慨，雅典在战败之后还是保留了源远流长的民主制度，但它还是失去了制定自身外交政策的选项。像其他大多数希腊国家一样，雅典也被迫加入了同盟，这个希腊同盟承诺会为马其顿提供支持，并且接受其领导。[4]腓力二世和他的儿子亚历山大大帝一直主宰着这个同盟，并且迫使雅典与之为伍。不过，即使目睹了自己的城邦被迫向马其顿奴颜婢膝，德摩斯梯尼仍然预见到雅典有可能恢复旧日荣光，甚至获得超越战前之实力。而现在，就在雅典准备好战斗的时刻，一则消息传了过来，这则消息甚至比一支步兵劲旅更为有力：亚历山大大帝逝世了。

69

然而可悲的是，此时德摩斯梯尼不得不一个人独自庆祝这个消息。当消息传来的时候，他正被放逐在卡劳利亚（Calauria，现今的波罗斯岛），这是一座位于其家乡雅典所在的阿提卡（Attica）半岛与伯罗奔尼撒半岛之间的多岩海岛。数月之前，他被冠以"收受贿金"这项已经沦为陈词滥调的罪名后，以极不光彩的方式被逐出了雅典。希佩里德斯曾经是与德摩斯梯尼共同反抗马其顿的伙伴，也曾是他最亲密的朋友，然而希佩里德斯用自己的如簧巧舌在针对他的贪腐审判中充当了控方的急先锋，从而让德摩斯梯尼难逃被放逐的命运。希佩里德斯通过让自己扮演一段令人瞩目却已然破裂的友谊中的受害者，轻松打动了众人。希佩里德斯在由一千五百人所组成的陪审团的面前对德摩斯梯尼控诉道："是你摧毁了我们的友谊，也是你让自己成为笑柄。"

在被放逐期间，德摩斯梯尼在卡劳利亚找到了避难之所，那是一处与波塞冬有关的神圣之地，据说手无寸铁之人都可以在那里免受一切伤害。他从这里几乎可以看到自己故乡的海岸，虽然只隔30英里远，但是对他而言又那么遥不可及。他所度过的空虚时日让他能有时间去思考故土正在发生的剧变。随着亚历山大大帝的逝世，他的老对手德马德斯和福基翁相继倒台，因为人们怨恨二者与马其顿交往过密。这座城市即将让自己陷入战争。此时，所有人都希望希佩里德斯能够主持大局，因为他常常鼓吹进行军事上的决战。[5]希佩里德斯，是的，希佩里德斯——正是他的名字，而非德摩斯梯尼的名字，常常挂在雅典人的嘴边。

曾几何时，德摩斯梯尼目睹了马其顿的政权更迭掀翻了政治博弈的棋盘，而他在那一次恰恰就是受益者。亚历山大大帝的父亲腓力二世国王在公元前 336 年突然遭到暗杀。此时他正处于权力的鼎盛时期，仅仅在两年之前，他在喀罗尼亚击溃了雅典人。雅典在那个时候决定举办一项由国家赞助祭祀与宴会的公众庆典；虽然当时德摩斯梯尼的女儿刚刚逝世，有些人认为他应该身着丧服，但德摩斯梯尼还是选择穿上华丽的白袍，头戴花环。他告诉欢呼的人群，这位马其顿的新王是一个名为亚历山大的愚笨少年，不过是一个很快就会失去自己父亲缔造的帝国的无名小卒罢了。这种自以为是、认为自己站在了历史的正确一边的想法是如此令人振奋——可惜只维持了数月。随后亚历山大大帝就展开了行动，而雅典也只能温顺地给自己脖子重新套上轭架。

诚如德摩斯梯尼所料，现在并没有第二位亚历山大大帝可以取而代之，只有少数几位好勇斗狠的将领彼此想要把对方撕成碎片。就像之前腓力二世逝世时那样，马其顿长久以来给雅典带来的恐惧梦魇可能真的就要宣告终结了。德摩斯梯尼的城邦可以赢回它曾经在喀罗尼亚所丢失的荣誉，将马其顿军队一举击溃，并向世界证明希腊人才应该是那些蛮族的主人，而不应主仆倒置。尽管阿吉德家族宣称自己拥有希腊血统，同时还收买了希腊的艺术家与诗人，但德摩斯梯尼依然还是认为这些马其顿人就是蛮族，一个野蛮粗鄙的民族罢了。[6]他还曾在自己言辞激烈的《反腓力辞》中向公民大会表达了自己的不屑：

"马其顿！那个地方连一个像样的奴隶都买不到！"

德摩斯梯尼无法袖手旁观、眼睁睁地看着自己错过这么一个伟大的历史时刻。他下定决心要让自己重回雅典。雄辩与论说，一直都是德摩斯梯尼最强有力的武器，现在也成了他最大的希望。他开始一封接着一封地给雅典人写信，请求将他召回，并且提出要与自己的对手实现和解。在如今留存的四封信中，德摩斯梯尼依次展现了自己的花言巧语、满腔怒火、自以为是以及冰冷算计。[7]在某一时刻他抗辩说自己原是无辜之人，而在接下来的时间里他却堂而皇之地拒绝沉湎于往日的伤痛。虽然从未直接提及自己那位旧日盟友的姓名，但他还是拐弯抹角地向希佩里德斯伸出了和解之手。德摩斯梯尼试图倾尽四十年法律生涯教给自己的一切技巧来说服同胞：快将我召回吧。

这些信件只需要很短的时间就可以被送到最近的重要港口特罗曾（Troezen，又译作特罗森），而那里有很多准备驶往雅典的船只。

二 福基翁（雅典，公元前 323 年）

在雅典，亚历山大大帝逝世的消息令这座城市陷入一阵骚动。第一个送来消息的人叫作阿斯克莱皮亚德斯（Asclepiades）。五百人议事会很快就获悉了情况，公民大会也随之召开。没有人能够确定他们是否应该相信这则消息。以前也曾有过不实的消息，譬如在十二年前也就是公元前 335 年，这些消息就曾让底比斯（Thebes，又译作忒拜）城邦发动了惨烈的叛乱。在公民大会上，许多人高呼亚历山大大帝这次肯定死了，他们还要求采取相应的行动。此时，这座城邦里审慎而资深的政治家福基翁走上了演说台，他的到来驱散了会场上弥漫的紧迫感。他告诉众人："如果亚历山大已经死了的话，那么无论是明天还是后天，他都肯定不会复生了。我们可以更加冷静地思考，而不用急于去犯错。"

身为将军与政治家的福基翁在这六十年间给出了许多与此相同的建议，但是很少有人愿意聆听。他对待马其顿的态度过于温和，也过于瞻前顾后，所以并不能与众人的愤怒和激情相容。有一次德摩斯梯尼还嘲笑他说："倘若人们都完全失去了理智，那么福西翁，他们会杀了你的。"[8]福基翁则针锋相对地回答道："没错，但他们恢复理智之后就会杀了你。"德摩斯梯尼和群氓总是在鼓吹战争，却从来没有考虑过战争所要付出的代价。现在，德摩斯梯尼并不在场，但是希佩里德斯并未缺席，他是一个更加莽撞、呼吁战争的鹰派，而雅典人则愿意聆听他的发言。如果福基翁和他的盟友们无法阻止那些人的话，那么他们还会犯下当年在喀罗尼亚犯过的错误。

公元前 335 年，在亚历山大大帝已死的虚假消息让底比斯掀起了叛乱之后，福基翁好不容易才阻止了雅典人去做相同的事。德摩斯梯尼则敦促雅典不仅要在经济上提供援助，还要调动军队去支持那场叛乱。公民大会因为满腔怒火和骚动刺激而激动不已，正准备誓死一战，这时福基翁赶忙上前呼吁众人保持克制。他愤怒地向德摩斯梯尼转过身去，一行《奥德赛》中的诗句随之咆哮而出："莽撞的愚者啊，你为何要激起那野蛮人的怒火？"① 这是奥德修斯麾下船员们所说的话，为的就是阻止自己的船长继续嘲笑那位已经被弄瞎了眼的独眼巨人（Cyclops）。奥德修斯并没有理会船员们发出的警告。之前在

_____

① 这句话出自荷马史诗《奥德赛》第 9 卷第 494 行。——译者注

遭遇独眼巨人的时候他都巧妙地没有以真名相示，现在他却自吹自擂地对着那怪物喊出了自己的名字。结果，之后船上所有的船员都在波塞冬释放的风暴中溺毙，而奥德修斯也根本没有料到波塞冬居然是那位独眼巨人的父亲。福基翁现在已经表明了自己的观点：假如他们加入底比斯的叛乱，而叛乱最终失败的话，那么付出代价的将会是民众，而不是德摩斯梯尼一个人。公民大会也在最后的时刻选择了退缩。[9]

亚历山大大帝对底比斯展开了可怕的报复。在攻占了这座城市后，亚历山大大帝让马其顿军队的满腔怒火尽数发泄，下令让自己的军队对城内房舍中的人展开了大屠杀，被屠戮者成千上万。超过三万名幸存者遭到了处决或者被贩卖为奴，一整座希腊城邦就这样从大地上被抹去。[10]雅典人就在与底比斯相隔 35 英里的地方，惊恐地目睹着本该降临到他们头顶上的命运。

福基翁在那次占据了上风。但是，他到底是拯救了雅典，还是参与毁灭了底比斯？或许这次叛乱的失败只是因为福基翁阻止了雅典对它的援助。一些雅典人甚至怀疑他是在为马其顿的利益而不是为自己祖国的利益服务。事实上，就在底比斯的惨剧发生数日之后，福基翁就为这种怀疑提供了充分的理由。在大会数千人面前上演的紧张危机中，他表明自己的政治主张可以超越克制与谨慎，只达绥靖之途。

当底比斯的废墟瓦砾还在散落之时，尚未平息怒火的亚历山大大帝要求雅典交出支持这次叛变的十位雅典演说家。德摩斯梯尼的名字必然位列这个名单的榜首。这是对雅典声名卓著的自由理念的严峻考验。作为一个民主国家，这座城邦在过去的一个半世纪里，从未看到自己的言论自由会受到异邦势力的威胁。然而，这座城邦也从未目睹过一座如此重要、如此近在咫尺的城邦——底比斯遭受灭顶之灾。

在大会伊始的一片死寂中，所有人的目光都转向了福基翁。福基翁在数日前关于是否援助底比斯的辩论中取得了胜利，在众人间的声望可谓一时无两，现在他可以选择要么拯救要么驱逐自己的主要竞争对手。福基翁基于其严苛的性格，向大会给出了严酷的建议：将他们驱逐出去。或者，用更好的表述来说，他表示，名单上的这些人可以选择自愿前往亚历山大大帝之处，通过牺牲自己来拯救自己的城邦，就像神话中厄瑞克透斯（Erechtheus）的女儿们曾经做过的那样。福基翁还暗示道，为了惩戒他们因蛊惑人心而造成的麻烦，这些人根本难逃死刑的命运。在演说收尾时，他一把抓住自己的挚友尼科莱斯（Nicocles，又译作尼科克勒斯、奈柯克利）——毫无疑问，后者就是出于这个目的而站在人群当中的——并把他拉上了演说台。他宣称道："雅典人呐，这些人［此时福基翁指着下方人群中的德摩斯梯尼和他的党羽们］将他们自己的城邦引入歧途，即使此刻我的好友尼科莱斯就在名单上，我也会告诉你们：把他交出去吧。"

然而，福基翁做得太过火了。他建议雅典人不仅要避免惹怒马其顿这位独眼巨人，还要为它举办一场活人盛宴。雅典人对此报以奚落的嘲笑——这在大会上是表达抗议的有力武器——将他从演说台上赶了下去。

德摩斯梯尼则紧随其后站了出来，准备发表有关自己生命，同时也是为了争取自己生存的演说。恰似福基翁曾引用《奥德赛》中的句子一般，德摩斯梯尼也引述了一则希腊寓言来证明自己的观点。他让雅典人回想起一则关于狼与羊互相交战的伊索寓言。在寓言中，幸亏与狗结盟，羊才暂时得以保住自己的地位，然而有一天，狼却要求羊背弃这个同盟并且把狗交出来，以换取和平。羊接受了这个提议。但是随后，羊群因为没有了自己的守护者，于是便被狼群一一吞噬了。伊索曾经用这则故事拯救了自己的性命，因为当时有一位愤怒的蛮族国王要求把他交出来。现在德摩斯梯尼给这个寓言加上了一点点缀。他说道，亚历山大大帝不仅是一头狼，而且是一头"独狼"（monolycus），是最为贪婪、最为野蛮的一种狼，更是一个无情的杀手。

公民大会陷入僵局。公民们不会把他们的演说家扔给狼群，但是也不会向亚历山大大帝表示轻蔑，从而给自己招来灭 75顶之灾。协商解决是必要的，正是因软弱腐败而臭名远扬的德马德斯提出了协商的方案。或许是收受了德摩斯梯尼和名单上的其他人所给的报偿，德马德斯提议派遣一个由他和福基翁率领的使团去与亚历山大大帝进行谈判。[11] 如果亚历山大大帝和一群敬重自己父亲创立的政权甚至是愿意与之合作的人（譬如德马德斯）进行洽谈的话，或许他就会撤回自己的要求。

大会通过了德马德斯的提议，而最终这次协商也取得了成功。亚历山大大帝被那些可以信赖的使节所说的话语安抚，撤回了自己的命令。他只要求自己所列名单上的十人中有一个人被放逐就可以了。德马德斯和福基翁胜利返回雅典，他们所赢得的政治资本让他们成为大会中新的领军人物。虽然德摩斯梯尼及其党羽得救了，但是他们的政策失利导致其力量被削弱。他们的声音较之以往变得更为弱小，他们的同胞们也不那么热切地想要听到他们的声音了。

因此，如何与马其顿人相处的问题已经在公元前 335 年按照福基翁而非德摩斯梯尼给出的建议解决了。不应该反抗这个新兴的超级帝国，而要与之讨价还价、顺应遵从，或者全盘接受。就这样，在接下来的十二年中，这个问题似乎彻底消失了。当斯巴达像底比斯那般在公元前331年发动战争以期摧毁马其顿的霸权时，雅典选择保持中立，而德摩斯梯尼则保持了缄默。[12]在没有雅典提供支援的情况下，斯巴达的军队很快就被马其顿粉碎了。

福基翁已经日渐衰朽，而他的城市则愈加富强。在公元前323年，也就是"马其顿治下的和平"（Pax Macedonica）被缔造十二年之后，福基翁可以心满意足地回顾自己规划的路线。他引导同胞们远离先是让底比斯人后是让斯巴达人折戟的浅滩。现在他已经年逾古稀，十分希望自己可以在故土上觅得一个显其哀荣的坟墓，而不是让自己被焚于巴尔干战场上架设起的可怖柴堆。但是，随着亚历山大大帝逝世的消息传来，一切都变了。

三　亚里士多德（雅典，公元前323年7月）

76　　在雅典，已经有许多人把自己的命运与马其顿的统治联系在了一起，福基翁只是其中之一。哲学家亚里士多德在过去的十二年中一直居住在雅典，他是在底比斯惨剧发生之后来到这里的，这或许并非巧合。在亲马其顿政治家的领导下，雅典一直都是亚里士多德求学论道的理想之地，因为他曾经是亚历山大大帝的老师，同时也是亚历山大大帝在欧洲的代理人——元老安提帕特的挚友。现在雅典很可能会与安提帕特开战，而此时亚里士多德却站在了错误的那一边。

数十年前，亚里士多德的父亲尼科马库斯（Nicomachus）

在成为阿吉德王室的宫廷御医时，就已经将家族的命运交付给了马其顿人。当马其顿国王阿明塔斯（Amyntas）获悉他的医术高明并且将他带到马其顿首都佩拉的时候，尼科马库斯还是一位居住在靠近马其顿边境的希腊城市斯塔基拉（Stagira）的希腊医生。亚里士多德童年的大部分时间可能都是在佩拉度过的。他很可能在那里与一个名叫腓力的同龄男孩一同玩耍，并与这位未来的国王结下了不解之缘，有朝一日他也将担负起史上最为著名的家教任务。

在公元前367年，也就是亚里士多德十七岁的时候，他离开马其顿，迁居雅典，在柏拉图著名的哲学学园求学。他在接下来的二十年中一直待在雅典，在这些年里雅典人对马其顿的不信任感与日俱增。到了公元前351年，当德摩斯梯尼针对当时的马其顿国王腓力二世发表了一些尖锐的演说时，这种不信任感达到了巅峰。因为不是雅典公民，所以亚里士多德无法进入召开公民大会的普尼克斯，但是他可以在毗邻的山坡上聆听大会，因为与他共同成长的伙伴正在遭受诽谤。公元前347年，在马其顿人摧毁了雅典的盟友奥林索斯（Olynthus，又译作奥林图斯、奥林苏斯）——这座希腊北部的城市阻碍了马其顿的扩张——后，雅典原先对腓力二世的不信任感也变成了愤怒。同年柏拉图逝世，亚里士多德离开了雅典，离开的部分原因是学园的领导者发生了变化，此外，还因为这座城市已经让腓力二世的朋友们感到越发不适。

亚里士多德穿越爱琴海抵达安纳托利亚西部的希腊城市阿塔内乌斯（Atarneus），在那里执掌权力的是柏拉图的崇拜者同时也是一位哲学的资助者赫米亚斯（Hermias）。赫米亚斯对亚里士多德的科学研究给予了支持，并且在这个过程中一种哲学家与统治者之间缔结的诚挚友谊产生了——在亚里士多德迎娶了赫米亚斯的侄女同时也是养女的皮西厄斯（Pythias）之后，双方的关系变得更为亲密。当年四十岁的亚里士多德，在远离欧洲紧张局势的土地上找到了一处看似理想的研究天堂，周围有科学研究者相伴，同时还能得到一位强大的岳父所提供的庇护。然而，马其顿的势力仍在不断扩张，并且将扩张的矛头指向了亚洲。身为欧洲最强统治者的腓力二世，正在制订一项进攻波斯帝国的计划（这项计划后来由他的儿子亚历山大大帝付诸实施）。赫米亚斯所统治的土地正好处于这条入侵路线上，他与腓力二世签订了秘密协定以提供协助。赫米亚斯很可能与自己的女婿亚里士多德谋划了此事，因为他清楚亚里士多德就是马其顿奋斗伟业的支持者。[13]

波斯人不知何故知晓了赫米亚斯的阴谋。他们采用诡计将其抓获，并且对他进行折磨以期获取情报。或许是担心自己可能被指认为同谋，亚里士多德此时已经平安地前往莱斯沃斯岛（Lesbos），在那里研究潟湖中的水生生物。最终，亚里士多德收到了赫米亚斯发来的讯息，此时赫米亚斯已然逝去，他表示自己在生命的最后时刻"没有做任何有悖于哲学信条之事"，这意味着纵使饱受折磨，他也没有牵连其他人。亚里士多德为自己岳父的命运深感悲痛，同时也为他的勇气所感动。于是，他创作了一首颂扬赫米亚斯美德的赞美诗，并且在德尔斐的宗教中心竖立起一座纪念碑，全希腊的旅客都可以在那里看到它——然而，亚里士多德万万没有想到的是，他所献上的虔诚悼念会在许久之后反过来带给他伤害。

亚里士多德花了数年时间终于完成了对于莱斯沃斯岛的实地研究，然后在腓力二世国王的盛情相邀之下返回了马其顿，

78

成为王子亚历山大的家庭教师。于是，这样一个师生的组合，最终成了西方观念中令人向往的至高权力与无上智慧所结成的联盟。不过，无论这种关系的真相究竟为何——事实上有证据表明这种情谊并没有那么深厚——亚里士多德确实与腓力二世信任的能臣宿将安提帕特结下了一段真挚的友谊。安提帕特此时年逾五十，已经是十个孩子的父亲了，他是一部历史论著的作者、一位久经沙场的英豪，同时还是一位才华横溢的政务顾问与外交专家。对于比他年轻大约十五岁的亚里士多德而言，安提帕特一定是理想的军人政治家，这个人具有的高贵品格都体现在了他对腓力二世的忠心耿耿之中。在之后的日子里，亚里士多德与安提帕特总是保持着真挚的通信，他们间的一些书信片段得以保存至今，用研究亚里士多德的泰斗维尔纳·耶格尔（Werner Jaeger）的话来说，这些信件的"字里行间都透着彼此毫无保留的信任"。

公元前 340 年亚里士多德结束了在皇家执教的生涯，而他在接下来的五年里——在这些年中，腓力二世在喀罗尼亚击败了雅典和底比斯，而亚历山大大帝则彻底毁灭了底比斯——到底做了什么尚不为人所知。或许他还是选择留在了马其顿，利用自己的影响力来缓和马其顿对雅典的愤怒情绪，因为雅典人在某个时候留下了一段石刻铭文以感谢他在腓力二世的宫廷中为他们进行辩护。这是目前人们所知亚里士多德收到的两篇赞颂铭文中的一篇。很久之后，亚里士多德和他的甥孙卡利斯提尼一起去了德尔斐，在那里完成了一项了不起的研究项目：两个人一起编纂了一份四年一度的皮提亚竞技会（Pythian Games）获胜者的名单，这份名单可以追溯到所有有记载的时间段。德尔斐城邦的管理委员会对此的感激之情以及他俩整理的条目——这些整理下来的条目将会是非常宝贵的年代学史料[14]——都被记录在精美的石刻之上，公开展示于神庙当中。这块满载敬意的石板是在 19 世纪被发现的，当时石板已经支离破碎，静静地躺在一个令人感到意外的地方——一口古井的井底。

79　　在底比斯被毁灭，与亚历山大大帝作对之人被震慑住之后，亚里士多德回到了雅典城。他在自己二三十岁的时候来到了这里，在英雄阿卡德摩斯神圣的园林中向柏拉图虚心求教。而今他已经五十多岁了，准备好当一位教师与向导，就像当初柏拉图教导年轻时的自己那样。然而，此时学园里已经有主事之人；而且不管怎样，亚里士多德也都不会被自己曾经在那里讨论过的抽象概念——从遥不可及的领域投射于尘世间的诸如善与正义的万物条理——所吸引。他越发想要去关注自己周围的世界，通过实验而不是冥想似的沉思来理解这个世界。亚里士多德在另外一处园林中建立了名为吕克昂（Lyceum）的新学园，并开始向不同的学生授课。一段时间之后，他在那里修建了一座建筑，里面存满了地图、标本以及文献——这个地方是用来研究现实事物的，而不是去研究那些可能存在或者本该存在的事物。

　　十二年来，亚里士多德一直在吕克昂讲学，他上午向学生授课，下午则向公众宣讲。他教授生物学、地理学、政治学、修辞学、物理学以及有关人类灵魂的科学。有一次，他甚至谈到了雅典人所创制的艺术形式——喜剧与悲剧，诠释了它们是如何排演的，同时又该如何去完善它们。亚里士多德需要遵照纲要去讲演，而正是这些笔记注解作为其"著作"流传到了我们的手中，而其实他早已停止了为出版刊行而进行的写作。

和柏拉图一样，亚里士多德认为书面文字无法传递知识。

在这十二年里，当雅典人遵循福基翁与亚历山大大帝确定下的联盟政策时，亚里士多德无须担心自己——至少在雅典人看来——是一个马其顿人。德摩斯梯尼的党羽们看向他的阴冷眼神并不碍事，因为他是安提帕特的朋友，任何伤害他的人都必须向这位强悍的将军甚至亚历山大大帝本人交代。

现在亚历山大大帝已经逝世，亚里士多德也逐渐失去保护伞。他与安提帕特的友谊现在成了受人诟病的污点，那些活跃在政坛的人很快就会将之利用。大会对他提出了恶毒的指控：据称，他曾在二十多年前告诉腓力二世有关奥林索斯富有公民的信息，这就给了腓力二世一个借口来夺取这些人的财产。一个名叫希米里乌斯（Himeraeus）的雅典人，是激进的反马其顿派，他奋力登上了雅典卫城，撬起了这座城市对亚里士多德表示感谢之情的石板，将其扔到了下方的石砾当中。[15]与此同时，在德尔斐，刻有对亚里士多德和卡利斯提尼溢美之词的石板也同样遭到毁坏，被击碎并且扔入了深井——那口我们最终发掘出石板的水井。

亚里士多德曾经写信给安提帕特提及自己在德尔斐所获荣誉被废止的事情，而且非常巧合的是，引自那封信中的一句话被保留至今。亚里士多德告诉自己的老友："对此我并不十分在乎，但是我无法无动于衷。"这是一位沉思者在自己的生命即将抵达尽头，却要眼睁睁地看着自己的声誉遭受系统性破坏时，所发出的最为诚挚的坦白。

在另一段现存的引自亚里士多德致安提帕特书信的文字中，（根据信中内容判断）此时亚历山大大帝可能已经逝世，亚里士多德写道："一个异邦移民留在雅典是十分危险的。"

四 希佩里德斯（雅典，公元前 323 年 7 月）

不过，此时此刻还有其他人也待在雅典城中，其中就有激情澎湃的雄辩家希佩里德斯。在这些人看来，亚历山大大帝在这个时候去世简直是天赐良机。雅典比以前任何时候都更好地准备迎接战争。在希佩里德斯看来，更妙的是，最近这座城邦的领导层发生了变化，而他成了反抗马其顿事业的唯一领导者。在数月之前，他曾经的搭档德摩斯梯尼在一场轰动一时的腐败审判中遭到了希佩里德斯的痛斥，最终被逐出了雅典。希佩里德斯在德摩斯梯尼的阴影之下待了数十年，此时终于轮到希佩里德斯来发号施令了——而他呼吁进行的攻击将直接瞄准马其顿的要害。

81

这一切都仿佛由眷顾着这座城市命运的诸神们筹措到一起。在雅典没有采取任何行动来召唤机遇的时候，发动叛乱所需的资源和时机就在同一时刻降临了。如果我们想要了解这一切是如何发生的，想要像希佩里德斯那样看待亚历山大大帝逝去的时刻的话，就得从公元前 323 年 7 月向前回溯约两年。从那时起，一连串似乎预示着雅典即将取得全面胜利的事件便开始了，而彼时的亚历山大大帝因为军队的哗变被迫止住了征服的脚步，开始从遥远的印度半岛回师的漫长跋涉。

哈帕拉斯抵达雅典

亚历山大大帝入侵印度半岛，看起来似乎已经把已知的世界都抛在身后；在他缺席的那段日子里，他麾下的一些总督表现得仿佛他会一去不回似的。亚历山大大帝给他们提供了小股部队，但是多数总督也开始雇佣希腊雇佣兵，这显然是为了确立自己的统治。他们还向臣民勒索钱财以支付组建这些军队的费用，或者直接从王室府库中窃取金钱。亚历山大大帝从印度半岛归来之后，对自己发现的这些行为大为不满。他命令所有的总督都必须解散自己麾下的雇佣兵，并且采取措施惩罚滥权行为。那些犯下尤为严重罪行的人，在亚历山大大帝派来的代表抵达之前就逃之夭夭了。在他们当中就有一位陷入了严重的困境，他就是亚历山大大帝的亲密旧友，同时也是一个出身名门的马其顿人，他的名字叫作哈帕拉斯（Harpalus）。

哈帕拉斯扮演着亚历山大大帝核心人际圈中独一无二的角色，他不是一位军人，而是一个享乐主义者、酒色之徒以及女性爱慕的情人。他天生残疾，在战场上一无所长，但是在亚历山大大帝的情感中占据着很高的地位。即便在哈帕拉斯盗窃了王室资金，且在亚细亚作战初期狼狈逃离之后，亚历山大大帝还是选择原谅了自己的这位老朋友，派遣使者将他哄回了亚细亚，并且让他掌管了位于巴比伦城的帝国最大的府库。在这里，在这样一座以道德沦丧、声色犬马而闻名的城市中，哈帕拉斯被迷得晕头转向。他挥霍无度，只顾享乐，为异邦迁来的希腊娼妓购买礼物。而当亚历山大大帝从东方归来之时，哈帕拉斯吓破了胆。上一次他侥幸获得了赦免，而这一次逃命成了他唯一的希望。

因为哈帕拉斯在数年前曾在雅典粮食短缺的时候送来粮食，所以他获得了雅典人授予的荣誉公民的身份。因此，他在公元前324年的春天逃离巴比伦前往雅典。他率领着一支由三十艘战船组成的舰队，不仅带来了一支由六千名佣兵组成的强大军队，而且满载着一大笔他侵吞的财产，舰队就这样驶向了雅典的港口比雷埃夫斯。他要让那些信使知道，他将会利用这支军队和这些资金帮助雅典发动叛乱以摆脱马其顿的控制。

82

然而雅典此时想要发动叛乱吗？当哈帕拉斯和他的舰队在阿提卡附近等待停靠许可时，雅典人召开了公民大会，讨论究竟应该何去何从。整场辩论沿着熟悉的路线进行：主战鹰派表示赞成接纳哈帕拉斯，而妥协派的福基翁之流则认为，若擅自接纳会给雅典带来巨大的风险。德摩斯梯尼则莫名其妙地改变了自己惯常的立场。他在十五年前曾鼓动同胞前往喀罗尼亚参战，也曾督促他们为支援底比斯而战，但是现在他认为开战的时机尚未成熟。德摩斯梯尼表示应该将哈帕拉斯礼送出境，他的支持也让这项提议获得了通过。

希佩里德斯和其他鹰派对这种看似背叛的行为感到震惊，而且想到这样就会让哈帕拉斯的小型舰队及其惊人的军事实力与雅典擦肩而过。在希佩里德斯看来，当哈帕拉斯的舰队扬帆前往伯罗奔尼撒半岛南端的泰纳龙（Taenaron）时，雅典就注定要永远处于马其顿的掌控之下，且永远不会重获昔日的荣光。不过，就在哈帕拉斯即将要前往的地方，依然存在希佩里德斯及其党羽认定的希望。

83　身处泰纳龙的利奥斯典纳斯

亚历山大大帝解散私人军队的命令导致了希腊佣兵的失业潮。亚历山大大帝本打算自己重新起用大部分的佣兵，但是在他如此行事之前，一些人就已经穿越了爱琴海，在泰纳龙登陆，这里与马其顿相距甚远，又是斯巴达人提供的缓冲区，所以这群人便处于不受亚历山大大帝管制的状态。从亚细亚各地返回的佣兵在这片无主之地找到了避风港。在很短的时间内，泰纳龙就已经聚集了成百上千的佣兵，如果他们团结在一位领袖的麾下，那么就足够组织起一支庞大的军队。在公元前324年，泰纳龙就出现了这样一位领袖：一位名叫利奥斯典纳斯

（Leosthenes）的传奇将领。他是一个雅典人，却与马其顿人共处了一生；他的父亲被逐出雅典，于是投奔到国王腓力二世的宫廷。然而不知何故，他却成了亚历山大大帝的死敌。[16]

包括希佩里德斯在内的一些雅典人注意到泰纳龙军队的统帅是一个（至少是出身于雅典的）雅典人，这让他们深感有趣。因为他们早在公元前 324 年年初就获悉亚历山大大帝打算在那年夏天举办的奥林匹亚运动会上颁布一项法令，而这项法令将对他们的城市造成灾难性影响。希佩里德斯以及雅典的其他主战鹰派在等待法令被宣布的时候，就与利奥斯典纳斯保持了秘密的联系。他们可以预见，倘若亚历山大大帝没有试图放宽法令条款的话，那么这些条款很可能会推动雅典与马其顿开战，虽然到时候福基翁和其他妥协派肯定会提出反对意见。

放逐者赦免令与哈帕拉斯的归来

公元前 324 年夏的奥林匹亚运动会可谓人满为患。两万多名希腊的放逐者——这些人或因行为不端，或因政敌构陷而被逐出故土——让与会者的队伍不断壮大。这些放逐者并非专程前来观看比赛，而是想要来聆听亚历山大大帝诵读一份信函，而这封信函的内容已经在希腊流传了好几个月，其中就有一份我们今日称之为"放逐者赦免令"（Exiles' Decree）① 的宣言。

奥林匹亚运动会通常并不是颁布法令的场合，但这并不是一则普通的法令。它代表着亚历山大大帝第一次尝试为整个希腊世界制定政策，他不想通过受雇者或者傀儡来传声，而是想要用自己的声音来主宰这片土地。这种独断专行的做法违反了希腊人在十五年前与腓力二世签订的宪章。他们理应通过同盟

---

① 又称"放逐者召回法令"。——译者注

的投票表决来制定自己的法律，而不是直接接受一个远道而来的独裁者颁布的法律。不过，在奥林匹亚体育场中的放逐者却对这则法令报以欢呼。根据其规定，他们将重返家园，其中的某些人已经有数十年未曾返乡了。

那天德摩斯梯尼也在人群当中，（虽然他自己并不清楚）他很快就会沦为放逐者。他也是来听亚历山大大帝宣读这封信函的，然后他还要竭尽全力让雅典免于执行这些条款。他所在的城邦委派他担任特使，争取让雅典保住其最引以为豪的海外领土——萨摩斯岛（Samos）。数十年前，雅典放逐了当地土生土长的萨摩斯人，让自己的公民取而代之，强行夺取了这片土地。而根据新的法令，这些难民将会被遣返，而雅典也必须放弃该地。

亚历山大大帝委托尼卡诺尔（Nicanor）来宣读这封信函，这个希腊人在希腊世界享有崇高的地位——他（几乎可以肯定）是亚里士多德的外甥与养子[17]——同时也在亚历山大的军队中拥有很高的地位。当众人安静下来的时候，尼卡诺尔来到了体育场的中央，宣读了亚历山大大帝所要传达的讯息："亚历山大大帝对希腊城邦的放逐者们如是说：虽然并不是我们将你放逐异乡，但确是我让你们得以荣归。"[18]人群中爆发了一阵欢呼。两万名放逐者齐声庆贺自己获得了奇迹般的拯救。然而，德摩斯梯尼和与之随行的雅典使节们却没有理由发出欢呼。他们所关心的并非法令的公开形式，而是亚历山大大帝是否愿意通过自己的代表尼卡诺尔和他们进行私底下的交涉。

85　　德摩斯梯尼还有另外一件事要与尼卡诺尔进行谈判，这件事虽然没那么重要，但是更加紧迫：有关哈帕拉斯的问题。这个马其顿的叛徒在数周前已经返回雅典，虽然他在第一次试图入城的时候遭到了拒绝。但是这一次哈帕拉斯以求援者的身份出现在这座城市，希望能为自己寻求基于宗教律法的保护，和他同行的只有两艘船及其携带的少量金钱（不过按照雅典人的标准，这仍然是一笔不菲之财）。于是，他获得了进入这座城市的机会，很可能是因为他已经贿赂了负责将他拒之门外的港务长。马其顿人很快就派来了使者，要求交出哈帕拉斯并且让他归还窃取的资金。在德摩斯梯尼的建议下，雅典人把哈帕拉斯给软禁了起来，直至引渡事项均已安排妥当。哈帕拉斯挪用的（据他自己所言）700 塔兰特也被移交给雅典府库进行保管，雅典随即选定了一支由德摩斯梯尼负责的谈判小组。

德摩斯梯尼恍然间发现自己竟扮演了德马德斯和福基翁在十二年前所扮演的相同角色，而在那个时候他的命运仍悬而未决。现在他建议不要与马其顿直接对抗，而是寻求一条更为温和的道路，他也同意与马其顿的恶魔共进晚餐。他在奥林匹亚的一个私密地点与尼卡诺尔进行了会晤。他们之间发生的事情是保密的，不过如何解决问题已经十分明了，因为雅典想要保住萨摩斯岛，而马其顿则想要索回哈帕拉斯。虽然对于萨摩斯岛命运的最终决定权还是被握在亚历山大大帝本人的手中，但是某种交易已经基本达成了。[19]

毫无疑问，在那次会晤中双方还讨论了另外一个微妙的议题。在过去的一年里，雅典人（以及其他的希腊人）一直都在争论是否要将亚历山大大帝当作神祇来崇拜。他们中的大多数人认为这种想法令人作呕，还对动议发起人之一的德马德斯处以巨额罚金。不过，德摩斯梯尼是一个实用主义者，而非一个宗教纯粹主义者。当他从奥林匹亚返回雅典时，他告诉雅典人："让他成为宙斯之子吧，如果他愿意，他也可以成为波塞

86 冬的儿子。"他用轻蔑的讥讽来掩饰自己显而易见的屈服。倘若德摩斯梯尼与尼卡诺尔在是否神化亚历山大大帝的问题上进行了讨价还价的话，那么他至少获得了不错的收益。雅典获准暂缓执行放逐者赦免令，在向身处巴比伦的亚历山大大帝陈情之前，这项法案都不会被实施。德摩斯梯尼实行的妥协政策再次取得了成果。

无论亚历山大大帝究竟是神还是人，希佩里德斯都对他满怀憎恶，而且再一次看到自己的事业因为德摩斯梯尼令人费解的卑躬屈膝而遭到了背叛。反马其顿派的命运似乎再次跌落低谷。不过，雅典政治激荡的旋涡教会了希佩里德斯永远不要囿于现状，事情总会发生转机。就在公元前 324 年的夏天，他们在突然之间就觅到了机会。

雅典的贿赂丑闻

德摩斯梯尼从奥林匹亚回来后不久，哈帕拉斯就摆脱看守，逃出了雅典。所有人都不清楚到底是谁协助他潜逃的，此中原因又是什么：不少人都可以从这个当时世间头号通缉犯的失踪中渔利。没有哪个人会因此受到谴责或者指控，所以想必所有的政治派系对于他的逃离都深表满意。不过，哈帕拉斯留下的那笔钱财就是另外一回事了。从亚历山大大帝的府库中窃得并作为违禁品被扣押在雅典的这 700 塔兰特已经被保管数周，但是当国家官员前往存放处检查时，却只发现了 350 塔兰特。雅典立刻开启全面应急模式。随着政客们相互指责是对方将赃物中饱私囊，控诉与反控诉开始在这座城邦中四处蔓延。其中最为严厉的指控就直指德摩斯梯尼。

人们一直都认可金钱对政治产生的影响，甚至还有人戏称这就是雅典民主政治的一部分。一位公众演说家曾嘲笑一位因背诵他的诗句而获奖的诗人，说他如果保持沉默的话可以从腓力二世国王那里赚取十倍的金钱。然而，哈帕拉斯擅自挪用的资金竟然有一半不翼而飞，这引发了人们深深的忧虑。这原本是属于亚历山大大帝的金钱，马其顿人现在已经要求雅典人尽数归还；而雅典的命运，尤其是萨摩斯岛控制权的问题，现在还被掌握在亚历山大大帝的手中。必须有人为这笔金钱的消失付出代价，而德摩斯梯尼就成了候选人之一。这个人最近改变了自己的立场，突然变得反对发动叛乱了，甚至转而支持对亚历山大大帝的崇拜，他曾令人怀疑地宣称自己的咽喉不适，从而避免在公民大会上针对一项挑衅行为的讨论中发表看法[20]——所有的证据都似乎表明，德摩斯梯尼收受了贿赂。[21]

希佩里德斯有理由对那些让他曾经的朋友与同盟、现在却又抛弃他的叛徒最终跌落神坛的构想表示欢迎。如果他那声名卓著的同僚被逐出政坛，那么希佩里德斯希望摆脱马其顿控制、重获自由的斗争——曾经这也是德摩斯梯尼奋斗的目标——或许将会和他自己的政治气运一起蓬勃发展。因此希佩里德斯加入了攻击德摩斯梯尼的行列，控诉他是骗子和受贿者。他向公众表明，自己已经与曾经的搭档割席断义，于是众人推举他来领衔控方团队。

在为期六个月的调查过后，他们完成了符合预期的起诉书，其中包括针对德摩斯梯尼的控诉，而整个雅典也将目睹一场扣人心弦的政治杀戮。雅典第二伟大的演说者希佩里德斯，即将把自己所有的言语武器一股脑地丢向雅典最伟大的演说者，那同时也是他一生的挚友。

希佩里德斯在（根据在 1847 年发掘于埃及的一卷残破的纸莎草纸中被复原出来的部分[22]）演说中怒气冲冲地说道：

87

"绝不允许你和我提及那所谓的友谊。当你拿着受贿所得钱财去反对你自己国家的利益，并且改变自己立场的时候，我们之间的友谊就已经被摧毁了。你让自己成了众人的笑柄，你让那些曾经选择支持你的政策的人蒙羞。想想吧，我们并肩作战的时候，在人们的眼中是如此耀眼夺目……然而你现在掀翻了这一切。"希佩里德斯毫不留情地对德摩斯梯尼的唯利是图展开了辛辣的讽刺。他将德摩斯梯尼的从政生涯浓缩成一段长时间的索贿历程。希佩里德斯还表示，德摩斯梯尼是因为收受了波斯人的黄金，才选择支持底比斯的叛乱。然后他把那些本应援助底比斯的金钱尽数收入囊中，从而导致这场叛乱必然会以失败告终。

88

这些言辞中的尖刺利刃狠狠地扎中了目标。德摩斯梯尼和另一被告德马德斯被判处有罪，德马德斯早已因其长期以来的腐败和对马其顿人的声援而臭名昭著。但这对于德摩斯梯尼的政治生涯来说无疑是一场灾难，也是深深的耻辱。雅典人对他处以 50 塔兰特的罚金，然而，除非他真的贪墨了哈帕拉斯丢失的那笔钱，否则他根本就没法偿还这笔罚金。德摩斯梯尼在无法缴纳罚金的时候就被投入狱中，而他的朋友们，无疑通过贿赂的方式帮他脱出牢狱，并协助其流亡海外。

大约是在同一时刻，巴比伦方面传来消息。亚历山大大帝拒绝了雅典使节们的请求。[23]萨摩斯岛将会被归还给萨摩斯人。雅典希望再次向他发起请愿，然而一直没有找到机会。三个月之后，亚历山大大帝逝世了。

五　战争爆发（雅典及希腊北部，公元前 323年秋）

即使在亚历山大大帝逝世的信息得到证实之后，发动反叛对于雅典人来说依然不是一个容易的选择。那些主要承担军费用度的有钱有产者并不想打仗。[24] 在过去的十二年里，他们的处境不断改善，而且倘若马其顿治下的和平能够继续维持下去，情况还会变得更好。除此之外，众人还要考虑到福基翁的观点。与往常一样，福基翁认为雅典还没有强大到可以发动战争的地步。福基翁是一位久经沙场的军人，如今年近古稀的他曾经有过四十余载的将帅生涯，能够听取那些不愿意冒险之人的声音。热衷于战争的希佩里德斯常常会对福基翁的审慎感到绝望。他会在公民大会中质问这位老者："你到底何时会去建议雅典人作战呢？"而品德高洁的福基翁则作答道："当我看到青年人献身军旅，富有者慷慨捐献，政客们不再盗窃国库财物时，我便会大声疾呼。"他把矛头直指最近卷入贿赂丑闻的那些人。

不过，希佩里德斯现在有办法让自己战胜福基翁的老成持重。他把泰纳龙佣兵的首领利奥斯典纳斯请进了公民大会，这位首领已经秘密接受雅典提供的薪酬长达数月。他是一位拥有福基翁不具备的吹嘘资本的将领，指挥着数以千计的佣兵，而这些佣兵都有在马其顿麾下作战或者与马其顿人交战的丰富经验。[25] 而用于支付这支军队的军费，正是目前雅典卫城中存放的那 350 塔兰特。这些从亚历山大大帝那里窃得的财宝，虽然神秘地减少了一半，但是现在终于可以达成当初哈帕拉斯将其带来的目的，即用于向马其顿发动反叛。

雅典人顿时变得热情高涨。大会在一连串的投票表决中推举利奥斯典纳斯为城邦的军事将领，动员了所有四十岁以下的公民，并且派遣使节前往希腊其他地区寻求同盟者。根据大会的法令，这场即将到来的战争的目标是"实现希腊人的共同

自由，同时解放驻军的城市"，那些城市被可恶的马其顿分遣
部队守卫着。一支使团被派往希腊北部，想要与强大的埃托利
亚同盟（Aetolian League）共同举事。埃托利亚人也有和雅典
人差不多的理由去抵制放逐者赦免令的实施：他们在数年之前
占领了一座邻近的城市，并且就像雅典人驱逐了萨摩斯人一
样，他们也驱逐了城中的居民。埃托利亚人承诺自己将会派遣
军队加入利奥斯典纳斯的部队——利奥斯典纳斯麾下的这支部
队的核心是五千名雅典步兵和五百名雅典骑兵，此外还有人数
近乎核心部队两倍的雇佣部队。

90　　虽然多数雅典人争先恐后地选择支持希佩里德斯与主战
派，但是福基翁依然保持着冷静。一些公民讥讽地询问他，城
邦现在拥有的武装力量是否让他印象深刻。²⁶福基翁则引用了
一则和雅典竞技运动相关的比喻来作为回应："这些士兵完全
能够胜任**短跑**［stadion，全程约 200 码①的短跑项目］，然而
我所担心的是，这场战争可能是一场漫漫**长跑**［dolichos，全
程约数英里的长跑项目②]。"他表示，雅典人将所有船只、兵
员以及资金都投入了这支进攻部队；倘若这支部队被击溃，到
时候根本没有后备军队可用。他可能把划桨手也计入了这份名
单，正是这些划桨手为希腊的战船提供动力。最终，战争的结
果将取决于划桨者，而不是其他任何资源。

　　虽然福基翁的意见与众不同，但是他长期投身行伍的经历
使他依然值得雅典人的重视。雅典人的军事指挥也离不开福基
翁。他们任命福基翁为本土防卫部队的指挥官，其率领的部队

---

　　①　约合 183 米。——译者注
　　②　该长跑项目的全程大约有 4800 米。——译者注

将可能面临针对阿提卡的海上入侵，而马其顿人竟然成功组织起了一支胜过雅典专业海军的海上部队。在这个岗位上，同时也是在雅典城墙的视线范围之内，福基翁可以在不妨碍利奥斯典纳斯的情况下，协助进行这场战争。这两位将领彼此厌恶，也彼此猜忌，并且时常会在大会上爆发激烈的争吵。在最近的一场辩论中，利奥斯典纳斯向比他足足年长一倍的福基翁发起了挑战，让他说出自己在任何一次统率军队期间曾为雅典人做过的好事。这位老者回答道："难道你觉得那些雅典人没有战死沙场，而是平静逝去、埋骨于斯不是一件好事吗？"

六 亚里士多德（雅典，公元前 323 年秋）

就在整个雅典热火朝天地忙于战争动员之时，雅典东部城门外的吕克昂学园中却发生着稍显平静的一幕。亚里士多德正打算离开雅典。

那些在雅典公共生活中通过谴责他人而获得擢升或者发家致富的"豺狼"，正在一点一点地缩小着针对亚里士多德的包围圈。现在亚历山大大帝已经逝去，他们嘶吼咆哮着要吞噬亚里士多德的血肉。他们憎恶亚里士多德，因为他与老者安提帕特以及其他马其顿精英都保持着一定的关系，而最近也是亚里士多德的养子尼卡诺尔被选出来宣读那份放逐者赦免令，这就更加坐实了这种关联。不过，他们选择从私人、宗教而非政治的角度来对这位哲学家发起攻击。亚里士多德对其岳父——这位曾在二十年前被波斯人折磨致死的小领主——赫米亚斯表现出的敬重，为他的敌人提供了抹黑他的借口。

赫米亚斯的名字很容易被雅典人中的流言蜚语妖魔化。有（或许是错误的）传言说他是一个蛮族、一个阉人，还是一个

91

被释奴，但是他在哲学上有远大的抱负，并且与柏拉图曾经的许多学生都建立了友谊。因此，赫米亚斯的形象，汇集了有关女子气的亚洲人、孱弱而高尚的智者等一系列刻板印象，从而形成了一种怪诞的混合体。最重要的是，当腓力二世与波斯人之间的战争已经箭在弦上的时候，他选择了站在马其顿这一边。亚里士多德与赫米亚斯的女儿皮西厄斯——虽然她早已过世，但是他们俩的女儿依然叫作皮西厄斯，这就不免令人产生遐想——的婚姻也可以被用来证实其道德之卑劣与亲马其顿之倾向。

亚里士多德曾在德尔斐为赫米亚斯竖立了一座纪念碑，上面刻有他自己创作的诗句。一个名叫忒奥克里托斯（Theocritus）的恶毒模仿者——同时也是一个仇视马其顿的死硬派——用相同的格律仿作了一篇墓志铭：[27]

> 为欧布洛斯（Eubulus）的奴隶、阉人赫米亚斯，
> 愚昧无知的亚里士多德建造了这座空茔。
> 为了致敬那贪图口腹之欲的混沌之举，他将自己的住
> 处再行迁移
> 从雅典学园迁往那河流的污秽之地。

后两行诗句表面上似乎是在说赫米亚斯，但是因为结构上的模棱两可，也可能说的是亚里士多德。忒奥克里托斯找到了绝佳的诽谤之机。他巧妙地将对赫米亚斯肥胖、堕落的蛮族刻画嫁接到了亚里士多德的身上，而亚里士多德在私生活中从来没有纵欲之举。

92　　亚里士多德给赫米亚斯写的另外一篇颂词是一首十四行

诗，诗中颂扬自己已逝岳父的勇气，然而这首诗给这位哲学家带来了更多的麻烦。这首诗以颂歌的形式赞颂了美德女神——美德在这里被圣化为女神——赫米亚斯正是为了这一光辉的理念而献出了自己的生命。像其他所有的颂诗一样，这首诗也被配上了音乐，亚里士多德经常可以在某些纪念日中听到自己哲学学园的学生们演奏该曲。但是，这样的仪礼很容易被他的敌人曲解为一种诡异而邪恶的崇拜仪式。一个攻击者——一位名叫欧里梅敦（Eurymedon）的宗教官员——就用这首诗控告亚里士多德犯下了不敬神的罪过，声称这首诗歌显示出他对新神的信仰。这项指控与八十年前起诉苏格拉底并最终将他置于死地的指控竟是如此惊人地相似。

亚里士多德为自己的审判撰写了一篇辩护演说词——他是目前已知的第一个没有依靠撰稿人捉刀，而是自己撰写辩护演说词的希腊人——但他最终还是没有冒险让自己去亲身了解如今的雅典陪审团是否比苏格拉底时代的更加开明。他写信给自己的好友安提帕特表示，他"不会让雅典人再次犯下亵渎哲学的罪孽"，于是便带着家眷匆匆离开了。他径直前往优卑亚岛（Euboea）① 上一个曾经属于他母亲的庄园。他几乎很少来这里，虽然这里的城市斯塔基拉（Stagira）是他童年时的故乡，只不过斯塔基拉沦为马其顿帝国野心的牺牲品，很久之前就已经被摧毁了。他为何没有前往马其顿呢？想必安提帕特一定很乐意在那里接待他，个中缘由却无人可知。

亚里士多德在过去的十二年里构建起的一切——吕克昂学园、他的学生、他的研究，都被尽数交给了泰奥弗拉斯托斯

① 即现在的埃维亚岛。——译者注

(Theophrastus)，这位才华横溢的植物学家从亚里士多德在小亚细亚的时候就开始跟随他学习。亚里士多德只希望这个像他在赫米亚斯的庇护下那样衣食无忧的年轻人能够摆脱诽谤与民族的仇恨，这股黑暗的势力已经让亚里士多德自己无法在雅典继续生活了。[28]

七　希腊战争（希腊北部，公元前 323 年秋）

93　　利奥斯典纳斯的主要目标是温泉关（Thermopylae），这是一处连接着希腊中部与北部、位于山川与大海之间的狭长走廊。此地不仅具有战略意义，而且具有象征意义。一百五十多年前，希腊人正是在这里抗击了薛西斯国王率领的一支庞大的波斯侵略军达数日之久。在守住关隘的所有希望都破灭之后，大部分希腊军队都撤出了战场，但是一支由三百名斯巴达人和一千一百名来自希腊其他城邦的士兵组成的盟军选择留了下来，一直战斗到最后一兵一卒，全员牺牲。从此温泉关就成了希腊的自由圣地。竖立在那里的纪念碑提醒着希腊人，抗击侵略者需要付出惨重的代价。现在看来，他们又一次准备好付出相应的代价了。

为了强调这场战争的利害关系，希腊人将他们反抗安提帕特的斗争称为"希腊战争"。[29]这个名字反映了希腊人将这场战争看作与波斯的光荣之战的续篇。希腊城邦再一次结为联盟，为了捍卫共同的希腊文化而战。倘若按照简单的逻辑来看，这些希腊人的对手一定是"蛮族"。人们根本不会理会马其顿是否也已经披上了希腊文化的外衣，为此马其顿还曾经把自己对波斯帝国的入侵描绘成对薛西斯昔日入侵的报复。希腊人希望的是，即将到来的战争会重新划定近数十年来模糊的民族界限。

　　然而，正如在抗击薛西斯的战争中一样，居住在底比斯周边地区的彼奥提亚人（Boeotians，又译作维奥蒂亚人）对希腊人的事业持事不关己的态度。他们从那个地区强权的毁灭中分得了一杯羹，现在占领了底比斯之前的旧地。倘若马其顿人被击溃的话，底比斯就将获得重建，届时彼奥提亚人将会失去他们的战利品。利奥斯典纳斯首先必须和这些拒不合作者作战，以便尽快与其北部的埃托利亚军队——一支由七千人组成的大军——会合。一旦部队会合，希腊联军将会在温泉关部署就位。这支联军是自希波战争以来在希腊所能集结的最为强大的军队——总共有三万多名士兵，而且与早期对抗马其顿人的作战不同，其中有不少人是久经沙场的老兵。

　　安提帕特随之领兵而来，他指挥的兵力比希腊人要少得多，或许总共也就只有一万三千人。这些年来，由于身处亚洲的亚历山大大帝数次要求补充新兵投入战场，安提帕特的兵源严重枯竭。他把最大的希望寄托在自己的骑兵（马其顿一直以来最为强大的进攻武器）以及那些同样强大的色萨利（Thessalians，他们南部边境坚定的希腊盟友）骑兵身上。安提帕特在穿越色萨利的行军途中，征召了相当规模的骑兵，他确信自己可以用麾下的战马击溃利奥斯典纳斯。随后，他率军赶往温泉关，准备与之一战。

　　不过，利奥斯典纳斯一直都在与色萨利人保持着秘密的接触，并且督促他们转而支持希腊人的反抗事业。他派出的使者表示，虽然色萨利人长期与马其顿结盟，但他们依然是希腊人。他们可以在关键时刻左右战争的命运，将安提帕特彻底击溃。当两支军队列好阵型准备交战时，色萨利人随即宣布了自

94

马其顿

爱琴海

佩奈奥斯河

色萨利

安提帕特

拉米亚

埃乌里波斯

温泉关

埃托利亚

优卑亚岛

彼奥提亚 底比斯

科林斯湾

利奥斯典纳斯

伯罗奔尼撒

科林斯

比雷埃夫斯 雅典

阿尔戈斯

斯巴达

N

泰纳龙

0　　　　　50千米

0　　　　　　　　　50英里

地图 2　希腊战争第一阶段诸部行军的路线，以拉米亚之围结束

己所属的阵营：他们的骑兵飞奔到战场上利奥斯典纳斯的那一边，选择了投奔希腊人。

利奥斯典纳斯现在占据上风，这一点对战双方都很清楚。安提帕特试图通过诡计[30]来让自己的部队显得更为强大，他让骑在驴子上的士兵装作正式的骑兵在骑兵战阵的后排待命，然而诡计只能帮他争取些许时间。当双方短暂地交战之后，安提帕特终于屈服于现实的窘迫。他率部撤退到附近的色萨利城市拉米亚，通过突袭拿下了这座城市。然后，他就和自己的部队死守在城市的高墙厚壁之后。

拉米亚的城防过于坚固，使希腊人无法发动突袭一举拿下城池，虽然他们进行了多次尝试，最终却都以失败告终。城池的墙壁很厚，而城墙上则放置着马其顿人战力卓著的投射武器。一些希腊军队——包括埃托利亚部队——大为受挫，选择了撤围返乡。不过，利奥斯典纳斯的后备策略或许能够带来希望。他在城池的周围筑起了高墙深沟，准备长期围困。他会静候城内因为饥馑而遭受的必然损失。虽然这种战术并不值得称道，但是符合兵家常理且行之有效。利奥斯典纳斯要做的就是完成封锁的城墙，坚守阵地，并且切断城内所有的补给，这样的话他们就可以在数月内取得这场战争的胜利。

八 德摩斯梯尼（希腊南部与雅典城，公元前323年年末冬）

当把视线转回雅典的时候，我们可以看到人们正用节庆与祭典的方式来庆祝利奥斯典纳斯所取得的胜利。这座城邦新推举的将军一举实现了雅典人逃避了三十年的反击，在一场面对面的交战中威吓了马其顿的军队。安提帕特选择退缩，如今着实让自己陷入了危急存亡的境地。

那些支持发动战争的人为自己的政策取得的成功而欢呼雀跃。其中就有一人讥讽福基翁所秉持的谨慎，询问他是否愿意像利奥斯典纳斯那般作为。这位年老的战士毫不动摇地说道："我当然能够做到。但我也对我先前的谏言感到满意。"与这座城市里的其他人不同，福基翁对利奥斯典纳斯所处的境遇抱有疑虑。据说，他在答复源源不断从拉米亚传来的令人振奋的消息的时候，带着厌倦与讥讽问道："我想知道，我们的胜利会一直持续下去吗？"[31]

老将安提帕特被围困在拉米亚，而利奥斯典纳斯也充分证明了自己的才干，雅典人便在公元前323年秋派出了新的外交使团。如果这场围攻想要坚持到最后的话，那么会耗费漫长的时间，同时还需要投入大量的财力与人力。希佩里德斯被派往伯罗奔尼撒进行游说，以争取获得更多的支持。数以千计的士兵需要雅典支付更多月份的薪酬才能继续维持，而此时就算哈帕拉斯所获的赃款充实了府库，雅典的国库也不足以胜任这项工作。

在希佩里德斯南下的路上，他遇到了一个他无论如何也没有想过此生还会再相见的人。

已然失势的雅典政治家德摩斯梯尼通过送抵卡劳利亚的信件实时了解了战况。他从自己的信息来源处获知雅典的使节很快就会前往伯罗奔尼撒。他甚至还可能知道，自己昔日的盟友、后来的迫害者希佩里德斯也是使节之一。如果真是这样的话，德摩斯梯尼无疑选择了忘却自己受过的伤痛，转而愿意去协助自己的老友。卡劳利亚与伯罗奔尼撒半岛仅仅隔着一条只有几百英尺宽的狭窄水道。或许，他一定认为，自己与希佩里德斯之间的鸿沟也可以像这样很轻易地被跨越。

于是德摩斯梯尼动身离开了卡劳利亚，在途中截住了希佩里德斯，并表示愿意将自己的演说才能贡献给雅典的外交使团。从官方的角度来看，希佩里德斯本不应该考虑这样的提议。因为雅典人已经褫夺了德摩斯梯尼的公民权利，所以他无权参与投票表决，更不用说在政府中担任公职了。然而，雅典的律法一向都是灵活变通的，尤其在战争期间更会随机应变，也更容易既往不咎。希佩里德斯就这样与数月前刚刚获罪的罪人冰释前嫌了。

德摩斯梯尼终于能够返回家乡了。当雅典人获悉德摩斯梯尼为他们所做的努力时，他们兴高采烈地将他从放逐中召回，并且委派了一艘城邦战船前去接他回来。整个城邦都准备迎接好他在比雷埃夫斯港的登陆。德摩斯梯尼趁此机会公开表达了自己对众神的感谢，同时唤起了人们对于上个世纪伟大的雅典军事领袖亚西比德（Alcibiades）的记忆。在指挥武装民船取得了大胜之后，亚西比德被从放逐中召回，当时他率领着两百艘被俘的战船驶入了比雷埃夫斯港；不过德摩斯梯尼表示，即使是亚西比德，也没有像他一样受到如此诚挚的欢迎，让他得以回归到雅典的政治体系当中。

这是一次彻底的失而复得，超出了这位伟大的演说者在放逐期间所恳求的内容，甚至也超出了他所能料想或希望的一切。[32]德摩斯梯尼在自己从卡劳利亚寄出的信中只是表示，希望可以延迟缴付那 50 塔兰特的罚金。他表示自己会尽可能地筹措资金，并且先行赔付部分数额。但是雅典人拒绝了这项温和的请求。现如今，雅典人反而急切地想要帮他还清欠付的款项。根据公民大会颁布的一项法令，德摩斯梯尼被任命担任一个并不重要的宗教职务，并且获得了一笔正好是 50 塔兰特的薪水。

随着反抗马其顿的胜利看似近在咫尺，财帛与宽恕的施予范围都得到了极大的扩展。现在雅典已经准备重拾自己旧日的荣光，让自己最为杰出的领袖当权掌舵。

第四章　抵抗、反叛与再征服

亚细亚与北非
公元 323 年夏至公元前 322 年夏

亚历山大大帝逝世的消息仿佛地震冲击波一般从巴比伦传递而出。这很有可能是当时整个世界获悉最快、传播最远的消息。数以百万计的人在一周的时间内就获闻了噩耗。最近在死海旁的以土买（Idumaea）附近出土的带有日期的文献表明，在亚历山大大帝逝世六天后其死讯就已经传播到了这里。

这则讯息是沿着波斯人建立起来的通信路径传播开来的，这条线路在马其顿人的统治下依然继续运转着。[1]留驻在山巅的传音者们，在彼此相闻的距离内互相呼喊着，仅用一天的时间就能够把信息传递到信使一个月方能到达的地域。那些骑马的信使（在波斯语中被称为 astandai）携带着信件从一座驿站疾驰到另一座驿站，每到达一处新的驿站，便把信件交给那里已经备好的骑着新马整装待发的骑手。

传讯最为迅速的，是沿着辐条状线路飞速直达原波斯主要首都苏萨和波斯波利斯的烽火。通过移动火炬改变烽火显示的情况，传讯员可以将编码后的讯息传递出去。几乎可以肯定的是，这个传讯系统在 6 月 11 日晚就把亚历山大大帝逝世的消息传到了苏萨，因为亚历山大大帝是在当天傍晚时分离世的，而苏萨距离巴比伦只有仅仅数百英里。

（据我们所知）在苏萨居住着前朝波斯王室的大部分成员，其中就有已经成为亚历山大大帝遗孀的两位波斯公主帕瑞萨娣丝和斯妲特拉。同时居住在苏萨的，还有斯妲特拉的祖母西绪甘碧丝（Sisygambis）。十年前，西绪甘碧丝的儿子大流士三世在伊苏斯会战中被击败之后，她们三个人就成了亚历山大大帝的俘虏。在会战的时候，大流士三世按照皇室传统，让自己的家人也随军前行，并把她们安置在战场附近，但是没有采取任何措施来确保她们的安全，因为此前波斯人还从来没有在自己领土上战败的经历。在大流士三世和自己的军官逃离了伊苏斯之后，亚历山大大帝冷静地安排围捕了这些王室囚徒，并以一种传奇般的敬意对待这些女性，之后将她们送往苏萨，让她们再度恢复自己皇室成员的生活。他对西绪甘碧丝尤为友善，敬称她为"母亲"，有她在场的时候，除非获得了邀请，否则亚历山大大帝不会落座，因为一个出身高贵的波斯人也会对自己的生母报以同等的尊敬。[2]

当亚历山大大帝在生命中的最后一年与自己的孙女斯妲特拉和甥孙女帕瑞萨娣丝完婚时，西绪甘碧丝看到自己家族的气运又奇迹般地恢复了。虽然她一度沦为阶下囚，可能遭受奴役或更为凄惨的命运，但是现在她再一次成了帝国统治家族的女性族长。她完全有希望看到自己的曾孙辈有人能够继承自己儿子的王位，如同大流士三世一般君临亚洲，同时还会统治欧洲与北非的大片区域——他们的帝国并没有因战败而疆域缩小，反而扩张了。

然而，亚历山大大帝逝世的消息让这份希望也破灭了。现在西绪甘碧丝的气运开始再度不济。她对于王朝政治有足够的了解，所以可以预见到未来将会发生什么。她那孀居的孙女很容易成为死敌或竞争者们的猎物（事实上，诚如所见，佩尔狄卡斯与罗克珊娜很快就会在巴比伦城杀掉斯姐特拉）。如果没有男性亲属提供庇护——她自己家族内部的清洗已经让男性血脉断绝了[3]——她就只不过是马其顿人的家内奴隶罢了。西绪甘碧丝实在无法忍受晚年的凄凉之景。于是，在亚历山大大帝去世的当天夜晚，她便停止饮水进食，这无疑是一种意志坚决却过程缓慢的自杀方式。五天后，她终于绝食而亡。

在苏萨以及伊朗高原上的其他大城市，波斯人开始举行庄严的国家哀悼仪式。尽管亚历山大大帝是作为侵略者来到这片土地上的，但此时他是他们唯一的国王，故而他们虔诚地对他的逝世表达了悼念。男子们纷纷将头发剃去，穿上了丧服。在全国各地的祭坛上，曾被照管的祭司点燃且昼夜不息的琐罗亚斯德教信仰的圣火也随之熄灭，圣火的熄灭也意味着赋予宇宙生命的能量已经终止。

整个波斯哀悼流程的最后一个仪式，是让国王的遗体缓缓穿越整个王国，并且沿途停下来让臣民哀悼。巴比伦的将军们最终决定，亚历山大大帝的遗体也将在此般游行中被转移走。不过，它的目的地成了一个富有争议的问题。亚历山大大帝曾经表示希望自己被埋葬在埃及西部阿蒙神的神庙附近，然而在某个时候，他的请求却被现今巴比伦的统治政权给推翻了。[4] 在亚历山大大帝还活着的时候，他对自己的帝国以及帝国的管理者们都施加了惊人的控制力。而在亚历山大大帝逝世后，他的遗体或许可以成为其埋葬者进行控制的工具。如此珍贵的资源可不能被浪费在遥远的北非沙漠之中。

呼喊传讯、马匹奔驰、烽火燃起，所有的这一切令亚历山大大帝逝世的消息迅速传遍了帝国治下 200 万平方英里的疆

土。这份讯息最终被传递到了国王所有的部下——治理着帝国

102 二十多个省份的行省总督、驻军将帅以及财政官员——的手中。亚历山大大帝任命了这些人，对他们进行了改组，并且清除掉了那些他认为不忠诚的人。现在，那些依然手握权柄的人的忠诚将会受到最终的考验。而这一切，都要取决于他们是否愿意接受来自一个平平无奇的三人组所颁布的命令：这三个人分别是摄政王佩尔狄卡斯——和那逝去的宛若神灵的先王不同，佩尔狄卡斯只是一介凡人——以及两位并不够格的国王。

一 安提柯（弗里吉亚，公元前 323 年夏）

巴比伦传来的消息很快就让一个留驻在弗里吉亚的人获悉了，没有人会想到他即将成为亚历山大帝国争夺战中的关键人物——甚至可能连他自己都不知道。[5] 独眼的安提柯在过去的十年里一直担任着弗里吉亚的总督，以亚历山大大帝的名义治理着这个幅员辽阔却并不安稳的省份。不过，现在亚历山大大帝已经逝世，安提柯需要为其他的统治者效劳。他很快就收到了巴比伦新政府的首脑佩尔狄卡斯发来的消息，消息中说一支总督联军将被组建，同时他本人也被重新任命为弗里吉亚总督。

收到信息的安提柯无疑十分高兴，但是他对于自己的第一个任务似乎并不满意。安提柯还得帮助欧迈尼斯掌控分给他的新行省卡帕多西亚。虽然在安提柯与欧迈尼斯共事于腓力二世宫廷中的那些日子里，他一直都很欣赏欧迈尼斯，但在他的眼中，这个人不过是一位书记官，是一个异邦人。[6] 安提柯，这样一个长期从戎、威望甚高的马其顿人，真的希望去协助这样一个人吗？新的体制真的打算赋予希腊人行省总督的权柄吗？[7]

安提柯如今年近古稀，比巴比伦的将领们还要年长一辈，是一个声音洪亮、脾气暴躁又爱自吹自擂的魁梧壮汉。他在协助亚历山大大帝的父亲腓力二世进行围攻的时候失去了一只眼睛：一支从被围困的城市中射出的弩箭射入了他的眼眶，然而他以其特有的意志力一直坚持到一天的战斗结束才拔出箭矢。[8] 当看到这样一个巨大的身影冲向墙壁，鲜血顺着他的脸颊汩汩而下，那本该长有眼睛的地方却插入了一块金属，人们不禁为之胆寒。在安提柯的伤口愈合之后，他那残破的面容依然能够让人心惊肉跳。有一次，安提柯要召唤一位希腊演说者近前，那位演说者挑衅地对前来请他的卫兵说道："来吧，把我喂给你们那个独眼巨人！"

　　在监管弗里吉亚的同时，安提柯还抚养着自己唯一在世的儿子德米特里（Demetrius，又译作德米特里乌斯）。[9]虽然德米特里才刚到青春期，但是他已经长得和他父亲一样高大魁梧，甚至在生活中比其父更为放荡。安提柯宠爱这个绝美英俊的少年，但也时常取笑自己儿子对美酒与佳人的欲望，而他的这两样嗜好今后也会留名于青史。[10]有一次，安提柯去德米特里的住处探望，因为这个少年声称发烧不适而将自己关在了房中。他走进儿子的卧室时，却发现有一个貌美的妓女从里面溜走了。安提柯走了进去，坐在少年的身旁，假装给他测量体温。德米特里赶忙撒谎道："我现在已经退烧了。"安提柯眨了眨眼回答道："我知道，我刚刚在它出去的路上碰见了它。"

　　而在普鲁塔克描述的另一个场景中，有一天，德米特里刚刚打猎归来，就来到了官邸的大厅当中，甚至都没有想过要先把自己的投枪存放起来。此时，安提柯正在会见一些外国的使节，德米特里手里还拿着武器就这样愉快地坐在了自己父亲的

103

身边。安提柯自豪地向自己的访客们指出，他对德米特里在他面前持械完全放心。这件事令普鲁塔克提出一个一针见血的评述：这位伟大的道德家认为，人们可以从安提柯吹嘘自己从不畏惧儿子的事情中估量到权力所能带来的危险。

104　　管理弗里吉亚并非安提柯自己的选择，因为任何一位有才华禀赋的将领都更加愿意跟随亚历山大大帝向东征讨。他遭到了排挤，成为在远征中第一位被滞留于后方守备的高级军官。或许亚历山大大帝认为安提柯年事已高，并不适合即将到来的激烈战事；倘若真是这样的话，未来的数年将会证明亚历山大大帝其实大错特错了。或许，正如一则史料所述，亚历山大大帝对安提柯之于权势的贪恋表达了自己的不信任，这才是一种更为接近其印象的判断。对于亚历山大大帝而言，在一些野心勃勃的人成为实际威胁之前，将其委任为行省总督是一种压制他们的巧妙方式。在亚历山大大帝打算踏上印度半岛的征途之前，他委任另一位高级将领，即黑克利图斯为巴克特里亚总督，进而摆脱他的纠缠。然而，黑克利图斯却把这一行为当成一种轻蔑之举，在他的离别晚宴上大倒苦水，最后竟演变成了刻薄尖酸的发言，以至于让亚历山大大帝忍不住亲手将其杀死。

不论安提柯是出于什么原因被留在了弗里吉亚，他一直都是自己所属行省的优良管理者。他麾下的小股马其顿军队在对抗波斯残余抵抗势力的战斗中屡获胜利。他一直保持着行省的和平与稳定，以至于他的妻子斯特拉托妮可（Stratonice）离开了自己富庶的马其顿家园，前往弗里吉亚的首府切兰纳（Celaenae）与之会合。这位勇敢的女士成了最早在亚细亚定居的欧洲殖民者之妻，也无愧为日后诸多殖民贵妇（memsahibs）的先驱。

随着亚历山大大帝追逐着地平线日渐远去，安提柯在弗里吉亚统治了十年。他很少接到来自东方的指令，自己也已经习惯了用自己的方式、自己的军队来管理自己的行省。但是现在，他所拥有的这种自主权却正遭到损害。他收到了来自巴比伦——一个未经他的认可就建立起来的新政府——的命令。佩尔狄卡斯让他协助欧迈尼斯执掌权柄的任务无疑是一项屈辱的任务，其实际目的是要让安提柯完全臣服。

对于安提柯这样的人来说，选择如何回应并非难事。他对自己的意图或缘由只字未提，只是拒绝参与针对卡帕多西亚的入侵。虽然这是一次被动的反叛，但其传达出的意思是明确无误的。安提柯是巴比伦城之外第一个被要求支持新政权的人，但他也成了第一个反抗新政权的人。作为他这一代——这些老者或遭亚历山大大帝冷落，或被其抛弃，或被其杀死——为数不多的孑遗，安提柯还没有准备好放弃自己的特权，为年轻人的凯旋让路。

二 巴克特里亚的反叛（阿富汗北部、乌兹别克斯坦、塔吉克斯坦，公元前 323 年夏）

在安提柯所居的宅邸以东 2000 多英里的地方，同时也是亚历山大帝国的另外一处边陲，一项新政府需要面临的挑战正在酝酿。在尘土飞扬的巴克特里亚要塞城镇——亚历山大大帝为保卫其东北边境而设立的前哨基地中，希腊的驻军小队满怀期待地接收了来自巴比伦的讯息。长久以来，他们一直都在寻找脱离自己现有岗位的方法，想要离开那毫无生气、荒芜贫瘠的内陆陌生之地。现在，随着亚历山大大帝逝世消息的传来，机会似乎近在咫尺。

105

类似的消息早在两年前就传来过，当时有传言说国王在印度半岛所受的肺部创伤是致命的。[11]这杜撰的信息促使许多在巴克特里亚的希腊人纷纷逃亡。很多人渴望返回故乡，并且认为自己已经摆脱了那位严厉的主宰者，故而摆脱了守备职责带给他们的枷锁，组织起了一次向西的行军。三千名希腊人横穿马其顿所控制的亚细亚的大部分地区——这是一段充满了艰险的旅程，可惜并没有留下相关的记载——并且最终返回了自己的欧洲家园。他们逃跑的消息必定传回到了巴克特里亚，在他们往昔战友中点燃了全新的不满与思乡之情。现在，这些人奇迹般地获得了第二次机会。

一共有超过两万名希腊士兵分散驻扎在巴克特里亚以及其北部邻邦索格底亚那（波斯人称其为"高地行省"）。他们中的多数人是手持大盾、手握 8 英尺长矛、顶盔贯甲的重装步兵。有些人是被征召入伍的，根据长期条款需要被迫服兵役；而其他的人则是雇佣兵，这些人都是希望在无敌领袖的率领下发财的唯利是图之辈。甚至当亚历山大大帝发动对波斯的入侵时，他们中的一些人还在为波斯人而战，不过这些人最终还是被允许通过改变效忠对象来保住自己的性命。很少有人真正认可亚历山大大帝成为他们的国王，也很少有人相信他所推进的事业。对于佣兵而言，如果价码给得够高的话，那么亚历山大大帝也只是一位雇主；对于那些募兵而言，亚历山大大帝则代表着剥夺了希腊自由的战争机器，他们被带到这里主要是作为人质来确保自己家乡对他的忠诚。[12]

在作战当中，这些希腊军队只是发挥了次要作用。马其顿人拥有更为细长的刺矛以及更轻装也更为机动的部队，所以只是把他们看作二流的庸碌之辈，认为他们的作战风格不过是一种过时的倒退。尽管如此，希腊人的文化资本对于这支军队来说还是很有价值的。这些希腊人深谙马其顿人所缺乏的文学与知识，他们崇尚进步的政治传统，为亚历山大大帝提供了强有力的宣传武器：亚历山大大帝对亚细亚的统治不会沦为另一种波斯式的专制体制，国王在这种希腊化的政权和制度中将会明智而公正地行使（绝对的）权力。他的军队中会有希腊人的分遣队，他的伙友里也会有少数希腊军官，所有的这一切都帮助亚历山大大帝保持自身开明的形象。

在高地行省中，亚历山大大帝麾下的希腊军队充作文化标识就显得尤为重要。这里是亚细亚荒蛮的边疆，是一处崎岖多山之地，生活在这里的坚忍不拔的游牧民族靠着强弓与利剑生存。劫掠侵袭与反击突袭一直都是家常便饭，这里的男孩们几乎是在会说话之前就学会了骑马与射箭。斯基泰人（Scythian，又译作西徐亚人）的军事领袖们对北方的袭击使这一地区动荡不安，充满暴力。倘若希腊文化可以在这里插上自己的旗帜，假如希腊城邦体制可以从爱琴海输送到乌浒水（Oxus，如今的阿姆河，又译作奥克斯河、妫水）和药杀水（Jaxartes，如今的锡尔河），那么亚历山大大帝的这场征服运动就可以被视为一场文明的"十字军东征"。

因此，一些希腊分队被从亚历山大大帝的军队中挑选了出来，分散驻扎在巴克特里亚的荒野之中，如同一颗颗能够长出城邦的种子一般。这至少是历代的亚历山大崇拜者们乐于引用的比喻，从罗马时代的普鲁塔克——他在两场热烈的演说[13]中想象着索福克勒斯（Sophocles）的戏剧在乌浒水的河畔上演——到20世纪中叶英国最伟大的亚历山大捍卫者威廉·塔恩（William Tarn）爵士皆是如此。近数十年来，亚历山大批评者

107

们所持有的观点占据了主导的地位，他们毫无疑问持有截然不同的观点。对他们而言，这些新定居点并非启蒙的灯塔，而只不过是掩体罢了，为的就是确保猎食者对于自己猎物的掌控。事情的真相必然存在于这两极之间。即使是在今日，当西方列强再次试图驯服巴克特里亚的野性之力时，他们也会尽力确保文化经济的滋育与霸权支配的剥削并驾齐驱。

不管怎样，普鲁塔克所颂扬的"乌浒水上的雅典城"与亚历山大大帝守备部队的实际命运相去甚远。许多人在诸如扎瑞亚斯帕（Zariaspa）这样干旱少雨、泥砖修筑的城镇中度过了六年光阴，从未见过亚细亚的其他地方。起初，他们肩负的职责不仅艰苦，而且还很危险。那些部落之民往往生活在周边的荒漠中，纵马驰骋，快速行动，有几次甚至让守备部队陷入致命的伏击。亚历山大大帝最终还是安抚了这片躁动不安的区域，其中的部分原因在于他与当地最为强大的军事首领的女儿罗克珊娜成婚了，然而这里的气候与地貌依然一如既往地令人望而生畏。从扎瑞亚斯帕的城墙上，这些希腊人只能看到不生树木的茫茫荒野和那在酷热中闪着微光的干旱山脉。在这里，他们无法瞥见自己最为可靠的盟友，同时也是归乡的最佳路线——大海。

这些反叛者现在试图抵达的地方就是大海。在亚历山大大帝逝世后的数月中，有两万名步兵和三千名骑兵向西进发，他们选择了一个我们知之甚少的名叫斐洛（Philo）的人来作为他们的领导者。或许他们的目标是腓尼基或者小亚细亚的港口，而在那里他们可以征用船只前往希腊。他们所能指望的就是可以用来自卫的兵员与武器，以及亚历山大大帝的不再干预。也许他们觉得现在没有哪位当权的将领——这些将领曾经也饱受巴克特里亚的严酷考验——会去在意这样一个希望破灭、土地荒芜的行省，会想去阻止他们的离去。倘若他们真是这样想的话，那就大错特错了。

三　克拉特鲁斯（西里西亚，公元前 323 年夏至冬）

与此同时，在西里西亚（位于现今土耳其东南部），亚历山大大帝最为敬重的将领克拉特鲁斯正在思忖摆在自己面前的道路。当巴比伦的消息传到他这里的时候，他正率领着前一年刚从军队中被遣返的一万名老兵，走在回欧洲的路上。现如今他的国王已经逝世，克拉特鲁斯可以预见到将会出现主宰者的更替与政治命运的改变，而他首先要做的改变就是更换自己的妻子，这也将成为其他人争相效仿的举措。

年近五十的克拉特鲁斯，是亚历山大大帝最高指挥体系中最为年长的一位将领，他迎娶了一位出身名门的波斯女子阿玛斯特里丝。作为亚历山大大帝的新娘斯姐特拉的堂妹和至交，阿玛斯特里丝无疑是亚历山大大帝在苏萨举办的集体婚礼中被安排的最为杰出的女性之一，将她许配给克拉特鲁斯是亚历山大大帝想要弥补对忠心耿耿、恪尽职守的克拉特鲁斯的亏欠。然而，这表面上的荣耀也伴随着刺痛。众所周知，克拉特鲁斯并不喜欢亚历山大大帝对波斯习俗的接纳。他十分爱戴自己的国王——事实上，没有人比他更能守护亚历山大大帝，增强其力量——但是讨厌国王所奉行的融合政策，即欧洲与亚洲的统治精英们如同两棵树上的嫩枝一般嫁接在一起，他曾多次当面直言相谏。[14]与阿玛斯特里丝完婚就意味着自己要参与这项融合计划。

109

集体婚礼结束后不久，亚历山大大帝便将克拉特鲁斯遣回了马其顿，这么做的原因可能是他并不喜欢这位老兵奉行的传统主义。[15]克拉特鲁斯接下的任务十分艰巨：他不得不把那位坚守岗位近半个世纪的忠实公仆安提帕特从家园守护者的位置上赶下去，让自己取而代之。倘若克拉特鲁斯把他的蛮族妻子带在身边，他的任务将变得更加困难。亚历山大大帝本人很可能也意识到了这个困境，因为他禁止那一万名老兵带着自己的亚细亚妻子或者混血子女返乡。在巴比伦的军队当中，这样的混血家庭随处可见，但是一旦回到欧洲，他们便会引起轩然大波与恐惧不安。难怪克拉特鲁斯并没有急于完成自己的任务。当克拉特鲁斯离开巴比伦的时候，身体便已然抱恙，这无疑减缓了他的行军速度，而最近他猝然停止了行军。在启程近一年之后，他仍然滞留在西里西亚，距离马其顿首都佩拉还有大约一半的行程。

从公元前 323 年的夏日再到深秋，来自东西方的信使已经让身处西里西亚的克拉特鲁斯了解到不断变化着的世界图景。从巴比伦传来的信息中，他知道了亚历山大大帝逝世的消息，也知道了帝王最后的遗命遭到了废止，他同样知晓了佩尔狄卡斯掌控着两位共治国王，而且自己与安提帕特被授予了共同掌管欧洲领土的权力，而安提帕特正是他之前被告知需要前往替代的人。接着，从欧洲传来了雅典反叛的消息，希腊人正大步进军，而安提帕特却被困在了拉米亚亟须救援。最终，一封来自安提帕特的信件送抵克拉特鲁斯的手中。信中请求克拉特鲁斯渡过赫勒斯滂海峡，并且采取行动避免家园生灵涂炭。安提帕特还打算把自己的一个女儿——正是他最年长也最为珍视的女儿——声名卓著的菲拉（Phila）嫁给克拉特鲁斯，以作为双方联盟的纽带。[16]

很少有女性能在睿智、高贵与热情上与菲拉相媲美。据记载，即使是在菲拉的童年时代，安提帕特也会与她讨论国家事务。在之后的日子里，她有能力去处理那些发生在武装士兵营地里的纠纷，能够伸张正义，从而赢得所有人的信任。然而，菲拉并非雅典娜，没有像雅典娜那样只专注于战争和治国之道。她对关乎情感之事也抱有浓厚的兴趣。她动用自己的财富去资助那些缺少嫁妆的贫穷妇女，这是一种服务于爱情的私人馈赠。

当亚历山大大帝逝世的时候，菲拉就身处西里西亚，距离克拉特鲁斯的营地并不遥远，而且刚成为孀妇。[17]她与一位名叫巴拉克鲁斯（Balacrus）的马其顿军官结为夫妇，于是被带到了西里西亚的首府塔尔苏斯（Tarsus），然而，巴拉克鲁斯却在前一年的一场战斗中被不服教化且妄图独立的部落之民皮西迪亚人（Pisidians）给杀死了。时间和地点上的偶然因素似乎让克拉特鲁斯与菲拉走到了一起，他们中一位是军队中广受爱戴的军官，一位是欧洲最受尊敬的女性之一。这种结合比其与阿玛斯特里丝的包办婚姻更加适合克拉特鲁斯，而且也让他在帝国的统治体系中拥有更为稳固的地位。有菲拉相伴，克拉特鲁斯将会拥有一个荣耀的归途；倘若他从拉米亚的围困中救出安提帕特，那么他不仅会成为这位老者的女婿，而且很快也会成为他的继承人。

尽管如此，克拉特鲁斯还是推迟了自己的行动。虽然安提帕特传来的消息显示事态危急，但克拉特鲁斯还是月复一月地驻留在西里西亚。到底是什么让他选择了留下来？或许是巴比伦城中的权力真空对他充满了吸引力，他获悉，佩尔狄卡斯的政权正在那里挣扎求存。克拉特鲁斯在亚历山大大帝麾下的所

111 有将军中无疑享有至高的地位；毫无疑问，肯定有人私下里窃窃私语，认为他们新任的指挥官理应是他而非佩尔狄卡斯。克拉特鲁斯率领的部队——那一万名久经沙场的军人，甚至包括无人可敌的银盾兵——足以对付佩尔狄卡斯及其忠实的拥护者们。尽管佩尔狄卡斯已经竭尽所能地让克拉特鲁斯在新政权里身居高位，但是任何针对佩尔狄卡斯的行动几乎肯定能取得成功，就算那无疑是一种背后捅刀的行为。

现在的克拉特鲁斯到底是向西开进还是向东而行，是剑指巴比伦还是挥师佩拉？究竟应该做出怎样的选择似乎取决于他打算选择哪一位妻子。如果像现在这样以阿玛斯特里丝为妻的话，那么他就可以选择君临亚细亚并且成为（至少在波斯人眼中的）皇室贵胄的父亲。而如果他选择放弃阿玛斯特里丝，转而与菲拉完婚的话，那么整个欧洲最有权势之人便将成为他的岳父。每一位女子似乎携带着一块大陆作为嫁妆。其中一位非常贴合克拉特鲁斯的气质，而另外一位则为之开辟了通往无尽权力与财富的道路，甚至可以让他荣登帝位。

而此时此刻，克拉特鲁斯选择驻留在自己目前所在的地方——西里西亚。与他同行的人并没有记录下他的想法与动机，因而这一直都是后亚历山大时代最让人困惑的谜团之一。不过，那些作用在他身上相互博弈的力量，足以让一位最为果断的领导者陷入迟滞。荣耀之路在他的两侧向他招手，而在道路中央的不远处则站立着安提帕特的女儿菲拉，克拉特鲁斯似乎能够从她所在的那条路上获得成功，并且收获幸福。

四　佩尔狄卡斯与培松（巴比伦，公元前323年秋）

此时在巴比伦，四面楚歌的新政权首脑佩尔狄卡斯也希望自己能成为安提帕特的女婿。或许，他听闻了这位老者打算把菲拉许配给克拉特鲁斯的消息，害怕自己被这种新建立起的姻亲关系孤立。安提帕特代表着合法、稳定与权威，安提帕特所给予的祝福对于任何一个试图取代亚历山大大帝的人来说都是至关重要的。因此，在将自己任命为共治国王的摄政者后不久，佩尔狄卡斯便写信给安提帕特，提出希望与其女儿妮卡亚（Nicaea）结为连理，而这位老者也同意了。

现在，正当他等候新娘的到来时，佩尔狄卡斯也在思忖亚洲领土的两个边陲之地爆发的两场反叛。在他的西侧，独眼的安提柯拒绝执行他的命令，拒绝向卡帕多西亚的欧迈尼斯提供援助。而在他的东侧，驻扎在巴克特里亚的希腊重装步兵，在放弃了亚历山大大帝安排的驻军职责之后，正在持续行军。佩尔狄卡斯在墨勒阿革洛斯暴动之后以如此高昂的代价树立起来的权威，现在在这两地都遭受了严峻的挑战。佩尔狄卡斯决定暂且搁置安提柯的问题，转而着手解决巴克特里亚的希腊人的问题。他派出了曾经的护卫官同僚，同时也是自己亲密的盟友——培松（Peithon）。

在亚历山大大帝逝世后那动荡的一周中，培松一直都是佩尔狄卡斯的主要支持者之一。由于自身的位阶太低而无法参与指挥权的争夺，培松一直都热衷于支持佩尔狄卡斯有关新政府复杂架构的各项提议。[18]而作为对他的奖励，培松被任命为一个富裕且重要的行省米底（Media）的总督。在那里，佩松孕育了更大的野心：主宰帝国盛产骑兵的东部地区——高地行省巴克特里亚与索格底亚那，这里正是建立一个独立王国或者塑造足以掌控整个亚细亚力量的理想之地。不过，此时他暂且潜藏起了这份渴望。

　　培松响应了佩尔狄卡斯的召唤，抵达了巴比伦。在那里，一支由三千名步兵和八百名骑兵组成的远征军被交到他手上，这些士兵是佩尔狄卡斯从自己的军队中通过抽签选出的。培松还收到了信函，准许他从东方的其他行省总督那里征召更多军队，并且担任整个地区的"总指挥官"（strategos）。这些用佩

113　尔狄卡斯携带的印章戒指密封的信函是管理帝国的权威手段。在这些信函的指示下，军队或者资金可以在这片广阔的土地上被到处调动。收到信函的行省总督们必须予以服从，否则当地驻军就会收到其他信函，并且受命将其逮捕，甚至做出更为可怕的行动。

　　交给培松的信件是对付一场反叛的必要手段，然而佩尔狄卡斯开始担心这些信函会引发另外一场反叛。不知何故，佩尔狄卡斯也开始不再信任培松了，虽然他刚刚才将其任命为一位享有威信的指挥官。[19]佩尔狄卡斯担心在高地行省的任务会让培松脱离中央权力的掌控。假如培松选择与叛军合作，而不是镇压他们的话，那么他就可以轻而易举地掌控帝国的东部。佩尔狄卡斯决定不冒这个风险。他指示培松的军队不要生俘那些希腊叛军，而是将之就地格杀，他还授予了平叛军队掠夺叛军财产的权力，用以奖励他们的服从。两万多名昔日的袍泽即将无一幸免。[20]这是一种极为心狠手辣的策略——先发制人般地将整支军队彻底摧毁，以防他们被其对手所利用。那些高地行省最多不过损失了一些殖民者，但是至少他们再也不会威胁到整个帝国了。如果让佩尔狄卡斯断一臂而可保全其身的话，那么他情愿付出这样的代价。

　　就这样，佩尔狄卡斯把培松派往了东部，同时他还等待着使者携安提帕特的女儿、自己未来的新娘妮卡亚从西部而来。

五　托勒密（埃及，公元前 323 年秋至公元前 322 年夏）

与此同时，在帝国南部的埃及，亚历山大大帝麾下的另一位将军托勒密也即将迎娶安提帕特的女儿——这位老者年纪最小的女儿欧律狄刻（Eurydice）。托勒密与这位女子结为夫妻一事是他与安提帕特协议的一部分，他也亟须获得后者的支持。因为当托勒密抵达埃及之时，其所做的一系列举动无疑会带来一个影响深远的后果——与佩尔狄卡斯开战。

托勒密的身边现在已经有两位非同凡响的女性。多年来，他一直都和一个著名的情妇保持着关系，她便是美丽的雅典名妓泰绮思（Thais，又译作黛依斯）。一则记载中说，当泰绮思与托勒密以及其他将领在波斯波利斯的波斯宫殿中纵酒狂欢时，她调皮地建议众人放火烧了这个地方。当时亚历山大大帝也喝得酩酊大醉，于是大胆地往宫殿的屋顶上扔了一个火把，进而引发了一场大火，这场大火最终把这座宫殿烧得只剩下了一座空壳（殿宇的废墟至今仍然矗立在伊朗的南部）。或许大火的确起因于此，又或者，正如另外一则记载所表述的那般，这是亚历山大大帝在清醒时分故意为之的。不过，即便是泰绮思煽动引发了那场大火，她也没有因此失去托勒密对她的感情。这对情人在整个亚细亚征战期间一共生下了三个孩子，分别是两个男孩与一个女孩，这些孩子现在都住在托勒密位于埃及的新家之中。

托勒密还有一位拥有希腊与波斯血统、出身名门的妻子阿尔塔卡玛（Artacama），她是亚历山大大帝在一年前的苏萨集体婚礼上许配给托勒密的。她是一位声名卓著的波斯武士首领阿尔塔巴左斯（Artabazus）的女儿，同时也是亚历山大大帝曾经的情妇、私生子海格力斯的母亲巴耳馨的妹妹。通过与阿尔塔卡玛结为连理，托勒密得以融入亚历山大大帝的大家庭，成为注定要主宰这个美丽新世界的欧亚混血精英中的一分子。

一位是出身高贵的波斯公主，另一位则是千金难求的雅典妓女，这可真是一个奇怪的佳偶组合，而托勒密就是这么一个来者不拒的男人，灵活多变且长袖善舞。亚历山大大帝总是会给他发布各式各样的命令，布置种类繁多却又十分敏感的任务，然而他总是可以办成差事。他天生就不是一位军人——至少在参加入侵亚细亚的前五年中，他可没有扮演过什么重要的角色——他只是从周围人那里习得了战争的艺术。或许他没有佩尔狄卡斯那般勇猛无畏，没有克拉特鲁斯那般威镇三军，也没有希腊人欧迈尼斯那般足智多谋。然而，他却在这三种品质之间取得了平衡，这种平衡比单独任何一种品质都要强大。

115　　托勒密现在已经抵达埃及，接着他就需要利用自己的灵活多变了。他治下的新行省是一片充溢着奇异而强大的宗教热情的土地。在他的首府孟菲斯（Memphis），有一座熠熠发光的神庙中供奉着一头黑白相间的牛犊，这头牛犊被当作阿匹斯神（Apis），接受着民众的崇拜。对动物神明的崇拜是埃及特有的文化，异邦人往往难以接受这种信仰。曾有一位波斯国王残忍地刺伤了被当作阿匹斯神供奉的牛犊，称其为与愚昧之民相契合的愚昧神明。[21]这头被刺的牛犊最终死于创后败血症。但是，亚历山大大帝却采取了截然相反的方法：在率军进入埃及之后，他前往孟菲斯向诸神献祭，祭祀的神祇中必然包含阿匹斯神牛。托勒密在那场仪式中学到了许多关于适应、宽容以及灵活应对变化的经验。

托勒密天生就是一个宽容的人，虽然他不能像亚历山大大帝那样富有超凡魅力，但是具有理性与公正。在接下来的数年中，他的仁慈将会让他获得"救主"（Soter，又译作救星）的称号，从那时起他便以这个名号而为人所熟知。[22] 埃及人迫切地需要一位宽容的统治者，因为在过去的数年中，他们又一次像被波斯人统治时那样，遭受一个异邦人的压迫——那个纵欲无度的希腊人叫作克里昂米尼。

被亚历山大大帝任命为埃及财务官的克里昂米尼掌控着一切权力手段，继而变得非常富有。他聚敛财富时采取的匪徒式诡计也留下了相关的记载。[23] 他褫夺祭司们享有的古老特权，再让对方用钱财将其赎回；他通过垄断市场来操控埃及主要出口产品——谷物的价格；他通过残暴的凌虐手法对埃及人进行盘剥。有一次，当克里昂米尼所乘的船只沿着尼罗河航行到一个视鳄鱼为圣物的地区时，他的一个奴隶在鳄鱼袭击中丢掉了性命。他立即宣布要对这里的鳄鱼展开围捕和屠杀。当地的祭司们只得呈上成堆的黄金来避免圣物遭受此般亵渎。克里昂米尼竟然拿他们信仰的神祇来勒索金钱。

亚历山大大帝在世时虽然对克里昂米尼的放纵深表鄙夷，但要么是因为力有不逮，要么是因为不情不愿，总之他并没有制止克里昂米尼的行为。在他生命的最后一年里，亚历山大大帝以一揽子大赦为筹码，获得了克里昂米尼的襄助。[24] 当时亚历山大大帝正因自己的挚友赫费斯提翁的逝世而感到心烦意乱，他写了封信给克里昂米尼，要求他在正在建设中的新城市亚历山大里亚（Alexandria，又译作亚历山大港）中修建起两座巨大的纪念建筑——一座位于城市内部，而另一座则矗立在离岸的岛屿之上，这样过往的船只都能够瞻仰它们的风采。亚

116

历山大大帝在信中表示："倘若我发现，埃及的神庙与赫费斯提翁的神殿都修建得很好的话，我会原谅你迄今为止所犯下的任何错误，假如你日后行为不端，我也不会责罚于你。"克里昂米尼就这样继续维持着自己在埃及的"盗贼统治"，现如今甚至获得了国王本人的允许。

在巴比伦协议中，佩尔狄卡斯将埃及划分给了托勒密，而提出的条件则是让克里昂米尼成为托勒密的副手（hyparchos）。这一次颇为明显的尝试，为的就是修剪托勒密的羽翼并且密切监视他的一举一动。然而，托勒密在抵达埃及后不久就除掉了克里昂米尼，进而废除了这项安排。托勒密找到了一些合法的借口——一项针对克里昂米尼财务渎职的指控，这项指控对克里昂米尼而言十分妥帖，也十分可信——继而将那个贪得无厌的希腊人送上了法庭并最终予以处决，这样他就可以在埃及大权独揽了。这其实就是一份脱离佩尔狄卡斯与共治国王政权的独立宣言。

托勒密有可能是在自己除掉克里昂米尼之后，才写信给安提帕特，请求迎娶这位老者膝下的一个女儿。托勒密与佩尔狄卡斯之间的最终对决必然会到来，所以他必须获得助力，方能保住自己新获得的地位。托勒密和安提帕特之间缔结的同盟，将会使大陆钳制战略成为可能：欧洲势力与非洲势力的携手共进，足以将亚洲一方的磅礴之力拒之门外。安提帕特似乎很乐意参与这场风险颇高的三足鼎立，因为他最终选择将自己的女儿欧律狄刻嫁到埃及，成为托勒密的妻子。此外，安提帕特还派自己女儿的堂外甥女贝勒尼基（Berenice）和她一同前往，此时贝勒尼基不过是一个侍女，虽然没有人会知道，她将会迎来更为伟大的使命。

　　克里昂米尼并不是托勒密在埃及的第一年中所要面临的唯 117
一问题。此时另外一个野心勃勃、无所畏惧的希腊人——一个
名叫提波戎（Thibron，又译作提布隆）的斯巴达佣兵——正
开始对北非海岸的希腊城市昔兰尼（Cyrene）发动进攻。因为
昔兰尼长期保持着独立的状态、颇为富庶，而且本身并非马其
顿帝国的一部分，所以就成了像提波戎这般魄力非凡的战士的
诱人奖赏。虽然提波戎的计划并没有威胁到托勒密的辖地，但
是战争冲突将发生在毗邻埃及边境的地方，他的莽撞之举似乎
会危及整个地区的稳定。

　　提波戎是在亚历山大大帝逝世那年沦为劫掠者的众多才干
卓越的佣兵之一。起初他作为一名佣兵乘船跟随从巴比伦叛逃
的司库哈帕拉斯前往雅典，希望煽动雅典发动叛乱。然而，提
波戎目睹哈帕拉斯在雅典的努力失败了，失败了不止一次，而
是两次。之后，提波戎只得与他那倒霉的雇主一起航行到了克
里特岛，试图躲避亚历山大大帝的报复。此刻，哈帕拉斯的船
上还载着一大笔银币以及六千名全副武装的士兵，他完全有足
够的现金与实力去完成一些冒险的任务——然而，那可怜的、
迷失方向的哈帕拉斯要么根本就不清楚这些，要么就注定一事
无成。于是，提波戎在克里特岛上杀掉了哈帕拉斯，夺取了指
挥权，并且开始亲自动手解决他们所面临的问题。[25]

　　提波戎航行至北非，并且封锁了昔兰尼的海港。他获得了
城中一些流亡者的支持，并且很快拿下了一个定居点，昔兰尼
同意向他缴纳贡赋并且帮助他扩充军队。但是事情很快就出现
了差错。提波戎的一个克里特人属下对他发动了叛乱，并且将
军队中的克里特人分裂了出去，投奔了昔兰尼人。提波戎就这
样被赶出了城市，但是依然控制着港口，利用没收来的贸易货

物资助自己的战争事业。他在附近的塔乌奇拉（Taucheira）[1]建立起新的据点，而昔兰尼人则呼吁邻近的利比亚人与迦太基人提供支援。一场全面动员的区域战争逐渐成形，而所有的这一切就发生在托勒密辖地的西部边界上。

118　　提波戎就像许多斯巴达人那般不屈不挠，虽然经历了可怕的挫折，但是依然不肯选择放弃。在克里特人发动了一场成功的突袭之后，提波戎便失去了对昔兰尼港口的控制权。他和自己的部下只得在乡野间劫掠补给，却被利比亚的部民们击溃了。他麾下的船只失去了锚地，在暴风雨中被摧毁沉没，或者被吹到海上。他现在仅剩的资源便是自己拥有的资金储备，这笔钱的数目依然巨大。他派遣使节前往仍然挤满失业佣兵的泰纳龙，雇佣了一支由两千五百名士兵组成的全新部队，再次向昔兰尼发动了袭击。他击溃了一支据说人数可达三万的昔兰尼军队——这进一步证明了训练有素的老兵们具有的毁灭之力——并重新控制了城市的周边地区。这场拉锯战现在变成了一场稳扎稳打、残酷难熬的围城战，而这片区域大部分地方的命运都将取决于作战的结果。

托勒密在其位于尼罗河畔的府邸中安然注视着这场兵燹之祸。这场危机的前因后果着实复杂曲折、令人眼花缭乱。从波斯人那里获得的金钱成为亚历山大大帝的内帑，接着被哈帕拉斯窃走，用于资助雅典反抗马其顿的战争，最后再度易手，花落北非海岸。这些金钱就仿佛一块磁铁，把失业的希腊佣兵都吸引到了这个地区。数额巨大的现金与自由流动的军事力量结合在一起，就形成了一种不稳定、易爆炸的混合物。它引发的

---

① 现图克拉（Tocra 或 Tukra）。——译者注

爆裂之火现在可能会有蔓延到埃及的危险。

不过，托勒密也有海量的资金储备，这得归功于他那前任克里昂米尼的巧取豪夺。托勒密在检查埃及府库的时候，发现了一笔8000塔兰特的巨款，如果按照当时的行情，即每人每年的薪酬是0.1塔兰特来计算的话，那么这笔巨款足够让他雇佣一支庞大的部队为其服役多年。托勒密利用这些白银雇佣了一支比提波戎部队更为强大的军队，一旦有机会干预昔兰尼的局势时，他就会让军队整装待发。托勒密回应了一些昔兰尼流亡者的请求，让自己麾下的将领欧斐尔拉斯（Ophellas）率领着这支新组建的部队前去干预。提波戎很快就被击溃，沦为俘虏，并被移交给他曾经攻击的城市，最终惨遭酷刑，被钉死在了十字架上。欧斐尔拉斯被委任掌管昔兰尼，从此这里便成了埃及的属地——这座城市的命运仿佛是金钱之力留下的纪念碑。

此外，还有另外一种利用金钱滋长权势的方法，这种方法原本由亚历山大大帝开创，但是现在身处埃及的托勒密将其更加充分地加以利用。由国家铸币厂铸造的、带有图像的铸币，本身就是一种强有力的宣传工具。亚历山大大帝在其治下的整个帝国中都使用过这种工具，钱币的一面镌刻着他那传说的祖先赫拉克勒斯，而另外一面则镌刻着同样拥有传奇人生的"亚历山大的"字样。钱币上的赫拉克勒斯头戴坚不可摧的尼米亚猛狮（Nemean lion，又译作涅墨亚狮子）皮革制成的头饰，这便是亚历山大大帝似乎无人可敌的象征。而托勒密在埃及的头两年中，便将这一战略向前推进了一步。他铸造的一种钱币描绘的并非赫拉克勒斯的形象，而是亚历山大大帝本人的肖像。这是西方的货币上首次出现真人——而非神祇或神话英

119

雄——的形象。

托勒密所铸的钱币显示的是亚历山大大帝头戴由大象头皮制成的精美头饰，而不是以往出现在赫拉克勒斯形象上的狮皮头饰。那野兽的獠牙从国王的头顶伸出，象鼻向上翘起，仿佛一顶奇异的肉质羽冠。头饰的一侧则蜷曲着一只公羊角，那象征着埃及的阿蒙神，因为据称亚历山大大帝正是这位神的子嗣。铸币上的模样并非亚历山大大帝在实际生活中的形象，而是一种传达着特别意图的象征形象。它将亚历山大大帝与非欧罗巴的世界联系了起来，这是托勒密向自己的埃及新臣民展示的重要纽带。它尤其唤起了人们对亚历山大大帝入侵印度半岛的回忆，那是他显示权力与勇气的伟大壮举。亚历山大大帝在印度半岛上面对过击溃自己军队的最为可怕的武器——训练有素的战象，甚至最后也学会了如何使用这个兵种。他曾遭遇丛林的狂野，而今他已将之收为己用。

120　　这就好像是在印度半岛的熔炉中锻造出一位全新的统治者，将开明、理性的希腊文化与狰狞恐怖的事物融合在了一起。托勒密通过在自己所铸的钱币上传播这种精巧的肖像，为亚历山大大帝注入了一种全新的力量——那来自东方的力量。[26]

六　旃陀罗笈多与考底利耶（犍陀罗/印度半岛，公元前 323 年至公元前 318 年）

这片盛产战象的土地——这里是波斯人口中的犍陀罗（Gandhara，又译作健驮逻），也是希腊世界里的印度半岛——是亚历山大帝国中最后获知其死讯的行省。这则消息抵达那里的时间肯定要比抵达亚洲其他地区的时间晚数个星期。快马加鞭穿越中部省的信使以及飞速传递消息的烽火在穿越兴都库什山脉的时候变得缓慢异常，传信人马也必须徒步穿过开伯尔山口与哈瓦克山口。而消息一旦抵达了山区以东的广阔平原，便会再次加速，沿着印度河及其四条支流，奔涌传播于驻军之间。最终，消息越过了帝国东部边界的希帕西斯河，传到了恒河河畔，传到了伟大的摩揭陀（Magadha）王国统治者难陀（Nandas）治下的疆域。

这则消息引起了两个人浓厚的兴趣，这两个人当时正在密谋推翻难陀的统治并且将马其顿人驱逐出去。在短短数年内，他们俩就让这两项事业都取得了成功，并将印度河流域与恒河流域的土地纳入单一统治者的掌控之下，从而建立了一个最终几乎覆盖整个印度次大陆的大帝国。他们一同将亚历山大大帝委任的总督赶出了这个地区，并且确保马其顿人永远不会卷土重来。这两个人分别是旃陀罗笈多·孔雀〔Chandragupta Maurya，希腊人则称其为桑德拉库托斯（Sandracottus）〕和他那杰出的导师与顾问考底利耶——这个人在印度的文本中拥有两个不同的称呼，其父名（patronymic）为"Chanakya"，而其姓氏则为"Kautilya"。

虽然对于这两个人的生平并没有多少确切的记载，但是在希腊–罗马和印度的文献里有大量关于他们的传说。查士丁在他对罗马史学家庞培·特洛古斯作品的摘要中表示，旃陀罗笈多是一个冒犯了难陀国王而要被判死刑的平民。但是不知何故，他从捕捉者手中挣脱，并且将追兵甩在了身后，当他到达丛林里的安全地带时，已经筋疲力尽。他就这样倒在地上沉沉睡去，而就在他睡着的时候，一头狮子过来舔去了他脸上的汗水。他醒来的时候，看到那头野兽平静地离去；那个时候，他就知道自己注定要成为统治者。[27]

　　根据印度传说，协助旃陀罗笈多建立帝国的圣哲考底利耶，也是一个因其自身伟大而闻名于世的人。考底利耶在刚出生的时候就有一副完整的牙齿，当地的僧侣们将此解释为他未来会成为国王的预兆。然而，考底利耶的父亲却担心帝王的权力会让自己儿子的灵魂堕入万劫不复的深渊，所以他便用锉刀磨去了考底利耶的牙齿。当僧侣们目睹了婴儿的新情况之后，便宣布命运已然发生了改变。考底利耶不会让自己变成国王，但是会化身为君王的监督者，他将会成为"隐于画像之中的无冕之王"。

　　成年之后，考底利耶一直都在寻找值得成为他的化身的年轻人，而最终他通过更多的征兆与迹象找到了旃陀罗笈多。考底利耶就这样把旃陀罗笈多带在身边，教授他如何征服、如何统治——这些教育的内容可能还保存在《政事论》（Arthashastra）当中，这是一本据称是考底利耶所著的梵文政治指南。事实上，《政事论》的成书时间可以追溯至数个世纪以后，[28]但是书中涉及暗杀与间谍活动的黑暗教义，或许可以溯源至考底利耶本人。

　　当亚历山大大帝身处印度半岛的时候，旃陀罗笈多还只有十几岁，当时亚历山大大帝应该就是住在塔克西拉（Taxila）——一座被马其顿当作基地的学院之城。而那时考底利耶在三十五岁到四十岁之间，他把这个男孩也带到了这里，并且让其在城镇里的一所宗教学校就读。倘若我们相信普鲁塔克对两人的这次相遇所做的简短记载的话，那么旃陀罗笈多必然在塔克西拉遇见过亚历山大大帝。[29]普鲁塔克并没有阐明这两位领导者究竟是如何相遇的，他们中的一位已经结束了自己的征服行动，而另外一位则尚未开始征程。不过，根据普鲁塔克的记载，在之后的日子里，当旃陀罗笈多回想起亚历山大大帝本人及其错过的多么伟大的机遇的时候，便会不禁开怀大笑。旃陀罗笈多嘲笑道，假如马其顿人继续向恒河进发的话，他们就会发现征服难陀王国并非难事。他非常清楚自己在说什么，因为那时的旃陀罗笈多已经完成了征服难陀王国的壮举。

在塔克西拉求学期间，旃陀罗笈多与考底利耶目睹了马其顿将他们的家园摧毁。从公元前326年秋开始，亚历山大大帝沿着印度河向着大海的方向展开了作战行动，就像一把镰刀一般穿过了那些骄傲的、独立的印度部落——马利人〔Malli，即梵语中的摩腊婆人（Malavas）〕与奥克苏德拉凯人〔Oxydracae，即梵语中的屈得迦人（Ksudrakas）〕。虽然人数远超侵略者数倍，但是这些勇猛的战士还是遭受了可怕的损失：成千上万的人惨遭杀害或沦为奴隶。有一次马利人差点杀掉了亚历山大大帝，他们射出的一支可怕的羽箭没入了亚历山大大帝的胸膛，然而那位国王竟然奇迹般地康复了。最后，这两个部族的民众放弃了自古以来的自由，向亚历山大大帝表示臣服，给予他慷慨的馈赠，并将他们少数幸存下来的首领作为人质献给了亚历山大大帝。

旃陀罗笈多和考底利耶学着去把一个名字听起来很奇怪的、叫作腓力的人（这个人与亚历山大大帝的父亲或者同父异母的兄弟没有关系）奉为自己的新主人。亚历山大大帝任命这个人为该地的总督，并且留给他一支色雷斯劲旅，该部队由一位名叫欧德摩斯（Eudamus，又译作优达穆斯）的军官率领。随后，亚历山大大帝和他的士兵们便离开了。他们或是行舟于印度洋之上，或是穿过兴都库什山脉折返，而最后不幸的部队则要跟随亚历山大大帝本人踏上格德罗西亚的茫茫沙漠。马其顿人在印度半岛的冒险终于结束了，在这一年多的时间里，他们让这个五河汇集之地被鲜血染红。

留守在印度河流域的欧洲骨干部队几乎无法守住这片土地，而他们也在内部的纷争中遭到了进一步的削弱。在亚历山大大帝离开的数月后，腓力就丢掉了性命，他在自己军队的哗变中被杀死。于是，欧德摩斯就接替他成了部队的指挥官，然而仅在数年内，他就被赶出了这个地区，因为现在拥有军队支持的旃陀罗笈多和考底利耶已经着手夺回印度河流域（此时此刻他们已经控制了恒河流域）。[30]

在这样一片几乎被种族灭绝战争摧毁的土地上，究竟为何会出现如此一支劲旅？查士丁给我们提供了唯一的线索，他表示旃陀罗笈多调遣了一些"法外之徒"来袭击亚历山大大帝的驻军。有人猜测这些人可能是马利人和奥克苏德拉凯人——这些自治的民族所争取的独立在查士丁看来或许就是无法无天的。[31]不过，虽然这只是一个猜测，却表明了旃陀罗笈多的征服运动是由饱受亚历山大大帝蹂躏的受害者们在满腔怒火下推动的。在这种情况下，印度河流域的民族奋起并收回了亚历山大大帝从他们手中夺取的土地，也让其成为唯一如此行动的亚洲国家。也许，亚历山大大帝虽然用残忍的手段让他们的人口锐减，迫使他们屈服，却无法摧毁他们那骄傲的精神。

欧德摩斯只得向西而去，朝着帝国中央行省的方向逃命，而我们将在恰当的时刻看到他在那里的情况。他在逃跑的时候还带走了一批战象，这些战象是他在杀死了罗阇波罗斯（raja Porus）之后获得的，[32]波罗斯曾经是亚历山大大帝在这个地区最大的敌人，之后成了他忠实的附庸。五河之地犍陀罗从此不再归属于亚历山大帝国，而是成了旃陀罗笈多帝国的一部分。仅仅在一代人的时间里，马其顿人就以五百多头大象作为补偿永久放弃了对这里的控制权，而这些大象也成了他们在无休止的内战中需要的重型武器。

七　巴克特里亚反叛的终结（公元前 322 年夏）

在亚历山大大帝逝世的一年后，获得佩尔狄卡斯命令的东部总指挥官培松抵达了巴克特里亚。此时，他麾下的部队已经扩充到了一万三千名步兵外加八千八百名骑兵。除了按照命令需要被铲除的两万三千名叛变的希腊人之外，这应该是自亚历山大大帝离开这里之后，帝国东部地区规模最大的军队。不过，培松却不打算执行佩尔狄卡斯的命令。他打算把叛军都吸收到自己的队伍当中，从而集结起一支不可战胜的综合部队。有了这支部队，他就可以掌握高地行省，抵御外敌侵入，同时为下一步做好准备——假如佩尔狄卡斯胆敢与他开战的话，他或许可以与之一较高低。

在中亚的某处，一个荒凉得连名字都没有的地方——至少狄奥多罗斯并没有记载下任何的名字，他给我们提供了关于这些事件的唯一完整的记载——培松遭遇了反叛的希腊军队。培松做了一些预防措施，与希腊叛军中的一位副指挥官列托多鲁斯（Letodorus）[33]达成了一项协议，贿赂拉拢他，让他在战斗开始的时候率领自己麾下的三千名军人脱离战场。培松希望以较少流血的方式结束这场交战，因为双方阵亡的士兵都将成为他自己的损失。

这项计划进行得十分顺利。当两军交锋之时，列托多鲁斯就率领着自己的部队退到了一处小山的后面，似乎放弃了希腊人所坚持的事业。另外两万名叛军士气顿失，阵型也随即被打破，马其顿一方轻而易举地取得了胜利。培松命令希腊人放下

124

武器，保证他们在战败之后不会受到伤害，只会被遣回自己在巴克特里亚的岗位上。

在培松话语的鼓舞之下，希腊人选择解除武装，并开始同马其顿人会合。许多人都认出了自己在亚历山大时代并肩作战的袍泽，他们中的许多人都伸出了友谊与信任之手。然而，马其顿人想到的却是希腊部队后方的辎重车辆，那些车上满载着从波斯波利斯与苏萨获得的战利品，而佩尔狄卡斯曾向他们承诺这些战利品将会属于他们。许多人也注意到了佩尔狄卡斯发出的指示：不要留下一个活口。

125

于是，有人发出了信号，接着马其顿人就发动了进攻。他们每个人都用自己的投枪向着距离最近的希腊人刺去，而那些将长矛与盔甲放在一边的希腊人根本无力自保。培松并没有制止这场屠杀，因为他并没有合适的理由去这么做。在几分钟的时间里，一支超过两万人的军队——大部分希腊士兵是在这十三年间被亚历山大大帝的募兵官们抽调到亚细亚的土地上的——就这样被消灭了。

巴克特里亚的反叛就此结束了。培松率领着麾下的部队返回巴比伦，并在途中交还了各个行省总督支援的分遣队，最终将这支部队的核心返还给了佩尔狄卡斯。培松图谋高地行省的计划被遏止了，不过他还会卷土重来。他想要掌控帝国东部的努力远未终结。

对于巴比伦中央政府的首脑佩尔狄卡斯而言，这是一次惨胜。他在同培松进行的不可言说的意志较量中占据了上风，并且在威胁出现之前就将其阻遏。帝国对于巴克特里亚的掌控也为此大受折损。不过，帝国的完整还是得到了维护。就这样，佩尔狄卡斯借其名义掌握权柄的二帝共治，迈入了第二年。

第五章 雅典人的背水一战（二）

雅典、希腊北部与赫勒斯滂海峡
公元前 323 年秋至公元前 322 年秋

一 希佩里德斯（雅典，公元前 323 年年末冬）

对于雅典演说者希佩里德斯而言，这无疑是最好的年代。126
经过数十年来鼓吹对马其顿人发动战争，他终于让自己的城邦
听取了自己的意见。他精心挑选的将领利奥斯典纳斯率领雅典
人与他们的新盟友埃托利亚人取得了惊人的胜利。如今，即使
埃托利亚人已经脱离了战场，利奥斯典纳斯也还是把他们的敌
人逼到了拉米亚的城墙后面。现在的雅典正洋溢着节日的氛
围，用节庆与盛宴来纪念自己重掌曾经失去的权力。希佩里德
斯享受着美食欢宴与各式奢侈生活。众所周知，他每天都会在
鱼市中漫步，觅寻最优质、最稀有的美食。出身优渥的他能够
负担得起这样的享乐，就比如他能买得起三个身价不菲的高级
妓女，一个被安置在他城中的屋宅里，而另外两个则分别住在
他位于乡间的两个庄园中。[1]

当利奥斯典纳斯击溃马其顿军队的时候，回到了雅典的希   127
佩里德斯正忙着驱逐自己的政治对手。因为德马德斯曾经支持
过一项尊亚历山大大帝为神的动议，所以他被处以巨额的罚
金，而无力支付的他最后被剥夺了公民权利。另外两位亲马其

顿的演说家也已经投奔到了敌人的那一边，他们（目前看来是）愚蠢地押宝雅典很快就会被击败。相较之下，福基翁——被称作"空想改良派"——的倒台过程反而温和一些。虽然他曾经反对战争，但是依然能够得到这座城邦的敬重，并且因为军事专长而受到倚重，所以福基翁被任命为本土卫戍部队的指挥官，指挥部队在雅典附近巡逻，以抵御潜在的海上入侵。不过，这个职位其实是让他边缘化了。身处城外的福基翁既不能参加公民大会的会议，也不能在拉米亚分享利奥斯典纳斯获得的荣耀。

那么德摩斯梯尼现在处境如何呢？他曾经是希佩里德斯的长期盟友，而后成了他的敌人，现在又变回了他的盟友。在经历数月的放逐与受辱之后，德摩斯梯尼的回归确实抢了希佩里德斯的些许风头。但是，这两个人现在似乎依然能够像以前那般共事。德摩斯梯尼也没有表现出要为自己曾经受贿定罪而对希佩里德斯打击报复的想法。多年以来，这些政治盟友间的友谊已经被证明是灵活弹性的，因为所有的这些友谊肯定都是在动荡的雅典民主政治中被建立起来的。有一次，当希佩里德斯卧病在床的时候，德摩斯梯尼突然前去探视，却发现自己的朋友正在撰写一份有关自己违反道德行为的清单。[2]德摩斯梯尼发出了愤怒的咆哮，但是希佩里德斯冷静地援引了一套便宜行事的逻辑，他表示："假如我们仍旧是朋友的话，那么这份清单将永远不会伤害你。但是假如哪一天我们分道扬镳成了敌人，那么这份清单将保证你不会对我造成伤害。"

公元前323年年末的整个冬季，希佩里德斯都收到不少来自拉米亚前线的振奋人心的信件，并且在公民大会上高声诵读了这些信件。战事虽然进展缓慢，但是前景仍然充满希望。希腊人一直未能在猛烈的攻势中拿下拉米亚。马其顿人用设置在城墙上的扭力抛石机不停地轰击，从而迫使希腊人无功而返。但是随着时间的推移，围城的封锁依然在持续，城内的马其顿人饱受饥馑之苦。他们的指挥官——年老的安提帕特曾经以对雅典有利的条件提出了停战提议，但利奥斯典纳斯坚持要马其顿人无条件投降，并回复道："唯有胜者方能制定条款。"安提帕特地位的彻底崩溃，看起来只是一个时间问题。但是，随后到来的一封信，却传达了不一样的信息。

有一天，当希腊军队正在挖掘包围圈的壕沟时，一队马其顿人突然从城墙后冲了出来并且发动了攻击。负责挖掘的部队顿时就被敌方压制住了，听闻有小股战斗爆发的利奥斯典纳斯立刻率领部队驰援。当利奥斯典纳斯进入城墙附近的区域时，他的头部被抛石机的石弹砸中，顿时便不省人事。他被抬回营地接受治疗，但是仍然在两日之后不治身亡，利奥斯典纳斯就这样成了自己一时疏忽和敌方幸运一击的牺牲品。这位伟大的佣兵队长和坚定的马其顿仇视者，这个让雅典在一代人的时间里首次在战场中取得胜利的人，最终离开了人世。

虽然希腊人在拉米亚依旧占据着上风，但是他们的信心开始动摇。[3]在旷野上艰苦的冬季围城中，利奥斯典纳斯用他那旁人无可企及的决心不断激励着他们。我们将视线转回雅典，希佩里德斯也为自己失去了一个朋友和一笔巨大的政治资产而深感悲痛。他与利奥斯典纳斯在彻底摧毁马其顿政权的必要性上意见一致。而当利奥斯典纳斯在公民大会上站在他这边的时候，他甚至可以击败资深政治家福基翁——这位老者长期的军事生涯让他在讨论战略的时候几乎无懈可击。

利奥斯典纳斯死后，希佩里德斯担心雅典人会让他们中最

128

有经验的将军福基翁来指挥拉米亚的围城战。然而，福基翁其实是反对这场战争的，并且对战争的胜算持怀疑态度。如果福基翁获得了任命，那么他很有可能会与安提帕特达成协议，让马其顿人从希腊人的锁喉一击中溜走。为了避免这种风险，希佩里德斯和他的党羽们在公民大会上使了一条诡计。[4] 他们雇了一个在政界默默无闻的普通公民，让他站出来声称自己是福基翁的朋友，并且劝告城邦不要向拉米亚派遣一位本土急需其贡献才干的领导者。而当那天出乎意料地出现在现场的福基翁起身发言的时候，人们似乎也认同了他的观点。福基翁表示："那个人并不是我的朋友。在今天之前我也从未见过他，但是……"他随即转向刚才所指之人，补充道："从今天起，我就把你当作我的朋友了，因为你给出的建议对我大有裨益。"希佩里德斯与他的党羽们都松了一口气。福基翁本人也不想获得这项任命，因而最终雅典委派了一位年轻许多的将领安提菲鲁斯（Antiphilus，又译作安蒂菲卢斯）开赴战场。

尽管遭受了痛失利奥斯典纳斯的巨大挫折，希佩里德斯依然在公民大会中一如既往地虚张声势。他甚至还提议[5]向安提帕特的儿子伊奥劳斯授予国家荣誉头衔——伊奥劳斯曾经在巴比伦担任亚历山大大帝的侍酒者，有人认为就是他在国王的酒杯中下了毒。这种恶作剧般的举动，旨在表明其对于战争结果的信心，因为这项动议既是对亚历山大大帝追忆的亵渎，同时也把安提帕特的家族和弑君牵连到了一起，倘若最终这座城邦反叛失败，那么这种做法无疑将会招致最为严重的报复。

二　奥林匹娅斯（伊庇鲁斯，公元前 323 年秋）

此时，亚历山大大帝之母奥林匹娅斯正在自己先祖生活过的希腊最北端饶有兴趣地观赏着这场希腊战争。

奥林匹娅斯此刻的心情一定是紧张而复杂的。一方面，她鄙视马其顿将领安提帕特。在亚历山大大帝启程前往亚洲之后，奥林匹娅斯与安提帕特抢夺地盘多年，现如今她还责怪安提帕特与其子卡山德、伊奥劳斯狼狈为奸，在巴比伦毒害了她的儿子。但另一方面，她同样憎恶雅典人。这些人自由散漫的思想和自命不凡的行事风格，让她的儿子与她自己的权威都受到了轻视。有一次，当雅典人送来用黄金与象牙制成的精雕细琢的双手与脸庞以装饰位于多多纳（Dodona）附近的一座雕像时，奥林匹娅斯制止了他们的举动，并且声称雅典人无权在她的领地上胡作非为。她就这个问题写给希佩里德斯的信件中充斥着这位演说者所说的"令人心烦之事与谴责"——用今天的话来说就是小题大做的尖刻话语。

最近，当雅典人收押了叛徒哈帕拉斯并且收缴了他贪污的钱财时，奥林匹娅斯和安提帕特都向雅典派出了使节，要求他们归还。就这样，虽然彼此水火不容，但王太后和与年迈的军人政治家还是一度短暂地站在了同一立场上，想要迫使雅典人妥协。现在雅典人与安提帕特正处于战争状态，但是奥林匹娅斯到底支持哪一方尚不明朗。

奥林匹娅斯生来便是莫洛西亚人（Molossians，又译作摩罗西亚人、莫洛桑人）的公主，莫洛西亚人是居住在伊庇鲁斯地区（Epirus，主要位于现今阿尔巴尼亚南部）的希腊人。她所在的王室宣称自己是特洛伊战争英雄阿喀琉斯（Achilles）之子涅俄普托勒摩斯（Neoptolemus）与其掳来的新娘、赫克托耳（Hector）的遗孀安德洛玛刻（Andromache）所生的后裔。奥林匹娅斯的家族也用自己的名字来宣称这一英雄的血

130

脉：奥林匹娅斯的父亲名叫涅俄普托勒摩斯，而奥林匹娅斯在结婚之前（除了其他名字[6]之外）也一直被称为波吕克塞娜（Polyxena）——这是一位因蒙受苦难而闻名于世的特洛伊公主的名字。她的哥哥名叫亚历山大，取名自一位满头金发的特洛伊王子的名字，这位特洛伊王子还有一个更为人熟知的名字——帕里斯（Paris），也正是他掳走了海伦，从而引发了那场传奇般的战争。后来，奥林匹娅斯给自己儿子也取了相同的名字。

把神话里的人物名字取作姓名并不仅仅是莫洛西亚王室的故作姿态。他们的生活和文化也与荷马笔下的同名者们十分似。与南部居住在城市里的希腊人不同，他们还生活在乡村部落社会里，仍然处在古代世袭君主制的体系下。开明政府、识字扫盲、自由贸易与城郭城邦，这些改变了南部希腊同胞生活的成就，并没有给莫洛西亚人带来影响。雅典人和与之相同的城邦将莫洛西亚人视作倒退回古早时光的例子。他们嘲笑这些北方人无法无天的举止——仍在公共场所携带着匕首，并且对他们怪异的宗教仪式——尤其是涉及狂喜与放纵之神狄俄尼索斯（Dionysus）的仪式——避而远之。

波吕克塞娜（很快她就改名为奥林匹娅斯）在十几岁的时候，就嫁给了强大的东部邻邦马其顿的国王。腓力二世当时才刚刚掌权，希望通过姻亲结盟来掌握权力。她也成了腓力二世在三年中迎娶的第五位新娘，他的王宫早已人满为患。很快，奥林匹娅斯就因为为腓力二世诞下了一个儿子——亚历山大而脱颖而出。其实在此之前，腓力二世先娶的另一位妻子就已经为他生下了一个儿子——阿里达乌斯，也就是之后的腓力三世。然而，不知为何却是奥林匹娅斯的儿子成了既定的继承人，也许那个时候阿里达乌斯就已经被确认为精神有恙了。作为既定的王太后，奥林匹娅斯在宫廷里获得了很高的地位，但也树敌甚多，因为她并没有表现出一个女子与异邦人该有的那种谦虚。安提帕特就是并不爱戴她的人之一。此时安提帕特不仅比她年长了近二十岁，而且是腓力二世一直以来的得力助手，他也成了像奥林匹娅斯一样敢于涉足政治的女性的天然对手。

她的儿子亚历山大日渐长大，奥林匹娅斯一直都悉心关注着他的成长，并且小心翼翼地捍卫着他拥有的继承权。甚至有传言说，她还给阿里达乌斯喂了毒药，从而摧毁了他的心智。还有一些至今仍有人相信的传言，即她参与了公元前 336 年刺杀自己丈夫的阴谋，而当时亚历山大正好到了可以登上马其顿王位的年龄。[7]不管奥林匹娅斯是否卷入了那场谋杀案，她很快就着手安排杀害了腓力二世刚娶不久的妻子以及尚在襁褓中的女婴欧罗巴（Europa），此时女婴可能刚刚诞生数日。[8]任何时候——哪怕是在数十年以后——都不会有新的王室血脉会威胁到自己儿子的王位。

如今亚历山大大帝已经逝世，他留下的幼子——同样也叫亚历山大——就像她十三年前除掉的那个女婴一样柔弱。奥林匹娅斯深谙王朝政治，她知道自己的孙子正处于累卵之危中。倘若这个孩子丢掉了性命，那么她和女儿克利奥佩特拉（Cleopatra，又译作克利奥帕特拉）也将性命难保。根据马其顿法律的严苛律条，被国家处决之人的亲属也会遭到处决，以防生者报复。奥林匹娅斯的狂躁脾气与钢铁意志，都使这种预防措施变得不可或缺。

奥林匹娅斯意识到自己需要找一位男性庇护者，然而这样

132

的人选很难找到。他的哥哥、莫洛西亚人的国王亚历山大也已经去世，只留下了奥林匹娅斯的女儿这样一个年轻的遗孀（在奥林匹娅斯的丈夫腓力二世的要求下，舅舅迎娶了外甥女），以及失去了父亲的一个男孩和一个女孩。而在此时的马其顿，老者安提帕特以及他的儿子卡山德已经成了她的死敌，她想让那里成为自己避风港的希望也彻底破灭了。倘若她打算活得足够久，让自己两个孙子中的一个登上王位的话，她就需要与身处亚细亚的将军中的一位结为盟友，因为这些将军正掌控着自己儿子无人可敌的军队。

婚姻与生育是奥林匹娅斯最初获得权力的源泉。现在她需要再次利用这些资源，不过这一次是要通过一个代理人——她的女儿克利奥佩特拉。克利奥佩特拉的生育能力或许会拯救整整三代的王室成员。这位母亲和她的女儿想出了一项计划：克利奥佩特拉会嫁给列昂纳托斯，他既是亚历山大大帝护卫官高层中的一员，同时也是一位出身名门的贵族。[9]而列昂纳托斯也将被要求从亚洲调回马其顿，并且负责那里的相关事务。列昂纳托斯无疑会接受这项提议，因为一旦成了王位继承人的父亲，他就有可能在王室中获得一席之地。

于是，在亚历山大大帝逝世后的数个月里，列昂纳托斯便收到了一封信，信中提议让他迎娶克利奥佩特拉，并且隐晦地提到了对于王室的掌控权。至此，奥林匹娅斯打出了自己的王牌，这也的确是她手里唯一的一张牌。然而，就在此时，希腊战争爆发了，安提帕特被困于城中，整个欧洲陷入一片混乱。现在即使列昂纳托斯同意返回马其顿，马其顿的权力最后还能剩下多少也不得而知。

三　列昂纳托斯和欧迈尼斯（安纳托利亚西北部，
公元前 322 年年初冬）

奥林匹娅斯并不是唯一想把列昂纳托斯引回欧洲的人。她的生死之敌安提帕特也紧急联系了列昂纳托斯。在安提帕特半个世纪的将帅生涯中——包括他代表亚历山大大帝管理那些麻烦的希腊人的这十二年——他第一次失去了对事态的掌控。他现在只能待在拉米亚坚固的城墙后面等待着，而他的补给日渐枯竭，所以他渴望能有一个救援者——无论是列昂纳托斯，还是克拉特鲁斯——及时赶到。他给这两个人写了信，分别允诺会将一位适婚的女儿嫁给他们，以换得他们的结盟与支持（他的第三个女儿被许配给了佩尔狄卡斯，第四个女儿被许配给了托勒密）。

随着围城的持续，安提帕特向距离他最近的将领列昂纳托斯发去了第二次讯息，重申了联姻的打算，同时再次恳求后者紧急驰援、为己解围。安提帕特委派卡迪亚的傀儡统治者赫卡塔埃乌斯（Hecataeus）为自己的使者，通过某种方式从围城铁幕之后给这个愿意效劳的希腊人传出了消息，告知赫卡塔埃乌斯必须跨过赫勒斯滂海峡找到列昂纳托斯。这并非赫卡塔埃乌斯第一次以马其顿跑腿跟班的身份前往亚洲。当亚历山大大帝初登王位的时候，赫卡塔埃乌斯便带着除掉国王一个政敌的命令，前往亚洲并且执行了处决。

赫卡塔埃乌斯在海峡对岸找到了列昂纳托斯，此时后者正在与亚历山大大帝曾经的希腊书记官欧迈尼斯商讨即将进行的平定卡帕多西亚的军事行动。[10]这次相遇对于欧迈尼斯而言无疑十分尴尬，因为他和赫卡塔埃乌斯都是土生土长的卡迪亚人，两者也长期处于敌对的状态。欧迈尼斯极为不安地意识到，现在赫卡塔埃乌斯正在为安提帕特效劳，而他与安提帕特也曾在腓力二世的宫廷中有过不愉快的经历。当赫卡塔埃乌斯将安提帕特的请求转达给列昂纳托斯的时候，原有的紧张关系让空气都仿佛凝固了。

134

对于列昂纳托斯而言，这是亚历山大大帝逝世之后短时间内从欧洲传来的第二则令人震惊的消息。克利奥佩特拉和奥林匹娅斯的书信已经寄了过来，信中热情地邀请他通过婚姻融入阿吉德家族，并且掌控这个家族未来的命运。列昂纳托斯在思索自己应该如何作答的时候，一直都对这份邀请三缄其口。现在另外一位新娘也被作为报酬放在了他的面前，给他提供了一个以英雄与救星的身份衣锦还乡的机会。列昂纳托斯处境的变化无常一定令他捧腹不已。他曾经因为遭到身处巴比伦的佩尔狄卡斯的轻视而丢掉了管理帝国的重任，现在却被两位权势熏天的领导者——这两位分别扮演着马其顿帝国极具标志性的母亲与父亲的角色——争着聘为乘龙快婿。

列昂纳托斯现在看到了一种通过同时帮助这两位领导者来让自己获得擢升的方法。首先，他会渡过赫勒斯滂海峡，通过迅猛的骑兵突袭，解除拉米亚的围困。然后，他会以凯旋之姿返回马其顿的首都佩拉，并且与在那里等候的公主克利奥佩特拉喜结连理。这将会意味着他拒绝了安提帕特的提亲，因为他不能同时迎娶这两位女子（只有国王才享有一夫多妻的特权）。但是，一旦他将整支马其顿军队从覆亡绝境中拯救出来，并且将自己置于阿吉德王座近在咫尺的位置的话，这种轻视也就变得无足轻重了。

列昂纳托斯在下定决心之后，决定招揽欧迈尼斯成为自己

的同盟，因为他认为欧迈尼斯是一个聪颖而忠诚的部属。于是
他暂且隐去了自己想要夺取阿吉德家族与整个帝国掌控权的真
正目标，敦促欧迈尼斯与他响应安提帕特的召唤一同前往欧
洲。列昂纳托斯主动提出要帮助欧迈尼斯与这次将消息带至营
地的信使赫卡塔埃乌斯达成和解，以便让这两个宿敌能够精诚
团结，从而成功为安提帕特解围。然而，欧迈尼斯却认为这种
嫌隙根本无法消除，并且担心安提帕特为了帮助赫卡塔埃乌斯
而谋害他的性命。或许，欧迈尼斯也对列昂纳托斯心存疑虑，　135
列昂纳托斯就像许多马其顿贵族一样，表现出令人担忧的自命
不凡和对于摔跤和狩猎的过度喜爱。[11]

　　由于在初次接触中碰了壁，列昂纳托斯出于对欧迈尼斯的
完全信任，就向他透露了克利奥佩特拉的来信以及他打算融入
王室的计划。列昂纳托斯透露的消息，显然意味着对佩尔狄卡
斯在巴比伦制定的命令的无视，这也将欧迈尼斯置于充满危险
的境地。欧迈尼斯不得不选择自己的阵营：要么他就要向佩尔
狄卡斯隐瞒自己知晓的消息，从而成为列昂纳托斯的同盟；要
么他就要向佩尔狄卡斯报告这里的一切，从而成为列昂纳托斯
的敌人。欧迈尼斯清楚自己会选择什么样的道路，但是他暂时
巧妙地避免了表态。不过，在当天夜晚，欧迈尼斯便偷偷溜走
了。他率领着一支五百人的小部队并且携带了一箱金币，这些
金钱是他打算用来雇佣佣兵去卡帕多西亚作战的。现在，欧迈
尼斯直接奔向了佩尔狄卡斯在巴比伦的大本营。

　　当列昂纳托斯睡醒，并且发现欧迈尼斯已经离开的时候，
一切都已无可挽回了。[12]他妄图夺取欧洲领土控制权的秘密很
快就会被公之于众，而他与佩尔狄卡斯的决战时刻也必然会到
来。不过，列昂纳托斯现在是奥林匹娅斯与克利奥佩特拉的宠

儿，被她们选定为下一任王位继承者的父亲，他对自己最终在这次竞争中取得胜利抱有希望。他赶忙渡过赫勒斯滂海峡返回欧洲，因为他的命运和王后都在那里等候着他。

四　亚里士多德（卡尔基斯，公元前 322 年）

　　当亚历山大大帝曾经的护卫官们的关系出现裂缝的时候，哲学家亚里士多德在他位于优卑亚岛的移居之所中与世长辞了。他在一生中都饱受胃疾之苦，在离开雅典之后，病情就变得更加严重了。或许饮食与作息的改变加速了他的衰朽，而此时他已经六十二岁了。

136　　　亚里士多德的妻子皮西厄斯在很久以前就已经过世了，那时他们全家还都居住在雅典。此后，亚里士多德便和赫皮莉斯（Herpyllis）共枕而眠，赫皮莉斯曾经是亚里士多德的奴隶，后来也是他让她恢复了自由身，或许亚里士多德的儿子尼科马库斯就是她生的。在亚里士多德逝世的时候，尼科马库斯还十分年轻；而亚里士多德的女儿皮西厄斯当时也很年轻，可能未及豆蔻之年。在亚里士多德的遗嘱中——这是一份经由古代传记作家第欧根尼·拉尔修（Diogenes Laertius）引用而完整保存下来的文件——他将自己的两个孩子都交给养子尼卡诺尔照料，也正是尼卡诺尔曾经在奥林匹亚向希腊人大声宣读了放逐者赦免令。这份遗嘱嘱咐尼卡诺尔既要像父亲般又要像兄弟般照料亚里士多德的孩子，虽然这种角色的转换在希腊世界并不多见，但是遗嘱的确提及当皮西厄斯成年之后，尼卡诺尔就要迎娶她。

　　这份遗嘱还包含了对亚里士多德名下财产的详细安排，包括他所拥有的奴隶，他们中许多人将获得自由。亚里士多德为已经成为自己配偶的被释奴赫皮莉斯提供了慷慨的赡养条件。他嘱咐尼卡诺尔好好照顾她，"因为她曾经真诚地关心我"；他还为赫皮莉斯提供了一个新家以及全新的家具，如果她之后还想结婚的话，还能够获得嫁妆和一些仆役。同时，亚里士多德还要求将自己妻子皮西厄斯的骸骨掘出，重新安葬在自己的身边。他还特别指出，这是皮西厄斯在她的遗嘱中留下的嘱托。

亚里士多德还特别委托伟大的马其顿军人兼政治家安提帕特作为自己遗嘱安排的主要执行者，同安提帕特的友谊对他来说十分重要。他也为这段友谊付出了沉重的代价，为此他失去了居住十二年的家园和自己筹建的宝贵学园。现在，在亚里士多德最后的日子里，他想依靠这份友谊来保护自己离世后的家庭。他似乎并不在意此时安提帕特已经被围困在拉米亚，几乎弹尽粮绝，除非亚历山大大帝麾下的哪一位将军可以从亚洲回师救援，否则他保全自己的希望将会十分渺茫。

五　列昂纳托斯（马其顿与南下途中，公元前322 年暮春）

137

列昂纳托斯进入马其顿首都佩拉必然是一件举世震惊的大事。列昂纳托斯骄傲地纵马行进在自己麾下精锐骑兵组成的前锋部队当中，他将自己额前的头发向后梳去，看上去仿佛就是第二位亚历山大大帝，这也正是列昂纳托斯自己想要成为的模样。他所骑的战马是一匹稀有的涅赛欧伊马（Nesaean，又译作尼西马），这匹马的马嚼与辔头都由闪闪发光的金银铸成，这些金银昭示了征服波斯帝国之后所获得的海量财富。马其顿人一定会为此瞠目结舌。这是十二年来离乡远征的万千士卒中

第一批返回故土的将士。

对于列昂纳托斯而言，相比巴比伦城中的王座，这里马其顿人的王座定然无法入其法眼。他希望尽快入住的宫殿，远比他去年夏日休憩过的巴比伦尼布甲尼撒的南宫要小得多，而南宫也只不过是那座巨城中数所宫殿里的一座罢了。与亚细亚的那些大城市相比，佩拉只能算是一个小城镇，而亚历山大大帝赢得的财富现在才回流到这里。不过，马其顿人正是从这个不起眼的中心出发，踏上了征服世界的征途。如果列昂纳托斯能够掌控这个中心的话，那么他就可以掌控那个世界。

亚历山大大帝的妹妹克利奥佩特拉公主，肯定是欢迎列昂纳托斯返乡之人中的一员，但是我们并不清楚这位准新郎和准新娘之间到底发生了什么。已经没有多少时间可以用来求婚了，因为此时安提帕特在拉米亚的形势岌岌可危。列昂纳托斯立即征召了已经透支的本土部队，并从邻近的巴尔干诸民族中募集了更多的军队，从而组建了一支拥有两万名步兵的威武之师。然而，他在征召骑兵的时候遭遇了挫折，因为拥有该地大部分马匹以及大部分训练有素的骑手的色萨利人已经在战争中加入了希腊人一方。列昂纳托斯只征召到了一千五百名骑兵，数量还不到围困拉米亚城的希腊骑兵的一半。

列昂纳托斯率领着这些部队开始向南进军，决心打破希腊人的封锁线并且与安提帕特会合；而希腊人已经决定要消除这种可能性。他们放弃了对城池的围攻，转而正面迎击列昂纳托斯，希望在他与安提帕特会合之前解决掉这支部队。希腊人没有足够的兵力在维持对拉米亚城的警戒的同时与列昂纳托斯进行作战。有几支分队已经返回了自己的家乡城市，他们或是因为厌倦了漫长的冬季围困，或是迫于农事与商业的需要。

希腊人希望与列昂纳托斯进行一场骑兵对决，最大限度地发挥自己的优势，而很快他们就得偿所愿。希腊一方的色萨利骑兵在将领门农（Menon）的指挥下，向列昂纳托斯发起了攻击。他们将列昂纳托斯的骑兵赶到了一处沼泽当中，在这里马其顿人的战马根本使不上劲。列昂纳托斯率部与之进行了激烈的战斗，但是他的骑兵陷入泥沼，而且又和步兵隔绝，最终被逼到了绝境。他多次被色萨利人的长矛刺伤，随之倒下，他的袍泽赶忙带着他向辎重营地奔去。然而，列昂纳托斯还没有抵达营地就一命呜呼了。

在这次骑兵对决中取得胜利之后，希腊人还打算击败列昂纳托斯率领南下的步兵方阵。然而训练有素的马其顿长枪兵知道如何防微杜渐，避免覆巢之危。他们撤回到骑兵难以作战的高地，然后举起自己的萨里沙长矛，组成了一道屏障以抵御骑兵的冲锋。色萨利骑兵们发动了数次突袭，却很快发现那只是徒劳。与自己的对手相比，希腊步兵的长矛更短，而且他们的经验也没有那么丰富，所以甚至都没有费心与之交战，于是战斗就这样结束了。

无论如何，这一天的胜利属于希腊人，他们收殓了阵亡者并在战场上立下一座纪念碑，这是依照传统宣扬胜利的标志。然而，兵员众多的马其顿方阵并没有被彻底击溃，战力也未减损。第二天，这些部队便与安提帕特完成了会合，虽然希腊人占领了拉米亚城，但安提帕特率军突出了重围。这两支部队一齐向北往马其顿逃去。希腊人之后将不得不再次迎战安提帕特。

几乎可以肯定的是，随着马其顿军队的溃退，列昂纳托斯将会迎来国葬，而非以凯旋之躯迎来王室婚礼。在列昂纳托斯作为骑兵军官辉煌的戎马生涯中，他击败了波斯的贵族、骑在战象上的印度象夫以及可以一边疾驰一边往后射箭的斯基泰人，但他最终还是被曾经的盟友色萨利人击败。或许他因为与亚历山大大帝共享了战争的胜利而获得了太多的信心，因为他竟然敢于同一支规模胜其一倍的军团进行战斗。因为缺少亚历山大大帝的卓越才能，他成为亚历山大大帝麾下第一个丢了性命的高级将领。

六 希佩里德斯（雅典，公元前 322 年早春[①]）

在拉米亚的旷野中，希腊人遵循着古老悠久的传统，将逝者火化，然后把骨灰送往逝者的家乡进行安葬。在希腊战争期间，有许多这样的遗物被送抵雅典，其中就有被飞速砸来的石弹击中而亡的利奥斯典纳斯被火化的骸骨。根据雅典城邦的独特习俗，他们选择了一位杰出的公民来发表公开演说，以表彰逝者展现的勇气。他们在希腊战争期间选择的演说者是希佩里德斯——可谓恰如其分，因为这是一场属于他的战争，利奥斯典纳斯也曾经是他钦点的将领。

希佩里德斯的演说是在城墙之外发表的，演说地点位于专为埋葬战争死难者而设立的雅典墓园凯拉米克斯（Cerameicus）

---

① 此处原文为 late spring，但与后文出现的"早春"矛盾。首先，根据 Judson Herrman trans. , *Hyperides*：*Funeral Oration* （Oxford University Press，2009）第 13 页的介绍可知，希佩里德斯的演讲应该是在公元前 322 年年初完成的。其次，根据 Cynthia Farrar, *The Origins of Democratic Thinking*：*The Invention of Politics in Classical Athens* （Harvard University Press，1986），虽然葬礼多半在冬日举行，但作者也列举了其他不同的葬礼举行时间，并且肯定了希佩里德斯的演讲应该是发生在早春时节。所以这里的时间可以确定为早春。——译者注

中。适逢早春，雅典阴雨连绵。一支由十一辆马车组成的肃穆
队伍穿过城市，驶出了西北门；每辆马车之上都有一个柏木棺
椁，里面混放着战殒者的骨灰，雅典的十个部落各有一辆，还 140
有一辆空马车则是给那些没有在战场上寻获尸骸的战死者的。
逝者的家属跟随着马车一同到来。到达凯拉米克斯之后，人们
把棺椁卸下并埋葬在墓地中，随后便聚集在演说台的周围聆听
希佩里德斯的演说。此刻，个人身殒的悲痛与战争中的不安就
这样交织在了一起，因为随着拉米亚的围城被打破，以及新的
马其顿军队的参战，雅典一度可能斩获胜利的机会，现在看来
越发渺茫了。

　　希佩里德斯登上演说台，发表了雅典演说黄金时代的最后
一次演讲。这篇演说稿直到1858年才重新回到现代世界的视
野中。当时人们从用来包裹木乃伊的废纸中找到了一份副本，
虽然演说内容有所删节，但是其他地方还算保存完好。

　　希佩里德斯在演说的开篇说道："时间将会证明，我即将
在这座坟墓之上说的关于利奥斯典纳斯将军以及在这场战争中
与他并肩作战并最终牺牲的人们的话语——为了展现他们都是
情操高尚之人——是正确的。"[13]他在演说的第一句话中就提到
了利奥斯典纳斯的名字，这无疑是一项冒险的行为，但希佩里
德斯还是写下了这样一篇大胆的演说稿。因为其他相似题材演
说的开篇，都会使用令人困惑的抽象表述或者援引古老的神话
内容，而希佩里德斯则打算开篇就颂扬一位有血有肉、真实存
在的英雄。他会给雅典人塑造利奥斯典纳斯的形象，来对抗马
其顿人心目中的亚历山大大帝。他将围绕利奥斯典纳斯塑造一
种个人崇拜，希望通过这种有悖民主政治的修辞风格，来激励
信奉民主制度的雅典赢得这场陷入僵局的战争。

"我以这位将军开篇，因为那是唯一正确的选择，"希佩里德斯继续说道，"正是利奥斯典纳斯目睹了希腊的耻辱与退缩，希腊被腓力二世和亚历山大大帝收买之人暗中破坏……正是他看到了我们的城市需要一位杰出的领导者，就像所有希腊人需要一座引领的城邦一样。他为了自由将自己奉献给了这座

141 城市，而这座城市也正为希腊人的自由而奉献着！"人群中那些冷嘲热讽者可能并不愿意将利奥斯典纳斯盛赞为自由的捍卫者——他只是一个戎马一生的雇佣兵，不受任何思想观念的影响，只有对亚历山大大帝的仇恨与对胜利的热爱；他与马其顿人共同成长，一度为马其顿人卖命，甚至都没有在他为之奋斗的城邦中生活过。对于其他人而言，当希佩里德斯重温过去一年所取得的胜利时，他们备感振奋，因为这些都经过了缜密的算计。在利奥斯典纳斯的领导下，雅典取得了胜利，而在雅典取得胜利的地方，希腊的自由事业也获得了胜利。

"不过，任何人都不要以为我忽视了其他的公民，而只对利奥斯典纳斯大加赞赏，"当希佩里德斯意识到话题可能会过犹不及的时候，他继续说道，"因为有谁会不去赞美那些在战争中捐躯的人呢，又有谁会不去赞美那些为希腊人的自由而献出生命的人呢？……因为他们的牺牲，他们的父亲会得到人们的敬重，他们的母亲会获得众人的景仰……他们的姊妹会获得姻缘，而出于对城邦善意的认可，他们的孩子也将继承这些人拥有的美德。"他指了指身下新建的墓穴，接着说道："这些人并没有死去，而是用自己的生命换来了一条永恒的战线。"这个奇妙却又引人注目的比喻，非常适合用在一个围绕佣兵军官所做的演讲——它展现了一幅逝者化身为战士挺立于幽灵步兵方阵当中的场景。

希佩里德斯试图用这样一席话来安慰从雅典前来悼念的人群，并且借此强化城邦以应对下一阶段的战争。因为我们参考的唯一演说稿并非足本，所以我们并不知道希佩里德斯是否承认这个新阶段可能会有一些困难。他在演说中提及最近与列昂纳托斯的作战时表明，自己虽然认为这是一场胜利，但并非一场值得庆祝的胜利。他甚至都没有提到取得胜利的将领门农与安提菲鲁斯的名字。他将所有的精力都投入了对利奥斯典纳斯的赞美，这就意味着他将新建立的指挥团队贬低成了并不重要的小人物。

一位老练的政治家知道如何推出替罪羊来让自己逃避职责，而希佩里德斯可能已经预见到自己很快就要找些替罪羊了。他似乎在暗示，假如他的派系大将利奥斯典纳斯仍然负责指挥的话，那么一切都会是有条不紊的。

142

七　海上战争（赫勒斯滂水域，公元前 322 年夏）

雅典人在希腊战争中的对手现在将希望寄托在一条不到 1 英里宽的狭窄水道上。如果想要改变战略平衡，那么增援的部队就必然会经过这条沟通欧亚的赫勒斯滂海峡。老者安提帕特现在已经返回了马其顿，准备对反叛的希腊人展开第二次进攻，倘若他的麾下没有更多骑兵的话，他就很难取得胜利，而现在更多增援的骑兵只能出自身处亚细亚的克拉特鲁斯率领的部队。安提帕特必须控制住这条海峡，这样克拉特鲁斯才能够完成横渡。就这样，战场现在转移到了海上。

对于雅典人或其敌人而言，赫勒斯滂海峡一直都是战略要地。公元前 480 年，波斯国王薛西斯就曾在进攻雅典的途中，用三百多艘战船连成了跨越海峡的浮桥，并通过架设在甲板上的道路将自己麾下的部队运到了欧洲。[14]据传言，当一场风暴将浮桥摧毁的时候，薛西斯竟然狠狠地鞭打了赫勒斯滂海峡的海水，并且将镣铐扔入水中，仿佛要让那海峡成为自己的奴仆。然而，最终控制海峡的并非薛西斯而是雅典，雅典利用其强大的海军在海峡上来回巡视；雅典城的大部分粮食供应也都是他们从黑海粮草富足之地运输而来的，假如运输受阻，雅典人可能就得忍饥挨饿。自从薛西斯战败之后，只有一次是雅典的敌人掌控了赫勒斯滂海峡，那是在公元前404年斯巴达人俘获了雅典舰队之后，而很快雅典就被迫投降。

143　　　对雅典而言，保持对赫勒斯滂海峡的控制是一项耗费甚巨的任务。雅典人拥有一支庞大的海上部队，战舰数量甚至超过了四百艘，这些船只的费用都由富有的公民组成的议事会来承担。这是一个沉重的负担，因而很多人都选择了逃避。[15]比船只耗资更多的是负责划桨的船员。四百艘战船一共需要八万名船员，这些人每日的工资都会在当日结清。雅典既聘用不起这些船员，也找不到这么多合适的船员，因为战船的快速机动不仅要求划桨手提供动力，同时还要求船员拥有技巧与经验。在希腊战争期间的欧洲，很难找到具备这些素质的人。[16]

　　然而，在亚洲情况并非如此。曾经为波斯帝国工作的海员们——多半是腓尼基人——现在正在为马其顿人效力，而在支付酬劳的时候，他们的主人可以调动起那近乎无底的国库。波斯人曾用黄金击败过雅典人：在伯罗奔尼撒战争期间，波斯人把资金输送给斯巴达，帮助斯巴达人建立起足以将雅典人从赫勒斯滂海峡赶走的海军。现在，这些波斯黄金在它的新主人手里，很可能会再次将雅典人击败。

　　亚历山大大帝在去世之前，就开始使用这些黄金来建立自己的海军。因为亚历山大大帝已经预料到西方将会发生战事，他向老者安提帕特派遣了一支由一百一十艘战船组成的舰队，并向他提供了一些资金。[17]当安提帕特被困在拉米亚的时候，这些战船就已经给雅典海军造成了一些困难，而与克拉特鲁斯一同离开巴比伦的军官白克利图斯（Cleitus the White）率领的第二支舰队很快也加入了马其顿的舰队。公元前 322 年春，白克利图斯航行至赫勒斯滂海峡，其部队在穿越海峡到达欧洲的最佳登陆点阿卑多斯（Abydus）时遭遇了雅典人，并且将其彻底击溃。接着，他又在基克拉泽斯群岛（Cyclades）中的阿莫尔戈斯岛（Amorgus）取得了第二次胜利，拦截了被委派重夺海峡控制权的雅典舰队。虽然并没有留下多少战斗的细节，但是战斗的结果很明显：制海权从雅典人的手里转移到了马其顿人的手中。[18]此时的白克利图斯正屹立于船首之上，手持三叉戟，摆出一副海神波塞冬的姿态，对他而言，这是一场英雄般的胜利。

　　然而，阿莫尔戈斯之战却在雅典留下了一个奇怪的结尾。[19]一个名叫斯特拉托克利（Stratocles）的玩笑之徒，在旅居国外的时候风闻雅典惨遭败绩，就在其他信使抵达前匆匆返回了雅典。他向雅典报告了假消息，告诉他们是雅典人取得了交战的胜利，并且戴着花环四处招摇过市，并向诸神献上了感恩的祭品。在听闻他传来的消息之后，人们纷纷举行庆祝，而当真相最终浮出水面，他们又愤怒地对他进行了抨击。可是斯特拉托克利全无悔意。他诘问自己的雅典同胞们："如果这两天你们是在喜悦中度过的话，那么我又犯了什么错呢？"赖于其传达的假消息，这座城市才得以拥有最后一次稍纵即逝的幻象，即这座城市维持了一百五十年的海上霸权依旧固若金汤。

值得注意的是，在雅典海军与敌军在海上激战期间，仍然有大量的雅典战船闲置在比雷埃夫斯码头。[20] 这座城市的确设法建立了一支庞大的舰队，却没有足够的桨手与舵手去操控船只。雅典把从哈帕拉斯那里获得的意外之财全部花在了利奥斯典纳斯及其佣兵的身上。此时的雅典根本无力同时进行海上与陆上的战争。

八　希腊战争的终结（公元前 322 年夏）

克拉特鲁斯终于从西里西亚长期的静默中苏醒，率领着一万名步兵以及至关重要的一千五百名骑兵穿越了赫勒斯滂海峡。克拉特鲁斯在色萨利地区行军的途中遇到了安提帕特，并开始为这位元老效劳，他现在不仅将其视为指挥官，而且把他看作自己的准岳父。克拉特鲁斯已经在配偶问题上做出了自己的选择。他把跟随他一起从西里西亚出发的安提帕特之女菲拉视为自己未来的新娘。克拉特鲁斯颇为殷勤地撮合亚历山大大帝曾经许配给他的波斯公主阿玛斯特里丝与黑海沿岸一位强大的统治者喜结连理之后，便把她留在赫勒斯滂海峡的亚细亚一侧。[21]［现在土耳其城市阿玛斯拉（Amasra）所在的位置，便是当日她所建立的城市之所在，她的姓名的变体依然作为这座城市的名字而保留至今。］

安提帕特现在已经吸纳了克拉特鲁斯与列昂纳托斯麾下的部队，将一支近五万人的军队带到色萨利平原上一个叫作克兰农（Crannon）的地方。他在距离雅典领导的联军营地不远处扎下了自己的营地。在接下来的数个星期中，每天早晨，他都会向希腊人表明自己已经准备好战斗，并在双方营垒之间的平原上列好战阵。

　　希腊作战将领安提菲鲁斯和门农此时正仔细考虑己方是否要接受马其顿人的叫阵。他们麾下的两万五千名步兵无论在人数上、技巧上还是在经验上都处于严重的劣势，但是他们拥有的三千五百名骑兵有希望取得胜利。他们静待战机，逐步增加步兵的人数：他们的信使已经被派往各个同盟城市去募集新兵，并要求那些不辞而别的分遣队——其中就有埃托利亚人的部队——归队。但是，希腊人不能这样无休止地等待下去。联军的士气低落，更多的分遣队可能会选择返回家乡；再这样下去，他们的兵员可能非但不会增加，反而会不断减少，而他们的士气同样如此。最终，在当年的 8 月初，希腊人对于作战的需求已经超越了对于增援的需要。安提菲鲁斯与门农只得在众寡悬殊的情况下，率领军队开赴战场。

　　他们将所有的希望都寄托在了色萨利骑兵身上，正是这支部队击溃了列昂纳托斯。正如他们先前所做的那般，将己方骑兵布置在阵前，而步兵则相应地靠后部署。然而，马其顿人并不打算让单一骑兵再次主导战局。安提帕特命令自己庞大的步兵方阵不断推进。这条横贯 1.5 英里的长枪兵墙的逼近，造就了一副令人胆寒的景象，在两军初次交手之后，希腊人的战阵便开始动摇。他们赶忙撤退到身后的高地之上，在那里他们可以自保，但是无法为骑兵提供保护。因此，色萨利骑兵停止了进攻的势头。

　　这一天的战斗在未分胜负的情况下结束了。在希腊人步兵数量被超过之前，他们麾下的骑兵曾占据优势。即使战事不利，由于步兵方阵撤退得井然有序，他们也只是遭受到了很轻的损失，大约有五百人阵亡。假如南部的希腊诸城邦可以派兵增援的话，他们仍然有希望获得最终的胜利。

　　然而不知何故，这份希望并没有支撑他们坚持下去。雅典将领安提菲鲁斯与他的色萨利同僚门农，对于自己能在增援抵达之前维持军队团结一心都深表疑虑。普鲁塔克认为，这些指挥官尚且年轻，欲当"完美无缺之人"（epieikeis）——这是一个集公平、理性、宽容于一体的复杂的希腊词语——却无法维持士兵们对自己的爱戴。无论他们的道德品质究竟如何，都肯定无法与已经身殉的杰出前任利奥斯典纳斯相媲美。

在克兰农战役后的第二天，通常这一天被认为是 8 月 6 日，[22]安提菲鲁斯与门农商议之后，决定派出使者前往马其顿的营地缔结投降条款。这便成了这一系列高潮迭起的历史事件最后的平静结局：并没有发生一场大屠杀或者大溃败来摧毁希腊人的自由事业，但随着金钱的耗竭与士气的低落，一切都化为一种感觉，即已经没有意义再继续战斗下去了。希腊战争终于宣告终结。

九 安提帕特、福基翁与德马德斯（底比斯，公元前 322 年夏）

希腊的将领们希望为自己所属的整个联盟安排共同的投降条款，但此时的安提帕特没有心思跟他们讨价还价，他要求对每一座希腊城市分别做出相应的安排，这样做显然是打算用最严厉的方式对付雅典人。当希腊人还在就此事争论不休的时候，安提帕特直接率军突袭了几座色萨利城市，然后在他们投降的时候给出了宽容的投降条件，这样的行动正印证了安提帕特的打算。此中传达出的信息十分明确：他的目标就是雅典，倘若其他人与雅典决裂的话，他就会对其宽容以待。于是，所有的希腊盟友都赶忙与雅典划清界限。安提帕特要求雅典人必须无条件投降，而势单力薄的雅典只得孤军奋战，派出军队前往邻近的彼奥提亚准备迎敌。

在雅典的城垣内，陷入慌乱的公民大会正四处找寻破局之 147
法。这座城邦的政治秩序，曾在一年前因亚历山大大帝逝世的
消息而崩溃，现在局势又不得不再次反转。希佩里德斯以及拥
护他发动反叛的德摩斯梯尼现在已经变得声名狼藉。雅典人纷
纷转向了福基翁以及更亲马其顿的德马德斯，希望借此赢得安
提帕特的好感，从而避免城邦遭受灭顶之灾。

然而，在一年前的战争狂热当中，德马德斯已经被褫夺了
公民权利。他现在尽其所能地嘲讽这啼笑皆非的情景，即便公
职人员三番五次地邀请他前往讲台演说，他仍然三缄其口。公
民大会赶忙恢复他的公民权利，并且撤销了相关罚金，最后他
才站出来发言。他依据久经时间考验的策略，提议即刻派出一
支由他与福基翁挂帅的谈判团前往安提帕特驻地。就福基翁本
人而言，他从来不会放过任何一个机会来表明自己对这次战争
的看法准确无误。他对公民大会说道："如果你们之前听从我
给出的建议的话，那么现在我们就不会就这些提议进行讨论
了。"不过，他还是同意加入这支外交使团。

德马德斯与福基翁——十三年前当十位演说者生命危在旦
夕的时候，也是他们作为使节被派往了亚历山大大帝的驻
地——在底比斯，即被亚历山大大帝摧毁的城市的残垣断壁上
谒见了安提帕特。双方会晤的场景尖锐地提醒着人们，那些反
抗马其顿统治的希腊人将会遭受何等命运。安提帕特与克拉特
鲁斯联袂而来，现在克拉特鲁斯既是安提帕特的指挥搭档，也
是他未来的女婿。

福基翁与德马德斯在谈判中需要表现出足够的谦卑。[23]除
了在与马其顿人长达十三年的友好关系中赢得的善意之外，他

们并没有任何筹码能够拿来讨价还价。对于在亚细亚征战了十三年的克拉特鲁斯来说，这根本就不算什么。当福基翁请求马其顿人留驻原地，不要将五万大军开进阿提卡的时候，克拉特鲁斯不禁嗤之以鼻。为什么是他们彼奥提亚的盟友，而非已经被他们击败的敌人，去承担大军的给养呢？不过，安提帕特却执着他的新战友的手，劝阻道："我们必须把这当成对福基翁释放出的善意。"安提帕特与福基翁彼此敬重，他们两人都已经年逾古稀了，也都是经历过六十载铁马金戈与政治动荡的老兵。

然而，当雅典使节提出了他们的投降条件时，安提帕特的态度立马变得冰冷无比。他用利奥斯典纳斯曾经说过的话驳斥道：唯有胜者方能制定条款。

由于实在无法忍受无条件的战败，福基翁与德马德斯只得返回雅典。公民大会很快又把他们派了出去，但是这次还安排了一个新的团队成员——色诺克拉底（Xenocrates），他是一位年迈的哲学家，也是亚里士多德曾经的朋友与同学，此时正担任柏拉图学园的负责人。这座城邦希望借此提醒安提帕特雅典伟大的知识传统——这是反驳彻底毁灭城市的有力论据——并且也希望利用色诺克拉底与亚里士多德之间广为人知的友谊。但是，当新的谈判团抵达底比斯的时候，安提帕特完全无视了色诺克拉底的身份，每当色诺克拉底想要开口说话的时候，他都会报以粗鄙之语。

尽管安提帕特起初一心想要雅典无条件投降，但他最终还是制定了一系列可以让雅典免于遭受入侵的措施。这座城邦必须把德摩斯梯尼、希佩里德斯以及其他叛乱煽动者都给交出来。雅典不得不将其历史悠久的民主政体转变为寡头政体，必须接受马其顿在比雷埃夫斯（雅典的港口）驻军，同时偿还马其顿在战争中花费的所有费用，此外还要缴纳赔款。这些条件显然比福基翁和德马德斯起初预料的要好一些，所以他们表示同意。然而，那位一直被排除在讨论之外的色诺克拉底，却表达了不同的意见。他在临别时决绝地对安提帕特说道，他对待雅典人的方式比对待奴隶的要更加慷慨，但是比对待自由人的要残酷得多。

对于福基翁而言，在比雷埃夫斯驻军是安提帕特给出的最为严苛的条件。希腊的其他城市早就屈服于马其顿的武装占领，但唯独雅典一直幸免于难。即便是在马其顿的霸权统治之下，雅典引以为豪的历史也赋予了其特殊的地位。福基翁恳求安提帕特再次豁免雅典，然而这位老将答道："福基翁，我们愿意提供给你任何东西，除了可能会摧毁你我的事物。"这是福基翁作为安提帕特的合作者所要面临的新现实，也是他据此表现的一种心照不宣：倘若雅典人在无人监管的情况下再次发动反叛，那么福基翁将会和安提帕特一样成为他们的敌人。[24]福基翁只得不情不愿地同意了驻军的条款。

安提帕特的部队于数周之后——也就是9月中旬——在一位名叫麦尼拉斯（Menyllus）的军官的指挥下，驶入比雷埃夫斯港，在慕尼契亚（Munychia，又译作姆尼恰）筑有要塞的山上开始执行守备任务。就在当天，作为当地宗教秘仪的一部分，一支神圣的队伍离开了雅典，前往附近的埃琉西斯（Eleusis，又译作厄琉息斯）。这一珍贵的宗教仪式与异邦驻军的到来相结合，让雅典人倍觉痛苦，他们觉得诸神已经抛弃了他们的城市。而一些人也目睹了奇怪的征兆与异象，这让这一天具有可怕的意义。一个参与秘仪的信徒在港口水中清洗一头即将被献祭的猪的时候，惊恐地看到一条鲨鱼将这头猪咬成了两半，并带着猪的下半身游走了。预言者声称，雅典将会让自己城市的"下半部分"——意指比雷埃夫斯港——永远地被马其顿势力夺去。

福基翁与德马德斯成了被完全改组成财阀控制的雅典政府的领导者。只有至少拥有 2000 德拉克玛（drachmas）财产——对于社会中上层而言也是一笔数额巨大的财产——的人才能够被允许担任公职或者参与投票。旧有的民主政治机构依然在继续运转，但是现在有超过两万人——远超公民总数的一半——被禁止参与其中。他们中的许多人都选择离开这座城市，并接受了位于色雷斯的新土地，这些土地是老者安提帕特慷慨且极为迅速地提供的。为了维护自己的利益，安提帕特把那些被他称为"麻烦制造者与战争贩子"的人从城邦里剔除，然后将雅典变成一座养尊处优的富人之城，而这些富人很大程度上从一开始就反对这场战争。[25]

那些留在雅典的、被剥夺了政治权利的穷人，对自己身处的二等公民的地位感到恼火。他们在希腊的其他城市里永远都不会尝到权力的滋味，而一旦习惯了权力的滋味，他们就会发现失去了权力是如此难以忍受。他们所蒙受的屈辱，让他们对同住雅典的邻伴们充满了怒火，尤其是对那个拥有贵族风范的人，他就是柏拉图曾经的学生福基翁，现在似乎已沦为安提帕特傀儡的改良人士，也成了众人泄愤的对象。

十　希佩里德斯（埃伊纳岛与科林斯，公元前 322 年 9 月下旬至 10 月上旬）

希佩里德斯与德摩斯梯尼根本没有坐以待毙，等候安提帕特的发落，而是选择在此之前逃离雅典。长期以来，一个显而易见的事实是，这位老将军倘若赢得战争，就必然会去取他们俩的性命，而这一次与十三年前同亚历山大大帝的对决不同，雅典将不会为他们提供庇护。[26]最终德摩斯梯尼的侄子，同时也是受他庇护的人——德摩卡莱斯（Demochares）展现出为叔叔辩护的姿态，腰间佩剑，勇敢地在公民大会上进行了发言。但是这种奋起反抗的时代已经过去了。大会很快就根据德马德斯发起的动议进行了表决，将缺席审判的德摩斯梯尼与希佩里德斯判处了死刑，并且他们的尸骸将被禁止埋葬在阿提卡的土地上。最后一项无疑是极为严厉的举措，显然是为了平息马其顿的滔天怒火。

雅典尚在人世的两位最伟大的演说家，以及两位与他们一起被定罪的、名声稍逊的演说者，除了在诸神的圣坛祈求庇护外，已经没有了任何的希望。在过去，当亚细亚仍旧属于波斯人的时候，被放逐的雅典人可以在那里找到安全的容身之所，与敌人的敌人相居为伴。[27]但是，现在所有已知的世界都已经被掌握在了马其顿人的手中，他们已无处容身。

这些流亡者一起逃往了埃伊纳岛（Aegina），在那里有一处由巨型大理石相围、供奉着神话英雄埃阿科斯（Aeacus）的神圣之地，为众多乞求者提供庇护。紧随其后的便是一个臭名昭著的希腊赏金猎人、亡命逐猎者阿基亚斯（Archias）以及他率领的一伙色雷斯暴徒。这个多才多艺的男子放弃了自己早年从事的两个职业——悲剧演员和雄辩家，转而成为安提帕特的鹰犬，这样做无疑是为了换取丰厚的报偿。（在某个时候，他在自己新从事的工作中遭遇了重挫，阿里安所写《亚历山大死后之事》的佚失部分曾经提及他如何在贫困与绝望中了结了自己的生命。）[28]

希佩里德斯和他的两位战友选择留在埃伊纳岛上等待自己

151

命运的降临，而德摩斯梯尼则动身前往卡劳利亚，一年前他在被放逐时曾在那里待过。据说那里的波塞冬神庙是神圣不可侵犯的。在德摩斯梯尼离岛之前，他与希佩里德斯进行了最终的告别。他们两人四十年的伙伴关系虽然曾因贿赂丑闻而短暂中断，但在过去的数月里又奇迹般地恢复了，而那时候雅典正痛苦地不断争取着两人追求的解放之途。而现在，在濒临死亡之际，希佩里德斯为当年对德摩斯梯尼的控诉表达了歉意，两人就这样以朋友的身份分别。[29] 或许他们会偶尔驻足遐思，倘若不是拉米亚城的那枚石弹，他们俩或许会成为雅典政治史上最为伟大的英雄。

德摩斯梯尼离开后不久，亡命逐猎者阿基亚斯便抵达了埃伊纳岛。他并未慑于宗教上的顾虑，而是把三名被剥夺了公民权利的演说家从圣地里拖了出来，送给了当时身处科林斯附近的克莱奥内（Cleonae）的安提帕特。三个人都被处以极刑，而希佩里德斯的舌头——也就是他曾经多次发表反抗马其顿演说的舌头——也被割了下来。[30] 作为对他的同情者们的警告，以及对他支持希腊战争的惩罚，他的尸首随后也被曝于荒野。

不过，后来由于一位在马其顿宫廷颇有影响力的希腊医生出手干预，希佩里德斯的尸首还是被交还给了他的一个名叫阿尔菲诺斯（Alphinous）的亲属。人们无视大会的法令，在为他举办了光荣的火化仪式之后，将他的骨灰秘密埋葬在雅典城的希派德门（Hippades Gate）附近，那里正是希佩里德斯的故乡。

十一 德摩斯梯尼（卡劳利亚，公元前 322 年 10 月中旬）

大约在希佩里德斯逝世一周之后，身处卡劳利亚神圣之地的德摩斯梯尼突然从一个奇怪的梦境中醒来。[31]他梦见自己与亡命逐猎者阿基亚斯都是相互竞争的悲剧里的演员，而德摩斯梯尼的表演显然更加出彩，从而赢得了更多的掌声。尽管如此，但由于他出演的作品缺乏昂贵的布景与精美的服饰，所以最终奖项还是花落阿基亚斯。也许，德摩斯梯尼从这个梦境中获得了些许安慰，在这个梦境中，是否获胜并不取决于其内在价值。虽然马其顿政权取得了胜利，但他的事业——希腊的解放——所具有的道德地位终究还会毫发无伤。

德摩斯梯尼在离开了卡劳利亚仅数个月后就不得不重返故地，这无疑表明了命运之轮竟转得如此之快。首先是远方传来亚历山大大帝逝世的消息，随之而来的是雅典走向了战争。然后，德摩斯梯尼重获雅典人的爱戴——这来得如此突然，如此振奋，如此令人癫狂，却又如此稍纵即逝。而雅典反叛失败后，在被判处死刑的阴霾下，他又被迫踏上流亡之途。雅典的政治从未像过去的一年半里那般风云激荡、变幻莫测，但是无论福兮祸兮，从政都是德摩斯梯尼自己选择的生活。有一次，当一些年轻人向他征求有关职业的建议时，他满目困倦地注意到，倘若在他年轻时有两条路可选，一条是通往演说者的讲台与大会，而另外一条则是通向英年早逝，那么他应该会去选择英年早逝的道路。但现在看来，第一条路似乎也会通往相同的终点。

就在10月中旬的那个早晨，亡命逐猎者阿基亚斯在其麾下色雷斯矛手的陪同下，渡海来到了卡劳利亚。搜查部队很快就来到了波塞冬的神庙，但是出于某种原因，他们并不愿意入内，而是在殿外招呼德摩斯梯尼出来。阿基亚斯告诉他的猎物，希望他可以以和平的方式出来，并且保证无论自己还是安

153

提帕特都不会伤害他分毫。德摩斯梯尼则反驳说，他以前从来没有觉得阿基亚斯的表演足以令人信服，现在同样如此。他肯定在一周前就获悉了希佩里德斯的遭遇，并且下定决心要为自己争取一个更好的结局。

当阿基亚斯开始威胁要动用武力的时候，德摩斯梯尼似乎承认了自己的失败，请求让他给自己的家人写一封信。他退避到神庙中的一处隔绝之所，然后像平日里写字一样，将一支芦苇笔的末端放入嘴中，偷偷地吸出了藏在其中的毒药。然后他便用斗篷盖住自己，低下脑袋，等待死亡的降临。

色雷斯人从外向里张望，错把他的姿势理解成了对神祇的祈求，并开始嘲笑他的懦弱。阿基亚斯走入房间，再次试图劝说德摩斯梯尼，告诉他他不会为此丢掉性命。然而，此时毒药已经开始发作。德摩斯梯尼掀开了自己头顶的斗篷，用阿基亚斯曾经的职业对他再度发出讥讽，他表示阿基亚斯现在就可以扮演索福克勒斯剧作《安提戈涅》（Antigone）中克瑞翁（Creon）的角色，剧中的这个暴君曾将敌人曝尸荒野、任狗啃噬。然后他转向了圣地中央的波塞冬雕像。"仁慈的波塞冬啊，我会让你的神庙继续存在，尽管安提帕特和那些马其顿人还是会将此地玷污。"他如是说道，并恳求人们将他搀扶起来。德摩斯梯尼不想因自己的死亡而让圣域遭受玷污，他步履蹒跚地走出神庙后就倒在了地上，发出了最后的呻吟。

155　　和其他希腊人一样，普鲁塔克也认为德摩斯梯尼的自杀是一种英勇的反抗之举，他表示，对于这一事件有各式各样的描述。据一个描述者所说，德摩斯梯尼并没有从笔的末端吸取了毒药，而是从他系在腰间的一个小布袋中取出了毒药。而另一个描述者则声称，毒液是盛放在一枚空心的手镯中的。曾经为其在公民大会上据理力争的德摩斯梯尼之侄德摩卡莱斯，则表示自己的叔叔根本就没有服毒，而是神的意志让他从敌人的魔掌中解脱了出来：某位神在最为恰当的时刻让他在无痛中死去。令人欣慰的是，诸神在如此忽视雅典的命运之后，还是进行了干预，保护了这座城市最后一位自由者的尊严。

德摩卡莱斯耗费数十载光阴才恢复了自己叔叔的声誉，最后他终于取得了胜利，在他的生命即将走到尽头之时，他成功地说服雅典竖立了一座纪念雕像。这座雕像由当时雅典著名的雕塑家波利乌库图斯（Polyeuctus，又译作波利优克都斯）用青铜塑成，通过几座罗马时代的石刻复制品得以流传至今。雕塑中的德摩斯梯尼挺拔站立，但头颅低垂；疲惫的面庞上写满了沉思；他双手持一本纸莎草卷轴，卷轴中的内容无疑就是他即将要发表的演说。这座雕像生动地展现了德摩斯梯尼的意志坚强、信念坚定和庄重严肃，也让人感受到一种悲剧性的徒劳无功。它描绘的正是一个注定永远无法实现自己目标的人。

这座雕像的原始作品矗立于雅典市集的广场之上，在雕像的底座上镌刻着这样一行哀伤的诗句：

德摩斯梯尼啊，要是你所拥有的力量与你的判断力一样强大，

希腊就永远不会被马其顿的阿瑞斯主宰。

第六章　尼罗河上的惨剧

西亚与埃及

公元前 322 年夏至公元前 321 年夏

　　在亚历山大大帝逝世后的一年中，他已经被制成木乃伊的尸体就这样躺在巴比伦尼布甲尼撒王宫里的一副棺椁之中，棺椁由黄金锻造而成，其上还覆盖着一块绣金紫帛。[1]在那一年以及接下来的大部分时间中，佩尔狄卡斯任命的军官阿里达乌斯负责督造一辆华丽的灵柩车，用来将遗体送往其最终的归宿。

　　如何对遗体进行保存对马其顿人来说可是一件新鲜事。在亚历山大大帝逝世之前，唯有赫费斯提翁的遗体经过了防腐处理，但那也只是做了简单的处理，为的是在精心准备火葬所需的柴堆的同时，防止遗体迅速腐坏。亚历山大大帝的情况与之完全不同。数周过去了，数月过去了，然后一年就这么过去了，这副覆紫棺椁似乎就这样成了宫殿楼宇间一个诡异的固定存在物，让来往之人或感到慰藉，或感到恐惧。棺椁里似乎躺着一位神，但神祇理应寓居地下或遥栖云端，而不应该与凡人同在一个屋檐之下。

　　在亚历山大时代之前，马其顿人的习俗通常是将自己的国王火化之后，安葬在皇城埃盖的墓室之中。[2]这也是人们处理亚历山大大帝的父亲腓力二世的遗体时遵循的仪礼。1977 年人们在维尔吉纳发掘的两座墓穴之一中发现了他的遗骸（虽然遗骸究竟位于一号墓还是二号墓，至今人们仍旧争论不休）。[3]
亚历山大大帝的遗体最终并不会遵循国王自己的意愿，而是要
遵循佩尔狄卡斯政府的意愿，在灵柩车完工之后，被送往埃
盖城。

　　然而亚历山大大帝的遗体永远也无法抵达埃盖城了。埃及
总督托勒密正在为他的遗体安排一座不一样的百年之所，即使
当时那台精美的灵柩车并未完工。这些安排到目前为止还都是
秘密，并且一直会保密到其付诸实践的那一刻，因为任何的蛛
丝马迹都可能会被报告给四面楚歌的巴比伦政府首脑佩尔狄卡
斯，并且招致严重的后果。

一　克利奥佩特拉（萨第斯，公元前 322 年秋）

　　当亚历山大大帝的妹妹克利奥佩特拉从马其顿赶往萨第斯
（Sardis，又译作萨迪斯、萨地斯，位于现今土耳其西部）的
时候，她的脑海中浮现的并不是葬礼，而是一场婚礼，是她自
己的婚礼。她和她的母亲奥林匹娅斯已经在一次姻亲安排中失
败了，他们选择的新郎列昂纳托斯在战斗中阵亡。现在，这两
位王室女性——她们也是亚历山大大帝最为亲密的家人——打
算再做尝试。这一次克利奥佩特拉并不打算把潜在的如意郎君
引诱到欧洲来，而是自己动身前往亚历山大大帝将领云集的亚
洲。她的家族命运完全取决于她是否能够俘获其中一人的真
心，而此事越早越好，因为她们的死敌安提帕特现在正迅速垄
断姻亲的市场：身处欧洲的克拉特鲁斯已经与安提帕特的长女
菲拉成婚了，而托勒密则在埃及等候安提帕特幺女欧律狄刻的
到来，就连这些人中势力最强的佩尔狄卡斯都已经和妮卡亚有
了婚约。安提帕特在三大洲都收获了女婿，从而让他的老对手

158

奥林匹娅斯陷入致命的孤立境地。

不过，奥林匹娅斯和她的女儿仍然掌握着婚姻政治的王牌——王室血统。与安提帕特的女儿不同，现年三十出头的克利奥佩特拉可以诞下一位合法的王位继承人。而且，作为亚历山大大帝唯一的亲妹妹，她自己与王座的距离可谓近在咫尺。在与克利奥佩特拉成婚之后，任何新郎都可以跃升为王室成员，甚至可以直接问鼎王座。此前从未有人通过姻亲获得马其顿的王权，但以前也从来没有过双王共治，同样未曾拥有过一位有着一半巴克特里亚血统的国王，更未曾在遥远的巴比伦君临天下。亚历山大大帝开启的新时代带来了诸多不可思议的事情，通向王座的不同途径现在变成了一场公平的博弈。

克利奥佩特拉就这样前往亚细亚，看看那里是否有一位将军能成为自己的如意郎君。碰巧的是，这些人中的最佳人选现在只是刚刚订婚，并未完婚，这个人便是共治国王的监护者、中央政府的领导人——佩尔狄卡斯。

克利奥佩特拉肯定很清楚，佩尔狄卡斯的新娘随时都会抵达巴比伦。当安提帕特的儿子伊奥劳斯从亚洲赶来接妮卡亚的时候，或者当这对兄妹在饱受信赖的马其顿代理人——亡命逐猎者阿基亚斯[4]的陪同下前往赫勒斯滂海峡的时候，克利奥佩特拉可能还一直待在佩拉。倘若果真如此，那么克利奥佩特拉一定是加快了自己前进的速度，希望能够阻止婚礼的举办。她要么是秘密地离开了佩拉，要么就是给了安提帕特一些借口，因为后者有办法阻止她的离去。也许她只是表示想要去见一见自己年幼的侄子，即尚在襁褓中的国王、彼时只有一岁大的亚历山大——这种请求让安提帕特几乎无法拒绝，因为安提帕特虽然与她们势同水火，却依然是王室的仆从。

于是克利奥佩特拉离开了欧洲，挥别了此生未曾再见的母亲，来到了自己永远无法离开的那座城市——萨第斯。

二　佩尔狄卡斯（西亚，公元前 322 年秋）

能够同时被两位新娘追求，其中一位还是公主，这在某些男子看来可能是一种令人羡慕的命运，但是对佩尔狄卡斯而言则不然。克利奥佩特拉出人意料地登陆亚细亚，而此刻自己期待已久的妮卡亚也即将到来，这便引发了一个颇为微妙的政治问题。与一个强大的家族联姻，意味着不可避免地要让另外一个家族蒙羞。佩尔狄卡斯现在面临的问题是，自己到底应该选择哪一方？

佩尔狄卡斯应该明白亚历山大大帝为什么没有迎娶马其顿女子，而是娶了一个巴克特里亚人和两个波斯人。阿吉德家族迎娶亚细亚皇后得罪了不少本土的贵族，但是至少在这件事情上所有人都遭到了相同的冒犯。亚历山大大帝并没有引发马其顿贵族中的派系分裂，每个家庭也都希望能够获得国王的青睐。现在，最接近帝国统治者位置的佩尔狄卡斯，正关注着这足以令亚历山大大帝感到恐惧的裂隙。奥林匹娅斯王太后与德高望重的安提帕特势不两立，而这两人都想让佩尔狄卡斯成为自己的女婿。他在接受一方的邀约之后，就必然与另外一方疏远。

佩尔狄卡斯要做出的不仅是妻子与姻亲的选择，而且是两种政治未来之间的选择：是一种有限的、基于亚细亚的统治权，还是一种对整个帝国的统治主宰？安提帕特与克拉特鲁斯一起，在巴比伦拟定的协议中获得了对欧洲的控制权，而克拉特鲁斯现在还与安提帕特拥有姻亲关系。佩尔狄卡斯已经放弃

159

了对欧洲的控制权，因为他的实力还没有强大到与之抗衡的地步；仅仅管理亚洲的领土就已经足够具有挑战性了。如果佩尔狄卡斯现在与妮卡亚结婚，并与安提帕特结成同盟，进而与克拉特鲁斯结盟，那么他将重新确认巴比伦协议中的划分，以及其中暗示的世界的分裂。相较之下，克利奥佩特拉则代表了一种超越大陆与国界的力量。作为克利奥佩特拉的丈夫，佩尔狄卡斯可以像在巴比伦一样，轻而易举地君临佩拉——或者君临埃及，因为现在托勒密在埃及越发地固执己见，令人十分不安。

160

佩尔狄卡斯是想要占据亚历山大帝国里最大的一块土地——亚洲的领土，还是想要将三洲之地尽数收入囊中？这是一个令人痛苦的两难之境，除此之外，他的顾问们的意见也很难统一，这让事态变得更加糟糕。亚历山大大帝曾经的书记官、如今佩尔狄卡斯的得力助手——希腊人欧迈尼斯，敦促佩尔狄卡斯尽快与克利奥佩特拉完婚。欧迈尼斯是一个拥护君主制度的人，他以帝国王朝的眼光审视这个世界。在他看来，就像权力来自军队一般，它也源自头衔与权杖。佩尔狄卡斯的弟弟阿尔塞塔斯（Alcetas）则不断地试图将他引到另外一个方向。阿尔塞塔斯相信，与妮卡亚的婚姻将会使现状变得更为友好和谐。安提帕特会继续虎踞欧洲，他的野心也会在欧洲得以实现，而佩尔狄卡斯则可以继续留在亚洲，不断收获海量的财富。阿尔塞塔斯表示，佩尔狄卡斯依然势单力薄，无法承受抛弃尼卡娅造成的洲际冲突的风险。[5]

佩尔狄卡斯在第一次请求安提帕特把尼卡娅许配给她的时候，势力还比较弱小，在那绝望的日子里，他甚至将自己的袍泽扔到了战象脚下，任其践踏。然而，随后局势便发生了诸多变化。佩尔狄卡斯为了帮欧迈尼斯获得土地，发起了一场针对卡帕多西亚的军事行动。尽管独眼的安提柯与列昂纳托斯都拒绝了受调出兵的命令，但经过艰难的战斗后，佩尔狄卡斯终于取得了胜利。佩尔狄卡斯的对手阿里阿拉特是当地波斯抵抗者的领袖，他很想夺回亚历山大大帝征服的土地，于是在战场上投入了三万人的军队，其中包括大量的希腊佣兵，然而佩尔狄卡斯在两次重大战役中将其击败，并将阿里阿拉特钉死在尖桩之上，以警示他的那些支持者。[6]接着他又前往西里西亚，将克拉特鲁斯留在那儿的精锐老兵部队——银盾兵收到自己的麾下。[7]这支三千人的部队，由冷酷无情的军官安提贞尼斯（Antigenes）率领，被认为是当时已知世界上最为精良的步兵。事实上，这些军人在三十载的征战生涯中，几乎击溃了世界上所有的敌手。

佩尔狄卡斯的力量增强，欧迈尼斯的地位也随之见涨，他已经表明了自己除了能够用书记官的笔触撰写文书，同样也能够挥舞得起骑兵的长枪。当难以管束的军队在亚美尼亚制造麻烦的时候，当地的军事指挥官涅俄普托勒摩斯反而让局势恶化，佩尔狄卡斯只得派遣欧迈尼斯去解决危机。凭借免费提供马匹和减免税赋的妙招，欧迈尼斯很快就组建起一支优良的卡帕多西亚骑兵部队。他不断操练这些骑兵，让他们像马其顿人一般战斗，并最终凭借这支骑兵很快恢复了亚美尼亚的秩序。佩尔狄卡斯发现欧迈尼斯不仅是忠诚的盟友与明智的顾问，而且是一位优秀的战场指挥官。但是，欧迈尼斯却发现自己又招来了一个新的敌人，因为涅俄普托勒摩斯并不希望一个希腊人在自己的地盘上抢风头。

最近，佩尔狄卡斯又宣称自己取得了另外一场胜利，他战

161

胜了长期忤逆其权威、酿成诸多麻烦的皮西迪亚人。数年之前就是皮西迪亚人杀掉了安提帕特之女菲拉的第一任丈夫巴拉克鲁斯，现在佩尔狄卡斯终于让这些人付出了代价——虽然最终他们没让佩尔狄卡斯获得完成复仇的全部满足感。皮西迪亚（Pisidia，安纳托利亚南部）有两座主要城市，佩尔狄卡斯在攻占了第一座城市之后，就采取了惩戒性措施，处决了所有的男性居民，将妇女和儿童贩卖为奴。于是，第二座城市里的居民决定为自己争取一个更有尊严的结局。当佩尔狄卡斯的军队发动进攻的时候，城内的居民将家人聚集在几栋房子当中，放火焚毁了这些建筑，然后将自己的所有财物通通扔进大火。守卫城墙的士兵抵挡住了佩尔狄卡斯士卒的进攻，直至这次集体自焚宣告结束，随后自己也纵身跳入火海。第二天，当马其顿人攻入浓烟密布的废墟时，只能从烧焦的骸骨中挑拣出那一块块已经熔化又凝结的金银。

　　虽然战事结果令人大失所望，但这次作战还是取得了成功，也让佩尔狄卡斯在过去的一年中取得了三场胜利。在争夺亚历山大大帝权力的过程中，佩尔狄卡斯的力量得到了极大的加强，因为对于执掌权力者所需要的士兵们而言，优秀的将帅之能——及其所提供的战利品——便意味着一切。佩尔狄卡斯甚至已经开始筹划如何应对独眼的安提柯对自己发出的挑战。安提柯拒绝服从命令的行为绝对不容忽视。在巴比伦的军队集结之前，佩尔狄卡斯当局要求安提柯前往巴比伦觐见。倘若安提柯不愿前来的话，那么他将会遭到攻击；倘若他逃往欧洲的话，那么佩尔狄卡斯就永远地摆脱了这个人。

　　佩尔狄卡斯还有其他事需要完成，虽然绝少有人知晓这些事。他收到了德马德斯从雅典寄来的密信，身为政治家的德马德斯曾经长期与安提帕特合作，现在却寻求改换门庭。德马德斯出于未知的原因——或许是因为他在雅典傀儡政府中的搭档福基翁坐拥大部分权力——敦促佩尔狄卡斯越过赫勒斯滂海峡并将安提帕特驱逐，他表示佩尔狄卡斯如果这么做的话，就将会获得希腊人的支持。"我们的城邦只是靠着一根破旧、腐烂的绳子维系在一起。"德马德斯在写给佩尔迪卡斯的信中如此轻蔑地提到了安提帕特。一位像佩尔狄卡斯那般精力充沛的新领袖，完全可以轻而易举地从那个面目可憎、年迈不堪的老兵手里夺取欧洲领土的控制权。

此外，佩尔狄卡斯也控制着亚历山大大帝的遗体——这是他最重要的政治资产——以及那辆不久后将会把遗体运回马其顿故土的华丽的灵柩车。假如佩尔狄卡斯护送着灵柩车，在伙友骑兵中一马当先，主持了这位伟大国王的葬礼呢？如果他把即位不久的新王——低能的腓力和幼小的亚历山大——带在身边，让他们像扈从一般跟随着他的车驾呢？此时难道所有人不会清楚是佩尔狄卡斯，而非安提帕特，代表着整个帝国的指挥大权吗？即使是一年前上演了英雄归来的克拉特鲁斯，难道还会去质疑佩尔狄卡斯地位的至高无上吗？

如果真是这样的话，佩尔狄卡斯为什么不选择与克利奥佩特拉成婚，并通过宣称自己有权荣登帝位的方式来赢得这场胜利呢？这个问题一直困扰着佩尔狄卡斯，即使妮卡亚离他已经越来越近。如果佩尔狄卡斯采纳了欧迈尼斯的建议，迎娶了亚历山大大帝的妹妹并且加入王室的话，到底需要冒多大的风险？当克利奥佩特拉答应嫁给他时，列昂纳托斯也曾面临过相同的选择。列昂纳托斯曾经抓住了伸出的橄榄枝，并且觉得为了迎娶一位王室新娘，他可以冒天下之大不韪。

163

　　此时的佩尔狄卡斯，正处于相似的壮志雄心之巅，但是发现自己根本无法下定决心。他无法公然与安提帕特决裂，即使这是一场他很有可能获胜的战争。但是，他也不能放过克利奥佩特拉送给他的机会。欧迈尼斯与阿尔塞塔斯的建议都深得其心，根本难以取舍。

　　于是，佩尔狄卡斯在已经同安提帕特的女儿妮卡亚有婚约的情况下，派遣欧迈尼斯前往萨第斯，给克利奥佩特拉送去一封密信，表示他打算婉拒先前的婚约，迎娶克利奥佩特拉。[8]佩尔狄卡斯正静候时机，同时把握住两种选择。现在最好的选择，就是不要急于做出决定。

三　库娜涅、阿狄亚与阿尔塞塔斯（西亚，公元前 322 年秋）

　　就在克利奥佩特拉抵达萨第斯之后[9]，联姻名单上出现了一个新的人选，并且她出人意料地来到了亚洲。奥林匹娅斯的计策为另外一位王室母亲库娜涅（Cynnane）指明了道路，她打算通过自己的女儿来寻求权力，她的女儿是一个方及豆蔻之年的少女，名叫阿狄亚（Adea）。这对母女的眼光甚至比奥林匹娅斯和克利奥佩特拉还要高。他们的目标不是让将领迎娶公主，而是打算让公主嫁给国王。库娜涅选择了亚历山大大帝同父异母、精神有恙的兄弟腓力（也是库娜涅同父异母的兄弟）作为自己女儿（也就是腓力的外甥女）的新郎。

　　库娜涅深谙王朝婚姻政治，因为她本人就是这种政治的产物。她的母亲是伊利里亚（Illyria，现今阿尔巴尼亚的部分领土）的一位公主，来到了马其顿与亚历山大大帝的父亲腓力二世成婚，并让这两个互有争议的国家建立了联盟。虽然库娜涅在马其顿的宫廷中长大，但是她依然忠于自己母系的传统，因为伊利里亚女性都以坚韧不拔而著称，并且能够像男子一样参加战斗。据说库娜涅在十几岁的时候，就曾随同马其顿军队前往伊利里亚，并在近身肉搏中杀死了该国的一位王后——也许被杀之人还是她的一位亲戚。[10]不幸的是，这两位全副武装的女性领导者之间的具体交锋并没有留下任何记载，这是欧洲历史上已知的第一次这样的对战——虽然很快就会发生另外一场类似的交锋。

　　库娜涅在成年之后，通过政治包办与自己的堂兄阿敏塔斯（Amyntas）成婚，而后者也是阿吉德家族的直系继承者。她为阿敏塔斯生下了一个女儿，名叫阿狄亚。公元前336年，在库娜涅的父亲腓力二世遭到暗杀之后，王位出现了空缺，倘若她的丈夫彼时能够迅速采取行动荣登王位，那么库娜涅就可能成为王后，然而亚历山大夺取了王位，并且除掉了阿敏塔斯。于是，库娜涅刚入桃李之年就成了遗孀，虽然此后有人希望迎娶她，但她依然保持孀居。她将自己的注意力都放在了阿狄亚身上，按照伊利里亚人的风俗将她培养成了一位女猎手和女战士，足以令其在男子中也不逊色。

　　在库娜涅三十岁出头的时候，阿狄亚才刚过青春期，此时亚历山大大帝逝世了，腓力登上了王位。此时，库娜涅尚且年轻，完全可以嫁给腓力、诞下子嗣，但是她把这个机会留给了自己的女儿，后者拥有的王室血统比自己的还要纯正。亚历山大大帝逝世后的第二年，她与阿狄亚一同离开马其顿，在一队雇佣武装人员的陪同下，进入亚细亚。库娜涅打算找到腓力，并把阿狄亚嫁给他，从而提升自己所属王室一脉的地位，这一脉来自一个拥有伊利里亚血统的好战女子。

165 　　这一举动撼动了巴比伦已然摇摇欲坠的权力结构。此举也将增加两位共治国王中的一位的合法性，从而让整个君主制度得到强化，进而降低将领们的影响力。事实上，这种举动可能会导致四位监护者所组成的委员会就此被撤销，因为一旦阿狄亚成为皇后，她就能够代表自己的国王丈夫发号施令。作为这个委员会的一位成员，安提帕特决定阻止这场婚姻的缔结。当这两位女子向东穿越色雷斯的时候，安提帕特派了一支部队想要将她们遣回，但是在斯特里蒙河（Strymon，位于现今保加利亚境内）边爆发的一场小型冲突中，库娜涅及其军队取得了胜利。于是，库娜涅的队伍继续前进，渡过赫勒斯滂海峡，进入了亚细亚。

　　虽然出于不同的原因，但佩尔狄卡斯与安提帕特一样，都对阿狄亚与腓力成婚的前景感到不安。目前尚不清楚患有精神障碍的腓力是否能够获得一个继承人，假如他成功地拥有子嗣，那么腓力与阿狄亚的儿子将比亚历山大大帝与罗克珊娜的儿子更加具有合法性。现在双方正处于来之不易的权力均衡之中，倘若两人成婚，那么两支王室血脉中的一支将会战胜另外一支。库娜涅与阿狄亚的地位将会大涨，成为未来诞下的新国王的外祖母与母亲；而佩尔狄卡斯为夺王位而寄予厚望的奥林匹娅斯与克利奥佩特拉，也将就此出局。佩尔狄卡斯下定决心不会让这种事情发生。由于安提帕特未能在欧洲阻止库娜涅的队伍，佩尔狄卡斯就派出了由自己兄弟阿尔塞塔斯率领的小队，在亚细亚将队伍拦截。

　　在赫勒斯滂海峡亚洲一侧的某处，阿尔塞塔斯和他的部队遭遇了库娜涅与她的护卫，一场悲剧就此发生，这场悲剧表明在亚历山大大帝逝世之后，多少信任就此消散。阿尔塞塔斯和库娜涅几乎同岁，他们俩自幼便相识。他们曾一同在佩拉的宫殿里长大，阿尔塞塔斯（几乎可以肯定[11]）是国王腓力二世的青年侍从官之一，库娜涅则是腓力二世的孩子中最为年长的一个。他们同时成年，库娜涅成了母亲（不久之后又成了遗孀），而阿尔塞塔斯则成了亚历山大大帝麾下军队中的士兵。如果此时是在不同的情境下，他们两人可能会欣喜于再度相逢，但是在亚历山大大帝统治的这十二年中，他们选择的道路已然大相径庭。阿尔塞塔斯果断率领着自己的部队准备战斗。

166

　　库娜涅对这种暗含的威胁感到十分愤怒。当她足够接近阿尔塞塔斯，以至于可以听到他的声音的时候，她便即刻上前，对他的忘恩负义与忤逆不忠进行了尖锐的谴责。这是阿吉德王室的女性向亚历山大大帝的将军们发表的数场光荣演说中的第一场，因为此时王室打算对自己面临的新现实展开反抗。那个腓力二世为她们建立的宫廷世界，那个士兵们将阿吉德家族的成员尊为超凡存在的世界，已经不复存在了。亚细亚征战的巨大影响力，已经将这个世界炸得粉碎。亚历山大大帝已经建立了一支无所不能的军队，一支能够对抗其创造者的大军，所以现在到底是谁主沉浮已经不再明了了。

　　在这种情况下，阿尔塞塔斯决定不仅要控制局势，还要主宰局势。他终结了这场与库娜涅护卫的交锋——交锋的细节并没有留存于任何记载中——库娜涅最终被杀，但可能起初阿尔塞塔斯只是想将她俘虏，并把她遣送回欧洲。或许他是被库娜涅的谴责给激怒了，又或许他只是在遵照自己的兄弟佩尔狄卡斯的指令行事。[12]武装部队和年轻的少女阿狄亚惊恐地目睹了这一切。这种对自己决心的野蛮展示，甚至比两年前佩尔狄卡斯策划的战象踩踏处决还要残忍。

不过，这一野蛮行径引发了适得其反的举动。当这场杀戮的消息传到巴比伦的时候，马其顿的军队因为腓力二世的女儿被杀而对佩尔狄卡斯深感厌恶。正如他们在亚历山大大帝逝世的日子里所做的那样，士兵们开始反抗佩尔狄卡斯的领导，并且团结到了王室的周围。佩尔狄卡斯发现自己刚刚赢得的军事荣耀正在逐渐消散。为了安抚麾下的军队，他改变了注意，将阿狄亚接到了自己的营地。在他的指示下，阿狄亚嫁给了自己的舅舅，那位愚钝的腓力国王。

因为两起政治谋杀，未及十五岁的阿狄亚变成了孤儿，她表示母亲用生命为自己争取来的犒赏，就是为了能够让她在马其顿的王座上享有一席之地。就这样，阿狄亚跻身于一群头戴冠冕的奇异人群之中：一个心智若幼童的成年男子，一个言行举止怪诞的巴克特里亚女子，以及一个两岁的幼童，这个幼童就是她的表弟，现在才刚刚学会走路和说话。她很快就发现，自己才是他们中唯一有能力行使权力的人。她也一定注意到，鉴于军队对她与腓力婚姻的支持，这些普通的士兵可以被拉拢到她的身边。正是这些人让腓力登上了王位并且赋予了他新的名字，借此希望他能够获得自己更为伟大的父亲腓力二世所拥有的荣耀。出于相同的原因，他们现在也可能会拥戴伟大的腓力二世的外孙女阿狄亚。

似乎为了迎合那些人对于过往的渴望，阿狄亚也改掉了自己的名字，在她坐上宝座的时候就更名为欧律狄刻。这是一个带有优良阿吉德血统的名字，也是她的外祖父腓力二世的母亲的名字。[13]这个名字比阿狄亚更加适合她现在的新身份，因为阿狄亚（可能）只是一个伊利里亚人的名字。她也如曾叫阿里达乌斯的腓力一样，现在成了阿吉德古老传统——亚历山大大帝攻入亚细亚之前的祖祖辈辈——的旗手。她的母亲和外祖母——伊利里亚女战士们——的传统，暂且被搁置一边，取而代之的是她从外祖父那里继承的遗产。

然而，尽管阿狄亚可能会把自己标榜为土生土长的王室成员，但是她仍然保留了库娜涅培养她的那种好战风格。她的伊利里亚渊源并没有仅仅因为改换姓名就被切断。亚历山大大帝的高级将领们即将与这位史上最为坚毅的女子爆发不断的冲突。

四　安提柯、克拉特鲁斯与安提帕特（希腊北部、西亚，公元前 322 年年末冬）

对于一个一直密切关注佩尔狄卡斯所作所为的人来说，库娜涅遭到谋杀具有尤为重要的意义——虽然那个人只有一只眼睛。

骄横的弗里吉亚总督安提柯，已经无视了佩尔狄卡斯有关收复卡帕多西亚的指令。这使他与巴比伦政府之间产生了分歧，从那时起，双方对彼此的反感都在与日俱增。佩尔狄卡斯已向安提柯发出了召唤，要求其在司法程序中出庭受审，打算一劳永逸地解决这个统治问题。但是，安提柯却正考虑着一个不同的计划。库娜涅逝世的消息将有助于推进该计划，并保证其取得成功。

安提柯不知从哪里获悉佩尔狄卡斯打算换掉自己未婚妻的意图，即用克利奥佩特拉换掉妮卡亚，让亚历山大大帝的王妹替换掉安提帕特的女儿。[14]克利奥佩特拉的求爱之举便是佩尔狄卡斯所怀野心的有力证据，而库娜涅横遭谋害之事——在安提柯看来，即便是阿尔塞塔斯动的手，他也完全是受到了佩尔狄卡斯的指使——则让此事盖棺定论。安提柯不会选择袖手旁观，眼睁睁地看着有一个人凌驾于诸将之上，尤其是凌驾于他的头上。安提柯与其家人秘密地乘坐雅典的船只从亚细亚海岸溜出，前往希腊北部。安提柯将在那里寻找两位听完他的消息之后便会大惊失色的将领，他们便是当时欧洲领土的指挥官——老者安提帕特以及他的女婿克拉特鲁斯。

安提柯在埃托利亚找到了安提帕特与克拉特鲁斯，当时他们正驻扎在雪山中的营地里，经历着希腊战争最后一个残酷的阶段。埃托利亚人曾在两年之前与雅典人联合，帮助其发动了这场战争，虽然他们在战争结束之前就已经脱离了前线，但是还未正式投降。现在他们已经撤退到自己家乡的高山中，而安提帕特与克拉特鲁斯则紧随其后，对他们进行了封锁，即使是在寒冬腊月依然保持着军事上的施压。当安提柯携着东方事态发展的信息抵达马其顿的营地之时，埃托利亚人的粮草已经快要耗竭，也即将无计可施。

正如安提柯希望看到的那样，这则消息在本土引起了轩然大波。佩尔狄卡斯与克利奥佩特拉的秘密协议，在政治与个人层面都表明了对安提帕特的背叛：这意味着巴比伦政权与安提帕特的死敌奥林匹娅斯结为同盟，同时也意味着佩尔狄卡斯带有侮辱性地拒绝了安提帕特，抛弃了他的女儿。库娜涅被杀的事情也表明，巴比伦政府已经彻底失控，甚至还会采取一切措施来强化自己的统治。安提帕特面色铁青，他与自己的女婿克拉特鲁斯以及带来坏消息的安提柯一起，决心将狂妄自大、野心勃勃的佩尔狄卡斯赶下台。虽然在一年前的希腊战争中艰难求胜，但现年七十多岁的安提帕特还是决定再次发动一场全面战争。他决定侵入亚洲，这是一个他以前从未涉足过的大陆。

亚历山大帝国两大集团之间的信任纽带就此断裂。佩尔狄卡斯曾经试图通过分享至高权力来避免最终决战，让安提帕特与克拉特鲁斯控制欧洲，将自己的势力限制在亚洲。或许假如佩尔狄卡斯没有打算总揽全局的话，各地区尚可相安无事；又或许无论如何这个体系都会分崩离析。摧毁整个体系的致命打击是如此乏善可陈，只不过就是关于一个男子对妻子之外的女性产生了非分之想的蜚语流言罢了。但就是因为王室女性代表着合法性，而姻亲联盟带来了可靠性，所以个人与政治在此已经难分你我了。新郎的移情别恋现在就有可能将整个帝国拖入内战。

安提柯在完成了故事讲述的任务之后，又横渡爱琴海前去召集小亚细亚的诸位总督。这些总督对入侵部队的支持以及他们抛弃佩尔狄卡斯的意愿显然至关重要。与此同时，安提帕特及克拉特鲁斯与埃托利亚人仓促休战。他们不得不再等待一个更为恰当的时机去惩罚最后一批希腊的叛军。眼下，诸将的目标已经锁定在了亚洲，他们开始集结军队，准备渡过赫勒斯滂海峡。

安提帕特任命了一个名叫波利伯孔（Polyperchon）的部下，后者是亚历山大大帝麾下的老兵，然后安提帕特与克拉特鲁斯一同回到了帝国西部。在安提帕特与克拉特鲁斯向东征讨之时，波利伯孔负责处理马其顿本土的事务。作为一位履历平平的军官，年逾花甲的波利伯孔如今首次担任了指挥之职，他也注定要在马其顿发挥远超他人所知所想的作用。安提帕特还派遣使节向南前往埃及，以巩固自己与埃及的同盟关系。在即将到来的这场战争中，安提帕特需要确保两者间的合作，团结欧洲与非洲共同对抗身处亚洲的佩尔狄卡斯。

170

五 亚历山大的遗体（巴比伦与南下之路，公元前321年春）

与此同时，在巴比伦，一队工匠已经完成了亚历山大大帝的灵柩车。这辆华丽的车现在已经准备好穿越亚细亚的乡野，载着亚历山大大帝的木乃伊回归故土。

灵柩车被制成了盒匣的模样，约有12英尺宽、18英尺长①，上面覆有拱形车顶。整个车顶覆盖着像瓦片一样交叠的金板，金板之间则镶嵌着宝石。车顶四角矗立着一尊通体包金的尼刻（Nike，又译作奈基）女神雕像，那是象征胜利的带翼女神。车的顶端还有一尊由金叶制成、象征着希腊体育竞技中的胜利之冠的橄榄花环，花环是如此光彩夺目，以至于目睹之人将之比作一道闪电。[15]

车顶由数根仿希腊神庙石柱的金柱支撑，而与神庙石柱不同的在于柱子之间并没有敞开的空间，而是蒙上了一层金丝制成的网帷。每根金柱上都缠绕着爵床藤状的浅浮雕。两柱之间的顶端则装饰着希腊神庙中常有的雕刻饰带，四块彩绘饰板展示了亚历山大大帝生前曾经拥有的军事力量：第一块饰板描绘了准备作战的船只；第二块饰板描绘了一队准备冲锋的骑兵；第三块饰板描绘了全身披挂的战象引领着一支步兵方阵；而第四块饰板则展现了亚历山大大帝本人，画面中的他端坐于一辆浮雕装饰的战车中，手持权杖，周围簇拥着自己的扈从与仪仗队。

在亚历山大大帝画像的饰板之下，便是柩室的背墙，其上

---

① 约合3.7米宽、5.5米长。——译者注

有一道门。两头金狮卧坐两旁，它们的头微微侧转，仿佛注视
着访客。如果有人能够被允许在灵柩车的驻跸之所进入柩室，
那么他们究竟是谁？对此并没有留下史料记载，但是柩室有限
的空间不太可能容纳太多的人。或许只有马其顿精英——西部
各行省的总督和驻军指挥官——才可以进入柩室与他们曾经的
统帅坦露心迹。当这些高官的部下从外面透过金色的网罩窥视
其内的时候，那些走入柩室、立于棺椁旁边的高官的声望无疑
会获得极大的提升。

在主柩室的下方，灵柩车的底盘安装了精密的悬架系统，
以吸收行车途中带来的震动。车轴向外延伸至四个拥有黄金辐
条的铁边车轮，每幅轮毂上都有一个口衔枪矛的黄金狮头。四
枚巨大的铃铛悬系在车子四角的绳索之上，摆动的铃铛会发出
巨大的声音，从而让亚细亚的村镇都能知晓灵柩车的到来。马
车前端设有四根车辕，每根车辕上都拴着四组骡子，其中每四
匹骡子为一组，这样总共便有六十四匹骡子，每匹骡子都头戴
金冠，佩戴着镶有宝石的项圈，头饰上挂着两枚金铃。

伴随马车行进的是一路护送的士兵、技师以及道路相关人
员——这些人负责平整马车行进的道路，从而让车驾免受伤
害。从巴比伦到赫勒斯滂海峡，再到马其顿的埃盖城和阿吉德
诸王的陵墓，可谓漫漫长路。这就是佩尔狄卡斯指示阿里达乌
斯将灵柩车带往的目的地，灵柩车上装点着颇为可观的帝国财
宝。但在车队离开巴比伦后不久，佩尔狄卡斯就清楚地认识到
出了岔子。要么就是阿里达乌斯离开得太早，甚至抢在佩尔狄
卡斯准备率领的送葬队伍之前就出发了，要么就是阿里达乌斯
走错了方向，或者两种情况皆有。佩尔狄卡斯察觉到阿里达乌
斯的背叛之举，于是派出一支部队，想让阿里达乌斯服从自己

的命令。

173   受遣部队很快就在叙利亚赶上了葬仪队伍，然而在那里，他们却遭遇了另外一支武装部队——一支出人意料、自埃及而来的军队。

托勒密已然采取行动。在这次无疑与灵柩车队指挥者串通好的劫持事件中，他成功控制了三大洲中最具影响力的政治象征——亚历山大大帝的遗体，并将其带往自己辖下的行省埃及进行安葬。[16]托勒密厚颜无耻地企图从佩尔狄卡斯那里窃取权力，并为自己积聚权势。托勒密打算将亚历山大大帝的木乃伊纳入自己珍藏的亚历山大大帝纪念藏品——其中还有他铸造的钱币，以及已经开始撰写的历史回忆录——并将之陈列于一座举世惊叹的壮丽纪念建筑中。

现在是托勒密，而非佩尔狄卡斯，率领着灵柩车队进入他的首府孟菲斯，因为新近动工的亚历山大里亚仍在建设当中。对于那些询问亚历山大大帝遗体为何最终被放在了孟菲斯而非他本人要求的锡瓦（Siwa），以及为何不将亚历山大大帝安葬在埃盖与先祖为伴的问题，托勒密的宣传已经做出了无可挑剔的回应。一则编造的传说表示，托勒密曾在亚历山大大帝死后的数周里，向巴比伦的主神贝尔－马尔杜克（Bel－Marduk）祈求神谕，询问国王应该被安葬在哪里。"让我来告诉你哪里才是适宜之所吧，"祭司回答道，"埃及有一座城市，名为孟菲斯，就将他的遗体安放在那里吧。"[17]这则传说表示，众神已经下令变更了安葬的地点。托勒密只不过是虔诚地遵从了神祇的旨意罢了。

灵柩的易主是如此轻易、高效，以至于变成了巴比伦政权的笑柄。经过了为期两年、耗资巨大的准备，灵柩车只不过在

路上走了数周，或许只有数天，就在光天化日之下被人给劫走
了。托勒密巧妙地掀开了佩尔狄卡斯的口袋，在世人面前羞辱
了这位摄政王。如此无耻的侮辱，外加托勒密早先的挑衅——
他对克里昂米尼采取的行动和向北非的扩张——近乎是在向佩
尔狄卡斯宣战。亚历山大大帝的这两位高级护卫官之间的互不　174
信任，已经扩大到了永远无法弥合的地步。

六　佩尔狄卡斯（西亚，公元前321年春）

佩尔狄卡斯发现自己现在正面临着一场战略噩梦，他要与
两大洲同时开战。托勒密夺取了亚历山大大帝的遗体，诛杀了
克里昂米尼，并完成了对昔兰尼的占领，宣告辖下的非洲领土
从共治国王的政府中分离。欧洲领土上的敌意也很快暴露了出
来，因为信使向他报告说，安提帕特和克拉特鲁斯正在穿越赫
勒斯滂海峡，以便发动攻击，而安提柯已经准备好在安纳托利
亚海岸为他们的军事行动提供支持。佩尔狄卡斯如果想要继续
掌权的话，就必须在两条战线上进行作战。此时他身处锤子和
铁砧之间，不知道自己到底应该先往哪个方向偏转。

他的处境十分糟糕，然而亚历山大大帝——他身前永恒的
战略成功的灯塔——立下的榜样激起了他内心的希望。亚历山
大大帝在登上马其顿王位后不久也面临着两线作战——北部巴
尔干部落的崛起和南部底比斯城邦的叛乱。他率领着军队进行
了一场秋风扫落叶般的作战，以可怕的力量横扫巴尔干半岛，
然后以前所未有的速度向南方挺进，去平定底比斯的叛乱。底
比斯人曾经认为，亚历山大大帝不可能这么快就抵达他们的门
口。他们甚至觉得一定是安提帕特而非亚历山大大帝领导了这
场针对他们的进攻。亚历山大大帝摧毁了他们的城市，这是一

场残酷的还击，旨在将帝国从当时的双重威胁中拯救出来。在他国土的两个边界上的臣民几乎同时对他发动了反抗；而他则向两个方向发动了闪电般的攻击，并迅速占据了上风。

与亚历山大大帝一样，佩尔狄卡斯决定对他的两个敌人——南部的托勒密与北部的安提帕特——发起迅速而持续的
175 攻击。他所处的居中位置至少意味着他的敌人无法合兵一处。他能够与双方一一单独交手。他麾下的军队已经强大到足以对抗其中的任何一方：他掌握着亚历山大大帝留下的大部分老兵，也包括克拉特鲁斯愚蠢地留在亚细亚的无人可敌的银盾兵。这支三千人的劲旅，虽然以其桀骜不驯而闻名于世，但也对王室大业赤胆忠心，甚至可以为此与自己的马其顿同胞交战，不惜对抗自己曾经的指挥官、受人爱戴的克拉特鲁斯。[18]

佩尔狄卡斯同样可以依靠自己坚定的支持者与亲密的知己欧迈尼斯，将经过战火洗礼的卡帕多西亚骑兵带到战场之上。有些人可能会迁怒于这样一位率领着亚洲骑兵为保卫马其顿帝国而对抗马其顿同胞的希腊指挥官，但是佩尔狄卡斯不得不接受这种相互矛盾的情景，因为这就是亚历山大大帝创造的世界。随着亚历山大帝国的发展，国家与民族的界限已然瓦解，剩下的只有将之凝聚为一体的阿吉德王室。佩尔狄卡斯通过掌控王室中的两名男性成员一跃成为王室的代表。他会裹挟着这两位君主加入他的征战，从而将他的军队团结在一起，对抗自己的同胞。

在皮西迪亚召开的紧急会议上，佩尔狄卡斯和他的部属决定率先对托勒密展开行动，这可能是因为托勒密位阶较低，麾下军队较少。此外，佩尔狄卡斯也对亚历山大大帝遗体被劫一事感到愤怒，并渴望将遗体取回。[19]一旦托勒密被击败，佩尔狄卡斯就可以掌控他麾下的军队和埃及的府库，并且带着这些

现金与军队向北开进。与此同时，欧迈尼斯将留在安纳托利亚，对抗来自欧洲的入侵。他会首先守住赫勒斯滂海峡，如果敌军已经渡过海峡的话就退入内陆。现在的欧迈尼斯并不是克拉特鲁斯与安提帕特的对手，他只要在佩尔狄卡斯挥师返回之前迟滞他们行动就可以了，不需要与之直接交战。把握好时间可谓至关重要。欧迈尼斯必须在佩尔狄卡斯与托勒密交战期间，阻止欧洲的军队与佩尔狄卡斯接战，否则半空中的铁锤就会狠狠地砸在铁砧之上，将王室一派彻底粉碎。佩尔狄卡斯委派自己的兄弟阿尔塞塔斯与另外一位高级军官涅俄普托勒摩斯前去襄助欧迈尼斯进行这次牵制行动。

佩尔狄卡斯还有一张战略牌可以打出，而他也认为现在正是出牌的良机，这张牌就是克利奥佩特拉。佩尔狄卡斯打算再次让欧迈尼斯牵线搭桥，向仍然居住在萨第斯的克利奥佩特拉[20]传递消息，告诉她自己准备放弃与尼卡娅的婚约，转而与她成婚。

现在对于佩尔狄卡斯的代理人而言，萨第斯就是一个危险地带，因为独眼的安提柯正在该地区集结西部的行省总督。当得知那个希腊人就在萨第斯的时候，安提柯便打算率领三千人的部队在他离开之时对他展开伏击，欧迈尼斯本人差点被擒。[21]然而，在克利奥佩特拉的警告之下，欧迈尼斯命令骑兵不要吹响军号或者发出任何可能暴露自己行踪的声音，出人意料地逃离了这座城市。这是马其顿宫廷中的故友——欧迈尼斯与安提柯——第一次以敌人的身份相遇，但也为接下来发生的事情定下了基调。在他们之间爆发的漫长而紧张的对决中，这样的死里逃生与秘密出逃还会发生很多次。

欧迈尼斯继续往赫勒斯滂海峡进发，并向佩尔狄卡斯发回消息，表示他的提议遭到了拒绝。虽然克利奥佩特拉曾经怀着这个目的来到亚洲，但是亚历山大大帝的这个妹妹现在拒绝嫁给佩尔狄卡斯。佩尔狄卡斯的地位变得岌岌可危，他的未来也平添了几分未知。克利奥佩特拉打算在这里静候即将发生的战争的最终结果。与此同时，独眼的安提柯从自己的盟友米南德（Menander）那里获知了萨第斯城中发生的一切，并将佩尔狄卡斯与克利奥帕特拉重新接触的消息告知了安提帕特和克拉特鲁斯。已经被安提柯最初报告激怒的两人，再一次被第二份报告点燃了怒火，并且更加坚定地推进这场战争。

时运不济的佩尔狄卡斯，为自己两次追求阿吉德王室公主付出了代价，虽然这两次最终都未赢得芳心。他现在很可能已经在悔恨地反思着自己朝秦暮楚招致的危险。他夹在奥林匹娅斯与安提帕特之间，曾试图择其一而疏远之，但最终被两者同时疏远。当欧迈尼斯和阿尔塞塔斯在他耳畔低语着截然相反的建议时，佩尔狄卡斯在关键时刻表现得犹豫不决，这终于让他付出了代价。

不过，佩尔狄卡斯可没有那么多时间去进行这样的思考。在他的四周，整个帝国正在分崩离析。他即刻召集了自己的部队和副手指挥官们——其中就有银盾兵的指挥官安提贞尼斯，两年前曾对阵巴克特里亚叛军的代理人培松，以及佩尔狄卡斯在巴比伦的副手、一位名叫塞琉古的下级军官——火速向南，直扑埃及。

七 欧迈尼斯、涅俄普托勒摩斯、安提帕特与克拉特鲁斯（安纳托利亚北部，公元前 321 年夏）

原本在舰队的策应下，欧迈尼斯对赫勒斯滂海峡的防御应该并非难事，但是此时舰队站到了安提帕特一边。马其顿海军在信使教唆和金钱贿赂之下，让那些入侵者顺利进入亚洲，而没有加以阻拦。他们的海军将领很可能就是白克利图斯，正是他曾在希腊战争中击败了雅典人，但是我们对他背叛佩尔狄卡斯的原因知之甚少。或许，他在一年前协助将安提帕特从希腊叛军手中救出之后，便再也无法忍受自己帮助希腊人欧迈尼斯来对抗马其顿功勋卓著的元老安提帕特。

佩尔狄卡斯阵营内部的其他人也不喜欢这种联盟，这种联盟让他们与曾经的希腊书记官欧迈尼斯为伍，去对抗马其顿的两位最伟大的将领。佩尔狄卡斯的兄弟阿尔塞塔斯曾经在佩尔狄卡斯到底应该迎娶谁的争论中输给了欧迈尼斯，他也对这种联盟表现出了反感。涅俄普托勒摩斯也是反感人士中的一员，他在亚美尼亚被欧迈尼斯抢了风头之后，至今仍在抚慰自己受伤的自尊。佩尔狄卡斯察觉到了这两人不肯合作的想法，于是给两人同时写信，重申他们必须全力支持欧迈尼斯。但是，阿尔塞塔斯表示拒绝，声称自己的部队不会与安提帕特交战，而且他的士兵们都爱戴克拉特鲁斯，以至于在阵前更有可能选择倒戈而不是发起进攻。涅俄普托勒摩斯则假装服从佩尔狄卡斯的命令，但实际上打算找准机会就背叛欧迈尼斯。他与安提帕特和克拉特鲁斯都保持着联系，而他们两位则说服他站在马其顿当局这一边，共同抗击一个希腊的暴发户。[22]

欧迈尼斯也收到了安提帕特与克拉特鲁斯送来的密信。他们提出完全赦免欧迈尼斯，并许以奖赏与新的权力，让他背叛佩尔狄卡斯，加入他们的阵营。因为知道欧迈尼斯一直都很忌惮自己，所以安提帕特在给他的信中使用了安抚的语气；而克拉特鲁斯则发誓要弥合两人之间存在的嫌隙。欧迈尼斯在回复时表示，自己已经无法再与安提帕特缔结友谊了，但是他仍旧呼吁克拉特鲁斯与佩尔狄卡斯达成和解，自己愿意当两者间的调解人。这些试探都是在考验双方的联盟是否牢固，而最终双方都一无所获。最后，克拉特鲁斯与欧迈尼斯都选择各为其主。而安提帕特与佩尔狄卡斯这两位掌权者彼此和解的希望也变得微乎其微。

欧迈尼斯不知从哪里获知了自己所谓的盟友涅俄普托勒摩斯正在与敌人进行密谋。因此他通过召唤涅俄普托勒摩斯、让他把部队向前推进来试探他是否可靠。而涅俄普托勒摩斯做出的回应则是集结部队准备作战，但他并没有将部队带入大营。他的目标显然不是安提帕特与克拉特鲁斯，而是欧迈尼斯。

欧迈尼斯先是遭到了白克利图斯的背叛，接着是阿尔塞塔斯，现在又要与涅俄普托勒摩斯为敌，再加上安提帕特与克拉特鲁斯也不日可达，倘若此时他重新考虑改换门庭的提议，他依然能够获得谅解。对于这位曾经的书记官而言，他现在的处境十分逼仄，周围环伺的都是对他并不信任或报以轻蔑的将领，以及那些人麾下强大的步兵方阵。不过，欧迈尼斯对自己麾下的卡帕多西亚骑兵和自己身为指挥官的实力充满了信心，虽然这些实力最近才被发掘，但已经在战场历练中得到了证明。同时他也坚信自己为之奋斗的事业，即捍卫阿吉德王室的至高权力。他守护在阿吉德王室周围，守护在佩尔狄卡斯周围，为之奋战。

这场交战起初是涅俄普托勒摩斯占据优势，然而战局逐渐发生改变。因为马其顿人的出众实力与充分经验，他麾下的步兵战胜了欧迈尼斯的步兵。但是，欧迈尼斯却用自己的骑兵绕过了涅俄普托勒摩斯的阵线，并一举夺得了他们后方的辎重车辆。波斯人曾在高加米拉之战中使用这种计策来对付亚历山大大帝，然而亚历山大大帝直接忽略这一纵深突破，直至最终锁定胜局，最后重新夺回了自己部队丢失的装备。一旦军队的辎重被夺，他们受伤的袍泽被处死，没有多少领导者能够迫使自己的士兵继续战斗。辎重的丢失往往会导致一场战役的失败。

涅俄普托勒摩斯在一开始并没有注意到欧迈尼斯发动的奇袭。他麾下的步兵步伐凌乱地向前迅速推进，确信自己已经胜券在握。欧迈尼斯的骑兵此时就这样远远地跟在他们身后，他们一直没有发现这股骑兵，直到这些骑兵冲向他们方阵未受保护的后方。这让军队的势头发生了毁灭性的逆转。涅俄普托勒摩斯的许多士兵都在骑兵的冲锋之下丧生，而更多的士兵则选择放下武器投降。涅俄普托勒摩斯弃自己的部队于不顾，只带着三百名骑兵逃往附近安提帕特与克拉特鲁斯的营地。这些被抛弃的士兵现在转而宣誓效忠于新指挥官欧迈尼斯。

欧迈尼斯获得了一支能与其骑兵相媲美的精锐步兵，他身为将领的地位也得到了极大的提升。但是他的敌人们对欧迈尼斯取得的胜利不以为然。涅俄普托勒摩斯还向安提帕特与克拉特鲁斯轻蔑地描述了欧迈尼斯其人，而现在独眼的安提柯也加入他们的阵营，这四位同盟者打算把麾下庞大的军队一分为二。克拉特鲁斯与涅俄普托勒摩斯将用一半的兵力去对抗欧迈尼斯，而安提帕特将会率领另外一半的军队向东、向南推进，与佩尔狄卡斯交战。他们战略中的一个关键因素就是克拉特鲁斯或许可以赢得即将与他对垒的士兵们的效忠。这些士兵在亚历山大大帝逝世之后再也没有见过克拉特鲁斯。涅俄普托勒摩斯确信，只要士兵们看到克拉特鲁斯那标志性的帽子，或者听到他的声音，就会认出自己真正的领导者并且调转枪头。在士

180

兵们的心目中，克拉特鲁斯依然是那样光彩熠熠，这种自带的荣耀光辉将会扭转战局，就恍若亚历山大大帝自己死而复生、重新执掌军队一般。

安提帕特在离开战争议事会之后，便带着一万大军向南进发，倘若佩尔狄卡斯顺利从埃及挥师北进的话，那么安提帕特所拥之兵足以遏制佩尔狄卡斯的前路。与此同时，独眼的安提柯则启航前往塞浦路斯岛，将在那里开辟另外一个战场。涅俄普托勒摩斯将第二次迎战欧迈尼斯，而这一次他有克拉特鲁斯及其所率的两万步兵与两千骑兵的支持。反佩尔狄卡斯的联盟分别在陆地与海上展开了行动，决心要将亚洲领土从巴比伦政权之下解放出来。

八　欧迈尼斯、克拉特鲁斯与涅俄普托勒摩斯（安纳托利亚北部，公元前 321 年夏）

181　　当克拉特鲁斯的军队逼近欧迈尼斯的营地时，欧迈尼斯却从一个奇怪的梦中醒来。[23] 他梦见有两位亚历山大大帝，两人都立于步兵方阵的前面，排兵布阵，相互对战。女神雅典娜突然显现，帮助了其中的一位，而女神得墨忒耳（Demeter）则帮助了另外一位。经过了长时间的对战，获得得墨忒耳襄助的亚历山大大帝取得了胜利，女神用麦秸为她的冠军编织了一顶王冠。

欧迈尼斯向营帐外望去，附近山丘上种满了丰饶的谷物。他确信这个梦预示着他将在即将到来的战斗中取得胜利。而当欧迈尼斯从自己的密探那里获悉克拉特鲁斯采用"雅典娜与亚历山大"作为军队的口令时，他就更加确定自己的猜想了。他拟定了己方的口令"得墨忒耳与亚历山大"，并命令士兵们在准备战斗的时候，在自己的手臂与额头缠上麦秸。

一位亚历山大大帝与另外一位亚历山大大帝的对决——欧迈尼斯认为这种意象指的就是他本人即将与克拉特鲁斯展开的战斗。数年之前，当欧迈尼斯还是一位谦虚的书记官时，克拉特鲁斯就已经是亚历山大大帝麾下最为伟大的将领了，彼时欧迈尼斯绝不会有此非分之想。但是在这些年里，欧迈尼斯在亚历山大大帝统治核心的地位逐渐升高。国王曾派遣他指挥一支骑兵部队，而在此之前从未有希腊人担任过这个职位。在国王在世的最后几个月里，他与亚历山大大帝关系密切，至少比被遣回马其顿并奉命驻留该地的克拉特鲁斯更为密切。现在是他，欧迈尼斯，一个出身不详的希腊人，率先奉王室之令而来，此时他是在为保护亚历山大大帝家族的权力而斗争。欧迈尼斯绝不会让克拉特鲁斯独占亚历山大大帝的口号来激励自己的军队，他也表示自己同样有权以亚历山大大帝之名而战。

但是，欧迈尼斯不能让己方士兵知道自己将要与谁作战。 **182**
他不能这么做，因为他和涅俄普托勒摩斯一样都很清楚，这些士兵仍然无比崇敬着克拉特鲁斯，一旦他们发现克拉特鲁斯在对面，就有可能会加入对方的阵营。所以欧迈尼斯放出消息说，与涅俄普托勒摩斯同行的新指挥官是一个名叫皮戈瑞斯（Pigres）的蛮族军阀。为了恪守秘密，欧迈尼斯在克拉特鲁斯的战阵对面，即整个军队的最右翼，只部署了亚细亚的骑兵，并且命令这些骑兵在敌军现身之后即刻发起冲锋。欧迈尼斯将自己麾下的马其顿士兵部署在中军，远离克拉特鲁斯，并且命令他们在这次骑兵冲锋之后留守原地。欧迈尼斯并不想让他们与敌军的精锐方阵交战，也不想通过一句偶然的话语或者呼喊就让他们弄清对方到底是谁在指挥战斗。

欧迈尼斯将自己的直属骑兵部署在涅俄普托勒摩斯的对面，位于进攻阵线远离克拉特鲁斯的那一侧。这就给了两位将领直接向对方冲锋的机会。欧迈尼斯想要一举解决因为涅俄普托勒摩斯十几天前的背叛而引发的冲突。两位将领之间互生的敌意，令这场即将到来的战斗变成了一场了却恩怨的对决。

当克拉特鲁斯骑马登上了一座把两军一分为二的山丘之后，便满怀信心地踏上了战场。他相信涅俄普托勒摩斯对自己做出的保证，认为那些为欧迈尼斯而战的马其顿人一旦认出他之后便会转变阵营。然后，欧迈尼斯的亚细亚骑兵将会失去方阵的保护，他也就可以轻而易举地将欧迈尼斯击败。当克拉特鲁斯看到这些亚细亚骑兵向自己袭来，其中却没有马其顿人，而且这些人也全无退意的时候，定然备感惊讶。他暗自咒骂涅俄普托勒摩斯，并命令自己的将士向前接战，而这恰恰成了他下达的最后一道命令。[24]

关于克拉特鲁斯之死，有三种不同的描述。据普鲁塔克所述，克拉特鲁斯在马背上英勇作战并杀死了许多敌人，直到自己被色雷斯人用长矛刺中，跌落马背。阿里安也同样表示，克拉特鲁斯毫不顾及自己的安危，摘下了宽边的考西亚帽（kausia cap），让他自己的面庞更显眼，最终却被毫不关心他身份的帕弗拉戈尼亚人（Paphlagonians）给杀死了。狄奥多罗斯则写下了最谈不上英勇的记载：克拉特鲁斯因为自己坐骑被绊倒而翻身倒地，最终在混战当中被踩踏致死。三则记载全都认为，直到克拉特鲁斯生命的最后一刻，他都没有被人认出来。那些向他冲锋的亚洲人中很少有人以前见过他，也没有人料到他会出现在那里，他们一直认为自己进攻的是皮戈瑞斯。普鲁塔克记载，欧迈尼斯的一位军官高尔吉亚（Gorgias）在认出地上奄奄一息的人就是克拉特鲁斯的时候，立马翻身下马保护他免遭马蹄的践踏。

欧迈尼斯的骑兵们可能并没有意识到一位领袖的陨落有多么重要，然而克拉特鲁斯麾下的骑兵们着实意识到了。他们马上停止攻击并且赶紧前去护卫方阵，这就导致军队的右翼崩溃。

与此同时在军队左翼，涅俄普托勒摩斯与欧迈尼斯在相互交战的成群骑兵中追踪着彼此。最终，双方都认出了彼此，进而开始了一场激烈的双人对决。[25]当双方还骑在马上的时候，他们就放下了缰绳，以便腾出手来抓住对方的头盔并将之扯下。在相互角力时，两人身下的马匹不堪其重，随着铠甲的铮然作响，两人都从马上摔了下来。尽管摔得不轻，但欧迈尼斯还是站起身来，刺伤了涅俄普托勒摩斯大腿的后部，这一创伤令他的对手根本无法站立。尽管腿部受伤，涅俄普托勒摩斯还是跪了起来，在欧迈尼斯的手臂和大腿上砍了三下。如果此时他还能够起身的话，肯定能够给欧迈尼斯造成致命的一击。然而，欧迈尼斯并没有受到重伤，他对着涅俄普托勒摩斯的脖子猛地一推，让涅俄普托勒摩斯又倒在了地上。

即便到了这个时候，对决依然没有结束。欧迈尼斯认为自己的对手已经被杀掉了，所以开始脱去铠甲，这也是对决中的胜者拥有的传统权利。但是，涅俄普托勒摩斯仍然还有力气刺出最后一剑，他这一剑直入胸甲之下，捅在欧迈尼斯的腹股沟处。虽然这并不算一道严重的伤口，但是和其他的创伤一起，给欧迈尼斯造成了大量的失血。然后，涅俄普托勒摩斯终于咽下了最后一口气。

在击败了两位强敌中的一位之后，欧迈尼斯现在获悉了另外一位的命运。当奄奄一息的克拉特鲁斯被抬进营地的时候，欧迈尼斯甚至可能还与那位高级将领进行了最后一次交流。[26]这样的结果几乎令人无法想象——一个蹩脚的希腊书记官竟然在一天之内就击败了两位最伟大的马其顿战士，其中一位是他通过计谋击溃的，而另外一位则是他凭借自己的剑术与部队的主力战胜的。

这一天应当属于欧迈尼斯，然而此时克拉特鲁斯麾下强大的方阵仍然没有被击败。这支两万人的队伍毫发未损，也没有参与交战。这些士兵现在仍旧保持阵型，可以击退任何攻击，甚至足以抵挡持矛骑兵发起的冲锋。欧迈尼斯派出了一位名叫色尼阿斯（Xennias）的马其顿信使，向对方步兵方阵的统帅提出交涉。[27]这些步兵在大赦之下可以加入欧迈尼斯的阵营；如若不从，那么欧迈尼斯将会用麾下骑兵将他们包围，并且阻止他们获得给养，从而迫使他们在更加不利的情况下投降。当这些步兵被解除了武装，并且宣誓追随欧迈尼斯的时候，他的大胆之举仿佛获得了成功。但在不久之后，当这些士兵被允许在当地的村庄四处走动以便购买物资的时候，他们背弃了自己的誓言，向南进发，竞相追逐安提帕特而去。欧迈尼斯此时已经精疲力竭，无力继续追击，只得放任他们离去。

因为我们拥有的文献都没有记录下战役的地点，所以这样一场没有名字的战役就此画上了句号。同时，一则消息也被送往埃及的佩尔狄卡斯处，讲述了这场战役取得的胜利，同时也提及有两股强大的军队已经越过欧迈尼斯，如今正在向南推进。

在安葬逝者的时候，欧迈尼斯遵照一切应有的葬仪对克拉特鲁斯的遗体进行了火化。他绝不能吝于给这位英雄加以荣

誉，因为很多人，甚至很多己方阵营的人，为克拉特鲁斯的陨
落而深感悲痛。或许，欧迈尼斯本人也感到了深深的懊悔，他
们两人之间从来都没有过厌恶。他们只不过是被迫卷入了他们
的主人佩尔狄卡斯与安提帕特的战争。欧迈尼斯将火化后的骨
灰带在自己的身边，希望有朝一日可以送到克拉特鲁斯的遗
孀、高贵的菲拉那里。

　　欧迈尼斯以战术家和战士的角色取得了胜利，但是他也
认识到自己身为领导者的局限性。在这场新型战争当中，士
兵的效忠对象一直飘忽不定，而将领们最佳的策略就是拉拢
叛军，而欧迈尼斯在这一点上一直都处于守势。尽管亚历山
大大帝的一些老兵，譬如那些在涅俄普托勒摩斯麾下服役的
士兵，可能会在战败之后投靠他的阵营，但是那些来自欧洲
的新兵拒绝这样做，哪怕他们的生命受到威胁也不愿意做出
让步。而欧迈尼斯甚至还要在交战时刻意隐瞒克拉特鲁斯的
身份，可见他在士兵中是多么不受爱戴。假如欧迈尼斯给了
克拉特鲁斯机会的话，他甚至只要露出自己的模样，就可以
赢得这场战斗。

　　虽然欧迈尼斯做了那样的梦，但他并不是亚历山大大帝。
考虑到他的出身带来的劣势，他也永远无法成为亚历山大大
帝。他拥有一流将帅的才能，却没有他们的名望。他的出身使
他无法登上马其顿权力的巅峰，更不用奢求登上王位了，他自
己也清楚这一点。在战役结束之后，欧迈尼斯从皇家牧场调用
马匹来补充自己的作战损失时，他将相关的收据交给马厩看
守，并且声称自己只有从王室财产中借用而非获取物品的权
力。如此谦逊的姿态甚至令老者安提帕特都忍俊不禁，这是这
场激烈而痛苦的内战中难得的轻松时刻。[28]

九 佩尔狄卡斯（埃及，公元前321年夏）

当欧迈尼斯在安纳托利亚为自己赢得荣耀之时，佩尔狄卡斯和他的军队正在接近尼罗河三角洲。而这七河汇聚的三角地带的顶点，就是孟菲斯。一直困扰着佩尔狄卡斯政权的托勒密，就是在孟菲斯嘲笑着佩尔狄卡斯拥有的权威，公然违背他的指令。而此时亚历山大大帝也身处孟菲斯，虽然他现在已经是一具制成木乃伊的遗体，但是仍旧散发出令三大洲敬畏不已的力量。

186　　数百年来，尼罗河三角洲曾经击退了许多入侵者。佩尔狄卡斯决定穿过其最东端的支流佩卢司安河（Pelusian）进入三角洲。一旦穿过这条河，他就可以向南进军孟菲斯，让托勒密俯首听命，并且夺回亚历山大大帝的遗体。那带有帝王力量的护身符，还可以弥补他遭受的损失，恢复他日渐衰退的控制之力。

在过去的数月里，佩尔狄卡斯对局势的掌控以惊人的速度遭到削弱。白克利图斯在赫勒斯滂海峡的背弃，西部行省总督的反叛，他麾下军官（甚至包括他的弟弟）对服从指令的拒绝，亚历山大大帝遗体的被窃——这一桩桩挑战来自西亚的每个角落，同时降临到他的头上。现在，就连王家军队——他带往埃及的六千多名精锐老兵——都表现出不愿服从的迹象。当他在埃及边境召开议事会指控托勒密反叛的时候，士兵们听取了托勒密的辩护[29]，然后投票表决宣告其无罪。他们不愿意给佩尔狄卡斯提供他显然想要的政治掩护。佩尔狄卡斯只得被迫贿赂那些高级将领，在无法煽动他们的情况之下，只能用重金收买他们侵入埃及的承诺。

腓力墓（维尔吉纳二号墓）模型

王公之墓（维尔吉纳三号墓）

亚历山大大帝（左）与他亲密的朋友赫费斯提翁（右）

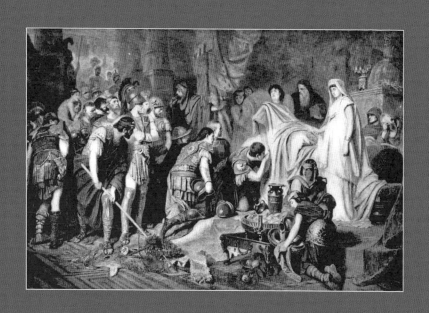

亚历山大大帝之死，公元前 323 年，巴比伦

亚历山大大帝之死，
插图选自藏于威尼斯的拜占庭与后拜占庭希腊研究所（Hellenic Institute of Byzantine and Post-Byzantine Studies）的《亚历山大传奇》抄本。画面中央的人物正是佩尔狄卡斯，此时的他正从已然无法言语的亚历山大大帝手中接过印章戒指

托勒密的半胸像（左），利西马科斯的头像（右）

位于雅典普尼克斯的讲演台，德摩斯梯尼和福基翁都曾在此向公民发表演说
（该景象被拍摄保存于一幅 19 世纪的蛋白印相照片中）

希佩里德斯（左），德摩斯梯尼（右）

亚历山大大帝（左）与克拉特鲁斯（右）猎狮的马赛克壁画，佩拉

亚历山大大大帝的灵柩车。考古学家斯特拉·米勒－克莱特（Stella Miller-Collett）根据狄奥多罗斯的描述制作的模型

卡迪亚的欧迈尼斯与涅俄普托勒摩斯在赫勒斯滂战役（公元前 321 年）中交战。

该版画作品创作于 1878 年

矗立于印度国会的旃陀罗笈多·孔雀的雕塑

在现今土耳其南部的一处墓葬外发现的一块石雕，
几乎可以肯定的是画面描绘了阿尔塞塔斯冲入战场的情景

福基翁之死，由查尔斯·布罗卡斯（Charles Brocas，1774—1835）绘制

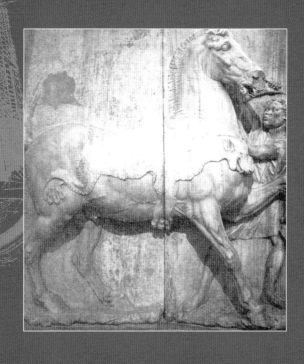

一座在雅典发掘出的公元前 4 世纪晚期的墓葬纪念碑，
墓主可能就是福基翁

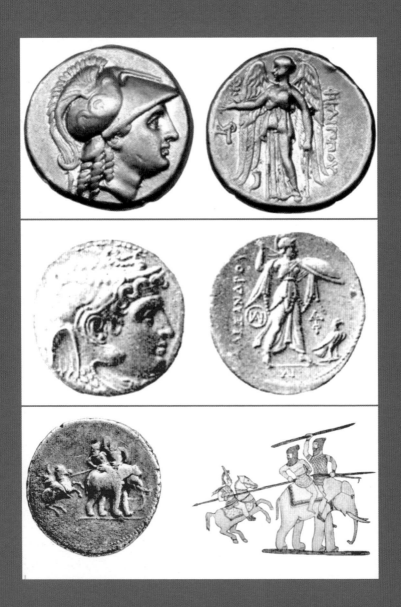

腓力三世时期的铸币（上），亚历山大四世时期的铸币（中），唯一已知的亚历山大时期关于大象参战的描绘，镌刻于亚历山大时期铸造的奖章之上。历史学家弗兰克·霍尔特的画作展现了这个币面图像的细节（下）

那么到底有什么可以煽动他们去攻击自己的同胞，或者让他们对自己两年之前还十分瞩目并尊敬的托勒密发动一场战争呢？佩尔狄卡斯将共治国王带在自己身边，提醒他们应该为国王而战，但是这两位国王与其家眷几乎得不到他们的丝毫尊敬：茫然蠢笨的腓力和她那尖酸刻薄的年少之妻，蹒跚学步的亚历山大和他那喋喋不休的蛮族母亲。这是一个摇摇欲坠的平台，而佩尔狄卡斯则将自己的权威建立在这个平台之上，虽然它也是后亚历山大时代合法性的唯一来源。对于佩尔狄卡斯而言，这就已经足够了，因为在步兵、骑兵、攻城武器与战象的簇拥下，佩尔狄卡斯已经来到了尼罗河三角洲——倘若托勒密渡过尼罗河的话，那么佩尔狄卡斯将会有足够的武装力量将他击溃。

幸运的是，佩尔狄卡斯在渡河方面有充分的经验，因为这也是亚历山大大帝选择过的策略。亚历山大大帝曾经率领着自己的军队横渡了多瑙河、乌浒水和印度河这三条举世闻名的大河，最后虽然在印度半岛上渡河的时候遇到了对岸顽强的敌人，但他还是顺利地渡过了海达斯佩斯河。数周以来，亚历山大大帝通过在河畔上下游光明正大地行军、发动佯攻和突袭来骚扰自己的对手罗阇波罗斯，同时寻找一个潜藏在波罗斯视野之外的渡河点。当最终决定渡河时，他便让部队在倾盆大雨与震耳雷声中彻夜行军，在黑暗中率领着部队渡过了激流咆哮的海达斯佩斯河，渡河时士兵与马匹只能勉强将头露出水面——最终军队在波罗斯的部队赶到之前，全部上岸并列好了阵型。在亚历山大大帝的诸多作战中，速度与保密往往可以确保取得胜利。

佩尔狄卡斯在横渡尼罗河的时候也要保密，但是他可没有

187

时间像亚历山大大帝与波罗斯那样玩猫鼠游戏。他麾下部队的忠诚度正愈加不稳定。佩尔狄卡斯曾经尝试抽去尼罗河支流佩卢司安河中的一些水[30]，从而让河流变得更浅一些，但是该行动宣告失败，此后便有人叛逃到了托勒密的阵营。他甚至怀疑还有其他人正在向托勒密的军队传递消息。当佩尔狄卡斯选择了一个渡河点——河的对岸是一座名为"骆驼堡"（Kamelonteichos）的堡垒——的时候，他并没有告诉任何人自己的目的地。他无法相信自己的部属。为了让自己不被敌方发现，他趁着夜幕的掩护率领军队来到了那里。

天刚亮，佩尔狄卡斯的军队便开始涉水，然而当行至半渡时，他却看到托勒密的军队正在河的对岸往堡垒方向涌来。突袭的时机在夜晚错失了。现在佩尔狄卡斯别无选择，只能与坐镇要塞、准备亲自指挥防御的托勒密，以及托勒密麾下的士兵一决高下了。[31]

佩尔狄卡斯下定决心要拿下这座堡垒。他下令让自己的精锐步兵部队——银盾兵冒着如雨的长矛与箭矢攀梯而上。同时，他还下令让战象上前，用头部撞击泥砖修成的墙体。据说托勒密用一支长矛刺中了其中一头战象的眼睛致其失明，随后又杀掉了驭象的象夫，接着开始勇敢地将攀城的士卒击落到下面的河水之中（虽然这则记载可能和其他描述托勒密的英雄故事一样，都是出自其宣传机器的杜撰）。佩尔狄卡斯的士兵在这一天的大部分时间里都奋力拼杀，但是最后，到了傍晚时分，佩尔狄卡斯选择了放弃。他命令自己的部队渡过河回到大本营。骆驼堡就这样守住了。

尽管士兵们已经精疲力竭，但是佩尔狄卡斯只让他们短暂休息了一会儿，然后就再次下令，沿着尼罗河岸通宵行军。他现在不顾一切地想要找到一条出路，否则他将面临大规模的士兵叛逃。经过侦察，他发现孟菲斯城对面有一座河中小岛将尼罗河一分为两。这座小岛的两边都可以涉水而过，而整个小岛也足够他的军队安营扎寨。对岸并没有士兵看守，因为尼罗河水会在这里汇聚成一股湍急而幽深的水流，所以没有人会想到能从尼罗河三角洲的上游渡河。这是一次大胆的出击，颇有亚历山大大帝的遗风，因为亚历山大大帝总是突然出现在没有人认为他会出现的地方，从而获得一次又一次的成功。

佩尔狄卡斯在第二天拂晓就让他的士兵踏入尼罗河。虽然渡河的时候水流湍急，行至半途水流甚至没过了士兵们的下巴，但是第一批分遣队还是成功抵达了小岛。佩尔狄卡斯开始尝试一种新的策略来减轻渡河的难度，他派遣大象从涉水部队的上游通过以消解水流的力量，并让骑兵从涉水部队的下游通过以便抓住那些不慎失足的士兵。然而，这却是一个致命的失误。战象沉重的步伐带起了河床上的淤泥，从而导致河道陡然变深。士兵们陷入一片迷茫，认为托勒密开启了一道泄洪闸想要将他们淹没，让他们的脚无法踩到河床。部队的横渡就这样被打断了。佩尔狄卡斯的军队中只有一半人抵达了岛上——他们的人数实在太少了，一旦托勒密率军抵达，根本无法自守，而毫无疑问托勒密很快就会到达。佩尔狄卡斯别无他法，只得命令士兵们返回。

189

小岛上的人只得丢弃跟随自己征战十余年的武器与铠甲，一头扎进打漩儿的激流。一些较为强壮的士兵可以侥幸游到岸上，而其他的人则被水流冲到了下游，翻滚着，挣扎着，最终消失在人们的视线中。佩尔狄卡斯如今的处境已经变成了一场噩梦，然而最令人胆寒的恐怖还在后头。溺水者的扑腾引来了尼罗河里的鳄鱼，它们成群结队地来到这里，开始吞食活着的与死去的士兵。有两千多名士兵丢掉了性命，他们要么溺毙于湍急水流，要么就丧生于鳄口之中。

当晚在营地里，幸存下来的步兵们声嘶力竭地为自己死去的袍泽恸哭，并且高声咒骂佩尔狄卡斯。就在那一天，他们没有取得丝毫进展，却减员了近三分之一，这些逝去的袍泽都曾与他们并肩作战了十三年甚至更久。埃及的作战没有取得丝毫战果，而亚洲也将不保——或许士兵们也会有此担心，因为他们还没有获悉欧迈尼斯对阵克拉特鲁斯与涅俄普托勒摩斯所取得的令人震惊的胜利。倘若众人获悉了这场胜利的话，佩尔狄卡斯就会立刻发现自己的权威得到了恢复。[32] 但在这件事情上——就像其他许多事情一样——诸神似乎有意与他作对。胜利的消息只晚到了一天。

现在身处对岸的托勒密，正竭尽全力增加佩尔狄卡斯受到的耻辱。他的部队正在收集溺水者的遗体，并通过光荣的葬仪将他们火化。凭借着一贯成功的自抬身价的天赋，托勒密向对方传递了一则讯息，那就是他认为士兵的生命是神圣的，不应该像佩尔狄卡斯那样肆无忌惮地夺去士兵的性命。或许，他还想表明自己对敌人十分仁慈，会善待每一个投奔他的士兵。几乎可以肯定的是，托勒密已经通过佩尔狄卡斯营地里的代理人传播了这则讯息。

190　　佩尔狄卡斯证明了自己只是一位虚假的亚历山大大帝。他在使用亚历山大大帝百战百胜的计策的时候遭到了惨败。他往河里掷入的生命，比亚历山大大帝所有伟大战役中损失的生命还要多。即使是佩尔狄卡斯麾下收受了礼物与恩赐后支持入侵埃及的高级军官们，也无法容忍入侵带来的灾难性后果。其中

的三人——培松、安提贞尼斯与塞琉古——在一百名追随者的
簇拥支持下，当晚就来到了佩尔狄卡斯的营帐中将他刺死。率
先发动攻击的是银盾兵的指挥官安提贞尼斯。他十分清楚士兵
忠于军官的准则，但他也清楚军官禁止挥霍士兵生命的准则。

　　亚历山大大帝的顶级护卫官及其印章戒指的继承者佩尔狄
卡斯的短暂统治就此终结。他的统治时代，始于将自己的袍泽
处决于象足之下，终于让自己的士卒丧命于鳄口之中。他在巴
比伦建立的、旨在维护各个大洲平衡与统一的妥协政府已被摧
毁。帝国陷入四分五裂，群龙无首，四处溅洒着建立帝国的诸
位将领的鲜血。这些人将整个西亚都变成了战场。很快，暴力
也将蔓延到欧洲，将雅典、马其顿本土，乃至整个希腊世界尽
数吞没。

　　共治国王的统治就这样进入了第三年。

第七章　欧迈尼斯的命运

埃及、西亚与马其顿
公元前 321 年夏至公元前 319 年春

191　　整个帝国将不再拥有中心。亚历山大大帝将王座从佩拉城搬到了巴比伦，而如今巴比伦已经没有足以定义王权的元素了：王家军队、加冕的王者与亚历山大大帝的遗体木乃伊。后两者现在都身处埃及，但被宽阔的尼罗河遥相隔开。亚历山大大帝的军队则变得前所未有地支离破碎。一部分在安纳托利亚追随欧迈尼斯，一部分身处埃及，而另一部分则与来自欧洲的新部队混合在一起，现在正与安提帕特一起在西里西亚行军。没有哪个部分有足够的人数去召开依照传统推举新领导者的大会。即便是在某处聚齐了法定的人数，谁又能提出值得拥护的新领袖以取代身殒的佩尔狄卡斯呢？

192　　与巴比伦一样，马其顿的王城佩拉也失去了中心人物。没有一位阿吉德王室成员还在那里居住。奥林匹娅斯在很久以前就逃往了伊庇鲁斯，克利奥佩特拉、库娜涅与阿狄亚已经离开此地前往了亚洲。曾经唯一多年驻扎在固定地点的统帅老者安提帕特，也已经加入其他人的行列，开始率军行动了。他的代理人波利伯孔则在佩拉担任名义上的指挥者，但波利伯孔只是一个缺乏安提帕特庄重威严的二流军官罢了，未来的岁月也将清楚地证明这一点。

帝国现在唯一的真正首都就是共治国王驻跸的地方，无论他们到底身在何处。就目前而言，帝国首都就是一群精疲力竭、血迹斑斑、群龙无首的人在尼罗河东岸、孟菲斯对面的荒凉之地扎下的营盘。

一　托勒密、培松与阿里达乌斯（埃及，公元前 321 年夏）

在佩尔狄卡斯被谋杀后的第二天早上，托勒密渡过了尼罗河，来到那支两度攻击自己却失利的军队中。几乎可以肯定的是，他一直与自己曾经的护卫官同僚培松保持着联系，所以能够确保自己受到友好的接待。此类接触是否在佩尔狄卡斯遇害之前就已经存在，或者是不是他们合谋杀害了佩尔狄卡斯，早已不得而知了，[1]但是这两个人相互勾结后的确获得了不少好处：托勒密想要摆脱入侵的部队，而一度想要拉拢反叛的希腊士兵的培松则试图攫取更多的权力。佩尔狄卡斯的遇害是实现这两个目标的良好开端。

托勒密为这支补给耗竭的军队带来了给养，也带来了从河里打捞上来的遗体火化后的骸骨。这些骸骨被分发给每位士兵的朋友与亲属，这是一种旨在赢得普通士兵支持的人道主义姿态。托勒密很清楚自己已经在佩尔狄卡斯的军队中赢得了支持，因为这些士兵曾经拒绝在佩尔狄卡斯数日前举行的审判中判其有罪。不过，他们还是同意对他发起进攻，因为毫无疑问，许多人依然对他窃取他们君主的遗体感到十分不满。托勒密在集结起来的军队面前发表了一场精心设计、不偏不倚的演说，[2]为自己过去两年里的分裂主义行径进行了辩护，并向佩尔狄卡斯的效忠者保证他们不会遭到清洗。或许他通过为佩尔狄

193

卡斯的遗体安排一场庄严体面的葬仪来展现自己的诚意，虽然文献中并没有留下关于遗体最终下落的记载，也没有记载提及他那毫无生气的手上佩戴的不祥的印章戒指的最终下落。

托勒密的演说取得了巨大的成功。士兵们似乎想要推举他担任佩尔狄卡斯曾经的职位，即共治国王的监护者。但是托勒密已经下定决心坚辞不受。与之相对，他提名反叛佩尔狄卡斯的领袖培松与亚历山大大帝遗体曾经的保管者阿里达乌斯担任这一职务。士兵们对这二人表示了拥戴，虽然只是暂时的。他们意识到他们做出的决策必须依照亚细亚事态的发展而定：两个位高权重者——安提帕特与广受爱戴的克拉特鲁斯正往这里进军，据悉，克拉特鲁斯正准备与佩尔狄卡斯的希腊顾问欧迈尼斯交战，这是一场克拉特鲁斯必然取得胜利的战役。

不过，就在托勒密还在与入侵的部队进行商议的时候，有消息传来说，克拉特鲁斯与涅俄普托勒摩斯都在那场战役中丧生。军队中随即爆发出一阵震惊与愤怒的声音。欧迈尼斯只不过是一个谦卑的希腊人，他竟然在为现已声名狼藉的佩尔狄卡斯效力的时候，击败了亚历山大大帝麾下最受人崇敬的将军，这简直令人无法容忍。军队将士们纷纷要求复仇。欧迈尼斯与佩尔狄卡斯政府的五十名其他领导者在缺席审判的情况下被判处了死刑，其中就有佩尔狄卡斯的兄弟阿尔塞塔斯。佩尔狄卡斯的姊妹阿塔兰特（Atalante）当即被捕并遭到了处决。现在，没有人会对损坏的藩篱做丝毫的修缮，也不会有人做任何的努力将帝国重新聚合。战争还会一直持续下去，直至欧迈尼斯与任何襄助过佩尔狄卡斯的人都被斩尽杀绝。

194　　在让这支部队踏上新的远征之后，托勒密便渡过河去，回到了自己在孟菲斯的宅邸，毫无疑问，他非常高兴可以回到这样一个不怎么动荡的环境当中。他在过去的三天里目睹的情绪波动既让人困惑不已，又让人难以心安。起初，佩尔狄卡斯的军队付出了两次坚定的努力，试图突破他的尼罗河防线。然后，佩尔狄卡斯遇害身亡，士兵甚至想把他拥护为他们的领袖，几乎将摄政的大权交给了他，这也是掌控帝国的基石。最后，克拉特鲁斯的死讯让他们陷入了杀戮的狂怒，并让他们挥师返回亚洲，去进攻自己曾经的指挥官。这实在太容易让人联想起亚历山大大帝逝世后巴比伦动荡的那一周，这也是托勒密最后一次与那些桀骜不驯的老兵并肩作战。很明显，佩尔狄卡斯在此数年间并没有将他们彻底驯服。

　　谁也不知道当这头脱缰的野兽重返亚洲的时候究竟会发生些什么，但这种不确定性已经不是托勒密所要面临的问题了。毫无疑问，帝国的架构将会被发生在那里的碰撞与冲突撕裂，但是埃及会保持超然世外。虽然佩尔狄卡斯使出浑身解数发动攻击，但托勒密的尼罗河防线还是守住了，这就确保了马其顿军队不会很快再次发动进攻。当军队离开的时候，没有人注意到他们并没有获得自己想要的奖品——亚历山大大帝的遗体。新就任的两名指挥官——培松和阿里达乌斯都不敢要求托勒密予以归还（事实上，阿里达乌斯从一开始就帮助托勒密获得了遗体，这可能并非巧合）。托勒密就此确立了自己的独立宣言。他现在拥有自己的帝国——只属于自己的埃及——他对亚历山大帝国的剩余部分也近乎无欲无求，除了一些训练有素的印度战象，这是他从那支即将远去的军队中尽兴征取的宝贵资源。[3]

　　托勒密又回归了自己枝繁叶茂的家庭，在这个家庭中他拥有两位被奉为至宝的女性，其中一位是泰绮思，这个貌美的雅

典妓女已经为他诞下了三个孩子，另一位是他刚迎娶的新娘——安提帕特的小女儿欧律狄刻。她们两人中，一位给他带

195 来了愉悦，而另一位则赋予他力量，不过托勒密依然容易受到第三种冲动的影响，那便是爱。此时，他已经注意到了自己新婚妻子的堂外甥女与侍女，同时也是一位丧偶之妇——贝勒尼基（Berenice）。很快，他就让这位女子成了自己的情妇，最终变成了自己的妻子。她为托勒密诞下了两位继承人——托勒密二世和阿尔西诺伊（Arsinoe），这对姐弟最终按照古老的波斯皇室习俗结为连理。通过贝勒尼基为他诞下的子嗣，托勒密建立了一个统治埃及近三个世纪的王朝，直到他的后代克利奥佩特拉七世——尤利乌斯·恺撒与马克·安东尼的情妇——被毒蝰咬死方才终结。

二 王室（埃及与北上之途，公元前 321 年秋）

刚刚学会说话的亚历山大大帝之子所说的第一句话到底是什么呢？这些话是用马其顿语说的，还是用他从自己母亲罗克珊娜那里学会的巴克特里亚语说的，或者是用他的父亲确立的新统治阶级的通用语言希腊语说出来的？他是否清楚，在他两岁的时候，他所说出的话语足以塑造一个从亚得里亚海一直延伸到印度河沿岸的庞大帝国？我们无法猜到这些问题的答案，因为在那个时代保存下来的所有记载中，都没有留下这个男孩的只言片语或所想所思。虽然他比其他任何人都更加接近混乱的旋涡，但是我们无法获知他的任何言语举止以判断他的性格。这位年轻的亚历山大——如今被称为亚历山大四世——即使在 1979 年他那未遭盗掘的墓穴被发掘之后，也仍然充满谜团。

　　年轻的亚历山大是如何被告知佩尔狄卡斯将不再负责他的监护，取而代之的是他几乎不认识的其他人呢？他的叔叔，同时也是共治者的腓力又会被如何告知呢？虽然腓力浑浑噩噩，但他肯定也意识到已经发生了一场政变。是否有人试图争取腓力对于新政权的支持？或者说，他只是拥有赋予对方权力的职能，就像曾经赋予佩尔狄卡斯的印章戒指一样？腓力晚年的一则逸事表明，这位君主对自己周围的事物还是拥有部分的了解。不过，他的行为举止有时会变得反复无常、暴力无比，所以他的看护者们不得不对他做出约束，这样的情况至少出现过一次。培松与阿里达乌斯只能给他一种代行执政的假象，像佩尔狄卡斯那样确保他对政府行为的象征性批准。

196

　　然而，腓力的新婚妻子却又是另外一回事了。阿狄亚——现在也被称作欧律狄刻——拥有健全的心智和青春的活力。她下定决心不再成为傀儡。随着军队离开埃及北上，阿狄亚开始坚持己见。她察觉到现在自己有机会掌握至高的权力，这是她的母亲库娜涅牺牲了生命为她争取来的机会。

　　到目前为止，阿狄亚已经在王家军队当中度过了数周，并且对亚历山大大帝缔造的新一代士兵有很多的了解。她知道这些士兵非常看重钱财。他们的诸多袍泽——曾经被亚历山大大帝安排退伍，如今却又一次在安提帕特麾下的战斗的人——都曾在自己的送别式中获得丰厚的奖金，每个人拿到了 1 塔兰特的白银。而其他人却没有拿到这样的好处，尽管他们声称亚历山大大帝已经答应会给予报偿。[4]如今埃及的远征却让他们纵兵抢掠的希望落了空，甚至连他们应得的标准薪水也遭到了拖欠（佩尔狄卡斯的妹夫阿塔罗斯[5]在逃脱死刑惩罚的过程中，匆匆卷走了一笔本该支付给他们的金钱）。对于这些冷酷无情的老兵而言，金钱就意味着一切：他们不是为了某项事业或者国家而战，他们之所以战斗，是因为战斗就是他们的生活方式。金钱是对他们勇猛无畏的衡量标准，是对他们努力奋战的奖励报偿，也是将他们与指挥官联系起来的纽带。假如资金短缺的话，诚如阿狄亚所知，这种纽带就很容易被打破。

197 　　当大军返回亚洲的时候，阿狄亚开始在营地中发出自己的声音。她身为伟大的腓力二世的外孙女，能够确保有人聆听她的声音，她喋喋不休地谈论拖欠薪资的主题，她知道这个主题将会激起听众们的愤怒。她与亡命在外的佩尔狄卡斯派系——这些人像阿塔罗斯一样可以获得准备好的现金——有某种联系。不满的情绪开始围绕这个女性煽动者不断酝酿，致使中央政府的新领袖培松与阿里达乌斯对她下达了禁言令。但是阿狄亚并没有打算遵循。她清楚，在她母亲遇害并因此险些引发哗变之后，这些将领便不敢对她擅自下手了，他们也没有办法阻止她发出声音。

三　安提帕特与安提柯（特里帕拉德伊苏斯，公元前 321 年年末冬）

　　大军抵达了特里帕拉德伊苏斯（Triparadeisus，意为"三重乐园"），而此时的阿狄亚依然坚持着自己拥有的政治权利。培松与阿里达乌斯与她周旋了些许时日，等待着老者安提帕特与独眼的安提柯的到来——这两位在大军向北推进的时候，也正匆匆赶来会合。终于，当安提帕特及其军队近在咫尺之时，这一困扰终于变得让人难以忍受。阿狄亚已经不再满足于言论自由，而是打算争夺对共治国王的监护权，这是合法权力的唯一来源。阿狄亚质问，她难道不比培松与阿里达乌斯更有资格代表她的丈夫说话吗？然而他们并没有给她恰当的答复。事态也逐渐失控。佩尔狄卡斯的妹夫阿塔罗斯携带钱财来到了现场，想要用金钱让士兵改换阵营。整个军队因为蓄意煽动而陷入一片沸腾。培松和阿里达乌斯承认自己无法应对这场危机，因此辞去了职务，督促安提帕特即刻主持大局。

安提帕特抵达之后，发现包括银盾兵在内的王家军队都处于怒气冲天的氛围当中。这是他第一次看到这支军队历经亚洲岁月之后所发生的剧变（克拉特鲁斯带给他的那些老兵都是更易驯服的士兵）。这可不是什么赏心悦目的景象。这些士兵尝到了终极许可的滋味——杀害自己统帅的权力——除了一名意志坚定的女性之外，似乎不再尊崇任何权威。虽然安提帕特是他们国家最高级别的军官，但是他的到来似乎并没有造成多大的影响。在不受约束的阿狄亚的刺激之下，他们为自己宣称应得的报酬而不断地发出咆哮。

安提帕特站在集结的军队面前，试图满足他们的要求。他承诺将会清点王室府库并且偿还欠款，虽然他也承认目前自己的财力有些捉襟见肘。亚历山大大帝征服时所获得的巨量的金银宝藏还贮存在遥远的波西斯大城市之中，将这些财产转移到耗竭的西部府库需要一定的时间。士兵们听闻之后，完全没有被他安抚。阿狄亚再度激起了士兵们的不信任感，让他们的怒火熊熊燃烧，并且公然对安提帕特表示反对，提出希望由佩尔狄卡斯的妹夫阿塔罗斯来接替指挥官。最终，士兵们的怒火演变成全面的反叛。他们抓住安提帕特，威胁道倘若他不能支付薪酬的话，就立即让他葬身于乱石之下。

与之前在拉米亚一样，安提帕特现在需要一位盟友伸出援手，这次救援工作是由他新缔结的年轻盟友——独眼的安提柯

198

来领导的。[6]安提柯刚刚结束在塞浦路斯的战役，从那里归来之后便与安提帕特的军队一起在叛变部队营地的河对岸扎营。从己方营地望去，安提柯可以看到安提帕特已经被河对岸的叛军俘获，身处危险之中。考虑到王家军队的勇猛无畏和银盾兵的战无不胜，安提柯除了虚张声势和兵行诡道之外别无选择，但这也正是他的强项所在。他全身披挂，骑上战马，在几名精锐骑兵的陪同下，昂首阔步地穿过了连接两座营地的桥梁。

199　　王家军队已经有十多年没有见过安提柯了。这位顶盔贯甲的独眼巨汉的突然到来令叛军们备感敬畏，他们纷纷让出道路，为安提柯提供了一个向他们致辞的空间。他在经过遭到扣押的安提帕特身旁时，用某种方式示意这位老者准备逃跑。随后，他站到了士兵们的面前，（得到了对方统帅塞琉古的支持）代表安提帕特发表了一篇长篇演说，他的演说冗长繁杂，直到他突然找准了时机。终于，他看到看守安提帕特的士兵的注意力开始被分散了。于是，在发出信号的同时，他麾下的骑兵就从叛军手中夺回了安提帕特，带着他冲过桥梁，送抵安全之地。

安提柯与塞琉古险些在随后的混战中丧命，因为士兵们发现自己遭到了欺骗。他们两人最终还是想方设法安然无恙地逃脱了。安提帕特现在回到了忠于自己的军队当中，着手恢复秩序。他将参与叛乱的领导者召集到河边，威吓他们遵从指挥。或许他还特别指出追随一个十几岁的女子实在是一件愚蠢的行为，哪怕这个女子恰巧是马其顿人的王后。

阿狄亚险些发动了一场政变，让她得以控制国王和军队。倘若她身边的士兵再多一些，她或许就能超越战胜了克拉特鲁斯与涅俄普托勒摩斯的欧迈尼斯，在一天之内击败三位顶级统帅——安提帕特、安提柯与塞琉古。虽然阿狄亚从小就将安提帕特视为外祖父腓力二世麾下的资深政治家而对他倍加钦佩，但她与老者安提帕特的较量还是充满了激情与魄力，这是她好战的母亲灌输给她的。现在她只能重新沦为被庇护者——这次她的保护人是安提柯，因为他现在已经成了共治国王的监护人——这种苦痛可想而知。

与三年前在巴比伦的时候一样，新的秩序必须在兵变造成的浩劫中被建立起来。安提帕特通过分封总督来奖励友人，驱逐敌手，巩固自己对国家的掌控。从佩尔狄卡斯阵营投奔到他这里的军官们——赫勒斯滂舰队的海军将领白克利图斯、银盾兵的统帅安提贞尼斯、协助除掉佩尔狄卡斯并将安提帕特从暴徒手里救回的塞琉古——都首次获命成为行省总督，而其他盟友的既有地位则再次得到了巩固。而身为安提帕特女婿的托勒密回到埃及，此时已经可以放手施为了。北非作为"他用长矛赢得的土地"被授予给托勒密，以表彰他对佩尔狄卡斯的入侵所进行的防御。卡帕多西亚的统治权则归属于一个叫作尼卡诺尔的人，这个人可能是安提帕特的亲生儿子（但是在这一时期有十位甚至更多叫作尼卡诺尔的人扮演着重要的角色，所以到底是谁尚无定论）。[7]而卡帕多西亚的前任总督欧迈尼斯现在被烙上了亡命之徒与背叛之人的印记，因此不被允许在那里或者其他任何地方保留权力。

独眼的安提柯在过去的一年中成了安提帕特的主要盟友和最有才华的将军，所以在新秩序下获得了两项奖励性的任命：不仅身为国王的监护者，而且获得了整个亚细亚的统帅之职。他奉命去缉拿欧迈尼斯、阿尔塞塔斯以及其他被判处死刑的佩尔狄卡斯派成员，同时还被分配了八千五百名老兵，外加骑兵

200

与战象。他还获得了一位新的初级军官——安提帕特的儿子卡山德——作为副手。这在某种程度上是一种荣誉，但也是一种隐含的监视。安提柯在自己的新角色中将拥有巨大的权力，而安提帕特则想要一双可靠的眼睛来监视他的独眼伙伴。

安提柯与安提帕特之间的纽带以马其顿传统的模式通过姻亲得到了巩固。由于克拉特鲁斯已经战死，所以安提帕特又有了一个适婚的女儿。他曾经两度丧偶的长女菲拉——现在抚育着其为克拉特鲁斯所生的儿子——仍旧处于可以生育的年纪。她本可以成为安提柯的最佳伴侣，却被嫁给了独眼的安提柯未及弱冠、声色犬马的儿子德米特里——这是一桩可怕的乱点鸳鸯，双方的年龄和性格完全不匹配。当德米特里向安提柯抱怨自己居然要迎娶一位比他年长十余岁、情操高尚的贵族妇人时，他的父亲引用欧里庇德斯作品中的一句话责备了他。[8] 在其悲剧《腓尼基妇女》（*The Phoenician Women*）中，遭到放逐的波吕尼刻斯（Polynices）解释了自己是如何甘受贫困生活的，为的就是在试图重夺王位之前静待时机："为了利益，一个人必须自甘轻贱，舍身为奴。"安提柯向德米特里引述了这句话——他肯定希望有朝一日能够让德米特里登上王位——不过他修改了台词中的一个词："为了利益，一个人必须自甘轻贱，舍身婚配。"

反叛的王家军队以及他们要求支付薪酬的问题依然存在。在安提柯的指挥下，银盾兵被派往波斯最为富庶的旧都苏萨，奉命将那里的资金转移到西里西亚的基因达（Cyinda，又译作赛因达）要塞。这一举措给新的领导层带来了双重好处：资金将更易获得，同时他们也摆脱了亚历山大大帝留下的最为桀骜不驯的老兵——银盾兵的烦扰。反叛军队的其余成员则被指派追随独眼的安提柯与两位国王，协助发起对欧迈尼斯的战争。他们需要时刻保持忙碌，而现在他们又要同一个新的敌人战斗。

为后亚历山大时代绘制的第二幅蓝图已经完成，就仿佛佩尔狄卡斯的统治只不过是一个糟糕的错误开端罢了。但是，让旧协议化为泡影的问题——亚洲领土与欧洲领土的关系——在新的解决方案中得以延续。帝国的两大集团再次处于致命的平衡当中，安提帕特掌控着一个集团，而安提柯则在另外一个集团中掌控着国王与王家军队。亚历山大征服提出的终极问题再次遭到了回避：新的帝国是不是一个控制着比本土辽阔数倍的亚洲领土的欧洲国家；或者说帝国本质上是一个亚洲国家，是波斯帝国的新化身，欧洲只不过是它的微小附属物罢了？在缺乏明确答案的情况下，身处特里帕拉德伊苏斯的帝国缔造者安提帕特与安提柯设计了一个横跨赫勒斯滂海峡的结构。在历经二十多年的战火之后，他们的子嗣依然会在公元前 301 年的伊普苏斯战役中争论这个议题。

在领导者们离开特里帕拉德伊苏斯之前，事态还有了进一步的发展。佩尔狄卡斯在埃及遇害之前并没有来得及销毁自己的文件，安提帕特现在掌控了这些文件，这些文件或许是他从培松与阿里达乌斯那里获得的。他在其中找了一封寄自雅典的书信，信件正是出自他最为信任的两位政治代理人之一——德马德斯（另一位则是福基翁）。安提帕特在这份文件中发现了德马德斯居然在密谋反对他，用一句刻薄的玩笑来煽动佩尔狄卡斯入侵欧洲："我们的城邦只是靠着一根破旧、腐烂的绳子维系在一起。"安提帕特并没有被这种嘲弄他年事已高的玩笑逗乐，他那暴躁易怒的儿子卡山德也是如此。假如安提帕特活

202

得足够长的话，那么当他返回故土的时候，就会去找德马德斯算一算这笔账了。

四　欧迈尼斯（卡帕多西亚，公元前 320 年春）

欧迈尼斯现在成了帝国中最为孤独的人。从埃及传来消息说，佩尔狄卡斯横遭杀害，王家军队则判处他死刑。随后，特里帕拉德伊苏斯又传来了更多消息称，独眼的安提柯已经被授予一支强大的军队并且奉命前来追捕他。而欧迈尼斯所谓的盟友——佩尔狄卡斯麾下曾经的军官——都已经拒绝同他合作。其中最主要的抗拒者就是佩尔狄卡斯的兄弟阿尔塞塔斯，即便佩尔狄卡斯亲自下达指令，他也拒绝向欧迈尼斯提供援助。欧迈尼斯已经被王家军队打上了叛逆的烙印，还被那些与他同样有非法身份的人所鄙夷，此时的他已经无法指望获得任何一方的襄助。他和他的部队——他亲自训练的精良的卡帕多西亚骑兵与他在战斗中赢取的马其顿步兵——只能依靠自己的力量。

一条曲折的道路将欧迈尼斯这样一个来自切索尼斯（Chersonese，现今加里波利）卡迪亚的希腊人带到了位于西亚的与世隔绝之地。被亚历山大大大帝之父拔擢于毫末、担任王家书记官之职的欧迈尼斯，似乎并非注定要成为统帅。亚历山大大大帝也是在亚细亚征战的后期才在印度半岛将他擢升为骑兵指挥官的；即使在那个时候，亚历山大大大帝也很少让他出战。但时代的变化迫使欧迈尼斯不断适应，去学习如何征战沙场，而不是埋首案牍；而他也学有所成。欧迈尼斯代表佩尔狄卡斯赢得了战役，虽然佩尔狄卡斯最终输掉了同托勒密的战争。他们两人作战取得的相反结果，让欧迈尼斯变成了痛失统帅的顾问，那位帝国曾经的股肱之臣现在已经被砍掉了脑袋。

　　就在两年之前，欧迈尼斯还试图调节巴比伦城中的冲突，声称自己可以获得所有人的信任，因为他自己对政治并不感兴趣，现在想来真是颇为可笑。他一直都与阿吉德家族——他自幼的导师与恩主——站在同一战线。阿吉德家族的福祉就是他为之奋斗的目标，他也支持佩尔狄卡斯成为该项福祉的捍卫者。[9]他差一点就让佩尔狄卡斯跻身于阿吉德王室之中，然而摄政王迎娶克利奥佩特拉的决定来得太晚了。

　　欧迈尼斯依然认为克利奥佩特拉和她的母亲奥林匹娅斯会成为自己的庇护者，而他自己也会成为她们的捍卫者。但是现在到底谁有权代表阿吉德王室的问题变得无比复杂，令人饱受煎熬。两位共治国王现在被掌握在欧迈尼斯的敌人手里，而这些人也把自己粉饰成了王室的捍卫者。对他们而言，欧迈尼斯不过是利用国王来谋取权力的觊觎者；而对欧迈尼斯而言，这些人是绑架者，他们从合法的国王守护者手中劫持了国王。

　　现在即使欧迈尼斯愿意，他也无法从这场斗争中抽身而退。因为他杀死了克拉特鲁斯，这种罪过将无处不在地伴随着他，所以战争也就无法避免。欧迈尼斯别无选择，只能选择战斗，并希望与安提柯决一死战，无论决战何时到来，都只会在有利于他麾下骑兵的平坦之地上进行。然而，欧迈尼斯能从胜利当中获得些什么呢？因为他是希腊人出身，所以自然无缘王位，而眼下也没有哪位统帅能够让他担任顾问，所以欧迈尼斯知道自己的前景将会长期处于一片黯淡之中。倘若年幼的亚历山大能够性命无虞地活到自己来行使权力进行统治的话，欧迈尼斯或许能够成为亚历山大最亲密的顾问，他也最适合担任这个职务。但要想达成这一目标仍然需要十数年的光阴。假如一个人没有法定职位，还被宣布为国家公敌，那么纵使他拥有一

204

支强大的军队，他又能坚持这么久吗？

这就是欧迈尼斯在内战的动荡中发觉到自己所处的奇怪境地。在那场战争中，只有他一个人取得了重大的战场胜利。然而，最终他却失去了自己可以为之奋斗的国家、事业以及统帅。他麾下的骑兵足以战胜任何挑战者，但他到底可以赢得什么并不在任何人的意料之内。

由于担心自己的士兵会对前方的危险感到恐慌，欧迈尼斯将他们召集了起来，将佩尔狄卡斯的死讯和他们现在的非法身份据实以告。[10]他不知道自己的部下到底会做何反应，但还是允许他们自由地辞去军职。也许他还提及了发生在特里帕拉德伊苏斯的兵变和安提帕特财政窘境的尖锐细节。无论怎样，没有人选择接受他的提议脱离部队。他的士兵们纷纷催促他赶紧率领他们以最快速度与王家军队交战，并且发誓要用他们的矛尖撕碎敌方颁行的法令。

这正是欧迈尼斯需要听到的全部内容。他立即拔营，率军向西移动，等待敌人的抵达。倘若他不能为其他事物而战的话，那么他将会为自己的生存而战：因为一旦投降或远遁，他断无生机。

五 宣传战（帝国全境）

现在老者安提帕特和他的儿子卡山德已经投身到了权力斗争当中，有关亚历山大大帝之死的问题也开始重新浮出水面。205 亚历山大大帝是中毒而死吗？如果真是这样，那么安提帕特和他的儿子们是否涉嫌其中，也许还得到了安提帕特的希腊挚友亚里士多德的襄助？希腊世界流传的这些谣言给这位帝国实际上的新领袖蒙上了一层阴影。安提帕特的敌人们开始利用这些谣言，安提帕特也试图通过或是伪造或是泄露的文件来赢得希腊受众的心。

此时在整个希腊世界，人们已经阅读到了欧奈西克瑞塔斯（Onesicritus）——一位曾在亚历山大大帝舰队效力的希腊船长——所写的回忆录。这本回忆录声称亚历山大大帝在生病当晚参加了一场晚宴，并在宴席上被一位宾客下了毒，但是书中表示由于害怕遭到报复，作者拒绝透露行凶者们的名字。欧奈西克瑞塔斯暗示，凶手们至今依然逍遥法外，并且能够实施报复，这是一种间接指责在那之后掌权的将军们的方式，而在希腊世界中就基本意味着那个人就是安提帕特。

此后不久——虽然发表日期仍然存在争议——一篇佚名所写的希腊文论著便面世了，文中直接将欧奈西克瑞塔斯不愿说出的姓名公之于众。该论著的原始版本——有时被称作《亚历山大的最后时日与遗嘱》（*The Last Days and Testament of Alexander*）——已经佚失，但是之后的拉丁文译本以《亡者之书》（*Liber de Morte*）的名字得以留存。书中声称，已经得到亚历山大大帝的召唤并且确信自己死期将近的安提帕特将藏于掏空骡蹄之中的毒药交给了自己的儿子卡山德，卡山德则在巴比伦与兄弟伊奥劳斯相见，然后他们一同在伊奥劳斯的男性情人米狄斯（Medius）举办的酒宴中对亚历山大大帝下了毒。接着，论著以严肃的姿态列出了出席这场致命晚宴的宾客姓名，并且帮佩尔狄卡斯、欧迈尼斯与托勒密等七人开脱。这就相当于指控了十多个有名有姓的宾客为共谋者。这篇论著描述了亚历山大大帝是如何喝下伊奥劳斯为他斟的毒酒，然后感到一阵刺痛，随之大声喊叫，在惴惴不安的共谋者们散去之时回到了自己的房间中。在这背叛之举的最后一幕中，当亚历山大大帝向伊奥劳斯索要一根羽毛来催吐时，伊奥劳斯递给他一根浸过毒药的羽毛。

206　　这份文件几乎可以肯定是一位想要争夺权力的将军所使用的宣传武器，但究竟是哪一位将军呢？由于安提帕特被指控谋杀了亚历山大大帝，而佩尔狄卡斯与欧迈尼斯则被撇清了嫌疑，所以乍一看似乎是佩尔狄卡斯或其盟友的作品。但是托勒密和安提帕特一样都是佩尔狄卡斯的敌人，而托勒密在这篇论著中被免除了嫌疑。或许这里累积着多层材料，因为接连不断的伪造者们为这部作品添加了新的元素。无论其目的如何，[11]《亚历山大的最后时日与遗嘱》表明，在马其顿的权力斗争中，弑君的指控被愈加频繁地利用，并被主要用于削弱老者安提帕特。

　　可能是为了回应这些下毒弑君的指控，有人还出版了《王室日志》（*Royal Journals*）的最后一部分，这是一份严肃的、逐日记录的有关亚历山大大帝患病和逝世的见证者实录。虽然现在原稿已经佚失，但是在公元 2 世纪的时候尚存于世，阿里安与普鲁塔克在阅读（不同的版本）之后都对其进行了诠释。《王室日志》将亚历山大大帝的病症描述为逐渐发烧、陷入昏迷，并且明确表示该病并没有像《亚历山大的最后时日与遗嘱》里声称的那样以忽觉刺痛开始。或许安提帕特自己出版或者捏造了这些日志，以期消除笼罩在他的家族头顶的谣言。[12]在这个充斥着伪造、合成与佚名文件的镜厅世界中，不可能存在任何的盖棺定论。

　　与此同时，托勒密正在埃及进行着另外一种宣传：在亚历山大大帝的亚细亚征战史中突出他自己的角色，而掩盖佩尔狄卡斯的角色。当托勒密开始撰写这段历史的时候，佩尔狄卡斯可能已经去世，[13]但佩尔狄卡斯的支持者们以及有关他的记忆都还没有消亡。隐瞒佩尔狄卡斯在高加米拉之战中所受的创伤，或者将底比斯战斗的爆发归咎于佩尔狄卡斯缺乏军纪，又或者，这也是最为重要一点，将佩尔狄卡斯最受亚历山大大帝宠信的标志——印章戒指的移交彻底抹除，都能给托勒密带来很多好处。作为少数在场的见证者之一，也许托勒密希望自己可以将那一时刻彻底抛诸脑后。正是托勒密主导了佩尔狄卡斯的垮台，而假如后者是国王合乎法律、精心挑选出来的继任者，那么于托勒密而言可谓大为不利。

其他许多人——那些相互勾结谋害他、继承了他的权力或者参与追捕他党羽的人——也同样想要把佩尔狄卡斯污名化。他们中的任何人或者他们所有人或许都对留存于古代文献中的佩尔狄卡斯形象进行了歪曲和渲染。我们可以发现，在这些文献中对佩尔狄卡斯傲慢、霸道与残暴的谴责比比皆是，对他形象的描绘有时甚至近乎诽谤。狄奥多罗斯甚至用"杀戮者"（phonikos）来形容佩尔狄卡斯，但对于一个以杀敌为生的兵士而言，这可谓是一句奇怪的讥讽。但是，当一位领导者失败的时候，那些令他成为领导者的品质就突然变成了缺陷。佩尔狄卡斯的高傲自大与冥顽不灵并不比亚历山大大帝更加明显，显然要缓和得多。不过，与不幸的佩尔狄卡斯不同，亚历山大大帝几乎未遭败绩。

六　克利奥佩特拉、欧迈尼斯与安提帕特（萨第斯，公元前 320 年春）

两年以来，亚历山大大帝的妹妹克利奥佩特拉一直都待在亚洲，在萨第斯的总督府邸观察着战事的进展。或许她渴望回

207

到故乡马其顿或者伊庇鲁斯——她的母亲奥林匹娅斯在那里照顾着她的两个年幼的孩子。不过，倘若如此，就意味着她承认了失败，也接受了人微言轻甚至朝不保夕的生活。她现在恢复自身王室一脉、保护自己母亲和孩子的唯一机会，就是嫁给一位强大的将军，并且诞下一位新的王位继承人。但若是回到欧洲，她就根本找不到这样的新郎。她来到亚洲就是为了成婚，所以置身亚洲的她就仿佛是童话中在高塔上等待游侠拯救的公主。

属于克利奥佩特拉的时间已经不多了。当她年满 35 岁的时候，她的生育能力——这是她能争夺继承权的重要优势——就会迅速衰退。更糟糕的是，她知道自己在生育方面的竞争对手阿狄亚已经与国王腓力成婚一年多了，她随时都有可能宣布自己怀孕。如果这种情况发生，那么克利奥佩特拉在婚姻市场上的价值也将急剧下滑。两位皇室成员生下的孩子，假如是男性的话，无疑就会成为新的王位继承人。甚至连亚历山大大帝的亲妹妹克利奥佩特拉，也无法胜过如此强大的阿吉德血脉的结合，除非她也嫁给一位阿吉德王室的成员，但此时并没有这样的人可以与她成婚。在她曾经瞩目的合适人选列昂纳托斯与佩尔狄卡斯逝世之后，即便符合条件的将领也寥寥无几了。

老者安提帕特的崛起给克利奥佩特拉带来了危险。她母亲的那位老对手，对她所在的阿吉德王室分支毫无感情，而现在他可能会给这一分支造成很大的伤害。安提帕特玩婚姻游戏的手法可比她要成功得多：他的女儿嫁给了托勒密和安提柯的儿子德米特里，断绝了克利奥佩特拉与这两位潜在人选结合的可能性。整个帝国仿佛一下子落入了安提帕特的口袋：在他的权力范围内，他可以堵住萨第斯的去路，阻止那些追求者接近克利奥佩特拉；或者他甚至可以强迫克利奥佩特拉嫁给自己的儿子卡山德——不过，与被认为毒害了她的哥哥的男子成婚的想法，无疑令人倍觉不安。

当克利奥帕特拉思索着自己黯淡的前景时，一队骑兵在一位威风凛凛的将领指挥下来到了萨第斯城下。然而，这个人并不是她所期待的身穿耀眼铠甲的骑士，而是她哥哥曾经的书记官欧迈尼斯。

这一事态发展对于克利奥帕特拉而言无疑十分尴尬。[14]欧迈尼斯是她家族的挚交老友与忠实臣仆，而且由于命运的变迁，他还成了一支强大军队的统帅。他一直支持克利奥佩特拉和她的婚姻野望。但欧迈尼斯现在只是一名罪犯，因为其在佩尔狄卡斯政权中效力而被判处了死刑。克利奥佩特拉不仅不能嫁给他——毕竟他是一个希腊人，与她尊卑有别——甚至就算接待他也可能是一种犯罪。随着安提帕特不断向萨第斯进军，克利奥佩特拉不能让自己在内战当中站错队。

欧迈尼斯则渴望与克利奥佩特拉进行交谈。在过去的数月里，他一直在安纳托利亚西部的行省上掠夺，在敌人的土地上艰难求存，不过他来到萨第斯是为了寻求比战利品更加珍贵的东西——合法性。克利奥佩特拉的存在，足以抗衡两位伟大的宿敌安提帕特与独眼的安提柯所占据的优势地位。虽然他们掌控着国王，并且声称自己只是王室的管家，但只要克利奥佩特拉挥挥手就能证明这种说法不过是谎言。如果她成了欧迈尼斯的盟友，将她的道德权威与欧迈尼斯的军事力量相结合，那么他们俩仍然可以战胜敌人。他们有诸多联手的理由：两者皆因身处二流地位而被排斥在了权力之外，克利奥佩特拉是女子，而欧迈尼斯则是希腊人。两者都只能通过依附于摄政王或国

209

王，方才可以有所成就。也许，在其中一人成功之前，两人都可以相互依靠。

欧迈尼斯恍若骑士一般在萨第斯城前展示着自己麾下的骑兵，试图给城内的公主留下深刻的印象。考虑到上次欧迈尼斯造访这里的时候，克利奥佩特拉还因为佩尔狄卡斯在战争中胜负未决而拒绝了他，所以这次欧迈尼斯希望表明自己稳操胜券。事实上，他想要在萨第斯郊外的平原上同王家军队交手，他手下的士卒仿佛也受到了克利奥佩特拉眼神的鼓舞。她是整个世界上与亚历山大大帝血缘最为接近的人，逝去的国王的品德乃至容貌都仿佛在她的身上重获了生机。查士丁在给特洛古斯所著的史书撰写摘要的时候曾写道："人们是如此崇拜亚历山大大帝的伟大与卓越，以至于即使是他在女子身上留下的痕迹，也能够呈现出他神圣之名的赐福。"

210　　不过，克利奥佩特拉虽然批准了欧迈尼斯的谒见，却并不愿意成为他的支持者。她意识到了自己对于国家的责任，不希望因为偏袒任何一方而加剧国家的动荡。她要求欧迈尼斯离开萨第斯，到远离她庄严现身之处的地方去寻求战斗。欧迈尼斯告别了公主，并遵循她的要求，率领军队撤离了萨第斯。

不久之后，老者安提帕特也来到了萨第斯，并亲自拜访了克利奥佩特拉。安提帕特也获悉她与欧迈尼斯的会谈，这让他大为不悦。他能够猜得出这位公主到底在玩什么把戏，先是与佩尔狄卡斯暗通款曲，现在又和佩尔狄卡斯的顾问眉来眼去，或许在此之前他还知道她还曾与列昂纳托斯相互调情。由于自己的权威已经遭到了挑战——另外一位公主阿狄亚差点让他命丧乱石之下——安提帕特不能允许克利奥佩特拉再与他的敌人打情骂俏了。他斥责克利奥佩特拉无视王室的利益。他忠心耿耿地为这个王室服侍了六十载，但是现在在他看来，这个王室正在被一群爱管闲事、无法无天的女子搞得分崩离析。

克利奥佩特拉当然不会加以理会。她实在是太骄傲了，以至于不愿意在这位听其父兄号令的男子面前有所收敛。在一场被中世纪的佛提乌称为"超出人们对女性的预料"的、现已佚失的演说中，克利奥佩特拉毫无保留地对安提帕特进行了回击。也许克利奥佩特拉和自己的母亲一样，认为这个人应该为亚历山大大帝的逝世负责，而现在她则当面对他进行了指责。[15]安提帕特用某种方式安抚了她的情绪，双方最后还是友好地分别了。帝国的最高统帅与帝国的至高王族，现在依然还需要彼此。克利奥佩特拉不愿意自己因内乱而遭受谴责，而安提帕特也从佩尔狄卡斯的不幸先例中了解到，一名士兵将会为杀死一位阿吉德王室的公主付出高昂的代价。

安提帕特继续准备与欧迈尼斯进行战斗。而塔楼里的克利奥佩特拉则依然留在原处，再一次变成了失友丧偶、孑然一人的模样。

七　托勒密（叙利亚与耶路撒冷，公元前 320 年夏）

眼瞧着自己昔日的战友们忙于内斗，托勒密却稳坐埃及，　　211
再次选择了追求自己的利益。他的新领地幅员辽阔，并随着塞浦路斯与昔兰尼的并入而得到了极大的扩展，而他的领土东部则有一片上佳之地，那里几乎没有驻扎马其顿军队，似乎成为他完成自己微缩帝国的完美方向。在他之前的那些法老长期觊觎着叙利亚与巴勒斯坦，并且时常占据那片土地。那里富庶的行省拥有完备的良港，同时也为抵御来自东方的侵袭提供了宝贵的缓冲。托勒密暂时能够免于遭受外敌入侵，虽然他的岳丈安提帕特目前还是他的盟友，但是他无法一直维持这种盟友关系——尤其是托勒密打算让欧律狄刻的伴娘贝勒尼基成为自己的王后，但此举可能会让那位老者的女儿蒙羞。

在托勒密垂涎之地的北部，有一座四面围墙的小城耶路撒冷，这里居住着一群一神论者，希腊人很快就会称呼他们为"犹太人"（Ioudaioi）。尽管马其顿人已经穿越了他们的领土，甚至可能曾进入圣城，但是亚历山大大帝及其将领们几乎从来没有关注过这些犹太人。[16]没有一位亚历山大时代的历史学者提到过犹太人或者耶路撒冷，后来的一位作家——罗马化的犹太人约瑟夫斯（Josephus）——曾将这种忽略当作一种恶意的体现。事实上，在亚历山大大帝之前的希腊作家当中，除了亚里士多德的学生泰奥弗拉斯托斯之外，没有哪个人知晓犹太人的存在，而泰奥弗拉斯托斯似乎也只是遇到过旅居埃及的犹太侨民罢了。[17]

然而对犹太人有充分了解的托勒密，足以利用他们自己的宗教习俗来对付他们了。[18]他了解到犹太人的历法是每七天为一周，而每周都有一个安息日，在这一天，包括持械作战在内的一切劳作都是被禁止的。因此，托勒密打算在一个安息日开进耶路撒冷城。而犹太人因为坚守自己古老的法典，所以并没有举兵反抗。托勒密就这样兵不血刃地取得了胜利，并为自己治下的疆域增加了新的领土。托勒密的新首都亚历山大里亚开始逐渐挤满犹太俘虏与移民，很快这里就变成了耶路撒冷之外最为重要的犹太中心。

犹太人就这样因为虔诚地恪守摩西律法而遭人利用，最终被亚历山大大帝麾下的一位将军征服，从此登上了欧洲历史的舞台。

八　欧迈尼斯、安提柯与安提帕特（安纳托利亚，公元前 320 年年末冬）

古代世界流传着一个传说，亚历山大大帝在世的时候，有一天，一个被俘的海盗被带到他的面前接受惩罚。亚历山大大帝对这个人的掠夺之举感到愤怒，并问他有什么权利在海上兴风作浪。那个海盗回答道："就是同你在世界上兴风作浪时拥有的权利相同。只因为我仅凭依一艘小船，所以才会被称作盗匪；而你却拥有一支庞大的舰队，所以你就被称为统治者。"[19]这则逸事有可能是杜撰的，但说明了一个重要的问题。即使是在亚历山大大帝还活着的时候，他戎马征战的政治目的也很难辨清好坏。愤世嫉俗者可能会将之视为一次席卷全球的掠夺袭击。而现在他已然作古，马其顿军队海盗般的一面也越发突出。

此时正在小亚细亚游荡的三位将领——亡命之徒欧迈尼斯和他的追击者安提帕特与独眼的安提柯——都清楚即将爆发的战争将取决于何种因素：将领实力取决于部队的忠诚度，而部队的忠诚度又取决于战利品。与亚历山大大帝一同奋战的士兵们已经拥有成堆的战利品，他们从波斯人那里攫取了自己应得的那份财富，并且用庞大的辎重队伍将这些财富运往亚洲各地。但是，他们贮藏的财富似乎永远都不能令他们感到满足。[20]他们没有家庭，无视国家的福祉，也不知道阿吉德王室到底想从他们那里得到什么，唯有金钱成为他们存在的理由。他们会为能够发给他们粮饷的将军而战，也会与那些无法提供犒赏的将军为敌。

独眼的安提柯在这种新型战争中占据了上风，因为他作为亚洲领土的总司令，有权从国库中提取资金。他的书面命令经

213

过顺从的腓力国王的签署，可以打开那些迅速充实的府库，如由铜墙铁壁般的银盾兵守卫的基因达府库。有了这样的财富，他可以尝试用金钱买来一场针对欧迈尼斯的胜利，而不用在战场上直接赢得一场胜利——因为在战场上他将不得不面临欧迈尼斯麾下训练有素的骑兵。这支部队已经击倒了亚历山大大帝手下最为优秀的野战将领克拉特鲁斯，并用铁蹄将其践踏。

在他看来，欧迈尼斯的确囊中羞涩，但他作为一名亡命之徒，完全可以从富人那里盗取财物。小亚细亚到处是富裕的庄园和城镇，那里也住着可能遭贩卖的奴隶。在亚历山大时代，军队只能在敌方的领土上进行掠夺。但对欧迈尼斯而言，整个帝国都是敌人的领土，因为这个帝国已经判处了他死刑。他开始允许自己的手下夺取安纳托利亚的庄园，然后以高昂的价格让其主人赎回，从而筹集了一笔可观的战争资金。这种策略具有双重好处，不仅让他获得金钱，而且也羞辱了安提帕特与安提柯，因为正在负责亚细亚事务的他们无法或者不愿阻止这种敲诈勒索的发生。安纳托利亚的民众会觉得应该是安提帕特与安提柯——而非欧迈尼斯——需要担负责任。随着欧迈尼斯不断劫掠敌人的腰包，这个不法之徒也越发声名鹊起。

独眼的安提柯试图通过悬赏欧迈尼斯的性命来以毒攻毒。有一天，当欧迈尼斯回到营地的时候，发现自己的士兵正在研究一些传单：传单中表示安提柯将会以 100 塔兰特的报酬来悬赏欧迈尼斯的项上人头。[21] 除非欧迈尼斯能够采取相应措施回击，否则这个奖赏将会考验每一个人对他的忠诚。这个狡猾的希腊人赶紧召集自己的士兵，站在他们面前发表演说。他感谢士兵们恪守效忠的誓言——当然也没有人拥有时间去做谋逆之事——并且"透露"他分发这些传单只是一项测试，而他的士兵们令人钦佩地通过了这项测试。他如是分析道，安提柯根本不可能分发这些传单，因为任何妄图提供赏金的将领都可能遭到反噬。或许，欧迈尼斯的一部分听众接受了这种逻辑，而另外一些人则是钦佩他的奇谋中所蕴含的智慧，不过他麾下的所有士卒肯定都被最近成功发动的袭击所说服，坚信获得财富的最大希望就在于保护欧迈尼斯的安全，而不是将他杀死。他们当场投票表决，要大力加强维护统帅安全的措施，并为他配备了一位从千人精锐中挑选出的护卫官。

　　为了回击安提柯，欧迈尼斯移师位于弗里吉亚的切兰纳——那位独眼巨人空虚的首府，并在整个冬天洗劫了他的行省。虽然安提柯并没有直接向他发起挑战，但安提帕特及其所率的老练士卒还是对他发动了几场突袭。欧迈尼斯与安提帕特——这对在亚历山大大帝远征之前就结下仇怨的宿敌——在弗里吉亚的较量之所以能为人详知，多亏了在中世纪的重写本（palimpsest，有经济头脑的抄写员擦除原文、覆写新文的一种羊皮纸文本）中发现的阿里安所写的《亚历山大死后之事》里珍贵的两页。由于数字成像技术，被抹去的文字刚刚从长达千年的沉睡中醒来。[22] 但它也让我们痛苦地瞥见，随着这部作品的佚失，我们到底遭受了多大的损失。

　　欧迈尼斯开始继续扩大自己打完就撤的袭击规模，同时向多个方位发动袭击，这样安提帕特就没有办法将其压制。欧迈尼斯让他的军官使用攻城武器来让攻击变得更加简单。在很短的时间里，他们就从倒霉的弗里吉亚人那里搜刮了大约 800 塔兰特的财富，并将这些战利品分发给了兴高采烈的普通士卒。随着自己手下愈加富有，欧迈尼斯的地位也水涨船高，而安提帕特则看起来越来越像一只纸老虎了。阿里安写道："安提帕特和他的军队就这么眼睁睁地看着，〔弗里吉亚〕被占领，他215 们的田产被焚毁，他们的货物被当作战利品出售。人们认为安提帕特只不过是他们不幸遭遇的旁观者罢了。"

然而，欧迈尼斯的策略不可能永远取得成功。他的敌人最终还是会将他逼入绝境，或者切断他的粮草补给并阻止他纵兵抢掠，从而夺走其部队对他的忠诚。欧迈尼斯已经注意到了自己军队中存在的不满情绪；一支由三千名步兵和五百名骑兵组成的军团已经从切兰纳撤走，向前继续行军，他们的营地距离欧迈尼斯已经有一段距离了。欧迈尼斯借用了亚历山大大帝的标志性战术，派遣一支精锐部队通宵追击。这些逃兵完全被打了个措手不及，未经抵抗就纷纷沦为俘虏。欧迈尼斯处决了叛变的领导者，然后将这支部队重新纳入军队，将这些士兵分散编入更为可靠的部队，并通过施以恩惠来笼络他们。因为安提帕特与安提柯紧追其后，所以他不能失去这些经验丰富的老兵。

欧迈尼斯最大的希望，就是与那些和他一样被剥夺了权力的人——曾经的佩尔狄卡斯政权的其他领导者们——联起手来。他们每个人都掌控着自己麾下的军队：佩尔狄卡斯的兄弟阿尔塞塔斯还拥有颇为可观的兵力，而佩尔狄卡斯的妹夫阿塔罗斯则可能从他私吞的资金中腾出足够的金钱。欧迈尼斯联系了这两个出身名门的马其顿人以及另外两个佩尔狄卡斯党羽——帕勒蒙（Polemon，又译作波勒蒙）与多喀摩斯（Docimus），四人都聚集在附近的皮西迪亚。[23]欧迈尼斯的战略提案被保存在至今仍可释读的重写本当中。欧迈尼斯认为，如果五支部队合为一体，那么他们就可以长期控制西亚，以所占领地为生，同时让他们敌人十分难堪。安提帕特与安提柯会因为其自身存在的弱点而遭人鄙夷，他们军队中的叛逃情况也会与日俱增。最终，这两个人将会通过谈判与佩尔狄卡斯党羽达成一项和平协议，而在和平协议中，佩尔狄卡斯的党羽们将会获得赦免，并且恢复自己在巴比伦协议中获得的职位。值得注意的是，欧迈尼斯设想的并不是取得最终的胜利，而是想要恢复团结、归复原状。或许他并非罪无可恕。那些马其顿人只是在盛怒之下给他定下了罪，其态度最后可能会有所缓和：一旦他们看到欧迈尼斯无意还击的话，就很可能停止与他的战斗。

216

欧迈尼斯以满怀敬意的态度结束了自己的呼吁，他表示任何有更好计划的人都应该提出自己的想法。谦逊是欧迈尼斯获得成功的最大希望，因为他发言时所面对的都是一些并不喜欢也不信任或者并不尊重他的人。阿尔塞塔斯曾经拒绝援助欧迈尼斯，即使佩尔狄卡斯曾对他下达了命令让他支援。如果当时阿尔塞塔斯是因为欧迈尼斯是一个过于聪慧而对自己哥哥佩尔狄卡斯影响过大的希腊人，所以才心生怨恨的话，那么现在欧迈尼斯在战场上赢得的巨大荣誉就让他更为嫉恨了。同样的嫉妒之情也在折磨着阿塔罗斯、帕勒蒙与多喀摩斯，他们都出身于流着贵族血统的武士世家，所以并不喜欢让自己处于一个异邦暴发户的阴影之下。

到底谁将指挥这支联合部队，成了争论的焦点。阿尔塞塔斯想让自己成为这支部队的总指挥，尤其想要控制欧迈尼斯麾下步兵中的本土马其顿人，他们是亚历山大大帝留下的强悍老兵。但是欧迈尼斯不愿意做出让步。在欧迈尼斯看来，他已经不再是委身宫廷的希腊人、马其顿武士精英们的奴仆，而是一位才华横溢的高级将领。他可以接受位列佩尔狄卡斯这样的人物之后，但是绝不可能让阿尔塞塔斯或者阿塔罗斯之辈位列自身之上。这些人不久之前还是自己的属下，至少佩尔狄卡斯乃至亚历山大大帝本人想要让他们成为自己的属下。

最终，有关欧迈尼斯位阶的分歧意见并未得到调和，五方会谈无果而终。[24]原本可以拯救所有佩尔狄卡斯党羽的联盟最终还是没能成立。所有的人都会以自己的方式面对他们的敌人，而欧迈尼斯则将不得不独自迎敌。

九　安提柯、卡山德、安提帕特与国王们（安纳托利亚，公元前320年年末冬）

与此同时，在更北边的安纳托利亚，分歧与叛逃也在折磨

217　着欧迈尼斯的敌人们，他们现在是共治国王的新监护者。尽管控制着国库，老者安提帕特与独眼的安提柯还是无法压制住欧迈尼斯的劫掠行径传递出的信息：劫掠之举终获报偿。正如欧迈尼斯在向阿尔塞塔斯与其他人提出的建议中所预见的那样，安提柯发现自己的一些军队已经注意到了这个信息并且躲进了山里。那年冬天，一支由三千名步兵组成的部队从安提帕特的军队中脱离了出来，他们的指挥官叫贺西亚斯（Holcias），也是佩尔狄卡斯党羽的同情者。他们占领了卡帕多西亚的高地，这是一个可以纵兵劫掠周边的安全地带。安提柯担心这些士兵会加入阿尔塞塔斯或者欧迈尼斯的军队，但是他又不能通过屠杀袍泽而让忠诚于他的军队对他心生恶意。

在这两年的内战中，安提柯也逐渐熟练地掌握了暗中活动的要义，而当前的危机正需要他去这么做。他往叛军处派去了一位名叫列奥尼达（Leonidas）的高级军官，并让他通过假装加入叛军队伍来获取他们的信任。[25]列奥尼达获得了叛军们的

热烈欢迎，并且被推举为统帅，他率领着士兵自高地而下，进入一片开阔的平原。根据事先的安排，安提柯的骑兵早已等候在那里。安提柯在平原上发起进攻，轻而易举地抓获了叛军领袖并迫使他们宣誓：他们将带着自己的追随者一起离开亚洲，永不归来。虽然失去了如此之多的士兵是一件憾事，但总比让他们加入佩尔狄卡斯党羽的军队要好。

对安提柯而言，更糟糕的问题在于他与老者安提帕特之间正不断酝酿的争执。这一裂隙是由安提帕特的儿子卡山德造成的。这个被任命为安提柯副手的年轻人从一开始就不信任安提柯，并且直接跑到弗里吉亚的父亲那里大发牢骚（其理由尚不为人知）。安提帕特相信了自己儿子的顾虑，并将安提柯召至弗里吉亚，想要改变在特里帕拉德伊苏斯达成的权力平衡。安提柯在那个时候被任命为国王的监护者，同时被赋予亚历山大大帝留下的那群好勇斗狠的老兵们的领导权。但是现在安提帕特要夺走这两个权力的象征，从此将其划归自己的管辖之下。作为交换，安提帕特将自己指挥的欧洲新兵交给了安提柯，而军队的对调则能确保原来的王家部队还会继续留在国王的身边。安提帕特还明确表示，自己的近期计划发生了改变。他将返回欧洲，让安提柯在没有他襄助的情况下，继续讨伐欧迈尼斯。与那个狡猾的希腊人在冬季纠缠了漫漫数月之后，这位年迈的军人政治家终于准备好踏上归途。

安提帕特聚拢了王室成员，带着自己的儿子卡山德一起往赫勒斯滂海峡行进。自从他第一次到亚洲以来，这里带给他的只有艰辛与屈辱，而他注定要在这亚洲的海岸遭受最后一次侮辱。[26]当他的部队穿过安纳托利亚的时候，国王腓力的年轻妻子阿狄亚开始提醒士兵们他们应得的奖金已经被拖延了很久。

王家部队再次哗变。安提帕特只得伴装金钱就在前方，就在赫勒斯滂海峡的海岸等待着他们，以此安抚这些士兵。将士兵们引诱到横渡地点之后，安提帕特趁着夜深人静与国王和数位高级将领一同渡过了海峡。无所依靠的军队别无选择，只得在第二天跟随他们一同返回了欧洲，而在那里安提帕特就能够很好地控制住这些军队以及他们的王后。

共治国王和在亚历山大大帝麾下作战的大军就这样永远地离开了亚洲。他们的同胞是如何看待这些从远方归来的桀骜不驯的老兵，又是如何看待那些陌生的巴克特里亚妇女以及她们诞下的混血儿，又会如何看待那些在队列中缓慢前行的、被称作大象的怪异战争机器？所有的这一切都未曾被任何古代作家记载。事实上，除了阿里安之外，其他古代史家似乎都没有指出这次横渡海峡的意义所在，而阿里安则将其作为《亚历山大死后之事》的终点。[27]

219　这的确是一个终点，是一场魄力非凡、横跨大洲的君主制度实验的终结。亚历山大大帝开启了这场实验，而佩尔狄卡斯虽然自身难以胜任，但依然试图维持它的进行。最终，安提帕特单方面决定终止了这场实验，将阿吉德王室遣送回国，并让王室同巴克特里亚与巴比伦分离，重归巴尔干的群山之麓。亚细亚可能仍旧是马其顿帝国的一部分，但它再也不会像亚历山大大帝曾经梦想与规划的那样成为帝国的中心。

那个梦想留下的遗绪，刻写在亚历山大大帝幼子的肤色与容貌之上，倘若幼小的亚历山大能够有幸再活十年的话，他将会成为第一位出生在亚洲却统治着欧洲领土的君王。不过，考虑到他人生的头四年中发生的一系列纷乱之事，这可能真的是一个时光漫长且危机四伏的十年。

十　安提柯与欧迈尼斯（安纳托利亚，公元前319年春）

随着安提帕特的离场与冬季的结束，独眼的安提柯与欧迈尼斯准备为亚洲的战事一决高下。这是两个足智多谋、声誉卓著之人展开的决斗，他们曾经是腓力二世宫廷里的好友，却因为政治上的不测风云而彼此对立。他们都声称自己是在阿吉德王室的旗帜下作战，并且都指挥着多半由马其顿人所组成的军队。他们此前从未伤害过彼此，两人之间也并不存在思想上的鸿沟。然而，现在欧迈尼斯已经被宣布为国家公敌，身为亚洲领土总司令的安提柯已经接到了任务，要将欧迈尼斯彻底消灭。

不过，欧迈尼斯可不是那么容易就被摧毁的。他的卡帕多西亚骑兵在数量上超过了安提柯麾下的骑兵，而且在熟练程度和作战经验上也超过了对方。安提柯绝不会去犯克拉特鲁斯曾经犯过的错误，至少在没有挫其锐气的情况下，他不会与这支骑兵正面交锋。幸运的是，他有足够的资金来完成这次削弱。他提供的贿赂成功地让欧迈尼斯麾下的骑兵军官阿波罗尼德斯（Apollonides，又译作阿波罗奈德）选择了变节。阿波罗尼德斯通过密信，向安提柯承诺，自己将会从欧迈尼斯那里偷偷溜走并顺手带走一整队战马。

欧迈尼斯并没有意识到这近在眼前的背叛之举，而是自信地在一个叫作奥钦尼亚（Orcynia）的地方寻求与安提柯交战。他就驻扎在独眼安提柯一览无余的开阔地上，这是他愿意与之交战的信号。传令官在两军之间自由穿行，将一位将军的讯息传达给另外一位将军，为接下来的死战做准备。

安提柯利用这段间歇对自己曾经的好友玩了一个挫其士气的把戏。[28]当欧迈尼斯的传令兵来到安提柯的营地时，他指示一名士兵气喘吁吁地跑到他的面前喊道："我们的盟军已经抵达！"目睹了这一幕的传令兵及时向欧迈尼斯进行了汇报，告诉他安提柯的部队已经获得了增援。第二天，安提柯以战线两倍于常的阵型向前推进自己的步兵方阵，仿佛他的确获得了新的增援。这一景象令欧迈尼斯步兵的信心大为受挫，并没有察觉到自己阵型的纵深也是两倍于敌，占据着优势，反而觉得自己已经失去了人数上的优势。

事实证明，这两个旨在抵消欧迈尼斯的步骑实力的狡猾之计，在对阵欧迈尼斯的过程中收到了奇效。没有详细记载留存的奥钦尼亚之战很快就演变成了一场大溃败。安提柯屠杀了欧迈尼斯麾下的大约八千名士兵，还俘获了运载欧迈尼斯军队战利品和财物的辎重队。欧迈尼斯正是因为那些战利品才成了士兵眼中的英雄，所以这场惨败对他而言无疑是一个巨大的心理打击。

但是欧迈尼斯并没有就此一蹶不振。他率领着一部分既没有逃之夭夭也没有束手投降的部队逃离了这场战斗，其中就有他麾下大部分迅疾如风的骑兵。在设法捕获并处决了阿波罗尼德斯之后，欧迈尼斯再度返回了奥钦尼亚，这次他躲过了沿着他的逃跑方向追击的安提柯。他决定要为自己阵亡的士兵举行葬礼，这是一项通常通过正式承认战败而获得的特权。由于奥钦尼亚并没有多少树木，欧迈尼斯只得下令搜罗附近房舍的门板作为木材，建造了两座巨大的柴堆，一座用于军官火化，而另一座则用来火化士兵。在火化之后，欧迈尼斯命人在阵亡者的骨灰之上垒起了一座土丘。当安提柯率军赶到的时候，坟墓已经完成，而欧迈尼斯早已不知所踪。虽然欧迈尼斯输掉了这场战役，但是重新寻回了自己的尊严，剥夺了安提柯作为胜者为阵亡者的回归设定条件的权利。

欧迈尼斯此时还打算冲向亚美尼亚，并在那里招募一支全新的军队。然而，安提柯很快就追上了他。欧迈尼斯别无选择，只能利用事先安排好的计划，舍命相搏，以此求生。在卡帕多西亚边界上有一座名为诺拉（Nora）的要塞，该要塞坐落在坚不可摧、周长仅约 400 码①的峭壁之上。[29] 要塞中储备了足够小股部队使用数年之久的粮草、食盐与木柴，足以令其抵御一切来犯之敌。欧迈尼斯解散了追随自己的部队，只保留了六百名士兵，随后就进入要塞坚守不出，这座要塞就仿佛是敌人汪洋大海当中的一座安全小岛。欧迈尼斯可以在这里等待政治风向的转变，或者等待自己潜在的盟友阿尔塞塔斯和其他将领对他施以援手。虽然长期与世隔绝、困守山巅要塞的前景堪忧，但是也总比战败要好。

独眼的安提柯来到了诺拉，发现欧迈尼斯已经安然据守于此。他打算用双重围墙、沟渠和哨所将要塞团团包围，而且这样的部署可能要维持多年。不过，安提柯决定在采用这种高昂的替代方案之前先尝试一下谈判。他派遣自己的侄子作为人质进入要塞以确保欧迈尼斯的人身安全，并说服欧迈尼斯出来谈判。

自亚历山大大帝远征初期以来，这两位统帅已经有十五年未曾谋面了。不过，他们发现，将冲突搁置一旁、恢复旧日友谊纽带并非难事。他们彼此相拥，互道亲切问候，而此时安提 222

---

① 约合 366 米。——译者注

柯麾下新征召的年轻士兵则纷纷想要看一眼这位名人——他曾是击溃克拉特鲁斯的胜利者、跃升为将帅的书记官，现在却沦为亡命之徒。这些士兵与他们靠得如此之近，以至于安提柯都有些担心欧迈尼斯的安全，于是他伸出手臂搂住了自己的老友，保护他免受过分热情——或许也充满敌意——的人群可能带来的伤害。

两位统帅间的谈判显示，他们之间的争执完全受制于他人的操控。欧迈尼斯根本没有承认自己曾犯下叛国重罪，反而还要求完全恢复他身为卡帕多西亚行省总督的身份，尽管这就意味着他要加入这个曾经官方表态要诛杀他的政权。他甚至都没有提及在埃及通过的死刑判决，仿佛那就是一场显而易见的错误。而安提柯本人也没有拒绝欧迈尼斯的提议，这就表明他对当前的敌对行动也持质疑的态度。他提出要将相关请求提交给安提帕特来进行裁决，并且为此还向马其顿派遣了一名使者。欧迈尼斯也派出自己的一位密友兼同胞作为特使前去为自己的案件进行辩护。他派出的那个人，正是对后亚历山大时代权力斗争颇有洞见的卡迪亚的希洛尼摩斯，他之后所写的回忆录，虽然现今已经佚失，但成了大部分现存文献所依据的史料。

当这些使节前往欧洲的时候，欧迈尼斯与安提柯选择以朋友的身份道别，之后又恢复了受命所托的敌对状态。安提柯最终完成了对诺拉的高墙封锁，以防止被围军队从内冲出或者援军从外支援。随后，在确保了针对欧迈尼斯的封锁安全无虞的情况下，安提柯率军向西继续追击残余的佩尔狄卡斯党羽。这些人仍然聚集在皮西迪亚，安提柯准备率领麾下新兵进行一场艰苦的急行军，以期在敌人怀疑他来临之前抵达该处。

虽然历经惨败但仍未屈服的欧迈尼斯又回到了自己的要塞

之中，坚守不出。在与亚历山大大帝一同行军了约 2 万英里并
最终帮助他君临三洲以后，在被视作拥有整个已知世界的统治 223
权力的佩尔狄卡斯奉为顾问之后，欧迈尼斯现在只有一块不到
4 英亩的岩石峭壁作为自己的领地。不过，他在孤立之地暂时
无须担心敌军攻击，而且粮草与燃料也储备充足。虽然欧迈尼
斯被曾经的盟友抛弃，惨遭王室军队妖魔化，并且在奥钦尼亚
遭受了惨败，但他还是设法存活了下来。他与自己麾下的六百
名效忠者开始在这里长期驻扎，等待着命运的下一次掷骰。

第八章　故土重燃

希腊、马其顿与西亚

公元前 319 年春至公元前 318 年夏

224　　对于仍然拥有公民权利的雅典人而言，他们的生活与希腊战争之前并没什么不同。这座城市里的贫民已经失去了公民权利，他们中的许多人——或许人数上千——已经搬到了希腊世界寒冷北境的色雷斯。在迫使雅典修改宪法并剥夺了这些人的权利之后，老者安提帕特在那里给他们提供了土地。实际上雅典通过福基翁与德马德斯所率领的谈判团，以同意安提帕特提出条款的方式，让自己免遭围城之苦，但普鲁塔克还是说道："这些人就仿佛是失陷围城里被迫背井离乡的难民。"

　　只有拥有至少价值 2000 德拉克玛财产（一笔可观的财富）的人，现在才能参与政府工作。这就意味着，大约只有九千人——不到旧民主制度下公民总数的一半——能够继续享

225有这些权利。其余人——那些选择留下而没有背井离乡的人——则需要忍受雅典人所说的"荣誉丧失"（atimia）之苦，这就意味着他们无权提起诉讼，无法担任公职或成为陪审团成员，也被剥夺了在讨论并决定一切国家事务的机构——公民大会上表决的权利。[1]"荣誉丧失"就是一种政治身份的开除，从前只会被强加在犯罪者与破产者的身上，而雅典的穷人们对此深恶痛绝。

近两百年来，雅典的民主体制只有两次被寡头政治取代。这两次政体更迭都是因受到斯巴达的战争压迫而进行的，一旦压力减弱，雅典就会立刻改弦易辙。在公元前403年第二次政体变更的时候，一支斯巴达人的守备部队驻守在雅典，维持着寡头政府的权力；但是驻军一旦撤走，民主制度就恢复了。那些贫穷无依、没有土地的民众已经表明，他们绝不会让自己长久保持缄默。他们所具有的旺盛精力让这座城市变得繁荣富庶，他们挥动着战船船桨的强健臂膀让这座城市变得无比强大。[2]

在希腊战争之后，又有一支异邦驻军——这次是马其顿驻军——来到了这里，压制了雅典的贫民。虽然驻军指挥官麦尼拉斯在使用武力的方面会保持克制，但是每天在比雷埃夫斯港口都能看到全副武装的马其顿人，这无疑提醒着雅典人他们所处的境遇。只要慕尼契亚的要塞还被这些世界上最优良的步兵所占领，民众就无法发动颠覆性质的运动，也就无法洗刷"荣誉丧失"带来的耻辱。倘若雅典人团结一心，或许能够攻克那座要塞，但是现在这座城市已经分裂。那九千名特权公民中的多数人对自己的新寡头政治颇为满意，尤其是其中一位领导着该政权的政治家德马德斯，从中获得了丰厚的报偿。

一 德马德斯与福基翁（雅典）

德马德斯当然知道"荣誉丧失"到底是什么样的滋味，因为他自己也曾遭受这种痛苦。五年前，他与德摩斯梯尼一起因涉嫌窃取哈帕拉斯挪用的资金而被定罪，他虽然留在了雅典却被剥夺了公民的权利，成了政治上的无名之辈。[3]然而一切都改变了。雅典在希腊战争中战败之后，曾经控告他的人不仅撤

226

销了对他的处罚，还恳求他重返政坛。他与马其顿人之间的友谊终于获得了回报。作为安提帕特信任的两个雅典人之一，德马德斯在新政体下享有巨大的权力。有时候他会被要求去做一些令人憎恶的事情——例如他推动通过了致使其曾经的同僚德摩斯梯尼与希佩里德斯丧命的法令——不过，他却因为自己提供了这些方便而获得了丰厚的回报。

德马德斯出身贫寒，他的父亲曾经十分贫穷，不过他的政治生涯让那种贫穷变成了遥远的追忆。德马德斯是一个臭名昭著的放荡不羁之人，美食与贿赂对他而言永远都不嫌多，他终于可以负担起所有的享乐用度了。[4]雅典的律法禁止异邦舞者在国家剧场演出，违者将会被处巨额罚金，德马德斯却在那里安排了一部完全由异邦人组成的舞团表演的剧目，并且淡定地为每位演员都缴纳了罚金。这是他向这座城市展现自己可以肆意挥霍财富的方式。起初德马德斯只是雅典海军中的划桨手，努力挣着勉强果腹的工资，而现在他早已飞黄腾达。

德马德斯有一个儿子，叫德米阿斯（Demeas），他是德马德斯与一个在雅典社交晚宴中吹奏长笛的放荡女子所生的。德马德斯喜欢在这个青年身上挥霍金钱，并让他在家中接受了专业的政治献媚方面的教育。而最近这个青年还在公民大会上发表演说，这就为那些虽然讨厌德马德斯却又不敢正面抨击之人提供了攻击的目标。一个怀着这般目的的对手打断了德米阿斯所做的演说，并且嘲笑了这个青年的出身："你为什么不闭上你的嘴巴？你比你的母亲还要善于吹风呢！"这些言论表明，人们对于安提帕特本人以及那些为他办事之人依然怀有怨气。不过，由于马其顿士兵就在不远处的比雷埃夫斯，所以这些怨恨的情绪一直都被压抑着。

在过去的两年中，德马德斯饶有兴趣地目睹了亚洲发生的 227
诸多事件，即马其顿诸将之间越发不可收拾的内战。尽管他为
安提帕特办事十分得力，但是这对他而言还远远不够。或许他
能够在一位新主人的领导下获得拔擢，变得更为富有，或者摆
脱那位总是令他黯然失色的资深同僚福基翁。德马德斯意识到
安提帕特与福基翁很快就会退出舞台——他们年事已高——于
是开始给巴比伦政府的首脑佩尔狄卡斯写信，敦促他侵入欧
洲，斩断这条维系着希腊诸城邦的"破旧、腐烂的绳子"。佩
尔狄卡斯惨遭暗杀，结束了德马德斯的这次小小的冒险，而他
自己并没有因此感到不安。他继续自己的事业，统治着雅典
人，甚至还为儿子的婚宴花费了巨额的资金。他告诉德米阿
斯："孩子，当年我迎娶你母亲的时候，连隔壁的邻居都毫不
知晓；不过这一次，那些国王和统治者都会携起手来为你的这
场婚礼而欢庆。"

　　与德马德斯共担领导之责的福基翁则与前者截然不同，他
将自己的权力运用到了不同的目的之中。这位年逾八十的老者
清醒且严肃，品德高尚且泰然自若，他将雅典失去自由的情况
视作一场需要应对的危机，而不算一个可以抓住的机会。他试
图缓和马其顿人的蹂躏——譬如他曾经反对比雷埃夫斯的驻
军——但最终还是将其作为必要之恶予以接受。他时常与老者
安提帕特进行交涉，试图阻止他将不同政见者驱逐到塞罗尼安
山脉（Ceraunian Mountains）以北（现今阿尔巴尼亚的北部）
去。[5]最近，安提帕特还宽大处理了反对变革的民主派人士哈格
诺尼德（Hagnonides）。幸亏福基翁从中调解，哈格诺尼德最
终只是被放逐到了伯罗奔尼撒，而不是被扔到那片可怕的荒野
之中。

对公民权利新设的限制并没有让福基翁感到冒犯，因为他并不热爱民主。他幼时的老师柏拉图曾经教会他看清这个怪异体系的愚蠢之处，而他在自己六十年的公共生活中也时常目睹这些荒唐之举。虽然雅典人推举他担任了四十五年的将军，但是几乎从未采纳过他的建议。相反，他们在与马其顿仓促开启的战端中毁灭了自己，几乎每战必输。让那些最热衷于推动希腊战争的贫穷者保持缄默，正和福基翁的心意。在福基翁的眼中，正是因为那些穷人听信了像希佩里德斯那样的傻瓜所说的话语，才给自己惹来了麻烦。而他自己所处的阶层——稳重而坚定的贵族阶层——更愿意去安抚马其顿的雄狮，而不是去激怒它。他们贯彻的是一条明智而温和的道路。

与德马德斯一样，福基翁在马其顿的势力之下也拥有无数攫取利益的机会，但与他那贪得无厌的年轻同僚不同的是，他保持了克制。安提帕特喜欢说自己在雅典有两位亲密的朋友，他永远无法满足其中一位的胃口，但又无法给予另一位任何东西。虽然出身富裕家庭，但福基翁不屑于奢靡之物——或者至少他假装不屑，因为在雅典，不收受贿赂是一种良好的政治表现。有一次，福基翁甚至拒绝了亚历山大大帝亲自寄送来的财物。当国王的使者拿着银箱走近之时，福基翁询问亚历山大大帝为何如此青睐他。使者告诉他说："因为亚历山大大帝认为你是一个善良而真诚的人。""那么就请告诉他，让我遵循本心吧，且让他人也这样看待我。"福基翁如是回答，并把金钱放到了一边。（句末的"让他人也这样看待我"表明，福基翁与其说是一位哲人，倒不如说是一位维护自身形象的职业政客。）

近日马其顿的驻军指挥官麦尼拉斯也试图送钱给福基翁，

并且坚持让他为了自己的儿子收下这笔钱。众所周知，福基翁的儿子福库斯（Phocus）是一个放荡不羁、挥霍无度的年轻人，他沉湎于高端宴饮与时下流行的上下战车（apobatēs）[1]竞技赛事。[6]福库斯在这项赛事中表现出色，全副武装地从一辆移动的战车上反复跳下，又再次跃回，最终在泛雅典娜的赛会中斩获了冠军，福基翁只得勉为其难地为了儿子参加了胜利的宴饮。福基翁走到门口的时候，看到了宴饮主人为来宾准备的用来濯足的香料美酒。那仿佛成为压垮福基翁的最后一根稻草。他赶忙将福库斯送到了斯巴达，让他参加那座城邦举世闻名的苦修式的军事训练。"倘若我的儿子改变了自己的生活方式，学会了自我约束，那么他从我那里继承的这些遗产就已经足够了，"福基翁在婉拒麦尼拉斯送来的金钱时，如是解释道，"如果我的儿子还是像现在这个样子，那么给他多少钱都不够。"

福基翁在自己的城邦与马其顿的冲突中度过了三十年，这些年他见证了许多政治家遭到处决或流放，却未曾仕途受阻。雅典人授予他"仁者"（chrēstos）的称号，以表彰他献身于公共事务。马其顿的将军们，尤其是安提帕特，将他视为一位战士，对他十分欣赏，认为他和自己一样都是坚毅不阿的老者，不会被行军的严酷和老年的病痛所打倒。但是，即使是对这位专业的政治幸存者而言，雅典与马其顿之间的中间道路也愈加

229

① 在上下战车比赛中，一位御者驾驶一辆驷马战车，同时车上还有一位全副武装的战士，这位战士会周期性地跳下战车，然后跟着战车奔跑，再跳回自己的战车，循环往复，直至抵达终点。关于上下战车比赛可看：Nancy B. Reed, "A Chariot Race for Athens' Finest: The *Apobates* Contest Re-Examined," *Journal of Sport History*, Vol. 17, No. 3 (1990), pp. 306 – 17; N. B. Crowther, "The Apobates Reconsidered (Demosthenes LXI 23—9)," *The Journal of Hellenic Studies*, Vol. 111 (1991), pp. 174 – 76。——译者注

难以驾驭。事态即将脱离福基翁的掌控，他职业生涯里曾经引以为荣的温和主义，也即将遭到极端主义与滔天愤怒的践踏。

这座城市里的穷人虽然没有了投票权和发言权，但是仍然与这里的有产阶层有一个共通之处，那就是对马其顿驻军的仇恨。这所武装营地构成了一个潜藏的威胁：这座依赖着从比雷埃夫斯港输入食物的城市，假如有任何不轨之举，那么可能就会被切断与港口的联系而面临饥荒。驻军存在的每一天都是一种耻辱，而现在安提帕特正在返回欧洲的路上，这样使节就能较为容易地觐见他；演说者们纷纷开始在公民大会上煽动让驻军撤离。这是自希腊战争以来，雅典第一次试图挣脱自己身上的枷锁，这项提议很快就得到了民众的支持。

福基翁与德马德斯在驻军的问题上存在意见分歧。福基翁不愿意接近安提帕特并请求他移除驻军。他开始将寡头政治视为雅典政治的新现实，这应该是一个不需要被篡改的既成事实。德马德斯则更加焦躁不安、野心勃勃，也更能意识到变革的动力。这座城市对于自治与民主的渴望是一股强大的力量，如果他能驾驭这股力量的话，那么这股力量就会给他在雅典带来更大的权力。

大会投票决定就驻军问题派遣使节，但是福基翁拒绝前往。德马德斯决定介入其中，并且接受了委派。他带着儿子德米阿斯一同出发，前往马其顿的首都佩拉，拜谒刚从亚洲归来的老者安提帕特。这也将是他人生中的最后一段旅途。

二　卡山德与安提帕特，德马德斯与德米阿斯（佩拉，公元前 319 年春）

安提帕特回到了故土，不过亚细亚的征战已经让他身心俱疲。返回之后不久，他便病倒，开始迈向死亡。这位最为年长的马其顿老护卫官、希腊战争的胜利者、特里帕拉德伊苏斯寰宇蓝图的设计者、共治国王的监护人、亚历山大帝国的代行执政者，在他人生八十余载之时，即将告别人世。

　　陪伴在他的身边的是他的儿子卡山德，后者在安提帕特的众多儿女中排行居中。即便是在亚历山大大帝远征期间，当安提帕特的其他儿子都前往帝国东部的时候，卡山德依然待在自己父亲的身边。安提帕特开始将卡山德视作自己的臂膀，而卡山德也同样依赖着安提帕特。卡山德自幼体弱多病，甚至可能患有肺结核，因而不能像其他贵族的儿子那般独立生活。依照马其顿的传统习俗，年轻人必须在没有猎网的辅助下杀死一头野猪，然后他才能像成年人一样斜倚在餐桌旁。然而，卡山德在 35 岁的时候，因为自己的狩猎能力还未获得验证，所以只能在斜倚长榻的父亲身边笔直地坐着。

　　亚历山大大帝逝世之后，卡山德为了自己父亲的利益而变得格外警觉。一年前，他察觉到独眼的安提柯可能会带来危险时，便找到自己的父亲并对其发出了警告，敦促这位老者接管了共治国王。此外，卡山德还在亚洲期间就已经意识到了另外一种需要抵御的威胁、一种需要报仇雪耻的侮辱，因为他在那里读到了德马德斯所写的信件，信中竟然称呼自己的父亲是"一根破旧、腐烂的绳子"，并且提议与佩尔狄卡斯结成同盟将其推翻。

231

　　现在德马德斯已经抵达佩拉，而卡山德正等候着他。很明显，德马德斯并不知道自己的背叛之举已经被揭露，因为假如他真的知道的话，就不会把自己和儿子德米阿斯送到卡山德的手里。卡山德终于有幸秘密展开他的报复。当这两个雅典人还在宫殿里讨论驻军问题的时候，他们被当作国家公敌逮捕。

对于接下来发生的事情，有不同的说法。卡山德似乎让德马德斯接受了一场表演性质的审判，一个名叫戴那卡斯（Deinarchus）的希腊人担任检察官，他同时也是安提帕特的忠实代理人。之后，随着一份纸莎草被偶然发现，一份据称是本次审判记录的抄本终于得以重见天日。文献显示，戴那卡斯出示了三封信作为证据，而德马德斯则对整个诉讼都报以嘲讽，还质问道，在任何一个驿站老板都可以在途中将他刺杀的情况下，马其顿人为什么还要费心去搞审判。这或许只是历史的虚构之作，但其风格与德马德斯颇为相似，因为德马德斯正是在服侍权贵的漫长生涯中变得愤世嫉俗。不难相信，在被发掘的纸莎草中，德马德斯谴责戴那卡斯只不过是马其顿人的傀儡，不过是"降下从宙斯那里借来的雷电"罢了。德马德斯对这个角色十分熟悉。四年前他就担任过这样的角色，那时候他是安提帕特的傀儡，让德摩斯梯尼与希佩里德斯被判处了死刑。

审判的结果是毋庸置疑的，但是德马德斯在看到行刑的刽子手时可能会感到惊讶。根据普鲁塔克的记载，卡山德亲自执行了死刑，并且附加上一种可能是他自己设计的残忍手段，他逼迫德马德斯在临死前先目睹了自己的儿子遭受处决。在普鲁塔克骇人听闻的叙述中，青年的鲜血溅洒在他父亲所穿的白色斗篷的褶皱之上。接着，卡山德就德马德斯背叛安提帕特的行为对他进行了辱骂，并最终将他处决。[7]

安提帕特对这一切到底持何种看法还很难说。普鲁塔克认为，安提帕特病得太重，根本无法参与这场诉讼，甚至可能都不知道这场诉讼的存在。时日无多的安提帕特所要面临的更大问题，便是他对自己儿子的整体看法——他是否认为卡山德适合接管对国王的管理权，以及对帝国的控制权。

到目前为止，安提帕特只是委派儿子做过一些辅助工作，但是从来没有让他担任过指挥。他在率军进入亚细亚的时候，并没有让卡山德执掌欧洲领土，而是任命了年逾花甲、资历平平的军官波利伯孔负责管理马其顿的大后方。之后在特里帕拉德伊苏斯的时候，安提帕特让卡山德担任了独眼安提柯的副手千夫长，并不认为卡山德能当之无愧地成为行省总督——再一次把权力委托给年长之人，而让自己的儿子跟随其学习。或许安提帕特并不认为卡山德已经做好了担任领导者的准备，又或许他认为领导的权力应当先轮给更为资深的前辈。他曾目睹二十余岁的亚历山大大帝追逐关于神祇与普世帝国的闻所未闻的幻象。那些奇异的景象令安提帕特对年轻人的过分之举心生警惕。

无论安提帕特的理由到底是什么，但他在病榻上还是做出了一项重大决定：对共治国王的监护权不会被传给自己的儿子，而是会被交给波利伯孔。卡山德将再一次成为新任统治者的副手。

卡山德闻后惊恐万分。在他看来，自己分明是被剥夺了继承的权利：对国王的监护意味着对王室的监护，这就像王权一般，理应由父亲传给儿子。随着安提帕特的生命一分一秒地流逝，卡山德决定不再接受父亲再度赋予他的从属角色。他打算主动出击，索要自己艰苦奋斗、等待许久的遗产。

甚至在他父亲过世之前，卡山德就已经开始制订自己的计划了。他派出一位值得信赖的、名叫尼卡诺尔的助手——这个人虽然长期以来被认为是亚里士多德的那个养子，但可能并非

233

同一个人[8]——前往雅典，指示其悄悄地接替麦尼拉斯成为驻军指挥官。他明白，许多雅典人并不愿意接受新成立的寡头体制，而安提帕特逝世的消息可能会促使这些人去推翻寡头统治。一旦雅典人发动反叛，卡山德就可能失去自己的宝贵资产，因为拥有城防工事的比雷埃夫斯港是该地区最为重要的海军基地。卡山德不能让它落入雅典的民主群氓之手，也不想让它落到自己未来的对手波利伯孔手中。

终于，他父亲逝世的日子与波利伯孔就任的时刻到来了。卡山德在参加葬礼和权力交接仪式的时候，没有显露自己内心的真实感受。但是不久之后，卡山德便佯装要去打猎，实则前往乡间积聚支持反叛的力量。[9]他向依然逗留在刚刚征服的叙利亚与巴勒斯坦的托勒密派出了使节，希望能够与之结盟。他确保前往赫勒斯滂的道路畅通无阻，以便自己在恰当的时候，可以进入亚细亚，找到那里如今的主人——独眼的安提柯。那些可以从波利伯孔倒台中获益的人，可能会建立起一种新型的伙伴关系。卡山德可以挑起一场两个大洲对战一个大洲的宏大博弈，这一次他打算联合非洲与亚洲向欧洲发起进攻。

已然在亚历山大大帝征服的海外之地纵横肆虐的内战之火，即将烧向马其顿的故土。亚历山大大帝死后一直困扰着帝国的分裂模式似乎在无休止地上演。首先是王家军队分成了两派，分别推举了一位国王大帝来接替亚历山大大帝的位置；随后佩尔狄卡斯的规划在两位妻子之间发生了分裂；最终整个亚洲领土都因佩尔狄卡斯与安提帕特的争执而分裂，而这场战争又顺延到了双方的代理人欧迈尼斯与安提柯之间。现在马其顿也趋于分裂，主要发生在卡山德与波利伯孔之间；随着裂隙产生，由马其顿占据主导地位的希腊世界也会出现分裂。位于这个世

234

界中心，同时也即将成为主要战场的雅典，这座"头戴紫云冠的"①　城市，现在正由年迈的福基翁掌舵。

三　独眼的安提柯（安纳托利亚南部的皮西迪亚，公元前319年夏）

安提帕特逝世的消息传到了身处皮西迪亚的独眼安提柯处，他刚刚在那里大败佩尔狄卡斯党羽同盟。这个消息来得正是时候。独眼安提柯的名声从未如此显赫，他的军队也从未如此强大，原属佩尔狄卡斯兄弟阿尔塞塔斯与其他旧政权领袖的部队也加入了他的麾下。

安提柯离开诺拉——欧迈尼斯则安然固守在当地山势崎岖的要塞当中——之后，经过昼夜不息的行军抵达皮西迪亚。在一周的艰苦行军中，他一直都保持着每天40英里的惊人速度。主要的佩尔狄卡斯党羽——阿尔塞塔斯及其盟友在山口的中心占据了有利的位置，而安提柯最期盼的就是在他们预料到他到来之前抵达该地。他在这点上取得了辉煌的成功。安提柯的接近给敌人带来的第一声警告便是附近山峦中的阵阵象鸣。这种声音令他们大为恐慌，因为他们知道只有那位被派来消灭他们的大将安提柯才会拥有一队这样的战象。[10]

阿尔塞塔斯勇敢地发起了反击，率领自己的骑兵冲向山坡，希望将高地上的敌军逐走。他原本或许可以取得成功，但安提柯闪电般地向前推进，并向山口的步兵发起了冲锋。即将与自己的步兵方阵切断联系的阿尔塞塔斯决定放弃山顶，转而

---

① "头戴紫云冠的"是底比斯诗人品达（Pindar）赠给雅典城的特别形容词，因为雅典的落霞十分美丽。雅典人也因此特别钟爱紫罗兰花。阿里斯托芬的戏剧《骑士》中就曾引用这一比喻。——译者注

235 冲向山口，但也只是堪堪抵达战场。安提柯麾下的战象与骑兵从山上汹涌而下，直击仍在努力编队的阿尔塞塔斯的步兵。这是欧洲将领第一次用战象对付另外一位将领，最终取得了压倒性的战果：佩尔狄卡斯派系的大多数部队纷纷不战而降。安提柯还俘获了阿塔罗斯、多喀摩斯、帕勒蒙三位将领，并将他们押解至自己控制的一座要塞当中。[11]安提柯将这些被俘将领的部队纳入自己麾下，建立了一支拥有六万名步兵、一万名骑兵的军队，这也是至此整个欧洲规模最大的军队。

阿尔塞塔斯本人安然无恙，他成功地实施了自己预先设计的逃生方案。在这附近坐落着一座地势险要的城市，名为特米苏斯（Termessus）。幸亏他多年来一直向那里赠送礼物并且邀请对方参与自己的宴饮，那里的居民才会对阿尔塞塔斯怀有深厚的感情。他们愉快地收留了阿尔塞塔斯，并且发誓给他提供庇护。然而，当安提柯抵达下面的山谷，在那里补给自己庞大的军队以等待阿尔塞塔斯出降的时候，特米苏斯人不同辈分的居民之间却爆发了争执。年长之人害怕自己颗粒无收，而他们的子嗣却充满年轻人的反抗精神，发誓要不惜一切代价保卫阿尔塞塔斯。

年长之人见自己无力占得上风，便与安提柯制订了一项秘密计划，指引他佯装撤退，从而将年轻人引开。安提柯按照指引撤离；不出所料，这些年轻人便尾随安提柯而去。这个时候，长者们便对阿尔塞塔斯发动了突袭。阿尔塞塔斯眼见自己遭到出卖，便选择了自杀。长者们将他的尸体抬出城外，为了不让归来的年轻人们看到，便将尸体藏于布匹之下，然后将之送至安提柯处。

虽然独眼的安提柯并非残忍嗜血之辈，但他偶尔也会冷酷无情。在接下来的三天中，他对阿尔塞塔斯的尸体进行了残虐，直至遗体开始出现腐烂的迹象。特米苏斯的年轻人正因自己的英雄遭遇背叛而怒火中烧，誓要发起游击战，或许安提柯此举就是想要给这些年轻人一些教训。又或许，安提柯是想对犯下了谋害伟人腓力二世之女库娜涅罪行的阿尔塞塔斯进行报复。不管他的动机为何，他最终还是将那残缺不全的尸体扔到地上任其腐烂，然后移师而去。特米苏斯的年轻人找到了阿尔塞塔斯的尸体，并为其举办了隆重的葬礼。如今在土耳其南部仍可看到一个岩石墓葬，其墙壁之上还装饰着一幅冲锋骑兵的浅浮雕，我们几乎可以肯定那里就是阿尔塞塔斯最后的安息之地。

236

就在安提柯率领着自己庞大的军队从特米苏斯出发之时，从欧洲传来了消息：安提帕特逝世了。

这位老者的逝世给安提柯留下了诸多悬而未决的问题。既然佩尔狄卡斯党羽的军队已经被击溃，那么他接下来应该做什么？安提帕特曾经几乎把他当作自己的统治伙伴，而现在他却永远退出了舞台，那么安提柯又该扮演什么样的角色呢？安提柯本来很希望接替安提帕特成为国王的守护者，但他现在了解到，这一职位居然被神秘地授予了一位没有取得辉煌胜利，也没有指挥过重大行动的将领——波利伯孔。困守诺拉并希望恢复自己曾经地位的欧迈尼斯又该怎么办？安提柯曾派遣一位使节前往安提帕特那里寻求他的意见，然而这个使节抵达佩拉时为时已晚。[12]安提柯现在必须自己决定如何处置这位曾经的希腊好友。

在某一时刻，关于欧迈尼斯命运与他自己政治前途的问题，在安提柯的脑海里汇为一体，并就此令他联想到了一个共同的解决方案。凭借自己拥有的世界上规模最大的军队，安提柯可以不用服从波利伯孔那样的二流人物，而是可以像现在这样直接统治亚洲的领土。他可以阻止海军的护航舰队驶离海岸，并且剥夺波利伯孔急需的现金。不过，这就意味着他不得不与波利伯孔作战，在这种情况下，他就需要一位优秀的顾问，而据他所知，欧迈尼斯正是他所能找到的最佳人选。虽然安提柯接下了杀掉欧迈尼斯的任务，但现在看来，更好的解决办法应该是利用而不是摧毁这个人所拥有的智慧与才能。

安提柯安排欧迈尼斯的密友与同胞希洛尼摩斯前往诺拉，将这一消息带到那里的要塞。欧迈尼斯可以从此恢复自己在卡帕多西亚的权力，拿回自己失去的所有财富，同时还能收获额外的犒赏与荣誉。他需要做的就是向安提柯宣誓效忠，同时同意成为他的首席顾问。这两个人将联手规划一条属于自己的路线，并且索取他们想要的任何霸权。对于他们而言，这个帝国唾手可得。

四 波利伯孔与奥林匹娅斯（马其顿与伊庇鲁斯，公元前 319 年秋）

据记载，安提帕特在弥留之际，曾对自己的追随者们下达了最后一条严厉的训令：绝对不能让一个女子统治马其顿。[13] 毫无疑问，他忌惮的女子正是他的宿敌——亚历山大大帝的母亲奥林匹娅斯，这位来自莫洛西亚的王太后在选择放弃与归乡之前一直都在与他争权夺利。

现年五十余岁的奥林匹娅斯已经远离马其顿政坛多年，但是没有人认为她会永远待在边缘地带。她试图将自己的女儿克利奥佩特拉嫁给亚历山大大帝的一位高级将领，这表明她依然是这场伟大的王朝博弈的参与者。虽然她相中的两个女婿现在都已经过世，而且目前也找不到第三个合适的人选，但是奥林匹娅斯精明的头脑可能会让她在马其顿找到其他重获权力的途径。

新上任的摄政者波利伯孔，在追随亚历山大大帝远征亚细亚之前，与奥林匹娅斯可谓地位悬殊。他并不属于任何一个马其顿豪族，他的儿子们也只是能与王室成员自由往来的宫廷侍从罢了。[14]毫无疑问，他知道为什么要避免与这位王太后产生交集：她脾气暴躁，天生不愿妥协，也不愿意屈居第二。但是，波利伯孔需要助力。在欧洲，他的对手卡山德已经反叛，从强大的伙伴中招募盟友；而在亚洲，独眼的安提柯也显现了自身所具有的威胁，蛮横地夺取了一支满载金钱驶往马其顿的船队。[15]波利伯孔已经可以预料到，自己与这两个人中的一位——或者正如其所料，两方合兵一处的话，那就是两位——一决雌雄的时刻已经近在眼前了。

波利伯孔没有天生的盟友，没有亲属构成的骨干，也没有身份显赫的密友，所以他只得向自己对手的敌人伸出友谊之手。他不顾安提帕特的遗志，派遣使者前往奥林匹娅斯处，邀请她返回马其顿，与自己共掌权柄。奥林匹娅斯可以成为她四岁孙子亚历山大的监护人，他在信中如是写道——她还未曾见过那个男孩以及他的母亲罗克珊娜——这样她就成了波利伯孔的联合摄政者，而波利伯孔也将继续监护另外一位国王，即蠢笨的腓力。

奥林匹娅斯在收到这个提议之后，陷入了深深的矛盾。她想行使祖母与女王职责的美好愿景，居然这么快就成真了。不过，她即将受邀前往的地方充满危险。出没于乡间的卡山德，既是她宿敌安提帕特的儿子，同时也可能是一个更加凶险的敌

239

人。奥林匹娅斯认为卡山德就是杀害自己儿子的主要凶手，觉得正是这个人将毒药从欧洲运到了巴比伦；也许她还听说了卡山德残忍杀害雅典政治家德马德斯的传闻。除此之外，腓力国王的妻子阿狄亚也构成了另外一种威胁，虽然两位男性继承人通过共治王权联系在了一起，但是阿狄亚所在的阿吉德王族分支不可能永远与奥林匹娅斯一脉结成同盟。总有一天，一个王室分支会将另外一个彻底消灭。奥林匹娅斯很清楚阿狄亚这个比自己年轻四十岁，同样在伊利里亚先祖传承的好战传统中长大的女子将会是一个难以对付的敌人。

奥林匹娅斯不知道该做什么，也不知道该相信谁，她害怕将自己的命运与波利伯孔绑在一起，但是又非常渴望见到自己的孙子，于是便向一位忠实的支持者——希腊人欧迈尼斯寻求建议。虽然两人之间存在近乎不可逾越的鸿沟——这不单单是欧洲与亚洲之间的物理之隔，还有令欧迈尼斯成为通缉犯的政治裂隙——但是奥林匹娅斯从未与他断绝过联系。奥林匹娅斯对这种裂隙并不在意，她认为这只不过是安提帕特与卡山德践踏自己家族权力时使用的又一种伎俩罢了。她现在作为一位值得信赖的友人，向欧迈尼斯去信，询问自己是否应该回到马其顿——在那里她或许可以保护自己孙子的性命，也可能会让自己的生命遭到威胁。她甚至在这封信或者之后的一封信中提出，希望委托欧迈尼斯保护自己的孙子——那位蹒跚学步的国王、尚且年幼的亚历山大。[16]

而当这封信送抵欧迈尼斯之时，波利伯孔也获悉让他一直害怕听到的信息。卡山德已经偷偷渡过赫勒斯滂海峡，开始与独眼的安提柯并肩作战。即将爆发的战争的前景突然变得严峻起来。波利伯孔将要面临的是可以调动亚洲海量资源的敌人，

这个敌人不仅拥有物资金钱，而且拥有令人畏惧的新型武 240
器——战象，这些战象将使欧洲的军队不可避免地陷入惊骇。
波利伯孔的实力不足以让他直接抗衡亚细亚的敌人，但是倘若
他至少能够坚守住欧洲之地的话，那么就可以筹集到更多的兵
力，有朝一日也可以挥师杀向海峡对岸。

波利伯孔开始再度玩弄起自己的政治伎俩，并找到了一种
方法来巩固自己的大本营，尤其是南部的希腊各邦。他曾目睹
亚历山大大帝在第一次侵入亚细亚并需要获得当地希腊城市的
支持时的所作所为。这些城市长期以来都由波斯支持的独裁者
来统治，而亚历山大大帝却宣布，这些城市都可以奉行民主政
治并且像过去一样享有自治权。希腊人为自己恢复自由而欢欣
鼓舞，热情地欢迎亚历山大大帝的到来，却几乎没有意识到他
拥有的能够赋予他们自由的绝对权力，最终将给他们带来奴役。

为了效仿亚历山大大帝曾经对希腊人的情感所做的无所顾
忌却又收效甚佳的操控，波利伯孔发布了——或者以国王腓力
的名义发布的——一项公告，宣布希腊各城邦将在数月后的某
一日获得自由。[17]他们的傀儡寡头政府将会被解散，流亡的反
对派领袖将会回归，时钟将被重置，就仿佛希腊在最近的几场
战争中从未有败绩一般。雅典将会恢复民主制度，萨摩斯也将
重新回归，这是雅典在长期的外交斗争之后失去的一块殖民
地；而作为回报，希腊人将会通过一项法令，禁止对马其顿人
发动战争或者煽动反马其顿的叛乱——因为波利伯孔赋予的自
治权肯定没有延伸到外交政策领域。自治权也不包含马其顿驻
军的撤离，因为法令甚至都没有提及这件事。

伴随着这一宣告，波利伯孔还向一些希腊城市发出了指
令，命令他们处决自己的领导者。这些人都曾是安提帕特安插

的，因为波利伯孔担心这些人会自然而然地倾向于安提帕特的儿子卡山德。现在新的政权已经站到了希腊民主派的那一边，试图削弱安提帕特安排掌权的寡头阶层。而雅典寡头政治领袖福基翁究竟应该何去何从，仍然是一个悬而未决的问题。

当希腊自由令的消息席卷希腊之时，波利伯孔已经将自己的思绪转向了亚洲，因为那里肯定会向他发起攻击。虽然他只有一张牌可以用来对付这些攻击，但他还是气势十足地打出了这张牌。或许他已经风闻独眼的安提柯试图将欧迈尼斯纳入麾下，又或许他预见到了这种可能性。一想到这两位精明的将军将会结为同盟，而他们每个人都曾在战场上取得一系列的胜利，波利伯孔就深感不安。不过，假如这两位将领可以继续保持敌对的话，波利伯孔或许能够阻止来自东方的入侵。他不得不通过恢复失势的佩尔狄卡斯一派仅存的宿将欧迈尼斯的名誉，来设法重启安提帕特曾经几乎取得胜利的亚细亚内战。

于是，在受其监护的腓力国王的授权下，波利伯孔向欧迈尼斯致信，并且以惊人的条件提议双方结为同盟。欧迈尼斯将重获自己曾经的任命；他将会从基因达的府库中获得 500 塔兰特的白银，作为自己遭受苦难的补偿；与此同时，守护着这些宝物的银盾兵及其指挥官安提贞尼斯也将被划归为欧迈尼斯个人所属的步兵军团。这已经是一种奢侈的贿赂了，但依然还有隐藏的惊喜。假如欧迈尼斯穿越海峡来到欧洲的话，他本人将会共享共治国王的监护权；又或者假如欧迈尼斯选择留在亚洲的话，那么波利伯孔就会在他需要的时候，带着共治国王与王家军队一同越过海峡，为他提供帮助。就像他曾对奥林匹娅斯所做过的那样，波利伯孔提出自己主动放弃一半的权力，以招募一位能够拯救其于水火的伙伴。

波利伯孔的使者离开欧洲，穿越赫勒斯滂海峡，紧随着那些已经踏上路途的使节——奥林匹娅斯派出的信使，以及独眼安提柯选择的中间人卡迪亚的希洛尼摩斯。所有的使节都在赶往卡帕多西亚的一处小小的要塞，这样一处并不起眼的岩石悬崖忽然就变成了整个已知世界未来的中心。

五 欧迈尼斯（诺拉要塞，公元前 319 年年末冬至次年春）

欧迈尼斯的精神并没有因为困守诺拉而被打垮。他一直都保持着同六百名追随者一样的士气，这些士兵和他一起被围困在这方圆 4 英亩的山崖之上，欧迈尼斯轮流邀请他们同桌共餐，与其分享面包、食盐与清水。[18] 欧迈尼斯将这里的一切都纳入自己的掌控，他的乐观积极与奇思妙想让部下备受鼓舞、充满希望。虽然想要制造新的谈话主题颇为不易，但正如普鲁塔克所记载的，餐桌上一直都充满了欢声笑语。

困守一隅的最大挑战就是缺乏空间锻炼，不仅对士兵来说是这样，对于他们的马匹亦是如此。欧迈尼斯认识到，假如这些牲畜日复一日地无所事事的话，那么很快就变得不堪其用了。因此他设计了滑轮让它们的前肢离开地面，然后用棍棒对其后部施以刺激，从而让它们挣扎，后腿不断上下跳动。剧烈的运动使这些牲畜大汗淋漓，但总比没有运动要好。至于那些士兵，欧迈尼斯将要塞里最大的一栋房子——长度只有 20 英尺——留作跑道，亲自在那里指导训练，对跑步者发出指示，让他们不断加快步伐。

逃离此地在一段时间内成了他们的唯一希望。欧迈尼斯和自己的部下数次尝试对围墙发起攻击，虽然成功摧毁了一小部

242

分墙体，但每次都无法突出重围。接着有消息传来说，阿尔塞塔斯与其他佩尔狄卡斯的党羽都在皮西迪亚被击败了，阿尔塞塔斯兵败身殒，而其他人都被监禁，处于严密的看守之下。欧迈尼斯再也没有别的地方可以供其奔逃了。现在整个亚洲领土都归属于独眼的安提柯。然而命运再度流转。正在发生的事件又把这个孤立无援的逃犯变成了整个帝国最受追捧的领导者。

243 　　首先到来的是欧迈尼斯的战友与同胞希洛尼摩斯，他带来了一项不可思议的提议。欧迈尼斯可以完全恢复自己的地位，重获财富，甚至还能获得更多，他只要向独眼的安提柯宣誓效忠便可以得到这一切。负责围城的军官们则接到了指令，一旦欧迈尼斯进行了宣誓——希洛尼摩斯随身携带了一份宣誓书——那么他们就会解除包围。一旦包围解除，欧迈尼斯就会变成一个自由的人、一位行省总督，以及拥有当时世界上最多军队的安提柯麾下的高级军官。

　　欧迈尼斯满怀疑虑地审视着这份宣誓书。他知道安提柯已经在前一年被剥夺了对国王的控制权，那么他根本就无法代表王室的利益。或许他也已经知道——我们尚不知晓希洛尼摩斯到底告诉了欧迈尼斯多少在西方发生的事情——安提帕特的儿子卡山德背叛了波利伯孔与国王，并且向安提柯寻求帮助。欧迈尼斯意识到，向安提柯效忠很可能就意味着背叛阿吉德家族，而他之前竭力保护的就是这个家族的权利。不过，这种效忠是他通往人身自由、政治救赎的道路，而这条道路也通向他唯一认可的职位——帝国最为强大的统帅麾下的顾问。

　　欧迈尼斯究竟会站在哪一边？他会选择为何而战？他是在乎谁会在继承权的斗争中取得胜利，还是只想着改善自己的命运？这是一个关键的时刻，要求欧迈尼斯在赤胆忠心与自身利益之间做出选择。不过，凭借自己的足智多谋，欧迈尼斯还是找到了一个两全之法。

根据普鲁塔克的记载[19]，欧迈尼斯改写了这份宣誓书，从而让共治国王与奥林匹娅斯在誓言里要比安提柯更为突出。然后他将宣誓书的两个版本都交给了围城之外的守卫，并向他们询问哪个版本更为公正。事实上，他是在要求这些士兵选择支持国王而非支持安提柯，或者至少拒绝两者可能存在分歧的观点。士兵们被迫宣布欧迈尼斯的版本更为恰当，于是欧迈尼斯正式宣读了誓言。随后他获得了赦免，并且恢复了原先的卡帕多西亚行省总督之职。

欧迈尼斯迅速开始集结部队，因为他知道留给自己的时间已经不多了。安提柯很快就会获悉遭到更改的誓言，并对欧迈尼斯回避了他给出的条件深感愤怒。他向自己的卫兵发出一封急信，痛斥他们的愚蠢，并且命令他们重新捉拿欧迈尼斯。随后，他派遣了一支武装部队，在前任吕底亚总督米兰德的率领下，准备追捕这个狡猾的希腊人。米兰德与安提柯早在几年前就曾在萨第斯城外策划了一起针对欧迈尼斯的伏击，然而欧迈尼斯选择了一条无法预知的路线从而躲过他们的伏击。现在，欧迈尼斯再一次从他们的手中溜走了，在米兰德到达的三天之前，他就率领这一小股部队离开了卡帕多西亚。

欧迈尼斯在行军途中或者就在出发之前，收到了波利伯孔与奥林匹娅斯的来信，任命他为王室的首席保卫者。[20]欧迈尼斯现在掌握着金钱、合法性以及指挥全军最为精锐的步兵部队银盾兵的权力。久经战阵的银盾兵指挥官安提贞尼斯与一位名叫透塔摩斯（Teutamus，又译作图塔穆斯）的新任联合指挥官已经踏上路途，奉国王之令前去为欧迈尼斯效力。书信中承

244

诺，假如欧迈尼斯提出要求的话，波利伯孔将会带着国王驰援亚洲。而奥林匹娅斯也会把自己的孙子即年幼的亚历山大交给欧迈尼斯来照顾。

欧迈尼斯瞬间从最偏远的一隅被推到了权力的中心。他率部向着与银盾兵会合的地点前进。他与安提柯之间的战争再度爆发。

六 福基翁与尼卡诺尔（雅典，公元前 319 年年末冬至次年春）

安提帕特逝世造成的动荡让欧迈尼斯从命运的谷底陡然升到了巅峰；但是在雅典，对于曾经备受安提帕特青睐的寡头而言，情况似乎恰恰相反。首当其冲的就是福基翁。"仁者"福基翁，这个现年八十四岁、意志坚定的公仆，发现自己已经深陷政治困境，而这困境很可能会演变成一个死亡陷阱。

对于福基翁而言，波利伯孔宣布希腊自由无疑是一次残酷的背叛。福基翁当时清楚安提帕特不可能长生不朽，但他做梦也没想到安提帕特的继任者竟然会彻底颠覆现行的政策。该项法令只给这九千人组成的政权数个月的执政时间，之后贫穷之人将会重新成为多数派，继而能够将他们的怒火发泄到曾经剥夺了他们权利的人们身上。福基翁可以预见到自己的从政履历将会如何遭到敌人的篡改，他一次又一次地目睹了此般情形落到其他失势之人的头上。他曾努力安抚马其顿人，为像哈格诺尼德这样的不同政见者争取宽大处理，但人们会将这些遗忘，只会看到他曾经与可恨的占领者合作。一旦这些激情得以释放，他苦心经营的正直廉明形象与简朴生活方式——尽管拥有可以雇佣大量奴隶的财富，他仍然坚持自己去打水，他的妻子依然在为家人们烤制面包[21]——都将无济于事。

福基翁安然结束自己六十载职业生涯的一大希望，便是波利伯孔与卡山德之间正在不断酝酿的战争，这场战争越发围绕雅典展开。控制着整个爱琴海航道的要塞港口比雷埃夫斯，现在成了双方的必争之地。就在安提帕特死讯公布的前几天，福基翁目睹了卡山德的代理人尼卡诺尔潜入那里的驻军营地，并且掌控了指挥权。福基翁的敌人被激怒了，他们声称福基翁知晓安提帕特行将就木，并且帮助尼卡诺尔取得了控制权。福基翁并没有否认，或许他也无法否认。[22]他说服尼卡诺尔举办一些耗资不菲的体育赛事以取悦雅典人，希望借此掩饰这段并不愉快的插曲。

福基翁一直都走在雅典与马其顿之间的中间道路上，试图让两国保持和平。但是这条中间道路已经变得极为狭窄、险象环生。波利伯孔的法令在雅典公之于众后，情绪高涨的民众再次要求撤走比雷埃夫斯的驻军，尼卡诺尔受邀与政府议事会在一个安全地点进行会晤。然而，雅典人却密谋在尼卡诺尔进入会场的时候将其逮捕。福基翁就埋伏之事向尼卡诺尔发出警告，从而使其及时逃脱，而民众则再度陷入愤怒的呼号。尼卡诺尔也被激怒了，威胁要对雅典人展开报复。虽然福基翁设法让双方都平静了下来，但是这座城市的紧张局势不断升级。

显然，波利伯孔此时正往雅典派遣一支军队以执行他的法令，而尼卡诺尔对慕尼契亚的控制也即将宣告结束。实际上，许多雅典人准备拿起武器，依靠自己的力量结束这场战争。虽然自己的声望正陷入低谷，但尼卡诺尔还是致函公民大会，敦促雅典人禁止建立新军并站在卡山德这一边。尽管他的论辩收效甚微，但他在用花言巧语分散市民注意力的同时，还在夜间

246

偷偷地往驻军营地增派士兵。福基翁对此睁一只眼闭一只眼，任由局势继续升级，同时推脱说自己毫不知情。这位年迈的政治家现在已经清楚，自己必须维持尼卡诺尔对慕尼契亚的控制，并希望借此令卡山德在战争中取得胜利。他或许还记得，当他请求不要设置驻军时，安提帕特曾给过他的警告。那位老者曾经对他说道："福基翁，我们愿意提供给你任何东西，除了可能会摧毁你我的事物。"从福基翁同意与马其顿人展开合作的那一刻起，他的命运就取决于马其顿人对自己城邦的控制。

当雅典人终于意识到尼卡诺尔正在做的事情时，已经为时晚矣。尼卡诺尔的军队已经强大到足以守住驻军营地使其免遭叛乱颠覆。尼卡诺尔通过引入佣兵、占领整个港口以及使用水栅控制入口的方式，加强了自己对该地的控制。他现在可以禁止波利伯孔的船只进入，而只允许卡山德的船只进港，或者如果他愿意的话，他还可以断绝雅典赖以生存的食品运输。福基翁再度首当其冲地承受着雅典人因为自身愈加受制于人而爆发的怒火。他起身想要在公民大会上发言的时候，却在一片嘲笑声之中被嘘下了台。

就在此时，一封来自孀居王太后奥林匹娅斯的信件送抵雅典，虽然她仍然居住在伊庇鲁斯，但是仿佛在代表马其顿国家发言，她命令尼卡诺尔放弃他的职位。雅典人获悉这个消息之后欢欣鼓舞，认为自己的困扰即将结束。看似仓皇失措的尼卡诺尔，虽然承诺自己将会撤出驻军，却一而再再而三地拖延时间。

形势对于福基翁而言已经变得危机四伏。卡山德与波利伯孔之间的战争已经演变成了一场泛希腊斗争，卡山德支持着希

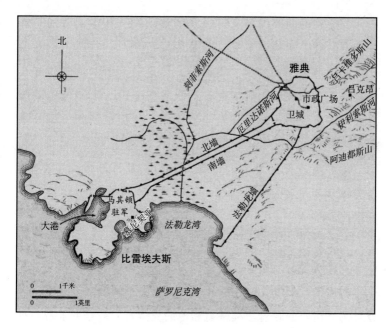

**地图 3 雅典及其港口比雷埃夫斯，两地之间的
交通得到了城墙的保护**

腊各地的寡头统治者，而波利伯孔则支持着那里的民主派人
士。雅典就此被一分为二。在地势较高的城市之中，时钟的指
针依然继续朝着希腊自由令的最后期限滴答作响，届时预计将
会有一支陆军抵达该处以执行这项法令。而在港口，尼卡诺尔
则加固了自己的阵地，等待着卡山德的军队乘船从海上抵达。
福基翁无法知晓到底谁会更先抵达，或者哪一方会占据上风。
他将会从卡山德取得的胜利中获益，但是又必须避免被人视作
卡山德的盟友，以免在波利伯孔支持的民主派掌权之后遭到清
算。他必须对尼卡诺尔提供援助以确保其驻军留存，但他的所
作所为也必须不足以让自己被贴上合作者的标签。

波利伯孔派遣的军队终于抵达了雅典。这支队伍中还有

一队曾遭放逐的公民与支持民主的活动家，其中就有福基翁最坚定的对手哈格诺尼德。这支军队的统帅——波利伯孔的儿子亚历山大——控制了雅典城，但是尼卡诺尔依然固守在比雷埃夫斯的城墙之后。福基翁恳求亚历山大不要颁布希腊自由令，至少不要在内战结束前颁布。他促成了两位马其顿将军之间的谈判，不过当这些谈判明显是闭门会晤的时候，福基翁再次遭到了人们的怀疑。人们感觉自己遭到了欺骗，认为福基翁与敌人勾结在了一起。不过，他们的想法并非全然错误。

在满腔怒火、偏执妄想与报复诉求当中，民主制度的恢复终于变成了现实。由于被放逐者的回归，公民大会的参与人数也不断增加，最终大会在一片喧嚣会议中投票推翻了现有政府并且选举出新的政府。福基翁和他的支持者们被赶下了台。有些人匆匆逃走，赶往比雷埃夫斯；而有些人则被判处了死刑；包括福基翁在内的幸存者们只是被放逐并剥夺了财产。虽然哈格诺尼德亲自走上讲台谴责了福基翁，但雅典人还是没有勇气杀死那位长期为他们服务的年迈政治家。

在被雅典摒弃之后，福基翁转而向马其顿人寻求支持。他曾小心翼翼地避免以任何明显的方式对尼卡诺尔进行支持。波利伯孔的儿子亚历山大所写的一封信也证实了这一点，在信中他敦促父亲将福基翁及其朋友视作重要的盟友。于是，福基翁就这样带着这份文件——这份仰赖陌生人善意的苦涩证明——北上去寻找波利伯孔。他并没有奢求恢复自己的权力，甚至也没有奢求重获自己的财产，他所需要的只是一处避难之地来了却余生。到目前为止，他一定觉得自己的希望十分渺茫。

七 欧迈尼斯、安提贞尼斯与透塔摩斯（西里西亚，公元前 318 年夏）

欧迈尼斯来到了基因达的府库，并与银盾兵会合。多亏他从波利伯孔那里收到的信件，他现在已经成了亚细亚的总指挥官，有权动用王家国库，向王家军队下达命令，并且对独眼的安提柯发动战争——而仅在数周之前，安提柯还曾在几乎相同的职务任上，拥有几乎同样的权力。两位银盾兵指挥官——安提贞尼斯与透塔摩斯——遵照波利伯孔的命令，开始听从欧迈尼斯的调遣。

一想到要指挥这些军官，欧迈尼斯肯定就会心生疑虑。虽然对透塔摩斯一无所知，[23] 但欧迈尼斯经过了在亚历山大大帝麾下共事的岁月，对安提贞尼斯可谓了如指掌。作为一位坚忍不拔、毫不畏缩的老将，年逾花甲却仍旧处于巅峰状态的安提贞尼斯，既是一位强大的盟友，也会成为一个可怕的对手。这个人曾在佩尔狄卡斯的遇害案中扮演了重要的角色：他是第一个发动袭击的刺杀者，还是在谋杀案发生的第二天便判处欧迈尼斯死刑的人之一。虽然过去的数周间形势发生了逆转，但是没有人愿意撤销死刑判决，波利伯孔在他的指令中甚至没有提及这件事。安提贞尼斯或许认为这个判决依然有效。

欧迈尼斯在与安提贞尼斯和透塔摩斯相处的时候，就像他与其他马其顿将军相处的时候一样，也得面临自己的出身带来的问题。不管波利伯孔颁布了何种法令，对于希腊人而言，行使军阶特权绝非易事。一位勉强掌握政权的摄政者从千里之外的佩拉寄来的信件，仿佛一根细细的丝线，维系着这些人的忠

250

诚——尤其是在独眼的安提柯正热切地欢迎他们投奔到自己麾下的情况下。

安提贞尼斯与透塔摩斯都怀着敬意问候了欧迈尼斯，但是双方之间的紧张态势很快就出现了。这两位指挥官都不愿意到欧迈尼斯的营帐中寻求指示，并且认为这是一种臣服之举。欧迈尼斯也不愿意前往他们俩的营帐。先入为主的成见再次让同盟领袖之间的关系濒于破裂。欧迈尼斯试图再次利用希腊人身份的有利之处，正如他曾在巴比伦时所做的那样，表示因为自己不可能登上王位，所以他的行为动机肯定是无可指摘的。他通过拒绝波利伯孔从王家府库中调拨给他的500塔兰特，强调了自己的观点。"我不需要这样的礼物，因为我对统治权绝无半分染指之心。"他对那些现在在他手下效力——他希望如此——的人如是说道。[24]

最后，为了缓解张力——欧迈尼斯担心这会让高级军官分裂——他别出心裁地想出了一项创举，这也是他众多创举与诡计中最为精明的一项。

在亚历山大大帝逝世后的第二天，佩尔狄卡斯就在国王的空王座前召开了一场会议，当时欧迈尼斯也在现场。同时，他还曾听到托勒密提议诸位统帅组成一个管理委员会，并在王座前召开会议。他们两人都意识到，凭借亚历山大大帝巨大的人格魅力，他们可以将一群桀骜不驯、冥顽不灵的对手团结在一起。如果那股力量可以通过空荡荡的王座来释放的话，那么针锋相对之人组成的联盟就得以维系。

欧迈尼斯受到了两位伟大榜样的启发，向自己的军官们讲述了一个两度浮现于其脑海的生动之梦。[25]在梦境中，亚历山大大帝复活了，就坐在他的王家营帐中，挥舞着自己的权杖，管理着自己的帝国。国王命令自己的将军们只能在那座营帐中会晤，那座营帐被称为"亚历山大大帝的大帐"。随后欧迈尼斯解释了自己所做的梦。"我认为，我们应当用王室府库中的财宝打造一个黄金的宝座，"他对安提贞尼斯与透塔摩斯说道，"并且在宝座上放上冕带、权杖与王冠。每逢黎明之时，诸将都要向其焚香礼敬，并在王座前召开一次会议，以国王的名义奉命行事，就仿佛亚历山大大帝未曾故去、依然掌控着自己的领土。"欧迈尼斯向他们保证，只要他们愿意置身王座之前，那么亚历山大大帝就会莅临会议并指导他们的决议。

这种恢复权威的设想其实是抓住了人们的想象力。他们遵照欧迈尼斯的建议铸造了一个黄金宝座，并将其安放在一座华丽的大帐之中。人们把亚历山大大帝的王冠、权杖与铠甲都放在了宝座之上。[26]宝座旁还摆放着一套兵器，宝座前则竖立着一座焚香祭坛。每天早上，欧迈尼斯与其他将领都会来到大帐当中，从一个黄金小篮中取出香点燃，摆放在祭坛之上，然后就像是祭拜神祇一样向宝座鞠躬行礼。之后，他们便坐在帐内的银椅上，讨论他们当天所需要面临的问题。

高层指挥官之间的纷争顿时烟消云散。无论他们是否相信亚历山大大帝的灵魂会现身于会场，亚历山大大帝的大帐里的日常仪式都让他们重新拥有主心骨。他们现在欣然接受欧迈尼斯发出的命令，在大帐的氛围之下，就仿佛那是亚历山大大帝本人发出的指令。

凭借敏锐的心理洞察力，欧迈尼斯给自己新的副手——亚历山大大帝征战后留下的棘手的老兵们——带来他们正需要的东西。他们需要自己的国王死而复生。

252

八 波利伯孔、福基翁、哈格诺尼德与国王腓力（福基斯，公元前 318 年春）

当福基翁北上之时，民主派的颠覆之举在雅典煽动的怒火依然雄雄燃烧。公民大会新近的首席演说者哈格诺尼德不仅从中获益，甚至极大地助长了这样的怒火。雅典人现在想要的不仅仅是将寡头们流放，还想要报复。依据惯例，相较于那些列席会场的替罪羊，他们更加怨恨那些缺席大会之人。在福基翁离开数日之后，他们便投票决定派遣一支由哈格诺尼德率领的使团，前去说服波利伯孔不要放过这个倒台的政治家。

波利伯孔及其部队正行进在希腊北部的道路上，准备向南扫荡，让希腊城邦重新实现民主化。遭到雅典放逐的福基翁本来无需多久就可以见到波利伯孔，然而他的随行人员——科林斯的戴那卡斯（Deinarchus）中途患上了疾病，于是就耽搁了些许时日。虽然哈格诺尼德在福基翁出发数日后才离开雅典，但是他和福基翁几乎同时抵达了法里吉（Pharygae）村镇附近的波利伯孔营地。这两位宿敌就这样被带到了波利伯孔的面前，仿佛即将举行一场即兴的辩论。

波利伯孔通过让受自己监护的腓力国王担任主审法官——让这位蠢笨的君主坐在金色华盖下的宝座之上——来使整个审判过程变得严肃庄重。无论他最终做出了什么样的决定，都可以被视作国王的裁决。波利伯孔对福基翁的问题深感棘手，因为福基翁多年来一直都忠实地为马其顿的利益而服务，但是现在他站到了希腊自由令的对立面。

253　　这场审讯在肃穆的氛围中开始了。[27] 戴那卡斯认为自己是马其顿的朋友，所以率先起身代表福基翁发言。他曾经帮老者安提帕特将伯罗奔尼撒管理得井井有条，不过，他却没有考虑到安提帕特逝世后出现的裂隙的深度。对老者的忠诚就意味着对其反叛之子的忠诚。戴那卡斯刚刚开始发表演说，波利伯孔便下令将其逮捕、用刑之后立即处死。这位伟大的演说家曾在一场判处德马德斯死刑的作秀审判中对德马德斯提起了诉讼，而现在却发现他已经身处自己喂养的野兽的肠胃之中。

雅典的两个使团——福基翁一派与哈格诺尼德一派——在同一时刻都想让对方听取自己的想法，然而最终演变为相互指责，现场顿时陷入一片混乱。哈格诺尼德嘲笑道，所有人都应该被扔进用来捕捉野生动物的笼子里运回雅典，以解决他们之间存在的分歧。这时国王腓力突然在他那无足轻重的宝座上哈哈大笑起来。他究竟是听懂了这句戏谑之语，还是仅仅被现场的喧闹给逗乐了？

审讯的剩余部分都是以混乱甚至荒谬的方式进行的。随着秩序最终得以恢复，福基翁终于可以开口说话了，但是波利伯孔对雅典人演说的冗长并不习惯，总是不耐烦地打断福基翁的话语。最终，福基翁受够了这一切，将手杖重重地摔在地上，然后一声不吭、怒气冲冲地走开了。福基翁的党羽赫吉蒙（Hegemon）则试图通过回忆福基翁曾经做过的诸多善行来安抚那位摄政者，但这只会让波利伯孔更为恼怒。"不要当着国王的面对我撒谎！"波利伯孔吼叫道，而这却让国王腓力隐约感觉受到了某种羞辱，他从宝座上站起身，试图用长矛刺伤赫吉蒙。波利伯孔赶忙跑过去，用手臂搂住腓力，将他束缚住，然后匆匆宣布中止审议。

福基翁还没来得及离开会场，一名武装卫士便上前将他逮捕。寡头派系的其他人意识到自己所图之事已经在马其顿人的法庭上失败，于是纷纷仓皇逃离。波利伯孔则承诺，自己会支持雅典的民主派，从而孤立反叛的卡山德的党羽。至于福基翁，虽然他曾经为马其顿尽心尽力，但是仍然难逃致命的厄运。

254

九 福基翁的陨落（雅典，公元前318年春）

曾在希腊战争中击溃雅典舰队的马其顿海军将领白克利图斯将福基翁和他的四名党羽押送回了雅典城。他们被关押在一辆敞篷的大车上向暴徒们进行展示，随后车辆穿过城市来到了狄俄尼索斯剧场。[28] 他们被隔离囚禁于此，直至公民大会召开。这种露天剧场通常用来上演悲剧剧目，但有时也会用来举行政治诉讼。而即将在那里举行的审判，将同时包含这两种要素。

大会公然违背了相关章程，向所有到场者——公民与异邦人、男人与女人、自由人与奴隶——开放。民主政府不希望程序上的细枝末节阻碍民众意愿的表达。一位勇敢的公民起身抗议，要求将那些异邦人与奴隶给驱逐出去，然而其他人打断了他的话语并且高喊："用石头砸死这些寡头！"随后白克利图斯宣布诉讼程序开始，他大声朗读了波利伯孔的一封信函。这位摄政者宣称，在他看来，福基翁及其党羽都是逆贼，但是为了体现新希腊的自由精神，他会将这些人的命运留给雅典人去裁决。换而言之，他已经与此事再无瓜葛了。

福基翁及其四名党羽被带进了剧场。福基翁的一些景仰者不禁潸然泪下，他们用双手捂住面庞，向临近的人掩饰自己内心的波澜。

福基翁试图发言，但是其话语被暴徒们的声音湮没。每当暴徒们的鬼哭狼嚎声逐渐消退之时，他就再度尝试为自己辩护，但是每次都会被喧哗声打断。终于，他成功地在一片喧嚣声中高声喊出了一个问题："你们是想要以公正的方式，还是想用不公正的方式将我处决？"此时，有一些人回答道："公正的方式！"福基翁立刻应道："除非你听我说完，否则你怎么知道自己做了些什么呢？"然而，这只会引起更多的诘问。雅典的穷人与受压迫者已经被剥夺公民权利久矣。他们会竭尽全力地对他们认为罪有应得之人展开疯狂的报复。

福基翁在最后一次通过牺牲自己来拯救他人的努力中，向任何能够听到他的话语的人喊道，他自愿接受死刑的判决，但与他一起列席被告的人都是无辜的。福基翁恳求道："雅典人啊，你们为什么要处死他们？"而他获得的回答却是："因为他们都是你的朋友！"福基翁陷入了沉默，哈格诺尼德于是走上了舞台。他提议就被告是否有罪进行表决，他们如果被认定有罪，那么将会直接被判处死刑。人群中的一些人甚至要求在肢刑架上对受审者施以酷刑，但是马其顿的监督官表示反对。哈格诺尼德没有理会这一提议，发誓要将酷刑留给比福基翁更加邪恶的罪犯，一些诸如"螃蟹"卡里梅登（Callimedon the Crab）的恶棍。一个愤世嫉俗者在台下喊道，总有一天哈格诺尼德自己将会用到这些肢刑架。

现在审判进入了投票表决的环节。虽然雅典人热衷于持有异议与言论自由，但是他们使用了一种极不自由的投票方式，即公开举手。他们当然知道无记名表决，并将之广泛运用于陪审团的投票当中，但是政治方面的决定往往都以公开举手的方式通过，而投票结果往往是一边倒。普鲁塔克记载，在这种情况下，没有人举手选择支持福基翁。毫无疑问，有很多人都对这位为国效力的时间超过了他们寿命的领导者遭受的命运而感到遗憾。然而周围人群的熊熊怒火，让他们羞于表达自己的真实观点。

福基翁和他的党羽们被投入一所小型监狱（desmoterion），
256　一般等待处决的犯人都会被囚禁在那里。八十多年前，哲学家苏格拉底就曾被关押在这里，在雅典输掉了一场旷日持久、耗费巨大的战争之后，苏格拉底本人很大程度上就被当成了替罪羊，遭到了定罪。[29]现如今，福基翁也首当其冲地承受着这一座战败之城的怒火。四年前阿莫尔戈斯与克兰农战役的失利，更早之前喀罗尼亚战役的惨败，雅典安抚着马其顿好战之徒的这二十年——所有的这一切都与福基翁如影随形，当福基翁被带走执行死刑的时候，两旁奔跑攒动的人群不断嘲笑他，向他吐唾沫。

在穆尼客阿月（Munychion）① 的第十九日（相当于现行公历的 5 月中旬），福基翁在监狱中被执行了死刑，那一天也是纪念主神宙斯的奥林匹亚节（Olympieia festival）。当时，大量的毒汁都是通过搅碎榨取毒芹叶子的汁水来制备的；这些气味难闻的毒汁会引发人体的缓慢麻痹，麻痹之感起于足部，最终使心脏停摆、胸肺衰竭。福基翁是五位死刑犯当中最后一个喝下毒汁的人，然而准备的毒药剂量不足，于是便有了一段痛苦的拖延。在其公职生涯残忍的最后一幕中，福基翁不得不亲自安排再给毒师 12 德拉克马用以购买毒汁，因为后者没有从

---

① 古典时期雅典的历法一般将一年划分为十二个月，每月开始于新月日，主要是以月相的变化为基础，基本属于太阴历［lunar calendar，考虑到其设置闰月的问题，也可以认为其为阴阳历（lunisolar calendar）］。其中穆尼客阿月是雅典历法中的十月，对应的是现行公历的 4～5 月。具体月份的诠释可以参看日知《古代希腊历法简介》，《古代世界史通讯》1951 年第 1 期，第 90～94 页。

政府获得足够的钱来购得足够剂量的毒芹汁。

　　一队引领着奥林匹亚节庆典游行队伍的骑兵在经过监狱的时候停下了脚步，因为此中发生之事而陷入沉思。那些富有的公民——福基翁所属社会阶层的成员——与他们的同道中人都在谴责寡头的诉讼中选择了袖手旁观，向这座城市新崛起的民主秩序低下了头颅。现在，他们在刑场之外安静了下来，从头上摘下了庆典花环。这是一种细微而消极的同情姿态，不过牢狱里奄奄一息的受刑者可能没法看到这一幕了。

　　福基翁的死亡并没有让激进民主派的怒火得到平息。随后的大会又通过了一项动议，拒绝将他埋葬在阿提卡的土地之上，并且禁止任何雅典人点燃火葬堆来火化他的遗体。然而，福基翁的亲属们并没有被吓倒，而是秘密雇用了一个代理人，设法将他的遗体运到偏远之地进行了火化。福基翁的妻子将他的骨灰藏在自己的斗篷外套之中，偷偷带回了雅典，然后秘密地将之安葬在自己屋内的炉灶旁边。后来，这些遗骸又被重新安葬在凯拉米克斯的墓园中，因为不久后这座城市便因福基翁的身殒而悔恨，给他恢复了名誉，投票为他修建了一座纪念雕像和一个公共墓葬。 257

　　1948 年在雅典出土了一座公元前 4 世纪的墓碑，这是一块没有篆刻铭文或识别标记的暗灰大理石浮雕。最近一位专家认为那就是福基翁的墓碑。[30]墓碑展示了一匹被一个明显是奴隶的非洲男孩勉强控制的、俊美健硕的马。墓碑刻画的场景中并没有马匹的骑手或主人，只有一个紧拽着缰绳不放的身材矮小且高度紧张的马倌。 258

　　这块石碑是不是福基翁坟墓的标志，至今仍然是一个悬而未决、流于猜测的问题，尽管人们从这块石碑中看出了福基翁所处时代的印记。随着福基翁与安提帕特这两位伟大的欧洲长者的故去，让欧陆一代人获得稳定的政治秩序也随之瓦解。整个希腊充斥着派系斗争。两个长期对立的竞争对手——民主派与寡头派——可以请求召唤两位立场相对的倡议者——波利伯孔与卡山德。[31] 作为尚未被马其顿铁蹄蹂躏的希腊大国，雅典现在一分为二，政局陷入持续的动荡混乱。希腊世界前所未有地失去了自己的掌舵人。

十 卡山德与波利伯孔（雅典，公元前 318 年夏）

福基翁死后不久，反叛的卡山德便与独眼的安提柯提供的船只和军队一同驶入了比雷埃夫斯港。他解除了尼卡诺尔的驻军指挥权，并且接管了港口。虽然他麾下的兵力与波利伯孔能集结的军队相距甚远，但是他拥有一个坚不可摧的基地，可以通过海运获得补给。失去港口的雅典民众，只能依靠自己贫瘠的土地来撑起给养，而且还要将这微薄的资源分享给城外驻扎的军队。民主派享受了颠覆政权的快乐，结果却不得不忍饥挨饿。

波利伯孔本人终于率领着一支更为庞大的军队抵达了雅典城郊，然而他发现自己除了更快地消耗粮草之外，几乎什么也做不了。他已经错失夺取比雷埃夫斯港的良机，因为卡山德增援的兵力已经让那里变得无懈可击。波利伯孔只得向伯罗奔尼撒进军，去处理那里的事务，而将自己的儿子留下来驻守雅典的乡村。

卡山德已经在欧洲站稳了脚跟。福基翁也活得足够长久，为尼卡诺尔提供了足够的支持，以确保反对波利伯孔的叛乱可以继续维持。欧洲的内战即将进入一个崭新且更加暴力的阶段，而福基翁只不过是众多受害者中的一员罢了。

第九章　生死相搏

欧洲与亚洲
公元前318年夏至公元前317年年末冬

亚历山大大帝的教诲令他的追随者们受益良多。在他十二载的亚细亚征战中，亚历山大大帝麾下的军官们目睹他用外科手术般的高超技巧管理着这支世界上成分最为复杂的军队。他们曾看到亚历山大大帝精心组织了长矛密集的步兵方阵、骑兵的突击部队以及快速移动的持盾卫队；会根据不同的地形与对手，选择某个兵种，或者让三个兵种协同出击；统一部队行进的速度；通过劫掠行军沿途的地点来维持军队的粮草供给。他们在印度半岛的时候，看到亚历山大大帝掌握了他的军队当时唯一缺乏的已知战争机器——训练有素的战象。亚历山大大帝将大约两百头堡垒一般的巨兽带出了印度半岛，以震慑那些尚未交手的敌人——阿拉伯人、迦太基人，以及历史学者们所能猜测出的其他目标。

亚历山大大帝逝世之后，他的将军们非常忠实地实践着他们受到的教诲。他们按照亚历山大大帝的风格在战场部署军队，每支军队都有步兵方阵、骑兵部队以及持盾卫队，有些部队还会部署象群。他们给这些兵种取了熟悉的名称——"步兵伙友""伙友骑兵"，以提醒这些老兵自己曾经肩负的职责。他们在亚历山大大帝曾经规划的行军季节按其行军路线穿过可

260

261

以提供海量兵员的肥沃平原与山谷，横跨亚洲领土的作战也成了例行之事。一个全新的战争时代已经来临，那是一个属于职业化、国际化、兵员空前充裕的希腊化军队的时代。

亚历山大大帝还培养了自己麾下将领对于指挥与征服的无尽渴望。在他的七位近身护卫官当中，只有一位曾经试图隐退，那就阿瑞斯托诺斯（Aristonous），一位可能在亚历山大大帝统治之前就已经担任该职务的老者。[1]但正如我们即将看到的那样，他很快就被迫复出。而其他几位护卫官则不断以自己的主人为榜样，构建权力，扩充军队，削弱对手：托勒密占领了北非，利西马科斯拿下了色雷斯；而培松则试图取得巴克特里亚，虽然遭受败绩，但依然没有放弃染指那里的野心；朴塞斯塔斯则在他的总督辖区波西斯扩充权力，提高声望；列昂纳托斯和佩尔狄卡斯在试图取得或维护整个帝国的控制权时兵败身殒。克拉特鲁斯虽然不在护卫官之列，但是他的地位与之不相上下，最终在试图剥夺佩尔狄卡斯的控制权时兵败被杀。

新的角逐者已经出现，取代了那些被抬出场外的选手。安提柯在亚历山大大帝逝世的时候只是偏安一隅的行省总督，现在却通过自己精明机智的统帅才能，确立了在亚细亚的领导地位。另外一位中级军官——波利伯孔则正在与卡山德争夺对欧洲的控制权。而蓄势待发的另外一位全新的竞争者塞琉古，此时还只是巴比伦的总督，在为更强大的主人效力，但是他注定要与安提柯缠斗近二十载。然后便是异乎寻常的欧迈尼斯，这个希腊人从书记官变成了将军，又变成了亡命徒，而最后却成了王家军队的统帅与国王的旗手。尽管欧迈尼斯声称自己并没有那些马其顿人共有的野心，但他发现自己总是与马其顿人发生冲突，一部分是为了王室而战，一部分则是为了自己的生存，而另外一部分则为了亚历山大大帝的幽灵——他曾经将亚历山大大帝的幽灵奉为自己奋斗事业的精神领袖。

由于内战的云谲波诡，安提柯与欧迈尼斯轮流担任了同样的高位——亚洲领土的总司令。这两人的确可以宣扬自己的权威，并对对方的权威发起攻击。欧迈尼斯——以及其他从奥林匹娅斯处到来之人——携带着盖有国王印戳的信函，严令帝国的官僚机构只能听命于他。安提柯对这些命令报以冷嘲热讽，并且提醒那些愿意聆听他话语的人，欧迈尼斯只不过是一个异邦人，同时还是一个被定罪的罪犯。老者安提帕特在选择继任者时产生的问题成了争议爆发的核心：得到官方任命的波利伯孔是否可以代表君主体制，还是说，声称继承父亲职位是一种自然权利的安提帕特之子卡山德才能成为代表？

在亚历山大大帝逝世后的五年里，合法性问题竟然变得如此棘手，以至于对某些人来说，整个问题已经根本不再重要。[2]然而君主体制仍然存在，共治国王拥有永不消亡的合法性。以他们的名义发布的命令可以开启亚细亚的国库，而他们"统治"的年份则为帝国的文件提供了落款日期。他们的命运对于帝国的未来至关重要，而这一命运现在正取决于两组对手的成败，这两组对抗者为了控制两个大陆的领土同时展开了对决：身处欧洲的波利伯孔与卡山德，以及他们各自在亚洲的盟友、亚历山大大帝麾下的两位统帅——卡迪亚的欧迈尼斯与独眼的安提柯。

一　王室（希腊，公元前 318 年夏）

亚历山大大帝的幼子已经过了自己的五岁生日。他现在长大了，已经足以了解周围的环境和他在整个世界上的独特地

263 位。他现在知道为什么会有三位武装贵族作为护卫官驻守在他的身边，为什么自己的周围会有出身名门、行为更似奴仆而非玩伴的孩子们。或许他对这股汹涌暗流开始有所了解，正是这股暗流将他从一个监护者那里卷到了另外一个监护者那里，现在将他置身于波利伯孔的监护之下，而那位心力交瘁的将军现在正带着他一同在希腊作战。

亚历山大在他那年轻的生命中，一直都和共治的奇怪搭档，即天生蠢笨的腓力同时现身。这位较为年长的君主拥有更高的地位，随身有四位护卫官，而亚历山大只有三名（法定的护卫应该是七位，但因为有两位国王，所以进行了拆分）。[3] 从一些官员的言行举止来看，仿佛只有腓力才是统治者，而年幼的亚历山大只不过是他的指定继承人，但是形势还远未明朗。五岁的亚历山大或许已经比他那羸弱的、半血亲的叔叔拥有更多的认知机能。

两位君主之间无可避免地会爆发冲突，尤其是当腓力迎娶了贪婪任性的阿狄亚之后更是如此。正如阿狄亚所坚持的那样，腓力的利益与他侄子的利益可谓泾渭分明。倘若阿狄亚能够怀上孩子——正如她一直热切尝试的那样——那么王室的希望就会被寄托在她尚未出生的孩子，即一位血统纯正的阿吉德成员身上，而不会被寄托在一位逝去的征服者留下的混血子嗣身上。如果届时她诞下的是男孩的话，那么年幼的亚历山大和他的蛮族母亲就将立即被剥夺继承权利，甚至可能性命不保。

然而，在成为国王腓力的王后的三年之后，阿狄亚还是没有怀孕。在这场王朝大博弈当中，她显然需要一种全新的策略。她的周围可谓瞬息万变，既带来了机遇，也招来了风险。她知道波利伯孔曾经写信给王太后奥林匹娅斯，敦促她离开伊庞鲁斯前往马其顿照顾自己的孙子。但到目前为止，奥林匹娅斯已经回绝，不过她随时可能改变自己的主意。阿狄亚不想与欧洲唯一与她同样强硬的女子进行角逐。但是，这个提议其实也表明，波利伯孔的统治并不稳固，因为卡山德掀起的反叛现在已经让他十分狼狈了。这场反叛可能会让波利伯孔倒台——倘若阿狄亚用自己丈夫的王室影响力来支持叛乱的话，那可能性就更大了。对于腓力而言，换成任何摄政者都是一样的；但是对狡猾的阿狄亚而言，效忠对象的转变可能就意味着遭受奴役与执掌权柄的天壤之别。

264

　　我们目前尚不清楚阿狄亚是如何把她的丈夫从波利伯孔手里夺走的。这位摄政者最初是带着腓力来到希腊的，他东征西讨，安插自己的盟友，驱逐卡山德的臂助。或许，波利伯孔被这些作战分散了注意力，从而忽略了自己监护的王室成员。或者，也许在福基翁的审判中发生了那段令人不安的插曲之后——当时波利伯孔只能通过蛮力约束这位暴怒的国王以避免他误伤他人——波利伯孔也很高兴能够让腓力离开。无论如何，这件事情还是发生了，阿狄亚让自己的丈夫摆脱了波利伯孔的控制，并且将他送回了马其顿。作为腓力的代理人，阿狄亚打算与反叛的卡山德结为同盟，而后者现在正蜷缩在比雷埃夫斯港的城墙之后。也许能够让阿狄亚获得至高权力的，并非她担心自己永远无法拥有的子嗣，而是安提帕特的爱子。

二　波利伯孔（伯罗奔尼撒半岛，公元前 318 年夏）

　　波利伯孔现在开始在希腊展开自己的军事行动，他也拥有诸多理由让自己充满信心。与他同在的是安提帕特赋予他的合法性，以及两万多名马其顿士兵。在穿过科林斯地峡进入伯罗奔尼撒半岛的时候，他还带来了自己的头号武器，那是一群体型巨大、行动迟缓、不断吼叫的印度战象，每头大象上都骑着一位驭象师。

亚历山大大帝从印度半岛觅得的这些健硕巨兽，在过去的八年中走遍了整个帝国。它们在克拉特鲁斯的率领下一路向西，越过现今巴基斯坦的山脉，穿过阿富汗和伊朗的沙漠。在亚历山大大帝尚在人世的时候，这些战象会围着帝王的大帐站成一圈，组成壮观仪仗的同心圆之一。佩尔狄卡斯曾在巴比伦用这些战象踏死步兵哗变的领袖，还曾在埃及派遣它们踏入尼罗河，结果造成的损害让他的军队与声誉遭到了毁灭性打击。在佩尔狄卡斯被杀之后，这些战象也在特里帕拉德伊苏斯被老者安提帕特和独眼安提柯瓜分，而安提帕特则率领着属于自己的那一半象群穿越了赫勒斯滂海峡。幸存的六十五头战象，现在正跟随着波利伯孔的军队前往希腊的南部，这也是人们在欧洲的土地上首次见到这一物种。[4]

亚历山大大帝的士兵们在印度半岛上与波罗斯作战的过程中，第一次遇到了如此之多的大象，当时他们纷纷惊惧不已。不过，亚历山大大帝还是冷静地设计了一套特殊的武器与战术来压制这些野兽。在作战中，他会引导自己方阵在冲锋的大象面前空开阵型，然后让士兵用长柄镰刀劈砍大象的身躯与腹部，同时用萨里沙长矛驱走或杀死骑在大象上的驭象人。这些袭扰让大象陷入痛苦与愤怒所引发的狂乱，这就让它们可能对己方士兵造成更多的威胁。波罗斯最终战败，而马其顿人只损失了少量兵员，至此之后亚历山大大帝的部队再也不会被战象吓破胆了。

一位参加过那场战斗的老兵——一个名叫达米斯（Damis）

的希腊人——退伍返回了自己的家乡，并带去了许多关于印度战象的故事。[5]在波利伯孔发动入侵时，达米斯正住在伯罗奔尼撒的麦加洛波利斯（Megalopolis），该地是支持卡山德叛乱的最后堡垒。那里驻守着一万五千名意志坚定的士兵，城墙也得到了加固，并且配备了投石机与扭力抛射武器用以击退围城之敌。不过，这座城市拥有的最强武器应该是达米斯的专业知识，虽然到目前为止守城将士并没有意识到这一点。

在波利伯孔接近麦加洛波利斯之前，一切都进展顺利。伯罗奔尼撒的城市纷纷站到了他这一边，建立了与之亲善的政权，并且将卡山德的党羽放逐、处决。除了卡山德本人还待在比雷埃夫斯之外，波利伯孔对希腊政治的彻底扫荡近乎完成。对于卡山德而言，随着一座座城市选择倒戈，他麾下的叛军也愈加孤立。就算卡山德现在身处一个毗邻大海的安全位置，他也无法永远这样坚守下去。

波利伯孔开始使用亚历山大大帝曾经惯用的手法，对麦加洛波利斯展开了围攻。塞满了弓手和投石手的移动木制攻城塔，被推到了城墙上以清剿那里的防御士兵。与此同时，一支掘进部队在城墙下挖了一条坑道，点燃了支撑洞顶的梁柱，造成延时坍塌。[6]一段长墙便就此垮塌，马其顿人高声呐喊着向前冲去，相信自己已经攻破了城防。但是，麦加洛波利斯人却组织了反击。他们用木桩搭建了一座栅栏，并在栅栏后面用建筑材料疯狂修筑，终于成功地竖起了第二面城墙来封堵缺口。他们在矮墙上用扭力抛射武器向攻城者投掷金属箭矢，可谓弹无虚发。波利伯孔只得不甘地终止了当日的攻击，并率军返回营地。

在麦加洛波利斯城内，达米斯就第二日早晨将会发生的战事向自己的同胞提供了建议。波利伯孔将会派出他的战象，用它们将新建的墙体捣成瓦砾。达米斯指示守城者假装无计可施，并且留下一条空旷的通道让这些野兽接近。他让士兵们在这些狭长通道的地面上铺上一层钉着尖锐突出的钉子的木板，并且在上面覆盖松软的泥土。第二天，一切都按照达米斯的预期进行。波利伯孔派出自己的大象，冲向通往城墙缺口的并未设防的窄道——然而他看到战象们纷纷停下脚步，发出痛苦的咆哮，这些隐藏在泥土之下的尖刺深深地扎入了象脚。这些大象因疼痛而抓狂愤怒，又受到了从埋伏中跃出对其发起袭击的弓兵矛手的侵扰，于是开始直立起身、疯狂挣扎，向着自己的饲主与友军践踏而去。

这场仿佛亚历山大大帝与波罗斯的对决，业已攻守易势，马其顿人现在反倒成了战败的那一方。波利伯孔已经失去了对这个锁定胜局的武器的控制。他解除了包围圈，从麦加洛波利斯撤走，而他的声誉也遭到了无可挽回的打击。从那天开始，希腊世界的效忠对象开始逐渐转向卡山德。

三 欧迈尼斯、安提贞尼斯与透塔摩斯（腓尼基，公元前 318 年秋）

与此同时，被任命为马其顿王室守护者的希腊人欧迈尼斯，正在亚洲利用自己的财力招募各式各样的雇佣兵。他从波利伯孔那里收到的信函，让他有权从基因达府库中自由支取钱款，这座要塞宝库贮存着远胜于其他王家府库的银币。他能够付得起足够的报酬，于是有关他慷慨大方的信息很快就流传开了。不久，一支由一万名步兵和两千名骑兵组成的部队闻风而至。这支军队很快就被纳入欧迈尼斯的核心部队，而这支核心部队中最为重要的一支就是无人能敌的银盾兵。

欧迈尼斯的军队南下前往腓尼基，并在每处新设的营地中　
设立亚历山大大帝的大帐和神圣的空王座。腓尼基曾在前一年
被托勒密占据，而托勒密现在公然支持卡山德对抗波利伯孔与
国王。因此，这里就成了欧迈尼斯竖立保皇一派旗帜的重要之
地，同时这里也是制霸爱琴海的重要海军基地。此时欧迈尼斯
尽快与欧洲的波利伯孔确立联系一事变得至关重要。他必须在
那里为自己的新盟友提供援助，而且波利伯孔可以借此跨越洲
界来到亚细亚。[7]他们可以在这里觅得时机共同迎战挑起事端、
极为危险的安提柯。

安提柯与托勒密，分别从自己位于安纳托利亚与埃及的基
地进行了战术协调，策划了一种遏制那个令人困扰的希腊人的
方略。如果有必要的话，他们将不惜与他沙场相见；不过他们
还是率先试图通过间接的手段来削弱他的实力。托勒密向银盾
兵的指挥官安提贞尼斯与透塔摩斯派去了信使，敦促他们尽快
推翻自己的指挥官，并且指出那位指挥官现在还背负着死刑判
决。其他的使节也带着类似的讯息前往了基因达的府库，告诉
那些卫兵不要让一个不法之徒和异邦人从那里支取金钱。这是
一次沉重有力的打击，既破坏了欧迈尼斯的威信，又诋毁了波
利伯孔的权威，因为波利伯孔的任命信件竟然让一个死刑犯掌
控了军队。不过，就目前而言，这些信件还是经受住了考验。

安提柯沿着托勒密的思路做出了更为坚实的努力。他派遣
了一位名叫菲罗塔斯的信使，与三十个巧舌如簧的马其顿人一
起前往欧迈尼斯的营地。这三十个人秘密地会晤了安提贞尼斯
与透塔摩斯，并且策划了一场暗杀阴谋。他们还渗透进银盾
兵，希望能够让那些曾经的朋友与袍泽动摇，同时还向背叛之

人许以白银之资与总督之位。这些诱惑在欧迈尼斯的忠诚铁壁
上凿开了缺口：透塔摩斯被说服了，并与自己的同僚安提贞尼
斯商议，希望能够让他改换阵营。不过，安提贞尼斯认为，身
为异邦人的欧迈尼斯必然会笼络他们，而独眼安提柯则过于强
大，随时杀掉自己的属下并不成问题。透塔摩斯接受了这个理
由，同意继续为欧迈尼斯效力。欧迈尼斯的希腊血统，往往被
他的敌人认为是对他不利的标志，但现在成了他的优势所在。

不过，安提柯的使者们并没有选择放弃。菲罗塔斯出示了
自己随身携带的信件，而银盾兵们则纷纷要求知道信中的内
容。在部分士兵参与的一场秘密会议上，这位信使大声宣读了
神秘信函的内容。安提柯在信中用严肃的口吻向银盾兵们发出
了最后的通牒：他们必须马上抓住欧迈尼斯并将其处死，否则
安提柯便会将他们视为叛徒，并且调集大军进剿。这是一份
"顺我者昌，逆我者亡"的通牒，让银盾兵陷入了极度痛苦，
因为他们的国王已经命令他们追随欧迈尼斯，并将那位独眼将
军视作叛贼。

正当这些人犹豫不决，不知道该向谁效忠，或者自己的忠
诚是否会被恐惧压过时，欧迈尼斯亲自走入会场，阅读了这封
信。对于这个智计频出的希腊人而言，这无疑是一个关键时
刻，恰如多年之前他所面临的情况一样，当时他发现自己的士
兵们正传阅着安提柯悬赏他项上人头的告示。那个时候他采取
了蒙蔽士卒的诡诈手段；而这一次他却选择了直言不讳，严肃
认真地谈及他们肩负的对阿吉德王室的责任。也许这一次他是
出于真心的，又或者他只是借助了希腊人拥有的既令人羡慕又
惹人猜忌的口才，精心设计了最能打动目标受众的论点。但是
不管怎样，他都获得了胜利。菲罗塔斯黯然离开了会场，而士

269

兵们对欧迈尼斯的忠诚又一次加强，菲罗塔斯与他的手下就这样两手空空地回到了安提柯的驻地。

欧迈尼斯着手建造船只，并雇佣腓尼基人来负责航行。他的身边还有一位从佩尔狄卡斯当权时期就有着丰富经验的海军将领，那是名叫索西琴尼（Sosigenes，又译作索西吉尼斯）的罗得岛人。现在需要的是争分夺秒。此时在欧洲对阵的波利伯孔与卡山德的舰队，正在争夺爱琴海的控制权，而安提柯麾下的少数舰船也在试图为后者提供支援。蛰伏在比雷埃夫斯的卡山德，既需要从海上获得补给，又要与安提柯保持联系。波利伯孔试图切断这种联系，并确保自身可以获得资金，因为此时大部分的财富仍旧贮存在亚洲，必须依靠船只来向西输送。安提柯已经扣押了一批财物，导致马其顿政府现在急需现金。

欧迈尼斯的舰队最终准备就绪，成箱的钱币被装运上船。[8] 索西琴尼让自己手下的腓尼基船员暂且抛锚停泊，自己则爬上了一座小山，以便更好地观察海湾的水流。当他离开船只之后，一队战船驶入人们的视野，这支舰队的船首和桅杆上都装饰着胜利的纪念品。那是独眼安提柯麾下的一支舰队，刚刚在赫勒斯滂海峡取得了胜利，正遵照安提柯的指示，向整片海岸宣告自己对海洋的掌控力。腓尼基人总是会见风使舵，迅速倒向胜利的一方，而这一次他们也正如安提柯所预料的那样做出了选择。他们与即将到来的战船并肩而行，满载着一箱箱贵金属，顺着洋流背弃了盟友，投靠了敌方。当索西琴尼返回的时候，发现自己的船只早已不知所踪，从而断送了控制大海的一切希望。

欧迈尼斯在西方的计划彻底失败。现在他已经不能再向波利伯孔和共治国王提供援助了，而后者也无法再给他提供助

270

力。欧迈尼斯别无选择，只得转向东方，转向巴克特里亚与索格底亚那，在那里他或许可以召集足够的军队和马匹来抗衡安提柯麾下的庞大军队。倘若他能设法在那场战斗中取得胜利的话，他就可以返回西方，驰援自己的欧洲盟友。虽然希望渺茫，但这已是他的所剩唯一。无论如何，他都不能困守原地，因为安提柯很快就会进军腓尼基，向他发动攻击。他赶忙召集麾下的银盾兵，收拢了亚历山大大帝的大帐，前往数百年来铤而走险之人惯去的避难之地——高地行省。

四 波利伯孔、卡山德与王室（希腊、伊庇鲁斯与马其顿，公元前 318 年夏）

欧迈尼斯或许还不知道安提柯战船凯旋的背后发生的故事。就像曾经稳操胜券却突然兵败麦加洛波利斯一样，波利伯孔在赫勒斯滂海峡也遭遇了毁灭性的打击。[9]

波利伯孔的海军将领白克利图斯在赫勒斯滂海峡的初次交战中轻松取得了胜利，击退了由卡山德麾下军官尼卡诺尔指挥的舰队。白克利图斯确信尼卡诺尔已经被击败，所以将船只停靠在欧洲一侧的海滩边，让船员们下船过夜。然而，他没有将独眼的安提柯纳入考虑范围——这支部队看似已经安全撤回到海峡对面。

安提柯一直都留意着自己的敌人所表现出的自满情绪，他从附近的拜占庭租用了些许船只，并趁着夜色将自己麾下最精良的弓箭手、投石手与标枪手都运到了海峡对岸。在黎明来临之前，这支部队抵达了白克利图斯的营地。此时保王党们还在睡梦当中，疏于守备，然后就在一阵如雨的箭矢中惊醒。白克利图斯麾下惊慌失措的船员们纷纷将装备与战利品胡乱地扔到自己的船上，毫无章法地扬帆起航。这就让他们很容易变成尼卡诺尔的猎物，事先获悉计划的尼卡诺尔，率领自己幸存的船只赶到了战场。安提柯也派出自己的舰队参与了这场大屠杀，这是他与国王政府爆发的第一场直接冲突。因为安提柯并不确定自己的手下是否愿意去攻击保王党，所以就在每艘战船上都安插了值得信赖的党羽来监视船员，倘若他们消极怠工，这个人就会对他们发出死亡威胁。

白克利图斯指挥的海军全军覆没。仅有一艘战船得以逃脱，那就是白克利图斯本人的座舰，但是后来这艘战船在色雷斯遭到扣押，而白克利图斯也在那里被处死。在痛失象群仅仅数周之后，波利伯孔就失去了自己的海军，而他在欧洲战场上获得的支持也开始土崩瓦解。虽然一位拥有阿吉德神圣血统庇护的国王可以赦免他在军事上遭受的失败，但是对于一位将军而言，军事上的惨败无疑将会带来致命的后果，佩尔狄卡斯的前车之鉴已经说明了这一点。希腊与马其顿的领导者们纷纷脱离了波利伯孔的阵营，转而投靠卡山德。随着流亡寡头的回归，由自由令建立起来的民主政体也逐渐瓦解。

正如以往一般，雅典的民主政府又一次成了孤军奋战的抵抗者。哈格诺尼德与他的党羽们都不愿放弃通过巨大的努力才赢得的颠覆政权的成果，为此他们不惜借用狂热之力除掉了福基翁。然而，波利伯孔之子亚历山大率领的军队——民主政府生死攸关的军事支柱——已经撤离了。卡山德不再受困于比雷埃夫斯，他率军冲入阿提卡并且控制了雅典城业已匮乏的粮草供应。在雅典的公民大会上，一个勇敢的实用主义者——他的名字并没有被记载下来——提议让这座城市与卡山德达成协议，重新回归寡头政治。虽然起初遭到了民主派空想家们的反

272

对，但他很快就发现自己的提议得到了大家的支持，并且最终勉强获得了批准。

雅典人开始与卡山德展开谈判，虽然他们已经没有讨价还价的余地了。卡山德坚持要求恢复自己父亲曾经强加其上的寡头体制，并且再次剥夺那些穷人的政治权利。[10]丧失权柄的哈格诺尼德及其追随者最终遭到了审判，并被处以极刑。一位新的领导者——那是曾在寡头政体倒台之时设法逃出生天的福基翁党羽——被迎回雅典，并被授予了总揽城邦事务的大权。[11]虽然雅典已经经历了多年来的第三次政府更迭，但是其一连串的蜕变历程并没有宣告结束。在未来的数十年中，每当有新人妄图主宰欧洲时，都会率先对凋敝不堪、饱受摧残的雅典展开一轮新的清洗。

在赫勒斯滂海峡取得大胜、声望一时如日中天的尼卡诺尔，又乘船返回了比雷埃夫斯，重获那里的指挥权。然而，尼卡诺尔取得的成功却引发了卡山德的猜忌，他知道尼卡诺尔即将掌控的要塞港口是何等固若金汤。卡山德决定在威胁出现之前抢先将之消灭，并且打算在不引发骚乱的情况下悄悄地完成。卡山德命人准备好仿佛即将驶往马其顿的船只，并让一位信使在他与尼卡诺尔同行的时候给他送上一封伪造的书信。书信中的内容是邀请卡山德荣登马其顿的王位。卡山德大声朗读了这些信件，兴奋地与尼卡诺尔相拥，并且承诺将会与他忠实的副官分享自己获得的新权力。然后，就在这个兴高采烈、假意合作的时刻，卡山德借口要与尼卡诺尔进行商议，将他领进了附近的一所房舍。而精锐部队早已在那里等候多时，尼卡诺尔随后便遭到了逮捕并被判处死刑。

虽然卡山德的这些书信都是伪造的，但是信中的内容依然蕴含了一些实情。安提帕特曾经的盟友的确敦促卡山德返回马其顿，而此时波利伯孔正受困于伯罗奔尼撒。卡山德让他们得偿所愿，对自己的故土进行了一次时间短暂却充满挑衅的访问，展示了自己的政治实力。[12] 新的拥护者蜂拥而至，而其中最为重要的角色就是国王腓力和他那贪恋权力的王后阿狄亚。这对王室夫妇现在公然宣称自己就是卡山德的支持者。阿狄亚是如此无所畏惧，以至于她直接写信给波利伯孔，褫夺了他的所有行政权力。虽然她的书信没有激起一丝波澜，但她还是命令波利伯孔即刻下台，将麾下的军队交给她刚刚任命的国王腓力的新监护者卡山德。

　　卡山德的阵营中已经有了一位君主，而相对的另一位君主则不可避免地选择坚定支持波利伯孔。王太后奥林匹娅斯终于放弃了自己坚守的中立姿态，她同意成为波利伯孔的盟友和自己亲孙的监护人。至此王室彻底分裂。两位君主——每一位都拥有己方的将军作为捍卫者，己方的王后作为代理人——终于站在了内战的对立面。他们之间除了兵戎相见之外，已经别无选择。波利伯孔此时似乎已经前往伊庇鲁斯与奥林匹娅斯会合，准备率部向东进军马其顿，推翻腓力，并让年轻的亚历山大接替他的位置。

274

　　奥林匹娅斯也仿佛向阿狄亚发出了全新的挑战，她从莫洛西亚王室中选择了一位成员，即自己年轻的堂侄女黛达弥亚（Deidameia），作为自己孙子未来的新娘。她想要赢得马其顿人在情感与思想上的支持：亚历山大与黛达弥亚有望在未来诞下子嗣，获得王室的庇护，而阿狄亚与腓力却无法生育。奥林匹娅斯还打算在争斗中招揽自己的堂弟埃阿喀得斯（Aeacides）加入己方阵营，他既是莫洛西亚人的国王也是黛达弥亚的父亲。

　　五岁的亚历山大在第一次同奥林匹娅斯及其家族团聚之后，对自己身处的新环境抱有何等看法？他的一生都居住在军营当中，先是穿越西亚，然后抵达埃及，接着又重返亚细亚，之后则来到了希腊，现在他来到了一片自己并不熟悉的被松林覆盖的多山荒野——伊庇鲁斯。在他的生命里唯一未曾改变的，就是最不能为他提供帮助的人——自己的母亲罗克珊娜。在这五年里，曾有四位将军成为他的守护者，而他终于置身于自己祖母的庇护之下，却发现她与之前的那些人一样，都为接下来的交战做好了准备。在遥隔千山万水的某个地方，有一个他们称作欧迈尼斯的人——虽然早已忘记了这个人的长相，他却仍能时常听到这个人的名字——正在与一个名叫安提柯的人作战，倘若欧迈尼斯取得了胜利，那么局势便会大为好转。所有人似乎都在相互攻伐，而且似乎这一切都围绕着他展开。

五　欧迈尼斯（巴比伦与东进途中，公元前 318 年秋）

　　欧迈尼斯正在向东方进军，在亚历山大时代结束后他还未曾涉足这里。尽管已经拥有银盾兵和大批雇佣兵，他还需要集结更多的军队，找寻战马与战象，这样他才有机会与安提柯抗衡。虽然欧迈尼斯现在只能通过亚历山大大帝的大帐中的仪式来保住副手的支持，但他还必须从这些地区的行省总督中赢取盟友。他现在涉足的土地的统治者们都拥有自己的事务议程与竞争对手，所以几乎没有理由选择支持欧迈尼斯，在他们看来，欧迈尼斯即便不是一个被定罪的亡命之徒，也只是一个局外人罢了。

　　曾经的护卫官培松在帝国东部拥有强悍的实力，或许因为太过强大而引发了四邻的忌惮。起初培松为了镇压希腊移居者而作为佩尔狄卡斯的代理人来到了这里，他曾担任高地行省总督之职，却从没有觉得自己的任期已经结束。培松回归这里之后，便开始维护起自己曾经的特权，甚至处死了一位总督同僚，并让自己的兄弟接替了他的位置。培松的专横无道引发了周围总督们的愤怒。他们在前一年召集了一支军队，大败培松，将他赶出了这个地区，迫使他只能选择投奔自己的老战友——巴比伦总督塞琉古。

　　当欧迈尼斯的部队接近巴比伦之时，他向塞琉古与培松发出了信息，请求他们为迎战独眼的安提柯提供支援。他与往常一样，援引了波利伯孔赋予他的捍卫国王政府的权力。塞琉古对此做出了简要答复。他很乐意勤王，但并不愿意在已被军队判处死刑的欧迈尼斯手下效力。这与托勒密和安提柯在腓尼基时表现的傲慢态度如出一辙，而很快塞琉古和培松就开始效仿他们的策略，向银盾兵们发出讯息，希望他们可以哗变起义。银盾兵的指挥官安提贞尼斯在埃及的时候就曾是塞琉古与培松的盟友，他们在那里合谋杀害了佩尔狄卡斯。他们之间的关系是用鲜血锻造而成的，然而安提贞尼斯还是对他们要求自己再次杀死自己长官的信息置若罔闻。

　　欧迈尼斯只得将自己的军队转移到底格里斯河畔，并准备 ²⁷⁶渡河。他打算前往苏萨，因为那里还贮存着大笔金钱。当他准备好渡船之时，塞琉古与培松亲自率部顺流而下，在附近登陆。在与安提贞尼斯和其他银盾兵军官的紧张谈判中，他俩反复强调必须推翻欧迈尼斯的领导，而银盾兵们再一次无视了他们的呼吁。塞琉古在被断然拒绝之后，还曾试图引水将欧迈尼

斯军队驻扎的平原淹没，但这也失败了，无计可施的塞琉古只
得允许欧迈尼斯安然离开自己控制的领土。[13] 塞琉古麾下兵力
实在太少，无法与之作战，所以他非常希望欧迈尼斯赶紧带着
他那饥肠辘辘的军队与即将来临的战争远离巴比伦。

　　银盾兵长官安提贞尼斯现在受到了祖国的四位顶级统帅的
胁迫与恐吓。然而，令人费解的是，他对希腊人欧迈尼斯的忠
诚并没有因此而动摇。或许安提贞尼斯只是追求自己的利益，
正如他在腓尼基的时候向他的同僚指挥官透塔摩斯所解释的那
样：由于欧迈尼斯是一个异邦人，他比他的对手更加需要盟
友，因而安提贞尼斯可以指望欧迈尼斯厚待他们。或许他也和
大多数人一样，并不信任独眼的安提柯，甚至怀疑倘若此人取
得胜利自己的前景又将会如何。又或许，安提贞尼斯很久之前
从波利伯孔那里获得的、盖有国王印戳的命令让他自己受到了
束缚。无论他的理由到底是什么，安提贞尼斯都做出了自己的
选择：他和他麾下的银盾兵将会追随他们的希腊指挥官，去看
一看与那位独眼将军的最终对决到底将会带来些什么。

六　王室（马其顿，公元前 318 年秋）

　　与此同时，两支各由一位王后率领的军队，正在伊庇鲁斯
与马其顿之前的山地间向彼此推进。世界上已知的第一场女性
统帅之间的战争只在史料中留下了一则描述。根据这份骇人听
闻的记载，在战场的一边，身着鹿皮外套、头戴常春藤编成的
酒神头饰的奥林匹娅斯，率部伴随着鼓点声向前迈进，仿佛率
领着一支向酒神狄俄尼索斯致敬的狂欢游行队伍；而在战场的
另一边，阿狄亚则全身披挂着马其顿步兵的装备领兵向前。[14]
这是一幅无法得到证实却又令人难忘的景象，仿佛暗示着这两

位女子拥有的不同权力。

奥林匹娅斯准备带着自己的孙子亚历山大返回马其顿，而阿狄亚则决定阻止她。随同奥林匹娅斯一同出征的还有波利伯孔，但是阿狄亚的身旁没有卡山德，此时卡山德正在伯罗奔尼撒为希腊盟友提供援助。阿狄亚获悉奥林匹娅斯正在进军后，便赶忙派人去请卡山德助战，然而最终阿狄亚还是迫不及待地迎战了，或许她认为卡山德根本不会到来。她选择自己去扮演沙场将领的角色，并向麾下的高级军官分发礼物以确保他们的忠诚。然而，阿狄亚所有的贿赂最终都付之东流。她麾下的士兵——虽然那些年轻的士兵并不认识亚历山大大帝，但在他们的眼里这位征服者已经成了一个神话——在看到亚历山大大帝的母亲奥林匹娅斯的时候，感到十分敬畏，于是当即倒戈。战斗还没有怎么开始就已经宣告结束。腓力立刻遭到逮捕，而不久后，阿狄亚也在试图逃离时被捕获。奥林匹娅斯、波利伯孔以及年幼的亚历山大开始向佩拉进军，以图将这个陷入分裂的国家重新纳入自己的掌控。

奥林匹娅斯终于在马其顿夺取了政权，这是她与老者安提帕特相争多年收获的奖品。她首先需要考虑的事情，就是如何处置已经沦为阶下囚的国王腓力和王后阿狄亚。奥林匹娅斯将他们关在一个封闭的牢房当中，只开了一个小口用来递送饭食与饮用水。或许她觉得，既然马其顿民众如此轻易地抛弃了这对王室夫妇，那么他们肯定也会乐于看到他们被当成笼中野兽来对待。[15] 然而，她高看了自己的实力，做得太过出格。舆论对于她虐待阿吉德王室成员的行为感到愤怒。阿狄亚则利用同胞们的同情之心，在牢房中大声疾呼，自己是马其顿先代诸王的后裔，是帝国当之无愧的王后，而不是一个伊庇鲁斯的异邦人。奥林匹娅斯也不能再让这种刺耳的声音继续传播了。

阿吉德王室的君主通常会通过杀死自己的亲属来确保自己的统治，但他们总是试图秘密地完成屠杀。但是奥林匹娅斯不再拥有这种选择，她对腓力和阿狄亚的谋杀不得不明目张胆地进行。或许没有一个马其顿人愿意弑君，所以最后是一帮色雷斯人受雇刺死了腓力。与此同时，身为女性的阿狄亚则被赋予了自杀的权力，并且还有多种自尽方法可供她选择。奥林匹娅斯将一把宝剑、一条绞索和一杯毒药送进了她的牢房，并命令她选择自己喜欢的方式自我了结。阿狄亚直到生命的最后一刻还是选择了反抗，她脱去自己的衣服，并没有使用看守者送来的绞索，而是用衣服作为绳索自缢了。看守她的卫兵汇报说，阿狄亚英勇赴死，完全可以称得上悲剧中的女主角，她在临死前还祈祷奥林匹娅斯日后可以收到与她送进牢房的东西一样的礼物。作为对其王室对手的最后谴责，奥林匹娅斯将他们的遗体隐藏了起来，并且拒绝为他们举行适当的葬礼。

在这两位王室成员魂归冥府之后，奥林匹娅斯便着手与安提帕特的家人清算旧账，她认为这些人是自己儿子中毒而亡的罪魁祸首。现在安提帕特已经逝世，而他的儿子伊奥劳斯也早已故去，据说正是伊奥劳斯把毒药倒入了亚历山大大帝的饮品。但奥林匹娅斯还是对安提帕特的儿子进行了报复，她掘开了伊奥劳斯的坟墓，并将他的骨灰曝于荒野。[16] 接着，她又诛杀了安提帕特的另一个儿子尼卡诺尔（与比雷埃夫斯的驻军指挥官并非同一人）。虽然这个人与亚历山大大帝之死并没有丝毫关联，但是根据马其顿长久以来的风俗，他因为与其他敌人拥有血缘关系，所以就被认定为敌人。卡山德此时身处伯罗奔尼撒而遥不可及，奥林匹娅斯没法去那里将他抓获，不过她还是选择将百余名卡山德的党羽尽数处决。奥林匹娅斯觉得自己必须在卡山德试图入侵之前，消除他的支持基础，因为卡山德很快便会率军北上了。

七　欧迈尼斯与东部联盟（苏萨娜，公元前 317 年春）

在尚未获悉奥林匹娅斯在欧洲取得胜利的情况下，欧迈尼斯决定继续东进深入亚洲，寻找新的军队与新的合作伙伴。他的苦难行军令他接触到了更多不愿意接受其权威的行省总督。

尤其是亚历山大大帝曾经的护卫官朴塞斯塔斯，他给欧迈尼斯展现了一幅令人望而生畏的景象。朴塞斯塔斯是一个工于心计且野心勃勃的人，因学会了当地民众的语言并且穿着当地的原住民服饰而受到臣民的爱戴，他在自己的行省辖地波西斯——波斯帝国曾经的中心地带——建立起了稳固的权力。此外，朴塞斯塔斯还训练并武装了一支由一万名波斯弓箭手、小规模步兵方阵与骑兵部队所组成的军队。他凭借这一强大力量，领导着一个地区联盟，这个联盟曾经联合起来遏制了专横自大的培松。

欧迈尼斯与朴塞斯塔斯及其盟友在苏萨娜（Susiana）会合，同时在欧迈尼斯的建议下，朴塞斯塔斯将自己的联军也带到了该处。于是，欧迈尼斯便在营地中看到了令人惊叹的景象：一万八千多名步兵和四千六百名骑兵，这应该是自亚历山大大帝逝世以来，帝国东部规模最大的部队。军队之中还有刚

279

从印度半岛抵达这里的欧德摩斯，他率领着一百二十头宝贵的战象，这些战象是他从惨遭杀害的罗阇波罗斯那里窃得的。倘若这支军队可以与欧迈尼斯麾下拥有较多兵员的部队会合，那么就足以组成一个可以将培松或独眼安提柯逐一或者同时轻松击败的联军。

但诚如欧迈尼斯所知，将高傲的马其顿人所率领的军队与希腊人所领导的军队合并，是一件非常复杂的事情。朴塞斯塔斯现在已经掌握了联军的指挥权，而且不愿屈居次席。然而，欧迈尼斯却肩负着国王的使命，手握银盾兵，并且有权调用王家府库。这两位统帅之间似乎根本无法达成妥协。步兵军官安提贞尼斯尝试了一种外交解决方案，他提及考虑到银盾兵所具有的巨大军事价值，应该由他们去选择自己的指挥官。但是假如两方同意了这一点，就等同于选择了欧迈尼斯作为领导，所以争论依然无法停歇。

欧迈尼斯考虑到随着对抗的持续有可能会出现无法弥合的裂痕，于是又一次祭出了一个虽然古老但依然有效的手段。他再次搭建起亚历山大大帝的大帐，并向他的新战友介绍了自己起初与安提贞尼斯和透塔摩斯共同参与的日常祭拜仪式。正如此举之前的成效，亚历山大大帝幽灵般的存在，消除了双方的紧张局势，从而让各个派系聚合到了一起。在这座大帐构成的圣所中，欧迈尼斯可以在不让顽固不化的朴塞斯塔斯感到困扰的情况下，保持着领导者的地位。

随着指挥权之争的化解，两支大军合二为一。每位领导者都需为自己的部队筹措粮饷，以防止因节节升高的犒赏所赢得的影响力脱离自己的掌控。然而，有一次欧迈尼斯却无视了这一规则，向欧德摩斯支付了一笔 200 塔兰特的特别补助金，据称是为了让他更好地照料战象。这样一位具有价值且并不牢靠的盟友，当然需要他加以贿赂。

八　安提柯与欧迈尼斯（科普拉塔斯河，公元前 317 年夏）

与现在担任着某种长官联席会议首脑的欧迈尼斯相比，安提柯可谓大权独揽、独断专行。[17]他不需要与任何人沟通协商，也不需要将自己的计划委托给他人，甚至连他挚爱的儿子德米特里也不能染指权力。有一次，当两人并肩作战时，德米特里曾经向安提柯询问士兵在早间何时拔营出发，他的父亲甚至连这种无关紧要的信息都不愿意透露。"你是担心自己听不到军号声吗？"安提柯如是责备了自己的儿子。这种讳莫如深将会成为未来对阵时的关键武器。

安提柯向东挺进，丝毫没有对欧迈尼斯同朴塞斯塔斯及其他总督联手的消息感到畏惧。他可以通过征召士兵，也可以通过巴比伦的培松与塞琉古（他们现在已经结为同盟）贡献的部队，来获得超越欧迈尼斯新增部队的兵员数。然而，他需要为这些部队支付军饷，这让他面临更为严重的政财赤字。正如现在在巴比伦发生的那样，只有欧迈尼斯才可以动用王家国库：贮存帝国钱币的要塞守卫者们无视安提柯与塞琉古的意愿，只愿接待欧迈尼斯。而安提柯的军队在抵达苏萨的时候遭遇了大致相同的情况。一位名叫色诺菲鲁斯（Xenophilus）的守备军官严守欧迈尼斯的命令，既不向安提柯拨付钱款，也拒绝与之交谈。在苏萨的贮藏室中存有价值 20000 塔兰特的钱币与财宝，其中还有一种叫作"攀缘藤蔓"的宝物，该物用黄金铸造而成，形似结满硕果的葡萄藤蔓，曾经被盘绕在大流士

281

三世国王的床柱之上。[18]安提柯让塞琉古留下围攻该地，自己则继续领兵向东寻找欧迈尼斯。

此时安提柯正行进在一片完全陌生的土地之上，因为他从来没有像其他将领那样跟随亚历山大大帝东征。他在离开苏萨的时候，就发现自己已经完全受制于这里的地理与气候了。当时正值盛夏，虽然他只会在夜间行军，但由于酷热难当，他还是折损了一些兵员。更糟糕的是，他完全是漫无目的地在游荡，最终被一条名为科普拉塔斯河（Coprates）的河流挡住了去路，无法弄清欧迈尼斯所处的位置。事实上，此时他的对手与他相距不到10英里，正驻扎在更为宽阔的帕斯底格里斯河（Pasitigris）的对岸。

欧迈尼斯选择帕斯底格里斯河作为自己的防线。他清楚安提柯必须沿着河岸向东行进才能找到一个更为适宜的渡河地点。他的计划是迫使安提柯走上漫漫长路，在米底翻山越岭。倘若安提柯真的是朝那个方向前进的话，那么欧迈尼斯就打算等双方拉开安全距离之后，将整个联军带往西部，进入现在几乎没有敌军驻扎的安纳托利亚与腓尼基。他从那里可以与自己的欧洲盟友波利伯孔、奥林匹娅斯以及年幼的亚历山大通过海军建立联系。安提柯与其大本营之间的联系将会被切断，陷入缺乏增援的境地；而且假如卡山德被永远地击溃了，那么安提柯在政治上就彻底失去了立足的理由。

欧迈尼斯将自己的部队排布在宽阔的帕斯底格里斯河沿岸，他知道安提柯会尽最大的努力从无人察觉的地方渡过河流。当四万名联军士兵不够部署之时，欧迈尼斯便要求朴塞斯塔斯从他直辖的波西斯行省再招募一万名士兵。这种要求似乎暗示了欧迈尼斯较高的指挥地位，这让朴塞斯塔斯大为恼火，

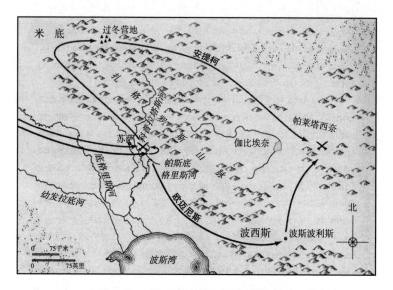

**地图 4　安提柯与欧迈尼斯在帕莱塔西奈
（位于现今伊朗）之战前的行军情况**

但最终朴塞斯塔斯对安提柯的疑虑战胜了自己的自尊心。于是 283
他下达了让波西斯增援的命令。通过一连串的呼喊，他的指令
在众山之巅被接力传送，因而波斯波利斯在一天之内就接到了
命令，如果派遣信使向东跋涉则可能需要一个月。

在抵达帕斯底格里斯河之前，安提柯不得不先用渡船将自
己的士兵运过科普拉塔斯河，因为这条河水流过深，所以他们
无法直接涉水而过。欧迈尼斯知道安提柯正在这里漫无目的地
行进，于是设计了一个圈套。因为安提柯不得不用船只一趟又
一趟地运送兵员，所以这就意味着大军半渡之时，他的部队将
会分散在河的两岸。欧迈尼斯选择隐蔽下来，直至对方大约有
一万人抵达了东岸，随后发出了冲锋的讯号。安提柯麾下的士
卒尝试进行了短暂的抵抗。接着，所有人都往船上逃去，其中

一些船在蜂拥而至的士兵的重压之下最终沉没，而有些人则惊慌失措地跳入河水，除了那些最为强壮的善泳者之外，其他人都被湍急的河水冲走了。这些士兵的袍泽，因为身处科普拉塔斯河对岸，无法对射程之外的战友提供支援，只得沮丧地目睹惨剧的发生。最终有四千多人选择了投降，成了欧迈尼斯的俘虏，被编入他的军队。此举不仅削弱了安提柯麾下的兵力，而且更严重的是，让他的声誉受损。曾经被认为是精明的突袭大师的安提柯，现在也在智计上被人略胜一筹。

安提柯只得放弃渡河，沿着一条艰难之路向北进入米底地区。[19]欧迈尼斯的宏伟计划正逐渐变成现实，但他还需要包括东部诸位总督在内的联合指挥官们同意向西行进。银盾兵与欧迈尼斯麾下的士兵会全力支持这项计划，但是朴塞斯塔斯和他的同党们拒绝让自己的行省任由安提柯蹂躏。他们甚至比先前更加不愿意追随欧迈尼斯，因为欧迈尼斯在科普拉塔斯河抢了他们的风头，而他们显然并没有为这场胜利贡献分毫。无奈之下，欧迈尼斯只得放弃自己的大战略，同意继续在东部作战。因为如果不这样安排的话，联军就会一分为二，变成了合兵之前的模样，而分裂后的任何一部分都将很容易沦为独眼安提柯的猎物。

九　王室与卡山德（马其顿）

284　　希腊的作家们总是喜欢将那些与悲剧女主人公相似的女性作为自己思索的对象，而在奥林匹娅斯身上，他们找到了自己想要的所有相似之处。她出生时便化用了特洛伊公主的名字，唤作波吕克塞娜，而在他们看来，她的一生仿佛都在扮演神话里的各种角色。在成为腓力二世之妻以后，奥林匹娅斯仿佛化身为美狄亚，除掉了那些胆敢偷走丈夫感情的公主；作为已故亚历山大大帝的生母，她又像赫库芭（Hecuba）那样为身殒的赫克托耳而深深哀伤。她在成为马其顿的统治者时，又仿佛唤起了人们对阿尔戈斯（Argos）的铁腕王后克吕泰涅斯特拉（Clytemnestra）和安提戈涅（Antigone）的记忆，但是她的所作所为与选择安葬亲人遗体的安提戈涅截然相反，因为奥林匹娅斯对亲人怀有强烈的爱，所以不惜将逝者的遗体从坟墓中掘出。

无论我们让奥林匹娅斯去扮演何种角色——或者我们是否会按照传记作家伊丽莎白·卡尼的说法将她们统统视为性别的刻板印象——她无疑都是一位悲剧人物。她凯旋马其顿之后，仿佛安然渡过了险境，同时也拯救了自己的亲孙；毫无疑问，她现在打算让仍旧滞留在萨第斯的女儿克利奥佩特拉返回宫廷，重归王室。然而，她的执政时间注定不会长久。准备复仇的俄瑞斯忒斯（Orestes）正从希腊群山的另一边悄然向她接近，虽然她知道这个人即将到来，却无论如何也无法阻止对方的步伐。

奥林匹娅斯的政治领导力已经强大到了堪称专制的地步，但是她对军队的指挥能力并没有如此强大。当等待已久的卡山德率部出现之时，各处咽喉要道尚未被封锁。追随奥林匹娅斯首席大将波利伯孔的士兵的忠诚已经有所动摇，一些收受了贿赂的士兵选择叛逃到卡山德的阵营。奥林匹娅斯的外甥埃阿喀得斯派出的军队也放弃了支持她的事业，转而回到故土伊庇鲁斯推翻了埃阿喀得斯的统治，同时也推翻了这个据传自特洛伊战争以来一直统治该地的皇室王朝。尽管奥林匹娅斯还拥有唯一幸存的阿吉德君主的监护权，但是她发现自己的地位正在被

285

迅速削弱，而削弱她地位的正是她曾经杀害另外一位君主时所产生的恶意。

随着军事力量的不断减少，奥林匹娅斯开始表现出对亚历山大大帝曾经的护卫官阿瑞斯托诺斯的青睐，而此时阿瑞斯托诺斯正赋闲在马其顿的家中。她争取到这个人来保卫自己的政权，而她则撤退到海滨城市皮德纳（Pydna）。即便她的将领遭遇败绩，身处那里的她依然可以指望自己的支持者——或许是欧迈尼斯，但她此时并不确定他身处的位置——从海上将她救出。[20]跟随她一同出逃的，还有一些最为无依无靠且命途多舛之人：六岁的亚历山大和与他年龄相仿的配偶黛达弥亚，以及来自巴克特里亚的王太后罗克珊娜。除此之外，宫廷中的其他成员、一队忠诚的士兵和数头没有折于麦加洛波利斯尖刺的战象，也一路与之相伴。

王室的避难之处并没有贮存食物，所以卡山德知道自己可以在短时间内完成对该城的围攻。他率领军队来到了皮德纳城外，下令在这座城市所在的岬角上修筑坚固的栅栏，从而切断其与陆上援军的联系，同时征用船只和舰载攻城器械从海上发起进攻。在自己父亲逝世与波利伯孔继位近两年之后，卡山德终于夺回了属于自己的遗产。他的敌人已经被逼入绝境，而他也并不打算让他们就此逃脱。

十　欧迈尼斯与朴塞斯塔斯（波斯波利斯，公元前317年秋）

欧迈尼斯的军队正向东往波西斯进军。这里是朴塞斯塔斯的直辖行省，而他在这里也扮演了殷勤有礼的主人角色，慷慨地从途中所见的牛群中为大军提供给养。朴塞斯塔斯曾因欧迈

尼斯拥有的声望而深感不安，所以决定重新赢回军队对他的爱
戴。他十分清楚，食物是吸引士兵效忠的重要磁石，除此之外
还有金钱、胜利以及亚历山大大帝的青睐。由于欧迈尼斯在后
三者中都胜他一筹，所以朴塞斯塔斯决定将自己的索求都押在
第一项上。

　　朴塞斯塔斯在其行省首府波斯波利斯，为四万多人的军队
举办了一场盛大的宴会。四个庞大的同心圆构成的会场被设置
在一片开阔地上；每层外围圆环的周长都要比内侧圆环的周长
长逾 1 英里，用餐的长榻都是由覆盖着地毯的树叶堆成的。不
同的部队根据自己所处的位阶被分配到不同的圆环之中：最外
层的是普通步兵，其次是银盾兵和其他亚历山大大帝麾下的老
兵，接着则是骑兵以及下级军官，而最内侧的一环则围坐着高
级将领。在这个军队宇宙的中心矗立着诸神的祭坛，同时还有
为已经神化的亚历山大大帝及其父亲腓力二世设置的两座新的
祭坛。这是一场盛况空前的宴会。²¹ 很显然，朴塞斯塔斯不仅
赢得了士兵们的爱戴，而且自身的权势也得到了增强。

　　欧迈尼斯对此很难做出回应。很明显，现在朴塞斯塔斯想
要同他争夺部队的领导权，但是对于欧迈尼斯而言，即使是承
认这种竞争的存在——更不用说发动反击了——都会导致公然
的分裂。他并不希望在召唤亚历山大大帝幽灵的权利问题上彻
底摊牌，就像曾经围绕亚历山大大帝的遗体而展开的最终决战
一般，而他的主人佩尔狄卡斯就折戟于此。欧迈尼斯寻求了一
种不同的解决方案，这一次他并没有利用自己的军事技能，而
是利用了自己在第一段职业生涯中——身为马其顿国王的书记
官时——习得的那些技能。

　　从波西斯行省前往马其顿往往需要数周的旅程，因而两地

286

之间传播的消息在抵达目的地之时往往已经过时。欧迈尼斯便利用了这个时间差，伪造了一封书信，提供了西方发生的重大事件的消息。那封信提及奥林匹娅斯已经击败了卡山德并将其杀死。年幼的亚历山大现在已经稳坐于王位之上；波利伯孔及其麾下军队已经携精锐之师与成队战象横渡海峡进入亚细亚，并且正在向东挺进。欧迈尼斯将这封书信伪装成亚美尼亚当地波斯总督奥龙特斯（Orontes）所呈的报告，因为大家都知道奥龙特斯是朴塞斯塔斯的挚友，所以所有人都会相信他所说的话。为增加其真实性，欧迈尼斯还特地用古代波斯帝国的通用语阿拉姆语（Aramaic）创作了这封信件。

欧迈尼斯将伪造的书信发给所有指挥官传阅，信中的内容很快就被传播开了。整个营地都充满欢欣鼓舞、兴高采烈的氛围，士兵们纷纷表现出对欧迈尼斯的尊崇。他们相信欧迈尼斯的盟友已经在西方取得了胜利，并正向东挺进，帮助他与安提柯作战。因为欧迈尼斯的存在，所有对他们的允诺都将兑现；在轻松获取胜利之后，他们可以获得君主政体感激的报偿，同时内战也会随之结束。他们已经可以预见欧迈尼斯将会主宰战后的时代。他可以根据士兵们对他的忠诚度，对他们中的任何一个人进行擢升或惩罚。这个年轻的希腊人在军中的地位一举飙升到了新的高度。

欧迈尼斯凭借巧妙的欺骗手法，让朴塞斯塔斯在盛大的宴饮上取得的公关成果顿时黯然失色。他还通过指控朴塞斯塔斯的一位亲密盟友西比尔提亚斯（Sibyrtius）涉嫌秘密援助安提柯来巩固自己的优势。不管这项指控是否具有实质性的内容，这显然都是欧迈尼斯对朴塞斯塔斯的一次警告。欧迈尼斯也从自己以往的经验中知悉，随着他的地位日渐提升，其他的行省总督会对他愈加怨恨，于是欧迈尼斯设计了一项新举措来防止他们发动反叛。他从每位总督那里借取了一大笔金钱，总计可达 400 塔兰特。正如他的债权人们所能预料到的那般，只有在他们与欧迈尼斯保持良好的关系，同时欧迈尼斯自身性命无虞的情况下，这笔巨款才能获得偿还。

欧迈尼斯刚刚站稳脚跟，就有安提柯麾下的逃兵来到了他的营地。这些士兵报告说，安提柯已经离开了米底，正在向南进发。欧迈尼斯决定北上迎敌，因为更久的等候可能会导致联盟分裂，或者让他伪造的信件露馅。欧迈尼斯开始调动自己的军队，率领着他们进入位于现今伊朗西部的帕莱塔西奈（Paraetacene）。一场大战一触即发。

十一 帕莱塔西奈之战（公元前 317 年秋）

安提柯率领着近四万人的军队向帕莱塔西奈而来，而欧迈尼斯麾下的士卒则更多一些。这是自高加米拉之战以来规模最大的武装集结，也是有史以来两位欧洲指挥官之间爆发的规模最大的对决，同样也是两位欧洲将领第一次率领着战象相互攻击。多亏了欧德摩斯的增援，欧迈尼斯现在拥有一百二十头战象，而安提柯在特里帕拉德伊苏斯分得的七十头战象现在还剩下六十五头，不过安提柯麾下的象兵都是最初追随亚历山大大帝东征西讨的身经百战之士。

趁着伪造信件带来的支持浪潮，欧迈尼斯满怀希望地向他的敌人挺进。但是，就在他最需要激发全军信心的时候，他却突然病倒了。他将行军推迟了数日，试图恢复气力，但最终还是把指挥权交给了朴塞斯塔斯和安提贞尼斯，以便军队能够继续向前推进。曾有一段时间，近乎失去意识的欧迈尼斯不得不被放在盖有布匹的担架之上，跟随在大军之后，而他的士兵则对他的病情忧心忡忡。[22]安提柯则从己方抓获的一些斥候那里获悉了欧迈尼斯的病情，于是赶忙抓住了时机。

两支军队在蔓延数英里的战线上对峙，而双方仅仅相距0.25英里。[23]这场对决让他们已经期待了两载，现在终于即将到来，然而此时双方都十分诡异地不愿意立即开战。欧迈尼斯仍在康复当中；而安提柯则希望对方的联盟可以土崩瓦解，或者希望欧迈尼斯一方的银盾兵会临阵倒戈。八万余人就这样在崎岖不平的战场上对峙了四天，而该地的粮草也被双方的粮秣征收者搜刮一空。

289　　安提柯在对峙的第五天派遣了使节前往总督联军与银盾兵的驻地，再次敦促他们与欧迈尼斯决裂，并承诺将会给予他们大赦与奖励。安提柯表示，他们的总督之衔可以继续保留，而银盾兵则可以选择在亚洲获封土地、遣返马其顿并获得现金奖励，或者在安提柯的军队中担任高级职务。这是他第三次试图贿赂或者威胁欧迈尼斯的部下，但并没有取得更多进展。银盾兵们严词拒绝了使节，甚至威胁要将他们杀掉。我们并不清楚朴塞斯塔斯和他的同僚们对这个提议持何种看法，但至少他们现在还是坚守住了自己的立场。

现在正逐步恢复体力的欧迈尼斯，来到了自己部队的前面，盛赞了他们的忠诚。他告诉自己的士兵，安提柯就像寓言中那个自己女儿被狮子追求的男子。这个男子告诉狮子他很担心自己女儿的安全，于是狮子就拔掉了自己的牙齿和爪子，希望能够获准与他的女儿在一起。不过，随后这名男子就用棍棒打死了这头无助的野兽。"安提柯现在正在做相同的事情，"欧迈尼斯告诉他们，"他会假意遵守他给出的条件，直至他将你们的军队完全掌控，然后他就会对你们的领导者们施以惩罚。"士兵们纷纷高声呼喊："没错！"

欧迈尼斯还从逃兵那里获悉，独眼的安提柯正打算夜间拔营，离开该地。虽然他们并不知道安提柯此行的目的地，但是欧迈尼斯猜测他会前往附近拥有丰沛粮草的伽比埃奈（Gabene）[24]地区，从而让自己的军队恢复元气，并且在更为适宜的战场上作战。欧迈尼斯决定抢先占领该地，并且假意派出己方的"逃兵"告知安提柯他即将发动夜袭，从而拖延安提柯的行动。安提柯相信了这个谎言，并让自己的部队整夜都严阵以待，直到他从自己的斥候那里获悉欧迈尼斯已经开拔前往伽比埃奈了。安提柯赶忙率领一支骑兵快速部队尾随欧迈尼斯而去，希望能够弥补错失的六个小时。

黎明时分，安提柯的先遣部队终于赶上了欧迈尼斯的大军。他们骑马行进在高高的山脊之上，瞥见了下方平原上行进的欧迈尼斯部队，而欧迈尼斯的士兵们也发现了他们。不过，对安提柯的骑兵们而言幸运的是，从下方仰望的士兵因为只能看到山脊的正面，故而无法判断安提柯的骑兵后面是否跟着敌方大部队。欧迈尼斯不敢以身犯险，于是停止行军并准备迎战。这让安提柯拥有足够的时间去调集行动迟缓的后续部队，并且集结全军。数小时之后，当自己的步兵抵达之时，安提柯便率领着麾下军队冲下山脊发动进攻。

安提柯骑着战马身处部队右翼的领衔之位，而他的儿子德米特里也已经长大成人，足以参加人生的第一场战斗了。而在战阵的左翼，则是率领着一支轻骑的培松，他希望自己最终能够将东方纳入掌控。按照原定计划，安提柯会率领麾下骑兵率先发起冲锋，就像亚历山大大帝曾经率领的右翼骑兵一般。但

290

是出于某种原因，安提柯在尚未抵达与自己对阵的敌方部队——欧德摩斯与联军总督的军阵之前，就让部队停止了前进。而与之相反，身处左翼的培松成为最先与敌军交战的一方，他率领着自己麾下的轻骑兵向前突进，并向欧迈尼斯周围的大象发射箭矢与投枪。

身处己方右翼的欧迈尼斯，密切关注着这一动向。他的战象倘若不断被箭矢倒钩所伤的话，就有可能被彻底激怒。他感到培松已经离自己太过接近之时，便唤来了自己部署在左翼的轻骑兵，穿过阵线向培松发起攻击。远离盟友保护的培松骑兵，又被欧迈尼斯麾下的轻骑逐回了自己发动俯冲攻击的山丘之上。

与此同时，拥有庞大步兵方阵的安提柯中军开始与欧迈尼斯的步兵交战。虽然安提柯的军队是从地势较高的地方发起进攻的，而且在数量上也具有巨大的优势，但正如马其顿战争历次证明的那样，决定步兵交战成败的是勇气而非人数。欧迈尼斯战阵中的银盾兵已经并肩作战了数十年；而他们现在所面临的这些年轻新兵中很多人甚至根本都没有打过仗。随着利剑与萨里沙长矛的交锋，银盾兵生生凿穿了敌军的阵线，并给敌方造成了大量的伤亡。安提柯的步兵方阵被打得四分五裂，在银盾兵的追击之下纷纷往山丘上逃去。形势陡然逆转，而独眼安提柯的军队如今陷入了困境。

在其顾问们的建议之下，安提柯稳健调度，让自己的所有部队成功撤回到高地之上，他们在那里可以避免遭受更进一步的打击。不过，正当安提柯从己方右翼冷静地目睹着自己的左翼与中军崩溃之时，他却发现对手的战线存在一个缺口。因为欧迈尼斯将自己的轻骑兵从原位调离，以迎战培松的部队，这就在战线上留下了一个缺口，而随着欧迈尼斯方阵的不断推进，这个缺口被越拉越大。安提柯于是率领着麾下骑兵冲向了那处缺口，他的儿子德米特里则紧随其后。他们从侧翼对欧迈尼斯的部队发动了猛烈的袭击。这突如其来的一击，令欧迈尼斯的军队大为震惊，势头为之一转。欧迈尼斯赶紧召回自己业已获胜的步兵方阵，命令他们停止追击并且驰援欧德摩斯。安提柯派出迅捷的骑手阻止了己方逃窜的部队，并且让他们重新整装待发。

这场战斗持续了近一天，但并没有决出胜负，这两位将军也都不愿意中途停止交战。在距离自己原先所处位置3英里的地方，欧迈尼斯与安提柯又再次摆开阵势，这次双方只相距400英尺。当空的满月为这场夜战提供了充足的光线，看来战斗将再度爆发。然而就在这时，双方都突然解除了战备的状态，放下了自己手中的武器。在数日没有妥善补给的情况下，他们早已筋疲力尽、饥肠辘辘了。最后在双方达成一致之后，这场战役终于结束了。

这场战役到底是谁获得了胜利？欧迈尼斯给敌军造成了更大的伤亡，并且在关键的步兵交战中斩获了胜利。然而，当他命令自己的士兵返回战场并在那里扎营——这是胜利者享有的特权——的时候，他的士兵却表示拒绝。他们的私人财物与行李辎重都另在他处，这些士兵并不愿意远离自己的财物。因为敌方统帅正试图争夺士兵们对自己的拥戴，所以欧迈尼斯不得不同意士兵们的想法。而自身权威不受限制的安提柯，则率领着自己疲惫的军队，开进到3英里外尸横遍野的战场，并在那里扎下大营。安提柯如是宣称："谁主宰了战殒者的遗体，谁就是这场战斗的赢家。"尽管如此，他还是在第二天趁着欧迈

292

尼斯还没有获悉自己的战损情况时，匆匆地将逝者火化了。[25]

尽管安提柯的军队在技术细节上取得了胜利，但是他们仍然难掩自己内心的挫败。安提柯决定将这些士兵带离这个区域，以免他们在士气低落的情况下再度与敌交战。当欧迈尼斯的使者前来安置逝者之时，安提柯已经为第二天安排好了仪式，但是他在夜间悄悄拔营，并以最快的速度离去。这场交战见证了无数阴谋诡计、佯攻诈袭与夜间行军，而安提柯此举无疑成了此役中最后的诡计。欧迈尼斯的斥候告诉他安提柯已然远去，而他也并没有试图追击。他的人马也已经疲惫不堪。欧迈尼斯会让他们在冬日休整，为下一场对决做好准备。

安提柯与欧迈尼斯在帕莱塔西奈之战中的表现，都证明了他们是势均力敌的对手，两者不仅狡猾精明而且富有创造力。现在他们都知道了对方的优势与不足。彼此间对阵的过往早已不再重要，安提柯取得了奥钦尼亚之战的胜利，而欧迈尼斯赢下了科普拉塔斯河之战，而在帕莱塔西奈之战中他们打了个平手。这两个阵营现在普遍认为，一场伟大的对决正在展开，而阿吉德王朝的命运尚且未定。人们知道，欧迈尼斯选择支持奥林匹娅斯与年幼的亚历山大。在他取得胜利之后，即使仅仅因为他无法成为王室中的一员，他也仍然会向阿吉德王室臣服。而众所周知，安提柯可不会听从其他人的调遣。安提柯对帝国的规划尚不明朗，但是倘若他战胜了欧迈尼斯，那么他的规划中肯定不会包括接受一位六岁半的巴克特里亚混血国王的差遣。

随着两人的部队进入不同的过冬营地，所有人都清楚，这场最终对决已然不再遥远。但没有人能预见到这场对决在什么时候开始，也不知道它会以什么样的形式展开。

第十章 尘封墓穴

公元前 316 年至公元前 308 年

亚历山大大帝在巴比伦逝世六年多后，依然对这个世界拥 293
有巨大的影响力。在欧洲，奥林匹娅斯与年幼的亚历山大曾经
短暂地登上权力的巅峰，这主要是因为他们与亚历山大大帝血
脉相连。在亚洲，欧迈尼斯在亚历山大大帝的幽灵面前与同僚
会晤，从而赢得了关键的盟友。在埃及，托勒密则守护着亚历
山大大帝的遗体，他很快就会把这一圣物存放在一座巨大的纪
念堂当中，那里也被简称为"帝陵"（Sema）①。亚历山大大
帝的遗体将吸引着源源不断的朝圣者前往该地直至公元 3 世
纪，之后它便消失在了历史长河之中，或许是在当时席卷整个
城市的宗教骚乱中遭到了毁坏。[1]

曾为亚历山大大帝四处征战的老兵们，发现自己在帝国的
任何一个角落都会被人们视为英雄人物与超凡之士，而银盾兵
无疑是他们当中最受崇敬的英豪。全世界都知道亚历山大大帝
对这支军队的信任，他总是派遣他们执行危险的任务，并且通 294

---

① 多米尼克·格罗斯（Dominik Gross）认为陵墓所在之处应为"Soma"，这
在古希腊语中表示"尸体"或"躯体"的意思，具体可参看 Dominik
Gross, *Die dienstbare Leiche. Der tote Körper als medizinische*, *soziokulturelle
und ökonomische Ressource*, Kassel：Kassel University Press, 2009, p. 17 和
金寿福：《记忆与想象中的亚历山大大帝的棺椁与陵墓》，《中东问题研
究》2016 年第 2 期，第 28 页。——译者注

过给他们的装备镀上白银来予以表彰。国王逝世六年多后，银盾兵便成了他留下的最后一支完好无损的老兵部队，并没有新兵混入这支部队。他们的团结一致赋予他们政治权力。在军中集会上，银盾兵们总能发出响亮而清晰的声音，所有的这三千名士兵似乎都会作为一个整体，通过他们的长官安提贞尼斯与透塔摩斯来表达自己的观点。他们拥有的特权无可争议，而他们在作战时的毁灭之力亦是无人质疑，这是他们数十年来作为一支精英部队并肩作战的结果。

到帕莱塔西奈之战的时候，这些银盾兵已经不再年轻了。八年前，亚历山大大帝曾将他们与其他在俄庇斯退役的老兵一同送归故土，但是在他们还没有走远的时候，国王便逝世了，由此引发的权力斗争促使他们不得不重新参与作战。他们再也没有隐退的可能，也无法重返自己的故土或家庭了。军营便成了他们的家。军营也成了他们家人的住所，他们当中有很多人都有了妻子或情妇，还有一些甚至有了孩子，这些人陪伴着他们不断行军。所有的随行人员都被安置在军队后方庞大的辎重车辆当中，同时这些车上还满载着成堆的财宝，这些财物都是他们通过掠夺、获得报酬及指挥官的赏赐（有些则是亚历山大大帝亲自赐予的）积累而成的。

从波利伯孔第一次向他们下达命令让其服从欧迈尼斯的指挥之后，到帕莱塔西奈之战爆发之前，银盾兵已经追随欧迈尼斯将近三年了。他们对于统帅的忠诚经受住了威胁、贿赂与挑战的考验，在那个背信弃义司空见惯的年代，他们无疑是惹人注目的忠诚楷模。有一些人是出于对共治国王的崇敬而选择追随欧迈尼斯；而其他人要么是因为欧迈尼斯提供了丰厚的报酬，要么则是因为相信欧迈尼斯最终将会取得胜利并且改善他们的命运。而真正的忠诚并非他们追随的动机。除了已故的亚历山大大帝，他们不会从心底里崇敬任何一位指挥官，他们甚至还嘲笑其他人无法与自己匹敌。[2]欧迈尼斯会用奉承之举来实现对他们的掌控，将他们称呼为"我的保护者"以及"我生存的最后希望"，并且不断提醒他们忆起自己辉煌的过往。欧迈尼斯告诉这些人，正是他们成就了亚历山大大帝的伟大。最重要的是，他使用亚历山大大帝的大帐——那位征服者的精神力量充盈在大帐之中——约束着两位高级指挥官安提贞尼斯与透塔摩斯，让他们为自己效力。

通过这般花言巧语、阿谀奉承以及巧妙操控，欧迈尼斯保住了波利伯孔赋予他的领导银盾兵的权力。然而这种领导地位十分诡异，既无法长久，也十分脆弱。它必须通过忠诚誓言[3]来强化，欧迈尼斯必须定期让银盾兵对自己宣誓效忠。这些亚历山大大帝麾下最为伟大的战士与一个比他们年轻二十岁、曾经担任书记官的希腊人之间的纽带并非坚不可摧。迄今为止，四位马其顿将军的贿赂和威胁都未能打破这条纽带，但是其中最为伟大的将领——独眼的安提柯仍然没有放弃这一尝试。

一　伽比埃奈之战（公元前 316 年年初冬）

当安提柯让自己的军队在米底休整之时，他满怀疑虑地回顾了帕莱塔西奈之战。他在作战中落败，而现在己方兵员数量也少于敌方。他的步兵方阵在与银盾兵初次交手之后便陷入崩溃，以后将会更加畏惧那支部队。安提柯在另外一场公开对阵中将会面临胜负难料的局面，而他或许根本就不需要去冒这个风险。他仍旧可以采取自己最喜爱的策略，而这种策略已经在对付其他敌人的时候发挥了巨大的作用，那便是发动奇袭。

从安提柯的过冬营地到欧迈尼斯的过冬驻地，需要在适宜耕作的乡野进行近一个月的行军，但是倘若从一片没有植被生长的不毛之地穿过的话只需要九天的时间。没有人会想到居然有军队会穿过那片荒漠，也没有人会想到有人会在冬天发起突袭，此刻这里正处于严寒刺骨的季节。正如安提柯从自己的间谍处所获悉的那样，欧迈尼斯对自己的安全十分有自信，以至于他将自己的军队分入了横贯数百里的营地。如果安提柯可以趁其不备发起袭击的话，那么这些营地中的部队将永远没有时间汇聚成军。他们会一个接着一个地选择投降，直至欧迈尼斯和他麾下无人匹敌的银盾兵彻底落入圈套。

296

安提柯命令士兵建造木桶，并为自己的军队搜集了十天的给养。为了避免信息被泄露，他告诉自己的士兵他们正在向西行军前往亚美尼亚，但是随后突然转向并率领着他们进入荒漠。而此时他可以确保行军的秘密不被泄露，因为没有哪个间谍或者逃兵可以在这片开阔无垠、寸草不生的平原上逃脱。为了进一步掩盖自己的行军路线，他命令自己的部队只在白天点燃营火，因为荒漠的周围是绵延的群山，对方很容易在夜晚从山上看到这里的篝火。这一命令在行军的前半段都得到了遵守，但最后士兵们再也无法忍受夜间的寒冷与刺骨的寒风。他们中的一些人点燃了篝火，这就暴露了他们的存在。

牧民们在远处的山上看到荒漠中亮起了奇怪的火光，于是派遣信使骑着疾驰的骆驼通知了欧迈尼斯联军中距离最近的将军朴塞斯塔斯。朴塞斯塔斯在睡梦中被这消息惊醒，赶忙召集其他将领，召开了紧急会议。朴塞斯塔斯敦促大家赶紧撤往伽比埃奈平原的更深处，从而为自己争取时间。欧迈尼斯与朴塞斯塔斯再次争夺起战略控制权，前者反驳道，军队应该驻留在原地。欧迈尼斯承诺，自己可以通过巧施诡计来让独眼安提柯的部队推进至少停滞三天，这样就足够令各处分散的部队集结于一处。他的指挥官同僚们决定让他放手一试。

欧迈尼斯立即派遣使者前往伽比埃奈的所有营地，敦促自己的部下尽快与他会合。随后，他率领着一支部队登上了某处高地，然后每隔 30 英尺便设置一个哨位，每个哨位都会部署一队烽火照管者。他们接到了命令，每晚都会生起火堆，让火堆持续燃烧数个小时，然后在黎明到来之时将火缓缓熄灭，就仿佛那是军队作战时的营火一般。欧迈尼斯知道惧怕逃兵与间谍的安提柯究竟会如何反应，而事实证明他并没有猜错。当看到山脊上燃起的火堆时，安提柯以为自己的计划已经被泄露，现在整个联军正严阵以待。心灰意冷的他只得离开荒漠，率领士兵进入乡间，因为在那里他可以休整并且得到补给。安提柯认为，前方等待他的将不会是一个埋伏，而是一场正面对决。

这个计策为欧迈尼斯赢得了足够的时间来集结自己的部队。最后抵达的是行动迟缓的象群，这支军队险些全军覆没，欧迈尼斯不得不派遣部队将他们从袭击中拯救出来，因为此时安提柯已经发现自己遭到了欺骗，迅速率军抵达了伽比埃奈。

在六个月内，两支各自拥有三万余人的强大军队，在这片位于现今伊朗、干燥少雨且尘土飞扬的平原上，第二次展开了对决。

欧迈尼斯这一次将他自己与麾下最精锐的骑兵都部署在了军队左翼，直面安提柯与德米特里。他将正面迎击自己的死敌。他把朴塞斯塔斯部署在了自己的右侧，或许是为了确保自己能够在战斗中随时关注那位令人困扰的同僚。欧迈尼斯似乎已经意识到这个难以驾驭的联盟并没有真正团结一致。普鲁塔

297

克记载，那些敌视他的将领正密谋将他除掉，而欧迈尼斯本人也清楚这一点，但是这段记载缺乏其他史料的佐证。[4]不管怎样，欧迈尼斯经常与朴塞斯塔斯发生争执，所以他也清楚对方并非值得信赖之人。

在己方强大的左翼阵前，欧迈尼斯还部署了麾下最为精锐的战象作为掩护。他们能够向安提柯的战象发起攻击，同时也能够抵御正面的骑兵冲锋，因为马匹对于大象的外形与气味都十分警惕，不会轻易与之接近。欧迈尼斯在己方的中军则部署了以银盾兵——他最为强大的军队以及获胜的最大希望——为298 先锋的步兵方阵。他让自己的右翼保持了虚弱的状态，并且命令右翼尽力拖延加入战斗的时间。欧迈尼斯将尝试从自己所在的左翼，用自己最为精锐的部队瞄准敌方的统帅，发起制胜的一击。这正是亚历山大大帝曾经与波斯人交战时采取的策略，而他所立下的榜样便成了军功伟业的准绳。

当两支军队在贫瘠的平原上相距不到数英里时，银盾兵的指挥官安提贞尼斯派出一名骑兵向前疾驰以传递讯息。他在进入独眼安提柯麾下士兵听力所及范围时发出了呼喊："恶棍们！你们的父辈曾经追随腓力二世和亚历山大大帝四处征战并且征服了整个帝国，而现在的你们却令他们蒙羞！"毫无疑问，这是银盾兵们的夸耀与斥责。这样的消息令安提柯的士兵们顿感不安，他们并不希望与自己整个时代最受尊崇同时也是最为致命的士兵作战。随着讯息的内容在部队中口耳相传，欧迈尼斯这一方的士兵都爆发了赞同的呼喊声。听到呼喊声之后，欧迈尼斯便率领着自己的骑兵向前推进，而另一边的安提柯也做出了相同的应对。

作战部队行进的土地十分干燥且充满盐分。马匹、战象以及数万人的脚步扬起令人窒息的尘土，这尘土迅速笼罩了整个战场。随着双方的距离越来越近，伪装策略大师安提柯寻到了一个机会。他派出了一些轻装他林敦（Tarentine）骑兵，穿过迎面而来的敌军侧翼，向敌方后部的辎重车辆发动袭击。在尘土的笼罩之下，欧迈尼斯的部队中并没有人注意到这些骑兵的到来，也没有注意到他们与自己擦肩而过。这些他林敦人轻而易举地战胜了少量象征性的守卫，夺取了全部的辎重车辆，这里面就有银盾兵的家人与财物。这些骑兵挟持着俘虏，又沿着战线回到了安提柯的身边，自始至终都没有被欧迈尼斯一方发现。

在欧迈尼斯获悉这一挫折之前，另外一个打击率先降临了，后者对于欧迈尼斯获胜的概率可能影响更大。当双方战象开始接战并用獠牙相互戳刺的时候，安提柯庞大的骑兵楔形阵开始向侧翼移动，此时欧迈尼斯却发现紧挨着自己右侧的朴塞斯塔斯竟然率领着麾下的一千五百名骑兵脱离了战场。这要么是一种怯懦的行径，要么更可能是为了破坏欧迈尼斯的努力并将他斩草除根的预谋之举。[5]欧迈尼斯现在孤立无援，与自己的阵线断绝了联系，而麾下只有一小股精锐骑兵。作为一名桀骜不驯的属下，朴塞斯塔斯最终还是选择了一意孤行。

透过回旋打转的尘土，欧迈尼斯在迎面而来的骑兵集群中发现了安提柯的巨大身影。他现在拥有使出绝招的机会，可以通过一次无畏的冲锋，一举将敌酋斩杀。欧迈尼斯激励着自己的骑兵向安提柯挺进。但是他麾下的人数太少，无法渗透敌阵，继而无法给他提供一个双人对决的机会。他拼死想要完成这项丰功伟绩，这制胜一击足以让他完成从希腊书记官到第二个亚历山大大帝的转变，却是那么遥不可及。在目睹己方领头

299

战象倒下，感到自己所处侧翼正在崩解之后，欧迈尼斯便策马率领着自己的部队脱离了战斗，绕到了尚未与安提柯左翼交手的己方右翼。

与此同时，用一贯的决心紧握着手中 18 英尺萨里沙长矛的银盾兵们，正在中军不断向前推进。他们如同镰刀一般深深地扎入了安提柯的军阵，迅速迫使敌方步兵四散奔逃。最终安提柯的步兵彻底溃败。据狄奥多罗斯所述，这些银盾兵在没有一人阵亡的情况下就造成了敌军五千人死亡。这或许言过其实，但毫无疑问，这些银盾兵注定要在并肩作战的最后一役中，再度证明他们自身的实力与勇猛无畏。普鲁塔克不禁赞美他们道："他们仿佛就是战争中的健儿，到彼时为止，还未逢败绩，从未失手，他们所有人都年逾花甲，很多人甚至已经年近古稀——他们是腓力二世与亚历山大大帝麾下士兵中最为年长者。"[6]由于他们的中军取得胜利，这场战争的结果再度成为未知数。

300　　　欧迈尼斯试图召集自己麾下的骑兵，同时向朴塞斯塔斯发出讯息，要求他重新加入战斗。然而朴塞斯塔斯赌气似的撤退到了更远的地方，躲到了附近的河畔。与此同时，欧迈尼斯取得胜利的步兵部队正在遭受安提柯骑兵的攻击，不过这些步兵组成了一个中空的方形阵，所有的长矛一致对外，这种阵型对于那些毫不动摇的持矛者而言，便是坚不可摧的防御。他们沉着冷静、不露破绽，撤退到了河畔的安全地带，并在那里开始斥责朴塞斯塔斯擅自脱离了左翼。如果没有他的临阵脱逃，那么这场战斗明显将会取得胜利，而军队也将重新夺回自己的辎重——他们现在刚刚获悉了这一损失，并且为此悲痛不已。

欧迈尼斯抵达河边的时候，天色已经渐晚。诸将又举行了一次指挥系统的秘密会议，而且和往常一样，众人的意见产生了分歧。欧迈尼斯还想来日再战。他麾下的步兵完好无损，大获全胜。虽然遭到了朴塞斯塔斯的背弃，但是他的骑兵与战象依然保持着良好的战斗力。整个联军看起来比安提柯拥有更多的胜算。然而，那些行省总督却想要撤回自己的辖地高地行省，弥补自己遭受的损失。

在先前的战略冲突中，银盾兵们往往都会支持欧迈尼斯，但是他们因失去了家人和财产而变得心烦意乱。欧迈尼斯告诉他们，他们倘若能够再度奋战，完全有可能赢回一切，甚至收获更多。然而他们对欧迈尼斯备感失望，觉得自己被一位虚假的亚历山大大帝诱入歧途，并开始对他大为鄙夷。他们高呼欧迈尼斯利用虚伪的承诺引领他们前行，并用无休止的战争扰乱他们的生活，在他们本可以荣归故里的时候将他们带到了东方，最终他们失去了自己拥有的一切，他们的晚年也将堕入贫困与孤独的无底深渊。[7]欧迈尼斯与银盾兵之间的纽带终于断裂了。

这场秘密会议在没有敲定行动方案的情况下就宣告解散了。就在会议结束的那一刻，银盾兵的指挥官透塔摩斯就着手采取行动了。透塔摩斯长期对欧迈尼斯秉持怀疑态度，之前差点将欧迈尼斯出卖，而现在又偷偷和独眼安提柯联络，希望能够达成交易。这一次他并没有向自己的同僚安提贞尼斯寻求建议，因为上次正是安提贞尼斯阻止了他发动反叛。双方很快就达成了一项交易，他将会用欧迈尼斯换取辎重车辆，而安提柯也答应给他赦免和现金奖励。就在当天夜晚，双方敲定了协议，欧迈尼斯的命运也就此注定。

二 欧迈尼斯与安提柯（伽比埃奈，公元前316 年年初冬）

逮捕欧迈尼斯并非易事。他的身边依然簇拥着忠实的追随者，他仿照亚历山大大帝将这些人称呼为"伙友"，而这些人也可能为他提供保护。透塔摩斯背叛的消息可能已经泄露——的确存在一些泄露的迹象——而欧迈尼斯可能已经做好了逃跑的准备。一群银盾兵士兵将欧迈尼斯团团围住，喋喋不休地转移着他的注意力，有些人向他抱怨自己丢失了辎重，有些人则因为前一天交战的胜利而告诉他要保持信心。这些人在把欧迈尼斯从自己支持者身边隔开之后，立即扑向了他，夺走了他的佩剑，用他衣服上的布匹捆住他的双手。很快一切都结束了。朴塞斯塔斯以及他麾下的一万名弓箭手，本来可以给银盾兵造成些许麻烦，但是在看到风向转变之后，便纷纷宣布愿意向安提柯效忠。其他的行省总督也如法炮制。

两天之后，安提柯麾下的军官尼卡诺尔抵达该处，准备接管这名囚犯。当欧迈尼斯将被带出营地的时候，他请求缉拿者允许自己向银盾兵们发表演说，并且获得了对方的批准。欧迈尼斯站在所有人都能听到他声音的高地上，伸出被捆绑的双手，发表了自己的告别演说。[8]他起初好像要责备自己的士兵，但是又停了下来；他表示，自己真正想要获得的是他们的帮助。据普鲁塔克的记载，他恳求道："我要向军队保护神宙斯和执掌惩戒伪誓的神明提出祈求，请你们用自己的双手将我杀死。安提柯不会归罪于你们……如果你们不愿意动用自己的双手，那么就请松开我的一只手，让我来自行了断吧。要是你们不相信我会使用那把宝剑的话，那就把我绑紧丢在大象的脚下。倘若你们按照我的要求去做，我将赦免你们犯下的罪行，我也会认为你们是一群对待自己统帅至诚至真的士兵。"

　　然而，没有人理会欧迈尼斯发出的请求。银盾兵们呼喊着，让卫兵将欧迈尼斯带走，当欧迈尼斯从他们身边经过的时候，他们将心中的鄙夷之情发泄出来，他们低声抱怨："我们为什么要关心来自切索尼斯的祸害蒙受的痛苦，他用无休止的战事困扰着马其顿人；而此刻我们这些亚历山大大帝与腓力二世麾下最精锐的士兵，却被攫走了服役的酬劳，只得被迫依靠他人施舍来过活，自己的妻子甚至还要在敌人的淫威下度过第三个夜晚。"这些人遭受的损失令他们心中充满了仇恨，欧迈尼斯的异邦血统——曾经被欧迈尼斯本人吹捧为马其顿人应该信任他的理由——现在成了仇恨的焦点。最终，欧迈尼斯仍然只是一个局外人，一个被纵容进入他们权力结构的异邦人。当他被贴上"来自切索尼斯的祸害"的标签时，他就容易被妖魔化了。

　　卫兵们推搡着欧迈尼斯向前行进，将他推入了安提柯的大营。一大群围观者尾随其后，围观人数过多，以至于安提柯在看到他们靠近的时候，召集了一队战象和米底长矛兵将这些人驱散。[9]现在两军仍旧处于交战状态，即使停战谈判已经近在咫尺。随后，欧迈尼斯被套上锁链，在严密监视之下被推入牢房。安提柯坚持以最高戒备来确保看守无虞——"像看管一头雄狮或者战象一般看守他"——因为他害怕这个诡计多端的对手会设法再度脱身。不过，数日之后，安提柯便心软了，他下令除去欧迈尼斯身上的锁链。欧迈尼斯的私人仆役也获准进入牢房照料他，他的朋友们也可以获准进监探视，提供安慰。

303

安提柯本人并没有探视欧迈尼斯。在欧迈尼斯被捕之后，他一直避免直视自己的对手。普鲁塔克与查士丁都将此归因于"对于昔日友谊的尊重"，这可能意味着他不想让欧迈尼斯感到羞辱，或者他不想因与他相见而产生同情。事实上，虽然安提柯拿下了欧迈尼斯，却发现自己很难将他杀死。虽然他手下的军官要求立即处决欧迈尼斯，但是数日过去，安提柯依然没有做出决定。安提柯的儿子——同时也是他的知己——德米特里挺身而出，为留下欧迈尼斯的性命而辩护，克里特的尼阿库斯也做出了相同的选择。[10]毫无疑问，正如德米特里所指出的那样，安提柯完全可以像在诺拉围城战的时候一样，对欧迈尼斯予以特赦，并且将他招募为自己的顾问——一位才华横溢的顾问。

随着辩论的持续，连欧迈尼斯都感到了困惑。他向自己的看守者奥诺马尔库斯（Onomarchus）询问道，为什么安提柯既没有将他处决，也没有将他释放。而奥诺马尔库斯则满怀恶意地回答道，如果欧迈尼斯对等待死亡如此不耐烦的话，那么当初他就应该选择战死沙场。欧迈尼斯当即表示，这种指责是毫无道理的。在他漫长而富有争议的职业生涯中，他无论做过什么，都绝对不应该被称为懦夫。

安提柯将欧迈尼斯的命运交给了自己的高级将领议事会来决定。这些人对自己的判决没有丝毫动摇：如果安提柯要赦免欧迈尼斯的话，他们就将不再为他而战。即便是在收到了这份最后通牒之后，安提柯仍旧犹豫了一周。他的军队也逐渐有了哗变的迹象。士兵们担心自己可能遭到了欺骗，不能对敌军施以报复，所以便威胁要发动兵变。

终于，在两个多星期之后，安提柯做出了自己的选择。或

许，正如一些史料所述，他是被士兵们的要求所迫；而更有可 304
能是，他选择了自己认为最安全的方式，因为他知道只有死后
的欧迈尼斯才永远不会对他造成伤害，他可以从死刑所传递出
的信息中获益良多。他下令封锁了欧迈尼斯的牢房，并开始拒
绝给这个囚犯提供食物和饮水，声称自己不忍心用残暴的方式
将其处死。然而，数日后，当军队即将拔营，而欧迈尼斯尚未
饿毙之时，安提柯派遣一名士兵用一种无声而仁慈的方式将欧
迈尼斯给扼死了。[11]

　　亚历山大大帝的将军们发起的最为诡异、最不均衡，同时
也是最不典型的权力之争终于落下了帷幕。凭着自身的才华，
欧迈尼斯在行伍中荣获擢升：虽然拥有希腊血统，却一度离至
高权力仅有咫尺之遥。很少有哪个马其顿人爱戴他或者信任
他，而那些愿意任用他的人——佩尔狄卡斯、奥林匹娅斯以及
亚历山大大帝——都给予他完全的信任。最后，连独眼的安提
柯都似乎对他肃然起敬，给他举行了光荣的火化仪式，并将他
的骨灰交还给了他的遗孀。[12]这也正是欧迈尼斯本人曾为克拉
特鲁斯所做的，五年前他曾间接地造成了克拉特鲁斯的阵亡。
自此之后，欧迈尼斯一直保留着克拉特鲁斯的骨灰，这份负担
与马其顿对自己的仇视可谓不分伯仲。随着欧迈尼斯死期将
至，他便安排将骨灰交还给克拉特鲁斯的遗孀菲拉，现在菲拉
已经成了安提柯之子德米特里的妻子。

　　欧迈尼斯联军中的大部分军队都选择继续为安提柯效力，
从而让这位独眼将军拥有一支极为强大的军队。朴塞斯塔斯与
透塔摩斯都用不同的方式确保了欧迈尼斯的最终倒台，于是他
们都得以荣升高位，尽管朴塞斯塔斯——他的野心昭然若
揭——最终还是被调离了波西斯行省。而那些不甘于欧迈尼斯

失败的联军统帅将会遭到清除。象兵指挥官欧德摩斯和一位名叫西巴努斯（Celbanus）的军官都惨遭处决。银盾兵的另外一位指挥官安提贞尼斯——曾经多次力挺欧迈尼斯并且没有参与305 反叛——成了继业之战失势者中死状最惨的人：他被独眼的安提柯活活地烧死在坑洞之中。

至于那些银盾兵，他们在伽比埃奈之战中表现出自己所有的特质——傲慢自大、桀骜不驯、不可战胜的战斗力——而安提柯现在终结了这些老兵的辉煌历史。他觉得这个帝国——现在实际上已经成了他的帝国——如果没有这群难受约束的超凡之士的话，或许会变得更加安定。于是，这支军队被解散，大部分士兵都被派往亚洲各地的偏远驻地。[13] 而最不服从命令的那群士兵则被派往阿拉霍西亚（Arachosia，现今阿富汗东部与巴基斯坦西部）。当地的总督西比尔提亚斯（Sibyrtius）接到了安提柯的密令，要求让这些士兵三三两两地出去执行永远无法返回的必死任务。就像他们曾经背叛的那个人一样，这些士兵将再也无缘战死沙场，无法为自己光荣的军旅生涯画上句号。他们的力量最终消散于东方干涸的沙地之中。

三　奥林匹娅斯与卡山德（皮德纳和佩拉，公元前 316 年年初冬）

虽然奥林匹娅斯因为距离伽比埃奈太远，所以还不知道那里究竟发生了什么，但是由于欧迈尼斯兵败身死，她遭受了重挫。在安提柯就希腊人的命运举棋不定的日子里，王室成员们的命运同样处在风雨飘摇之中，因为欧迈尼斯已经是战场上最后一位有能力、有意志去拱卫王室的将军了。倘若安提柯更倾向于对欧迈尼斯宽大处理并让其担任顾问的话，或许阿吉德王

室的境遇会有所不同。欧迈尼斯有雄辩之能与劝说之技，同样
也善于欺诈与操纵。他本可以让安提柯相信，只有繁荣的阿吉
德王室才能够让这个大一统的帝国得以维系。他本可以再次立
起自己富有魔力的大帐，让安提柯也加入对亚历山大大帝的崇
拜，从而为这位征服者的母亲和儿子开辟一条解围之路。

306

　　然而，事实上解围根本遥遥无期。王室开始在城内忍饥挨
饿。这场战争带来的残酷饥荒正在皮德纳城内肆虐。因为奥林
匹娅斯誓不投降，所以城内所有人——无论士兵还是平民——
都必然要经受这场磨难，而最终的结果无疑将是一场可怕的
灾难。

　　为了让王室成员和他们的军队得以生存，这座城市匮乏的
物资已经被调用到了极限。士兵们每周可以分配到 1 夸脱的粮
食，只够每天吃上几口而已。而非正规部队和普通平民则根本
分不到任何粮食。有些人靠宰杀马匹与驮畜来果腹，而有些人
则靠食用死人遗体求存。战象的饲料已经成了皮德纳城守卫者
所要面临的巨大挑战。为了不失去这些宝贵的军事资源，士兵
们只得锯掉木头，将锯末喂给那些可怜的野兽，然后眼睁睁地
看着它们不断虚弱直至死亡。

　　最后连士兵们都没有食物可分了，于是他们怀着动人的敬
意，请求奥林匹娅斯解除他们的职务，以便让他们向卡山德投
降。王太后同意了他们的请求。反正这些士兵除了因为尸体太
多、无法掩埋而需要把尸体吊到城墙上之外，也已经无事可
做了。

　　年幼的亚历山大凝视着大海，对救援舰队的桅杆翘首以
盼，但是现在的他又能获得何种慰藉呢？[14] 虽然从理论上来说，
他拥有无与伦比的力量，甚至可以命人将海水排空，留出一条

逃往他的出生地亚洲的道路。但是现在，他的帝国范围已经缩小成一座被城墙围住的城市，城市中到处都是浮肿发臭的尸体。他被形态各异的死尸包围着，仅能依靠一点粮食来勉强维持自己的生命。此时他还不到七岁。

307　　在围城之中，他们很难与忠于王室的两位主要将领波利伯孔和阿瑞斯托诺斯保持联系。阿瑞斯托诺斯正在东面不远处的希腊城市安菲波利斯（Amphipolis），干练地指挥着城市的防御，并且大败卡山德派来攻城的将领克拉提瓦斯（Cratevas）。最终奥林匹娅斯还是找到了一位善战的将领，虽然为时已晚。而她麾下战力较弱的高级指挥官波利伯孔，仍然在马其顿西部的山区坚持战斗，但是未能取得进展。波利伯孔的儿子亚历山大——这个名字总会让人对他的才能与财富产生误解——仍旧在伯罗奔尼撒半岛上徒劳地奋战着，试图在那里执行自己父亲颁布的自由令。保皇势力一片散沙，既无法相互联系，也无法与阿吉德王室联手。

　　随着皮德纳的情况愈加危急，波利伯孔制订了一项计划，打算让王室趁夜乘坐一艘战船逃跑。[15]他派遣一名信使偷偷越过卡山德的警戒线，给奥林匹娅斯送去了一封信函，通知她船只将会在何时何地抵达。这名信使要么是失手被擒，要么就像多数人一样背叛了波利伯孔；但不管怎样，这封信都在中途遭到截获，并被送到卡山德的手上。善于利用虚假信息的卡山德，将信件重新密封并且递送给了奥林匹娅斯，不过在战船前往会合地点的途中将其扣押。卡山德不仅打算阻止奥林匹娅斯逃跑，同时还想要摧毁她的抵抗意志。这位王太后在夜里前去迎接自己的救援者时，却发现海滩上空无一人。她的希望彻底破灭了。她已经不知道那位用图章密封信件的波利伯孔是否选择了投敌叛变，将她引入圈套。

饥馑、绝望以及孤独终于摧垮了奥林匹娅斯高傲的意志。就在战船失踪的那一夜后不久，她派出了自己的使节，与卡山德展开了投降的谈判。虽然她已经没有什么可以讨价还价的了，但仍然坚持希望自己的安全能够得到保障。我们现在所能参考的文献中并没有提到她为年幼的亚历山大争取过何种（如果存在的）安排。或许在她看来，自己的孙子已经难有生机，再做争取也毫无意义了。

卡山德同意了王太后的请求，很可能宣誓不会让她受到伤害。虽然在过去的六年里曾经发生过各种背叛，但马其顿人还是坚守着誓言的价值，认为誓言是社会契约的根本支柱。在最近于安菲波利斯城外取得胜利之后，因为被俘的克拉提瓦斯宣誓将不再为卡山德而战，所以阿瑞斯托诺斯决定将他开释。即便是精通欺骗与诡计的欧迈尼斯，也以自己忠于誓言而感到自豪：为了在诺拉要塞获得释放，他改写了安提柯提供的誓言，而不是对着原版宣誓。因此，奥林匹娅斯有理由相信卡山德的承诺将会保住自己的性命。阿瑞斯托诺斯也是如此，在卡山德同样保证会确保他的安全之后，他选择献出了安菲波利斯。

然而卡山德对这两名囚犯的承诺，并没有维持多长时间。卡山德迅速采取行动除掉了阿瑞斯托诺斯，因为他担心这位曾经的护卫官拥有的威望会激起民众对他的怨恨。他将阿瑞斯托诺斯交给了克拉提瓦斯的亲戚来进行审判，讽刺的是，正是克拉提瓦斯曾经获得了阿瑞斯托诺斯的赦免。很快阿瑞斯托诺斯就被判处并执行了死刑。这位年迈的老将——也是亚历山大大帝麾下唯一寻求归隐的将军——最终被卷入权力斗争，并因此丢掉了性命。亚历山大大帝麾下的任何一位高级军官都无法安然隐退。

事实证明，奥林匹娅斯的命运更难被决断。在最近的两起王室女性被杀的案件中——阿尔塞塔斯杀害了库娜涅，奥林匹娅斯逼迫阿狄亚自尽——作案的凶手都付出了沉重的政治代价。卡山德决定让一个陪审团来宣判奥林匹娅斯有罪，而不是直接将她处决。不过，他在安排审判的时候还是做足了预防措施，譬如奥林匹娅斯不能为自己辩护，受她迫害之人的亲属可以在未获陪审团许可的情况下发言。即便如此，他依然无法确保奥林匹娅斯会被定罪。在整个诉讼的过程中，卡山德变得焦虑不安，试图诱使奥林匹娅斯逃跑，这样的话他就可以在对方逃跑途中将其杀死。但是奥林匹娅斯并没有上钩。

最后，经过第二次审判，也可能是第一次审判的休庭再审，卡山德终于如愿以偿地让奥林匹娅斯被判处了死刑。[16]但现在的问题是如何去执行死刑。卡山德派出了两百多名武装人员前往奥林匹娅斯被软禁的王室寓所，而那位王太后则穿上了盛装，以帝王般的威仪出现在了士兵们的面前，看上去毫无惧色。士兵们被亚历山大大帝之母所展现的威严震慑，甚至都无法使出自己的武器。据查士丁所述，卡山德又找到了一伙更为冷酷的刺客，用利剑刺穿了奥林匹娅斯的胸膛，或者据狄奥多罗斯的说法，卡山德将奥林匹娅斯交到了那些受她迫害之人的亲属手里来接受最后的惩罚。而第三个版本的史料则认可了狄奥多罗斯的版本，并且补充了奥林匹娅斯死于乱石之下的令人毛骨悚然的细节。

奥林匹娅斯死时已经有五十六或五十七岁了。到目前为止，她所行使的权力超越了欧洲的任何一位女性，当然这得将她的竞争对手和受害者阿狄亚排除在外。虽然她是通过自己的儿子和孙子获得了权力，但直到她生命的最后时刻，她都是以自己的名义，通过坚定的意志去行使这些权力的。她对安提帕特及其子嗣的仇恨驱使她做出了荒诞的暴力之举。然而，最后是她的死敌赢得了胜利。卡山德对她的尸体施以了最后的报复，他将尸体曝于荒野，任由食腐的野兽肆意践踏。

四　罗克珊娜、年幼的亚历山大以及卡山德（马其顿，公元前316年春）

祖母的离世意味着年幼的亚历山大现在完全失去了监护者。他的母亲罗克珊娜现在也和他同是狱中人，虽然能够尽养育之责，却无法行保护之实，因为此时她和自己命途多舛的儿子一样，都已然朝不保夕了。他们现在正处于卡山德的监管之下，而我们只能从双方之间短暂的相处过程去推测他们对彼此的看法。对于卡山德而言，他们体现了亚历山大大帝最为反常也是最为危险的倾向：对亚细亚与异邦事物的接受，种族与文化的融合。对罗克珊娜与亚历山大而言，卡山德是谋杀自己丈夫和父亲的凶手，是他将安提帕特的毒药用骡蹄盛装着带到了巴比伦。所以很难说清究竟哪一方对另一方的怨恨更大。

如果卡山德对奥林匹娅斯采取行动需要冒着风险，那么处置年幼的亚历山大将会变得更为棘手，这个无助的男孩现在已经成为维系君主制度的最后一根细线。除了杀掉他需要承担高昂的政治成本之外，卡山德还有其他的理由留他一命。他现在并不知道安提柯与欧迈尼斯在东方交战的结果。[17]倘若欧迈尼斯赢得了胜利，那么卡山德就需要一名人质来阻止其对欧洲的入侵，或者需要一枚棋子来达成一些无比宏大、跨越洲际的权力划分协议。因此，现阶段卡山德还能够保护男孩与他母亲的

310

安全，不过他还是褫夺了他们的扈从与特权，并且将他们送到了安菲波利斯，由一个名叫格劳西亚斯（Glaucias）的人负责看守。他命令格劳西亚斯不要把他们当作王室成员来对待，并希望他的那些同胞也不要持有这种看法。他对于阿吉德王室的延续另有打算。

卡山德在从皮德纳的废墟中捕获的囚犯里找到了帖撒罗妮加（Thessalonice），她是亚历山大大帝同父异母的妹妹，是腓力二世同一个名叫尼刻西波莉丝（Nicesipolis）的女子生下的女儿。虽然帖撒罗妮加尚未婚配，且仍旧处于可孕年龄，但她一直都没有被卷入继业之争。卡山德立马把握住这个意外收获，迎娶了帖撒罗妮加。对于一个在皮德纳围城战中追随奥林匹娅斯到最后一刻的女子而言，这样的婚配并不会给她带来快乐，而她也不会有希望变成第二个奥林匹娅斯。奥林匹娅斯被曝于野的尸体表明，马其顿让女性掌权的短暂试验已经宣告结束。

311　　卡山德现在也试图为帝国诞下继承者。他下定决心，要让君主制度通过他的血脉得以延续。他并不想让自己父亲所憎恶的对手奥林匹娅斯，以及自己最大的敌人亚历山大大帝——据说这个男人的半身胸像就算在二十年以后也会令他恐惧得瑟瑟发抖——的血脉继续称王。[18]

卡山德将长期保持连胜不败。帖撒罗妮加将在未来的数年里为他诞下三个儿子，而这些男孩至少拥有部分阿吉德王室的血脉，有时甚至还会出现在王朝的谱系表中（不过更多时候他们是被排除在外的）。为了将自己的血脉与整个帝国最受景仰的国王的血脉合并，卡山德将这三个男孩分别命名为腓力、亚历山大与安提帕特。与此同时，他还用自己妻子的名字命名了一座他在马其顿土地上建立起来的城市，以表达对她逆来顺受、能生能育的感激之情。这就是今天蓬勃发展的希腊北部城市塞萨洛尼基（Thessaloniki）。

五 腓力与阿狄亚（埃盖城）

马其顿内战结束了，至少暂时如此。卡山德消灭了自己的敌人并且确保了对欧洲领土的掌控；他的盟友安提柯也同样在亚洲的领土上成了唯一的主宰。在短短一两年内，曾经的竞争模式将再度出现，这两位将军也将会再度互相攻伐；但在公元前316年年初的冬季爆发的灾难性激战过后所出现的短暂平静中，后亚历山大时代的世界似乎有可能趋于稳定，裂隙也将会开始弥合。

在此期间，卡山德为已故的君主腓力和阿狄亚举办了盛大的王室葬礼以表达自己内心的敬意。而杀害他们的奥林匹娅斯曾经拒绝为他们妥善安排葬礼，或许（但没有文献证明）甚至将他们的遗体曝于荒野。现在卡山德按照古老的仪式将他们的遗体或残躯火化，并将骨灰安葬在埃盖城皇室墓地里一座宏伟的陵墓中。根据一则记载，卡山德还将阿狄亚的母亲库娜涅与他们合葬于一处，而库娜涅在数年前惨遭毒手之后肯定也没有被按照王室的礼仪埋葬。卡山德为了致敬逝者还特意举办了葬礼竞技，其中还有武装士兵间的双人搏击。他在密封的墓穴顶上举行献祭，随后用泥土封盖。

很多人认为，考古学家马诺利斯·安德罗尼库斯1977年11月在希腊维尔吉纳大墓中心发现的正是他们的陵墓。安德罗尼库斯在无意中将自己的发现含糊地称作"腓力墓"，并且认为这座陵墓应当属于亚历山大大帝的父亲腓力二世；他认为

312

墓室前厅中安葬的年轻女性是腓力二世迎娶的七位妻子中的最后一位。不过，其他人很快便试图将这座坟墓与另外一位腓力——腓力三世和他的妻子阿狄亚联系在一起。他们声称，墓穴中的骸骨经过了"干法"火化，因为骨中的胶原在此之前就已经遭到了破坏。[19]也就是说，卡山德是从奥林匹娅斯放置尸体的地方寻回尸骨之后，再将之进行了火化。

这座坟墓到底是否属于腓力三世，还远没有定论。假如接受了这个观点的话，那么就要相信卡山德竟然将令人敬畏的权力象征同那位生前羸弱无能的国王埋葬在了一起。因为二号墓中曾经发掘出一顶银制王冠和一柄权杖[20]，这或许正是亚历山大大帝曾经使用过的物品，与此同时，随葬品中还有各式奢华的甲胄与武器——腓力三世只能空洞地模仿使用这些装备。事实上，这种不协调的情况让安德罗尼库斯相信"腓力墓"的墓主并非腓力三世，而应该是他那荣耀加身的父亲腓力二世。人们实在难以相信，这样一个无足轻重、精神有恙、一生都只是亚历山大大帝的将军们和自己妻子的工具的男子，竟然享受了有史以来发现的爱琴海世界中最为奢华的墓葬。

不过，也许卡山德埋葬的正是君主制度本身，而不仅仅是君主的遗骸。毕竟，权杖与王冠通常不会随同墓主一同下葬，而是会作为王朝的象征继续传承。事实上，这顶特殊的王冠被设计成了可以调节其直径大小的式样，就仿佛每一代拥有不同尺寸头颅的国王都要将它戴在头上。[21]然而，卡山德却并不想要这种连贯性，也不想与亚历山大大帝产生联系。现在最好把那些能够唤起那可怕幽灵的物品都给好好地藏起来；或者对于杀死了国王之母的人而言，他的确应该这样做。这个人曾被怀疑是谋害亚历山大大帝本人的凶手，而现在又正考虑谋杀已故国王七岁的儿子——阿吉德王室的最后一名成员亚历山大四世。

六　罗克珊娜与年幼的亚历山大（马其顿与安菲波利斯，公元前316年至公元前308年）

位于色雷斯酷寒之地的希腊城市安菲波利斯，成了罗克珊娜与儿子的最后一个栖身之地。这对饱经磨难的母子被裹挟着走过整个西亚，随后来到了埃及，之后又横渡了赫勒斯滂海峡来到了欧洲，并且走过了希腊与巴尔干地区的诸多地方；还曾相继处于七位监护者的掌控之下。最后，他们终于安顿了下来。在六年甚至更长的时间里，他们都没有离开过自己居住的宅邸。在只要亚历山大成年就可以被解除隔绝的谎言中，他们沦为了卡山德的囚徒。

对于罗克珊娜与儿子在安菲波利斯的生活，人们除了知晓他们已被剥夺了王室特权之外，对其他的则是一无所知。人们希望他们可以在平和友善的环境中享受远离尘嚣的生活，就像李尔王（Lear）曾经为自己与寇蒂莉亚（Cordelia）所设想的那般："来，让我们到监牢里去。我们两人将要像笼中之鸟一般歌唱。"或许他们很高兴自己可以摆脱权力的斗争，而权力的斗争却又是那般如影随形。在他们遭受隔离仅一年之后，独眼的安提柯便与卡山德以及其他曾经的盟友产生了不和，安提柯发誓要跨越海峡来到欧洲，将他们从安菲波利斯释放出来，并且恢复他们的王室权利。无论安提柯是真的打算拥护君主统治，还是仅仅为入侵寻找一个借口，他所发出的誓言最终都没有实现。罗克珊娜与亚历山大就像往常一样继续生活，作为普通公民而非王室成员一般活着，他们的看守格劳西亚斯现在成

314

了他们最亲密的伙伴。

亚历山大逐渐长大并且进入了青春期。他是一国之君并且有朝一日仍会君临天下的理念仍然被人广泛宣传，虽然到底还有多少人愿意相信这些话语犹未可知。公元前311年，也就是亚历山大十二岁的时候，四位执政统帅签署了一项条约，同意在年轻的国王登基之后就立即放弃自己手中的权力。亚细亚各地的书记官会用亚历山大统治的年岁来给文献标定日期（尽管有的时候他们也会用安提柯统治，以及之后的塞琉古统治，作为自己纪年的参照点）。一些希腊城市所铸造的钱币上，依然镌刻着传说中的"BASILEOS ALEXANDROU"，意为"亚历山大国王的"货币。

卡山德究竟在等待什么？或者说，是什么促使了他最终采取行动？亚历山大愈加接近成年，已经成了卡山德身上背负的已知的唯一压力。也许这就已经足够了。格劳西亚斯接到了一道命令，要他除去这对母子，但是不能让人们察觉到他们的死亡或者发现他们的遗体。格劳西亚斯将自己的任务完成得滴水不漏，以至于人们至今都无法知晓亚历山大和罗克珊娜究竟在何时死去。当时那个男孩应该只有十三四岁，而罗克珊娜可能是三十余岁。一则史料记载，他们俩是中毒而死的。

卡山德并没有亵渎亚历山大的遗体，没有像他早些时候亵渎了奥林匹娅斯的遗体那般，也没有像奥林匹娅斯亵渎了卡山德的兄弟伊奥劳斯的遗体那样。欧洲最强大的两个家族之间的敌意终于走到了尽头，虽然此时其中一方已经被另外一方彻底摧毁。马其顿恢复了稳定，足以让文明的规范再次得到确立。在年轻的国王逝世之后，卡山德在埃盖城为他准备了一座华丽的室墓。[22] 这座陵墓曾由安德罗尼库斯在1979年发现，他将其称作"王公之墓"。墓室入口的上方，安放着一块现今已经遗失的图绘饰带，前厅的四周墙壁上饰满了彩绘的赛车场景。这无疑是一个恰当的主题，因为当时有哪个青少年会不喜爱观赏赛车呢？

亚历山大的遗体最终被火化，他的骨灰也被盛放在一个银器当中，那是一个通常用来倒水的三耳瓶——这是一个不同寻常的骨灰匣，比腓力墓中的两个金匣更为朴素。一块紫色的布将银器封住。银器的瓶肩上攀挂着用纯金打造的橡树叶与橡树果所形成的精致花环。之后这个银器就被放到了一个石桌（可能是祭坛）内的中空处。镀金的武器、精美的衣袍和各式各样的餐具都被摆放在逝去君主周围的地板之上。这些都是卡山德在他生前从他身上剥去的王室特权，在他逝世之后又将其恢复。

前厅与主墓室之间的大理石门被紧闭并且得到了密封。建筑顶端还放着一头祭牲，仿佛在向神祇献祭。随后整个建筑与旁边的陵墓一样，都被泥土所覆盖。与他已经制成木乃伊的父亲相比，这位安眠在此处的国王将不再有来客造访，而他父亲的遗体现在则被安置在亚历山大里亚的"帝陵"当中，那是一座由托勒密设计以供成群结队的朝圣者们入内驻足并发出惊叹的神庙。 316

大约四十年后，在入侵者们破坏了大部分王家墓地之后，原本覆盖在埃盖陵墓上的土丘就逐渐被掩埋在了"大墓"之下。成百上千的工人在上面堆积了数以千吨计的泥土、黏土、沙子与砾石，并非为了将陵墓隐藏，而是为了让人们永远无法进入。马其顿人决定要保护亚历山大大帝的继承者，即使这意味着人们再也看不到庇护骸骨的绝美建筑。但是，至少他们知 317
道，在土丘中心的某处，阿吉德王室最后的成员们的骸骨正被紫袍所包裹，受金银所盛放，平静地躺在黑暗与死寂之中。亚历山大大帝本人并没有长眠于此；而这里所遗存的，就是那曾经令他们主宰世界的君主制度留给他们的全部。

尾　声

　　　亚历山大大帝家族的缓步凋零还需要一两年的时间才告终结。在年轻的亚历山大过世之后，他的两位长期远离继位角逐而暂时幸存的家庭成员，突然间再次成为显赫人物。很明显，现在他们的身上还保留着阿吉德家族存续的最后一丝微弱希望。

　　虽然亚历山大大帝在逝世的十年前成了这个名叫海格力斯的男孩的父亲，但是亚历山大大帝本人从未承认过他的身份，所以他便在远离政治影响的环境下长大。他和他的母亲——拥有一半波斯、一半希腊血统的贵族女性巴耳馨——在帕加马过着平静的生活。曾有一次人们提议让他来继承王位，那是在亚历山大大帝逝世次日的巴比伦，但是这个建议很快就被驳回了。然而，身为亚历山大大帝唯一在世的后裔，海格力斯绝不可能永远置身于权力斗争之外。未来会出现一位将军来利用他去推进自己的事业，这不过是时间问题。然而不巧的是，第一次这么做的人正是最不可能取得成功的那一位，即不幸的前任摄政者波利伯孔。

　　波利伯孔在同盟伙伴奥林匹娅斯与阿瑞斯托诺斯的惨败中逃出生天，前往亚洲与独眼的安提柯会合。在公元前309年或公元前308年，年逾古稀的波利伯孔决定进行最后一搏，要将盘踞在马其顿的宿敌卡山德彻底击倒。他写信给以前的盟友们，表达了重振王室的愿望，而后便将未及弱冠的海格力斯从隐居的帕加马带到欧洲。他们在欧洲集结了两万多人的大军，等候着海格力斯的到来。

阿吉德王族的声名在马其顿依然拥有强大的影响力，卡山德也有充分的理由对此忧心不安。他率领麾下的军队与波利伯孔在马其顿的边境相遇，当两军准备交战之时，他向自己的敌人提出了一项交易：倘若波利伯孔将海格力斯除去，卡山德便承诺让他成为自己坚定的盟友，同时授予他崇高的荣誉与优渥的职位。波利伯孔接受了这笔交易。

虽然无法判断记载的真实性，但普鲁塔克曾就那场暗杀留下了一段令人毛骨悚然的描述。[1]波利伯孔邀请海格力斯参加一场晚宴，这是一场战争爆发前夕的不祥之举。海格力斯心存疑虑，所以想出了一个借口拒绝出席。于是，波利伯孔就向这个年轻人发去了一条肯定会令他改变主意的消息："年轻人啊，你应该从你的父亲那里学到的第一件事，就是如何适应新的环境，以及如何施恩于自己的朋友。"海格力斯最终还是前去赴宴，并在酒足饭饱之际，被人勒毙。[2]

卡山德秘密地埋葬了海格力斯的遗体，以免引发人们强烈的抗议。随后他给波利伯孔安排了一项并不光彩的职位，让他担任伯罗奔尼撒的重要将领。波利伯孔用阿吉德家族不可逆转的血脉断绝，换取了这样一个无关紧要的奖赏。或许他在新职位上并无建树，甚至已是时日无多，因为我们参考的史料从此对他再无更多的记载。

大约在海格力斯丧命的同时，亚历山大大帝的妹妹克利奥佩特拉也离开了人世。她在十多年前赶往萨第斯寻求与佩尔狄卡斯缔结姻亲之后，便一直待在那里，成了与子嗣分离的遗媚。她现在居留的地方已经处于独眼安提柯的掌控之下，对于这位将军而言，让她继续存活并不符合自己的利益。即便如此，或许身处某种软禁之下的克利奥佩特拉，还是保住了自己的性命，只是在一旁静静地观看着众人为主宰自己兄长创立的帝国而争斗。她与安提柯似乎达成了某种交易，因为她并没有试图与安提柯的对手成婚，而安提柯也没有试图让她成为自己的妻子。

虽然克利奥佩特拉仍旧受困于萨第斯，但她的适孕时光悄然流逝。当她的两个侄子——海格力斯与年轻的亚历山大惨遭毒手时，克利奥佩特拉已经四十多岁了。她已经错过了适孕的年龄，但是仍然可以将自己拥有的王室地位出借给任何一位迎娶她的将领。正是这一可能性让埃及的统治者托勒密寻求与她携手；而出于某种未知的原因，她在公元前308年同意了他的提议并试图前往亚历山大里亚。

萨第斯的一位市政官员向安提柯告知了她的计划。这位独眼的将军当即派遣了自己的代理人——或许是为了避免引起克利奥佩特拉的怀疑，这次派出的都是女性——将她杀死。然后，就像卡山德曾为年轻的亚历山大所做的那样，安提柯为克利奥佩特拉举办了一场盛大的葬礼，并将她葬入雄伟的陵墓，同时还处决了自己雇佣的刺客。

阿吉德王室的覆灭为后亚历山大时代的第一个时期画上了句号。亚历山大大帝的将领之间的权力争夺仍将继续，并且还会传承给自己的子孙。不过，继位的问题最终得到了解答。现在合法的君主制度已经终结；至此之后，帝国的至高权力将真正属于那些"最强者"，属于那些拥有军事实力和汹汹气势想要加冕为王的人。在数年之内，安提柯、托勒密、利西马科斯、塞琉古与卡山德都会如法炮制，将王冠戴在自己的头上，继而创造出五个皇室王朝以取代那个业已失落的王朝。

随着欧迈尼斯与奥林匹娅斯几乎同时殒命，亚历山大大帝的权力无可逆转地四分五裂。帝国分裂成了数个部分，这些分裂的板块由于其统治者彼此间的嫉妒与猜忌而保持着平衡。每当一位统治者似乎拥有愈加强大的力量与野心之时，那么其他人就会联手与他抗衡。一个新的政治秩序已经出现，那根本就不是亚历山大大帝所期望与规划的世界帝国，而是一个以竞争对抗、动态联盟，以及长期小规模冲突为特征的多极世界——在许多方面，与我们当今的世界有异曲同工之妙。

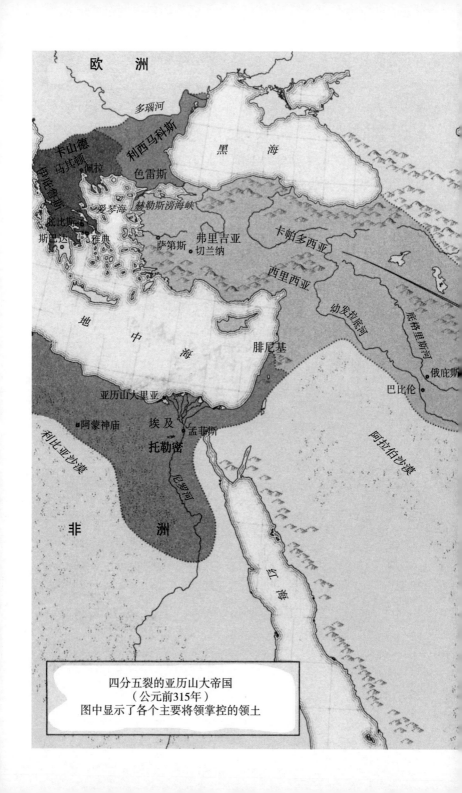

欧　洲

多瑙河

卡山德

利西马科斯

马其顿

佩拉

色雷斯

黑　海

伊庇鲁斯

爱琴海

赫勒斯滂海峡

战比斯

斯巴达　雅典

萨第斯

弗里吉亚

切兰纳

卡帕多西亚

西里西亚

幼发拉底河

底格里斯河

地
中
海

腓尼基

俄庇斯

巴比伦

亚历山大里亚

阿蒙神庙

埃及

托勒密

孟菲斯

利比亚沙漠

尼罗河

非　洲

阿拉伯沙漠

红　海

四分五裂的亚历山大帝国
（公元前315年）
图中显示了各个主要将领掌控的领土

海

亚　　洲

索格底亚那

扎瑞亚斯帕 ●
　　　　巴克特里亚
　　　　　　　兴都库什山脉

安　　提　　柯

印度河

印度半岛

希帕西斯河

● 波斯波利斯

印度河

旃陀罗笈多·孔雀

格德罗西亚

斯湾

阿　拉　伯　海

0　　　　　　　500千米

0　　　　　　　500英里

注　释

前　言

1. 该词作为一个专有名词在古代具有一定的权威性，专门用来指代亚历山大大帝逝世之后争夺权力的那些人；这个词曾在狄奥多罗斯笔下的历史中出现过一次。

2. 对这一时期年代学数据的最新回顾，可参看：Wheatley's "Introduction"（见参考文献中"纪年问题"部分）。

3. Boiy 的年表——他声称该年表介于长年表纪年法和短年表纪年法之间——被列在书名以该短语开头的著作中，同时出现在参考文献中"纪年问题"部分。

4. 欧迈尼斯的父亲也叫希洛尼摩斯，因为希腊世界中的名字往往都会以家族的形式出现，所以人们一直认为欧迈尼斯与希洛尼摩斯存在某种关系。

5. 可特别参看：Bosworth，"History and Artifice"（见参考文献"欧迈尼斯"部分）。

序　幕　墓穴启封

1. 这段引文以及在维尔吉纳发掘二号墓的其他细节均摘自安德罗尼库斯本人在 "Regal Treasures" 中的描述。

2. 近年来，认为墓主是腓力三世及其妻子，而非腓力二世及其妻子的说法得到了研究者们的支持，并在 2008 年 1 月举办的美国考古研究所会议上，得到了专家小组的有力辩护。该理论的主要支持者吉思·博尔扎与奥尔加·帕拉贾（Olga Palagia）在"Chronology of the Macedonian Royal Tombs at Vergina"中总结了自己的观点。然而，安德罗尼库斯最初认为墓主是腓力二世的观点，仍然得到了许多希腊学者以及其他欧洲国家和美国学者的支持（最近的研究可参看 Ian Worthington, *Philip Ⅱ of Macedonia*, New Haven, 2009, app. 6）。关于这一主题的参考书目非常丰富，最好通过博尔扎和帕拉贾的文章来查阅。

3. 古人类学家 Antonis Bartsiokas 在下文中提到了"干法"火化的证据："The Eye Injury of King Philip Ⅱ and the Skeletal Evidence from the Royal Tomb Ⅱ at Vergina," *Science* 228（2000），pp. 511 – 14。他的结论已经被一些学者接受，但就在这本书即将完成之际，Jonathan Musgrave 领导的团队发起了挑战；他们的观点发表在 *International Journal of Medical Sciences* for 2010, http：//www. medsci. org/v07p00s1. htm。这场辩论可能会持续一段时间，因为它只能由法医病理学的专家来进行确切之研究，而这些专家之间本身就存在分歧。

第一章　护卫与伙友

1. 该回忆由 Arrian, *Anabasis* 7. 18. 6 记载。

2. 几位古代史家以不同的版本讲述了陌生人坐上王位的故事。Arrian, *Anabasis* 7. 24. 1 – 3 记载道，该男子曾遭受亚历山大大帝施以的酷刑，并坚称自己只是一时兴起。Diodorus 17. 116 则表示，这名男子拒绝对自己的行为做出解释，而 Plutarch, *Alexander* 73. 6 – 74. 1 则认为，他将自己的行为归因于塞拉比斯的诱导。狄奥多罗斯和普鲁塔克都认为亚历山大大帝将这个人给处死了。

3. 伯沙撒的宴会之事可见于《旧约·但以理书》第 5 章。

4. 根据犹太历史学家约瑟夫斯（Josephus）所讲述的一则怪异之事，亚历山大大帝在造访耶路撒冷时看到了《但以理书》中的这段文字，并将其解释为自己对波斯帝国的征服（*Jewish Antiquities* 11. 8. 5）。

5. 正如 Arrian, *Anabasis* 7.26.3 和 Diodorus, 17.117.4 所述，话语中的 "*kratistos*" 一词，通常被翻译为 "最强大的"，但也可以表示为 "最好的" 意思，事实上，狄奥多罗斯在其他地方也引用了相同的话语，却用了不同的词 "*aristos*"，这个词明确表示了 "最好的" 意思 (18.1.4)。昆图斯·库尔蒂乌斯在他的叙事版本 (10.5.5) 中则使用了拉丁语单词 "*optimus*"（最好的）。

6. Quintus Curtius 5.1.17–23 极其充分地描述了他们在亚历山大大帝到来时表现出的欢欣鼓舞。波斯人所任命的城市总督 Mazaeus 率先改变了自己的立场。

7. 如今我们可能无法重塑亚历山大大帝对于其本人具有神性的信仰；但是我们的确知悉，他的军队曾嘲笑他自封的阿蒙神血统（参看 Arrian, *Anabasis* 7.8.3），而在他生命的最后一年，数座希腊城市还曾讨论一项提议，即是否为他举行适用于神祇的相关仪式（见本书页边码第 85 页）。

8. 我的记叙遵循了对于希帕西斯河事件的传统理解。而最近有人提出了另外一种理论，即所谓的哗变实际上是一场旨在让亚历山大大帝调转进程而不致颜面丧失的策划事件，但是在我看来，这种说法并不能令人信服。

9. 以下细节取自 Arrian, *Anabasis* 6.12–13，很明显，亚历山大大帝需要采取非常措施来安抚自己的部队。相比之下，昆图斯·库尔蒂乌斯则强调他需要向周围敌对的民众展示自己的力量 (9.6.1)。

10. 该日期是从亚历山大大帝逝世当日为基准计算得出的。（据普鲁塔克的记载）一般认为亚历山大大帝逝世的日期应该是戴西奥斯月的第二十八日，而 *Anabasis* 7.25–26 中阿里安所记载的患病天数是十一天，我由此倒推得出了这个日期。然而，普鲁塔克自己还曾记载了不同的患病天数，故而将第一次出现患病症状的日期记录为戴西奥斯月的第十八日，而非第十七日 (*Alexander* 76.1)。

11. 这个日期是通过另一种时间倒推而计算得出的。虽然我也是从亚历山大大帝逝世当日开始推算的，但是通过使用巴比伦的天文记载，逝世当日已被确定为 6 月 11 日（参看 Depuydt，"Time of Death of Alexander the Great"），我再次根据阿里安所记载的患病十一日推算得出的。不过，我们很难将戴西奥斯月的第十八日这样的希腊 - 马其顿历法日期，同现代日期建立起严格的关联性。Peter Green，*Alexander of Macedon*，pp. 473 - 75 中曾使用了一套与我不同的现代日期，出现这种情况的部分原因是他在写作的时候，根据未有定论的巴比伦天文记载，认为亚历山大大帝逝世当日应当是 6 月 10 日，但是随后的相关解读又发生了改变。

12. 在将护卫官们描述成忠于亚历山大大帝的股肱之臣的时候，我显然是反对他们合谋杀死亚历山大大帝的假设；这些假设认为，要么这些将领鸩杀了亚历山大大帝（Bosworth，"Death of Alexander"持有该观点），要么他们曾拒绝为亚历山大大帝提供精神支持与肉体治疗（Atkinson，"Alexander's Death"所展现的场景）。然而，很少有证据能够真正支持众人合谋的说法。只有一份古老的文献《亚历山大的最后时日与遗嘱》（*The Last Days and Testament of Alexander*，在《亡者之书》中部分得以留存）曾经指控大量核心人员涉嫌参与了谋杀，然而这份并不可靠的文本所提供的证词几乎毫无价值。在这位伟大的领袖突然离世之后，各种阴谋论曾经甚嚣尘上。在我看来，亚历山大谜案中的问题可以归结为：一群只知道君主制度的贵族，是否会因为发现自己的国王没有可靠的继承者，就通过盲目的弑君之举将自身拖入未知的领域呢？如果答案是"是"的话，那么人们可能就不得不去假设亚历山大大帝的统治是如此动荡不安，以至于大家已经难以忍受现状了（这种情况在之后促使罗马禁卫军刺杀了卡里古拉）。虽然亚历山大大帝在统治的最后一年有过不可否认的鲁莽冲动和惹人疑虑的倾向，但我还是认为这种假设没有任何依据。那些护卫官以及其他核心人士，绝对不可能觉得亚历山大大帝的逝世能够让自己的命运得到改善。当然，还有更好的理由认为，少数

330

核心人士——譬如安提帕特与卡山德（正如我之后将讨论的，这两人一直都是古代世界中的主要嫌犯）——通过除掉亚历山大大帝来阻止他进一步推动帝国的亚洲化，然而即使是这种假设也无法得到足够证据来支撑，虽然 Adrienne Mayor，"Deadly Styx River" 也曾声称，据说安提帕特获取毒药的那条河流中实际上可能存在具有毒性的细菌。

13. 托勒密的出生日期没有确凿的文献记载。他通常被认为是在公元前367 年出生的。该年份出自一份非常可疑的古代文献（Pseudo-Lucian *Macrobioi* 12），但是许多历史学家认为，托勒密和亚历山大大帝之间的关系看起来是两个年龄相近者之间的关系。Helmut Berve 认为托勒密的出生应不早于公元前 360 年，这就意味着托勒密比亚历山大大帝年长了四岁。

14. Diodorus 17. 103 与 Quintus Curtius 9. 8. 22 – 27。

15. 没有任何证据可以确认佩尔狄卡斯的出生日期，但正如 Berve 所推测的那样，在腓力二世遭人暗杀时，佩尔狄卡斯似乎应该是二十多岁。

16. 马其顿人的希腊化问题在古典学术界和现代巴尔干政治中都是一个棘手的问题。在此，我并不打算断言马其顿人到底是或不是希腊人的一个分支，因为我认为可引用的证据都不具有决定性。但古代有关亚历山大军队的许多记载，无论是在国王逝世前还是在其逝世后，都清楚地表明希腊人被马其顿人视为一个独立的民族。不少希腊人对于马其顿人也有同样的看法，虽然也有一些人，譬如雅典人伊索克拉底（Isocrates），为了推进政治议程，也认可了马其顿王室——而不是马其顿全体国民——所具有的希腊性。

17. 阿里安对尼阿库斯的航行编年史的叙述，可参看 *Indica*，chap. 35。

18. 也许这只是一个传说，旨在突出欧迈尼斯卑微的出身，譬如还有更加存疑的文献记载道，欧迈尼斯的父亲是一个运货马车司机或葬礼音乐家（两种说法都可以在 Plutarch，*Eumenes* 1 中找到）。Anson，*Eumenes of Cardia* 中假设，欧迈尼斯只有出身于一个拥有贵族血统且人脉广泛的家庭，才可能为腓力二世效力。

19. 这部分转述自 Plutarch, *Eumenes* 2, 或可参看 Arrian, *Anabasis* 7.13。

20. Plutarch, *Eumenes* 1.5. 有关亚历山大大帝的任何历史叙事都没有讨论过这一任命，他们所记载下来的任何内容，都没有对这一点予以充分说明。

21. 由 Ephippus of Olynthus 所述，Athenaeus 12.53 有所引用。

22. 对于亚历山大大帝在公元前 323 年 6 月穿越巴比伦城的举动，以及后来他遗体的位置，虽然阿里安与普鲁塔克的记载都只是含糊其词，但 Schachermeyr, *Alexander in Babylon* 的前四章中已经进行了详细的重构。

23. 相关证据在本书第七章第五节中有讨论。

24. 这是 Bosworth, "Alexander's Death" 中的假设。

25. 这是 Holt, "Alexander the Great's Little Star," p.32 中所使用的拼写，"Roshanak" 通常被认为是她名字的波斯语版本。

26. 据我们所知，关于罗克珊娜为亚历山大大帝诞下第一个孩子的记载，出自一份较为晦涩的史料来源，即 *Metz Epitome*, chap.70。

27. 早在公元 2 世纪，阿里安就曾嘲笑这个故事是杜撰出来（*Anabasis* 7.27.3）。

28. Diodorus 17.67.1.

29. 如本书页边码第 144 页所述，克拉特鲁斯后来与阿玛斯特里丝离婚，迎娶了安提帕特的女儿。在马其顿的社会中，似乎只有国王才被允许享有一夫多妻的特权（见 Ogden, *Polygamy, Prostitutes and Death*）。

332

30. 在亚细亚征战期间，克拉特鲁斯曾在一次猎狮活动中为亚历山大大帝提供了援手，Plutarch, *Alexander* 40 表示，他还曾在德尔斐供奉了一尊雕塑，以纪念这一共患难的时刻。纪念雕塑的供奉铭文表明，它实际上是在克拉特鲁斯战死后，由克拉特鲁斯的儿子竖立的。今天人们在佩拉所看到的两位男子狩猎狮子的马赛克雕塑，通常被认为代表着亚历山大大帝与克拉特鲁斯，但也可能并非如此。

31. 克拉特鲁斯被排除在授奖典礼之外的情况，是从 Arrian, *Anabasis* 7.5.4－6 中推断出来的，该文献仔细列出了所有获得花环的人，但是克拉特鲁斯的名字不在其列。

32. 持盾卫队的武器和甲胄并不能从文献文本或考古证据中推断出来。大多数学者从他们在作战中的行为推断，这些士兵的装备可能比方阵步兵的更为轻便。

33. 我们并不能确定这个名字——希腊语中的"Argyraspides"是在亚历山大大帝活着的时候就已经出现，还是在其逝世之后出现的；但阿里安曾暗示这个词在公元前 324 年之前就已经被使用了（*Anabasis* 7.11.3）。可以肯定的是，这个词适用于曾经被称为"持盾卫队"的部队，参看 Anson，"Alexander's Hypaspists and the Argyraspids"，以及 Heckel，"Career of Antigenes"。

34. 这支精锐部队从俄庇斯离开的情况，可以从他们后来在佩尔狄卡斯征讨埃及军队中的存在推断出来，参看 Heckel，"Career of Antigenes" 以及 Hammond，"Alexander's Veterans After His Death"。

35. 关于马其顿新兵薪酬的信息并不多。持盾卫士每月大概可以拿到 30 德拉克马，而那些"双薪士兵"则可以获得 60 德拉克马。按照这个收入标准，一位"双薪士兵"可以在大约八年半的时间内攒够 1 塔兰特。

36. 在 *Anabasis* 7.23.3 中，阿里安提及新马其顿方阵中所谓的"10 斯塔特士兵"。一些历史学家认为，他指的应该是金斯塔特（gold staters）而非银斯塔特，这样的话，士兵们的薪水就应该为每人每月 200 德拉克马，比他们可能的初始薪资增加了五倍多。阿里安似乎也在 7.8.1 表示，亚历山大大帝明确承诺要奖励驻留在巴比伦的军队，虽然大多数编辑者在这里删除了希腊文本中的一个词，这样那些奖励就归属于离开的士兵了。

37. 人们常说亚历山大大帝的部下都渴望返回欧洲，但几乎没有证据表明这种说法的真实性。据阿里安所载，在希帕西斯河的哗变中，哗

变者科那斯（Coenus）将军队此举的原因描述为对家庭和故土的思　333
念（*Anabasis* 5.26.6），但人们普遍认为该段演说是用流行的修辞
性主题凭空捏造的。在俄庇斯，士兵们拒绝将他们中的多数人遣
返回家的计划，而在亚历山大大帝死后，诚如本书所述，很少有
马其顿人返回欧洲。那些曾经返回欧洲的士兵往往还会再次启程
前往亚洲。

38. 似乎没有很好的证据能够帮助我们在这些几乎相悖的解释之间进行
选择（Schachermeyr, *Alexander in Babylon*, p.70）。

39. Justin 7.2 记载了这个故事，他还补充道，马其顿人后来认为将亚历
山大大帝葬在埃盖城以外地方的行为违反了这一禁令。

40. Herodotus 8.137-39 记载了佩尔狄卡斯一世（Perdiccas I）和他的兄
弟们逃离阿尔戈斯以及夺取马其顿王位的事迹。

41. Gene Borza, "Greek and Macedonian Ethnicity," pp.333-6 of *The
Landmark Arrian* (ed. J. Romm, NY, 2010) 总结了最近取得的共识：
"就像其他古代民族一样，马其顿人（或者说他们的统治者）创造
了一个旨在满足当代需求的基础性神话——而在这个例子里，是为
了与希腊人构筑更紧密的政治与文化联系。"

42. Quintus Curtius 10.5.4 和 Diodorus 18.3.5 均对安葬要求有所提及。他
们对亚历山大大帝之死的说法，显然与阿里安和普鲁塔克的说法相
左，而后者表示国王此时已经失去了说话的能力。虽然并没有明确
的方法来解决这种分歧，但是当人们考虑到亚历山大大帝死后的世
界中并没有人有创设它的动机时，那么库尔蒂乌斯的记载的可信度
无疑增加了。完整的讨论可以参看 Badian, "King's Notebooks" 中的
第一部分。

第二章　佩尔狄卡斯的试炼

1. 这则叙述与三个所谓的通俗史料来源有关，即 Diodorus 17.117.3、
Quintus Curtius 10.5.4 以及 Justin 12.15.12，但并出自阿里安或普鲁

塔克的作品，因此有些人怀疑其真实性，譬如可以参看 Badian，"The Ring and the Book" 中的讨论。

2. 我在这里指的是有时会被称为骑兵部队千夫长（equestrian chiliarchy）的官职，而不是宫廷中的辅政大臣（chiliarchy，这个马其顿官职相当于波斯人的维齐尔）这样一个完全不同的官职（参看 Andrew Collins，"The Office of Chiliarch Under Alexander and the Successors," *Phoenix* 55 [2001]，pp. 259 – 83）。这种名称的重叠，以及赫费斯提翁明显同时担任了这两个职位的事实，造成了诸多混乱，而我则试图通过不再使用"chiliarch"一词来指代维齐尔（vizier）或宫廷辅政大臣（court chiliarchy）这样的帝国行政首脑来减少这种混淆。亚历山大大帝有可能将自己的戒指托付给了佩尔狄卡斯，意在任命身为骑兵千夫长的佩尔狄卡斯为宫廷辅政大臣，这再一次让一个人能够像赫费斯提翁一样，同时担任这两个职位。

3. 阿里安在 *Anabasis* 6. 11. 1 所引用的佚名作者的记载，这是我们唯一拥有的对于该事件的记录。普鲁塔克在他第二篇题为 "On the Fortune or Virtue of Alexander" 的文章中，详细地描述了众人为帮助受伤的亚历山大大帝所做出的努力，但是这篇文章在还未提及拔出箭头的人物时，便仿佛被打断一般戛然而止。

4. 可以由 Suidas 所写希腊语辞书来证实，可参看关于列昂纳托斯的条目（该部分信息被认为取自 Arrian，*Events After Alexander*，因此被包含在该作品的 Roos 版本中）。

5. Heckel，"Politics of Distrust" 有力地阐述了这一点。亚历山大大帝在其征战中一直都对自己军队内部的挑战抱有警惕，尤其是在公元前330 年以后，因为当时有一位名叫菲罗塔斯（Philotas）的高级军官似乎想要秘密谋害他的性命。

6. 可参看 Justin 13. 1. 10。目前尚不清楚这种情绪是来自查士丁本人，还是来自他摘录的庞培·特洛古斯的文本。

7. 以下描述主要取自普鲁塔克第二篇题为 "On the Fortune or Virtue of

Alexander"（*Moralia* 345）的文章。该部分与其他记载有所出入，甚至与普鲁塔克本人所写的 *Life of Alexander* 都存在相左之处。

8. 据普鲁塔克记载，亚历山大大帝杀掉了格劳西亚斯（Glaucias），这个人在赫费斯提翁逝世的时候正好担任其主治医师。

9. 我和大多数学者一样，都认为撰写 *History of Alexander the Great* 的昆图斯·库尔蒂乌斯与 Tacitus，*Annals* 1.20.3 – 21.3 所探讨的元老与执政官库尔蒂乌斯·鲁弗斯（Curtius Rufus）是同一个人。

10. 在 10.9.1 – 6 中，库尔蒂乌斯明确对比了马其顿人（其帝国因缺乏领导者而遭到破坏）与元首统治时期罗马人的经历。Paul McKechnie，"Manipulation of Themes in Quintus Curtius Rufus Book 10," *Historia* 48（1999），pp.44 – 60 记载了驳斥库尔蒂乌斯的案例，同也反对了 Errington，"From Babylon to Triparadeisos" 所持的立场。Elizabeth Baynham，*Alexander the Great：The Unique History of Quintus Curtius*（Ann Arbor, Mich., 1998）也做了很多研究以展现库尔蒂乌斯记载中存在的不足。

11. 查士丁和昆图斯·库尔蒂乌斯记载的发言顺序与发言内容并不相同。我在这里遵循了 Bosworth，*Legacy of Alexander* 第一章中结合两者所进行的令人信服的阐述。

12. 直至此刻，都没有任何证据可以表明阿里达乌斯在亚细亚征战中的活动，或许他一直待在亚历山大大帝的随行人员之中。亚历山大大帝不会将他同父异母的兄弟留在马其顿的故土之上，因为在那里他的对手可能会啸聚在阿里达乌斯的周围。

13. 库尔蒂乌斯曾在奥古斯都与卡利古拉逝世之后经历了罗马帝位继承的云谲波诡，这些记忆似乎影响了他对巴比伦危机的描述。亚历山大大帝的将军们后来想要迎娶王室女性的紧迫程度也表明，王位在当时是任何一个非阿吉德王室的人都无法染指的。

14. 集结军队在拥立君主中所起的作用一直都是学者们争论不休的议题，不幸的是，大部分的例证都来自后亚历山大时代。大多数人同意，即使在亚历山大大大帝逝世之前，马其顿人也至少会召集一个军中议事会来推选新君主，有些时候这种议事会会被赋予更大的权力。

15. 这段在 Plutarch, *Eumenes* 6.3 中有所提及，虽然不幸的是文中并没有提供详尽的阐述。

16. 这一部分基于 Curtius 8.12.17 – 18 的记载，也曾被 Plutarch, *Alexander* 59.5 间接地提及。

17. Curtius 10.7.18 甚至表示，曾有标枪被投掷到觐见室中并造成了人员伤亡，尽管其他文献并未证实这一点。

18. Curtius 10.8.1 – 7 描述了这次短暂的交谈、企图逮捕佩尔狄卡斯的细节及其后果。

19. Curtius 10.8.8 – 9 生动地描述了哗变者中的氛围。

20. 演说内容可参看 Justin 13.3.9 – 10。

21. 据我所知，N. G. L. Hammond, *Alexander the Great: King, Commander, and Statesman*, 2nd ed. (London, 1989), p. 305 n. 174 首先提出了这种可怕的说法。马里兰大学医学院的 David W. Oldach 博士将"上行性麻痹"（ascending paralysis）纳入自己对亚历山大大大帝的死亡诊断内容，其分析主要是基于遗体并未腐烂的记载［"A Mysterious Death," *New England Journal of Medicine* 338, no. 24 (June 11, 1998), p. 1766］。

22. Curtius 10.9.7 – 19 记叙了这一部分的内容以及随后的涤罪仪式。

23. 实际上，库尔蒂乌斯的手稿中所给出的数字是三百，但是拉丁文本的编辑经常会将其改为更合理的三十。在库尔蒂乌斯参考的希腊文本中，小数位的差异往往会由一个小斜线来表示，而且很容易被抄写员误读或误写。

24. 普鲁塔克认为受害者是斯妲特拉与其"姊妹"，如果记载无误的话，这意味着受害者是斯妲特拉和赫费斯提翁的遗孀德莉比娣丝（Drypetis）。但是他可能混淆了谱系，将斯妲特拉的堂姊妹和密友帕瑞萨娣丝错误地称为她的姊妹。Carney, *Women and Monarchy* 持有该观点。

25. 给同名国王分配罗马数字的习俗，起源于中世纪的英格兰。古代世界通过使用父名（patronymics）来对这些国王加以区分，譬如"腓力的儿子亚历山大"。

26. 关于总督分封的想法是如何产生的，并没有明确的信息。Diodorus 18.2.4 表示这种想法源自军队的普遍意志；而 Curtius 10.10.1 则表示，是佩尔狄卡斯召集的一次领导层会议决定了采取该步骤，并指出自己所参考的一些史料声称已故的亚历山大大帝曾在遗嘱中要求众人这样去做（10.10.5）。我们并不清楚这些护卫官到底是想离开巴比伦成为行省总督，还是被迫而为之；与 Bosworth, *Legacy of Alexander*, pp. 57 - 58 的观点相反，我假定前者为真相。

27. 同样地，我在这里的假设是，护卫官们希望成为行省总督，并非被迫的（见本章注释26），但是这一点并不能得到完全的证实。在这种情况下，托勒密作为继佩尔狄卡斯之后最为强大的护卫官，肯定要求让自己前往最好的行省，那无疑就是埃及。然而，另一种观点则认为托勒密被任命为埃及总督，是一种由佩尔狄卡斯促成的放逐。

28. 有关最终计划真实性的争论，最好参考 Brian Bosworth, *From Arrian to Alexander: Studies in Historical Interpretation*（Oxford, 1988）中第八章所进行的讨论。博斯沃思本人认为这些计划都是真实的。

29. Diodorus 18.4.2 - 3 记载了佩尔狄卡斯取消计划的意图，以及他对任意违背亚历山大大帝意愿的恐惧。该计划本身由 Diodorus 18.4.2 - 3 所记载，这也是我们唯一的文献来源。

30. 我这里之所以说"大部分"，是因为埃盖城的大墓——一座可能葬有亚历山大父亲的巨型土丘——的修建，有可能就是人们为了实现国王的最终计划而修建的一座比金字塔还要大的、用来纪念腓力二世的陵墓。该土丘的发掘者马诺利斯·安德罗尼库斯曾在自己的作品 *Vergina*（p. 229）中提出了这个观点。

337

第三章　雅典人的背水一战（一）

1. 一些学者拒绝将亚历山大时代的雅典政治家定义为"亲马其顿的"或者"反马其顿的"，甚至不同意雅典存在现代意义上的政党（参看 Hansen, *Athenian Democracy*, chap. 11）。我并不是想将雅典的政治简化为两党制，但我认为针对马其顿的政策是当时的核心议题，而毫无疑问，政治领导人的立场会用反抗与合作这两个极点来界定。

2. Plutarch, *Demosthenes* 18.1‐2 曾提及，在公元前339年这座城市第一次意识到自己将要面临腓力二世攻击的可怕时刻，当无人愿意发言之时，德摩斯梯尼挺身而出，在大会上进行了演讲。

3. 虽然来库古为适龄的雅典青年制订了为期两年的强制性训练，而且到公元前323年的时候，已经有整整一代人都接受过这种训练，但是在那段时间还未曾有大规模野战可以让军队获得实战经验。而腓力二世似乎利用了他们在喀罗尼亚战役中暴露出的经验不足，佯装撤退，从而使他们在无序的状态下行军，然后杀了一个"回马枪"。

4. 现代历史学家（而非古代文献）经常会根据联盟定期会议举行的地点，将之称为"科林斯同盟"（League of Corinth）。马其顿虽然在理论上只是执行同盟所做出的决定，但是可以在实践中掌控这些决定，主要是通过在组成同盟的城邦中建立亲马其顿政权来达到目的。

5. 在腓力二世于公元前338年在喀罗尼亚取得了胜利之后，马其顿人实际上并没有表现出要入侵阿提卡的迹象，希佩里德斯曾在大会中提议做好遭受全面围城的准备，最后只是令自己徒增窘迫。

6. 德摩斯梯尼想将马其顿国王去希腊化（de-Hellenize）的努力，在他的诸多演说中都有很明显的体现（这里的引文取自 *Third Philippic*）。然而，一些雅典人——其中就有政治散文家伊索克拉底（Isocrates）——为阿吉德王室的希腊化主张进行了辩护。这场争论可以追溯到亚历山大时代之前：公元前500年前后，一位马其顿国王试图赢得参加奥运会——一个只能由希腊人参与的赛事——的资格，认为自己的家族出身于希腊城市阿尔戈斯；他最初遭到了希腊相关议事会的拒绝，但是后来这项决定又被推翻了（Herodotus 5.22）。

7. 实际上现存的六封信件据说都出自德摩斯梯尼之手，但是其真实与否的问题引发了诸多争论。我接受 Goldstein, *Letters of Demosthenes* 的观点，即这些信件可能都是真实的，不过六封中的前四封涉及德摩斯梯尼被放逐的内容，几乎可以被确认是真实的。

8. Plutarch, *Phocion* 9 曾经记载了这段俏皮话。

9. 在这一点上其实存在不确定性，一些历史学家假设雅典确实选择了出兵，但是部队并没有及时到达。Diodorus 17.8.5 – 6 则表示雅典人为交战集结了军队，但是随后并没有派兵出征。

10. 不同史料对于亚历山大大帝摧毁底比斯的责任有不同的评估。根据阿里安的说法，亚历山大大帝只是让部队后撤，而让底比斯在希腊的敌人对这座城市展开了报复，而狄奥多罗斯和其他人认为是亚历山大大帝本人策划了这场暴行。

11. Plutarch, *Demosthenes* 23 曾表示，德马德斯因其所做的工作而获得了 5 塔兰特。

12. 在一定程度上，德摩斯梯尼的确反对雅典人支持斯巴达人的反叛（Aeschines 3.165），但正如 Worthington, "Demosthenes'（In）activity" 所述，他似乎尽可能地减少了自己观点的表达。

13. 没有证据表明亚里士多德曾为腓力二世入侵亚洲的计划提供帮助，但是一些学者已经假设他们之间存在合作。Anton-Hermann Chroust 在许多著作中都强调了亚里士多德职业生涯中的政治色彩，甚至推测亚里士多德一开始就是按照腓力二世的指示前往阿塔内乌斯的 ["Aristotle and the Foreign Policy of Macedonia," *Review of Politics* 34（1972），pp.373 – 76]。尽管提出的观点较为极端，但是 Chroust 的观点最近还是在 "Politics, Philosophy and Propaganda：Hermias of Atarneus and his Friendship with Aristotle" [*Crossroads of History：The Age of Alexander*, eds. Waldemar Heckel and Lawrence A. Tritle（Claremont,

Calif. 2003)，pp. 29 – 46〕中得到了 Peter Green 的部分认可。

339　14. 古代史家无法确定事件发生的日期，只能将该事件与奥林匹亚运动会或皮提亚竞技会胜利者的姓名或雅典选出的官员的姓名相关联。因此，这些名单的准确性对于各种历史记录的保存至关重要。

15. 他后来被安提帕特处死（Plutarch, *Demosthenes* 28）。关于这块石板和希米里乌斯对其的破坏的记述与 12 世纪 Usaibia 所写的 *Life of Aristotle*（17 – 21）有关，这是一部基于已经佚失的希腊文献而写成的阿拉伯文献。

16. Diodorus 17. 111 证实利奥斯典纳斯反感亚历山大大帝，这无疑令人十分惊讶，因为几乎可以肯定的是，利奥斯典纳斯曾在亚洲为亚历山大大帝而战（参看 L. Tritle，"Alexander and the Greeks，" pp. 129 – 30）。公元前 334 年格拉尼库斯河战役后，利奥斯典纳斯或许曾目睹亚历山大大帝对希腊雇佣军展开的屠杀。

17. 狄奥多罗斯认为他是"斯塔基拉的尼卡诺尔"，而我们知道亚里士多德的妹妹——一个斯塔基拉人——就有一个儿子，名叫尼卡诺尔。假设第欧根尼·拉尔修记载的文献是真实的，那么亚里士多德在自己遗嘱中，应该就是向他的"养子"尼卡诺尔发出了指示。

18. Diodorus 18. 8. 4 保留了该法令的确切措辞。

19. 德摩斯梯尼与马其顿人的谈判只能根据双方后来的行动来进行猜测。在这个混乱的时期，德摩斯梯尼的目标与政策存在很大的不确定性，但我倾向于巴迪安和沃辛顿的观点，即德摩斯梯尼本质上同意放弃反对亚历山大大帝的立场，以换取赢回萨摩斯岛的机会。与许多政客一样，他在职业生涯伊始采取激进的姿态，但是随着年龄的增长而变得更加务实。

20. Plutarch, *Demosthenes* 25. 5 讲述了这则逸事。普鲁塔克对德摩斯梯尼易受贿赂的情况给予了有趣而夸张的描述。

21. 德摩斯梯尼遭受起诉的动机可能与他究竟是否有罪并无关联，因为实际操作极为复杂，所以我们今天只能模糊地加以理解。尽管如此，正如普鲁塔克的传记中所表明的那样，德摩斯梯尼因其贪婪而闻名，这使他更易遭受政治上的私刑。

22. 希佩里德斯一直是那些文本偶然得以复原的经典作者中最大的受益者。直到 19 世纪中叶，他的演说才为现代世界所知。从那时起，在（最有可能是那些盗贼从坟墓中挖出的）纸莎草卷轴中发现了几篇作品；而在过去几年中，又有两篇以可以复原的形式出现在所谓的阿基米德重写本中（http：//www. archimedespalimpsest. org）。

23. Plutarch，*Alexander* 28 保存了亚历山大大帝所写的一封信中的片段，有些人认为信件内容是真实的，该信向雅典人解释了他拒绝他们请求的原因。

24. Diodorus 18. 10. 1 证明了不同阶级对于战争态度的分化，Green，"Occupation and Co-existence，" pp. 4 – 5 认可了他的表述。

25. 亚历山大大帝雇佣了许多以前为波斯效力并曾经与之为敌的希腊雇佣兵。

26. Plutarch，*Phocion* 23.

27. 这段仿写墓志铭的文本，以及下一段中所述的赫米亚斯赞美诗的文本，是在第欧根尼·拉尔修所写的亚里士多德生平中的第七至八章找到的。

28. 事实上，在亚里士多德离开后不久，泰奥弗拉斯托斯就被指控不敬神，但是他成功地为自己进行了辩护。大约十五年后，雅典的一个政治派系曾短暂地将其放逐——该派系曾经试图禁绝所有的哲学家——不过泰奥弗拉斯托斯很快又回到了这座城市，并在此度过余生。

29. 这场战争有时也会被称为"反安提帕特战争"，之后在古代这场战争又被重新命名为"拉米亚战争"，狄奥多罗斯以及大多数现代历史学家都喜欢用主战场的名字来命名这场战争。Ashton，"Lamian War：*Stat magni nominis umbra*" 回顾了命名的相关历史。不过，我更喜欢使用这场战争的原始名称。

340

30. 希腊军事作家波利艾努斯在他所写的 *Stratagems of War* 4.4.3 中如此
    描述道。战争开始阶段的其他活动可以在 Diodorus 18.12 – 13 中
    找到。

31. 很难从普鲁塔克的描述中辨别出其评述的语气 (*Phocion* 23.4)。换
    种说法,这句话可能是对利奥斯典纳斯努力的长期前景的直接怀疑。

32. 德摩斯梯尼返回雅典的细节见 Plutarch, *Demosthenes* 27.6 – 8。

第四章　抵抗、反叛与再征服

1. Diodorus 19.17.7 曾描述了山顶的传音者;骑马信使的描写则可见于
   Herodotus 7.98 和 Xenophon, *Education of Cyrus* 8.6.17 – 18;烽火发信
   的记载可见于 Aeschylus, *Persians* 249 – 56, Herodotus 9.3, 以及
   Aristotle, *De mundo* 398b30 – 35。相关例证也存在于波斯文献中。参
   看 Briant, *From Cyrus to Alexander*, 369 – 71。犹太文献中已经提及人
   们在烽火台上通过移动火炬来发送编码后的讯息。

2. 以下详细信息来自 Quintus Curtius 5.2.16 – 22, 10.5.19 – 25。

3. Quintus Curtius 10.5.23 曾记载,西绪甘碧丝的八十个兄弟曾在一天之
   内就被臭名昭著的、出身于不同皇室支脉的国王阿尔塔薛西斯三世
   (Artaxerxes Ⅲ) 谋杀,她还失去了自己所生的七个儿子中的六个。

4. 没有证据表明这种目的地的改变是如何决定,或者是在何时决定的。
   相关文献都认可亚历山大大帝希望被埋葬在阿蒙神庙 (Diodorus
   18.3.5, Curtius 10.5.4, Justin 12.15.7),但是保萨尼亚斯
   (Pausanias, 又译作帕萨尼亚斯) 却表示,送葬队伍离开巴比伦时正
   打算前往埃盖城 (1.6.3)。Badian, "King's Notebooks" 的第一段对
   此进行了讨论。

5. 对于后亚历山大时代的历史学家来说,最大的谜团之一便是安提柯到
   底有多大的野心。公元前 306 年,他将成为第一位加冕为王的将军,
   但关于他究竟在什么时候将目光投向了王室,或者瞄准了对整个亚历
   山大帝国的统治,我们很难确定。然而,几乎可以肯定的是,直到亚

历山大大帝逝世的数年之后，这些才成了他的目标。

6. 他们的友谊得到了普鲁塔克的证实，参看 *Eumenes* 10.6。

7. 以前授予希腊人的行省都是帝国最偏远的地区，比如阿里亚（Aria）、巴克特里亚和索格底亚那。这些行省与授予欧迈尼斯的卡帕多西亚完全不可同日而语。

8. Plutarch, *Alexander* 70.4 中提到的逸事，实际上其中的人物是一个名叫安提贞尼斯（Antigenes）的人，但通常会被错误地认为是安提柯。

9. 安提柯还有过第二个儿子，名叫腓力，但他幼时便夭折了。

10. Plutarch, *Demetrius* 2 与钱币上的（公认被理想化的）肖像证明了德米特里拥有俊美的外貌。德米特里在晚年靠着自己的外貌及其性方面的超凡魅力掌握了政治权力，这和当代肯尼迪获得权力的途径有异曲同工之妙。

11. Quintus Curtius 9.7.1 – 11 和 Diodorus 17.99.5 – 6 描述了希腊人第一次从巴克特里亚出走的事情。狄奥多罗斯则表示三千名逃亡者遭到了马其顿人的屠杀，但他似乎把这群人与第二波希腊逃兵混淆了；而库尔蒂乌斯则认为，这三千人安全返回了故土。

12. 古代世界对劫持人质的顾虑比现代要少。臣民通常会向征服者提供人质作为遵守约定的保证。在公元前 338 年的喀罗尼亚战役之后，希腊人需要为其与马其顿人的定居点提供一定的部队，这被认为是其表现良好的保证。

13. 其标题通常会被翻译为《论亚历山大的命运或美德》（"On the Fortune or Virtue of Alexander"）第 1 部分与第 2 部分。这两段演说表面上从不同的方面探讨了亚历山大大帝的成功是由于好运还是天生的才能，但其实在这两篇演讲中，对亚历山大大帝成就的钦佩才是其主导思想。这些作品被认为是普鲁塔克在其青年时期所写，因为其中关于亚历山大大帝的观点比 *Life of Alexander* 更为天真积极。

14. 正如 Plutarch, *Eumenes* 6.2 所表明的那样，但可惜的是他并没有提供更多例证。在古人叙述亚历山大大帝的历史中几乎找不到这些情

节的痕迹；然而将亚历山大大帝理想化的趋势，在很大程度上冲淡
了他欲实现自己目标时要面临的高层挑战。

15. 在国王生命的最后几年中，亚历山大大帝军队中军官的晋升很大程
度上取决于他们对于融合计划的态度。我们已经看到，作为这些计
划的反对者，墨勒阿革洛斯在他自己的军中同僚都被擢升为骑兵长
官后的很长一段时间内仍旧滞留在步兵部队中（见本书页边码第
47~48页）。

16. 接下来的人物概述基于 Diodorus 19.59.3 – 5 中的内容。菲拉后来在
与卑劣可鄙的德米特里长期相伴的婚姻中表现出了坚定不移的奉献
精神。

17. 她是否身在该处并未得到直接的证实，但是海克尔巧妙地根据传记
相关的论据，推测她很可能就在此地（参看 "A Grandson" 以及
"Nicanor Son of Balacrus"）。甚至对海克尔的调查结果提出过异议的
巴迪安也承认，菲拉很可能在巴拉克鲁斯担任总督期间的某个时间
段内待在西里西亚，那大概是他总督任期的最后一段时间（"Two
Postscripts," p. 117）。

18. 昆图斯·库尔蒂乌斯让培松在 6 月 12 日的议事会上担任了一个关键
的角色，在墨勒阿革洛斯发出挑战时（10.7.8），他选择了支持佩尔
狄卡斯。然而，查士丁并未证实该记载。

19. Diodorus 18.7.3 – 5 中对佩尔狄卡斯策略的描述还有很多不清楚的地
方，尤其是他描述了佩尔狄卡斯任命的正是他当时试图限制其权力
的人。然而，在他做出的其他一些任命中也可以观察到同样的悖论：
让墨勒阿革洛斯作为谈判代表与巴比伦哗变步兵接洽，让安提柯作
为欧迈尼斯在卡帕多西亚的后援。似乎佩尔狄卡斯要么是缺乏值得
信赖的下属，要么就是颇为不幸地倾向于给那些他认为可疑的分子
授予一些关键的任务来考验他们。

20. 记录中令人震惊的屠杀规模，外加高地行省的失控情况，让一些学
者怀疑狄奥多罗斯报告的可靠性；参看 Holt, *Alexander the Great and*

Bactria，p. 89；Sidky，*Greek Kingdom of Bactria*，p. 99。然而，由于这是我们所能参考的唯一文献，因此基于对其所涉战略的判断而对其提出质疑似乎是不明智的（可参看博斯沃思对霍尔特著作的书评，*JHS* 110 [1990]，p. 257）。

21. Herodotus 3. 27 – 29 讲述了冈比西斯对阿匹斯神进行鲁莽攻击的故事。

22. 这个称号直到公元前 304 年才被正式授予托勒密，那是在他保卫罗得岛免遭安提柯的进攻之后；不过毫无疑问，这个称号源自他在很久以前就被人们谈论过的性格。

23. 参看伪亚里士多德（pseudo-Aristotelian）所写的题为 *Economics* 1352a – b 的论著。

24. 记载与引文均来自 Arrian，*Anabasis* 7. 23。阿里安明确指出，亚历山大大帝故意将埃及的统治权划分给了数个人，以防止该地脱离帝国独立（3.5.7）。克里昂米尼只是被授予了对财务的管辖权，但很快就让自己晋升为总督，或者最接近总督权力的人。

25. 这是 Diodorus 18. 19. 2 的记载；Pausanias 2. 33. 4 则更为确切地表示是哈帕拉斯自己的仆从将他杀死的，或者可能是一个名叫保萨尼亚斯的马其顿人动的手。Heckel，*Who's Who* 则通过假设保萨尼亚斯是提波戎雇用的代理人来调和这两种描述。

26. 在这里，我并不关心最近在阿富汗发现的米尔扎卡（Mir Zakah）钱币是否属实的问题，因为这个问题还有待解决，而该钱币似乎刻有托勒密采用的象皮头饰形象的前身。或许托勒密并不是这种钱币形象的发明者，但是他的确认识到了其中的力量，并以米尔扎卡钱币的发行者从未采取的方式充分利用了它。

27. 相关文本参看 15. 4. 16，其中手稿中的"Alexandrum"的名字已在现代版本中被替换为"Nandrum"。最初的解读者认为，年轻的旃陀罗笈多是从亚历山大大帝那里逃离的，这显然是错误的。

28. 这是由 Trautmann、Kautilya 和 Arthasastra 根据语言学方面的证据确定的。

344

29. *Alexander* 62. 9.

30. 尽管几乎没有确凿的证据存在，但人们普遍认为，旃陀罗笈多在从马其顿人手中重新夺取印度河流域之前，就对难陀发动了袭击。公元前318年，亚历山大大帝任命的最后一位将领欧德摩斯从该地区撤离，这可能就是旃陀罗笈多部队推进的结果。

31. 这一观点最早是由19世纪研究希腊人在印度半岛的历史的伟大学者John Watson McCrindle 在他对查士丁文本的评论中首次提出的［*The Invasion of India by Alexander the Great*（1893；reprinted numerous times）］。McCrindle 指出，梵文史诗在指代非君主制的马利人和奥克苏德拉凯人的时候，使用了一个相当于"亡命之徒"的术语，但由于他没有提供相关引文，我无法证实这种有趣的语言重叠。Vincent A. Smith 认同这样的观点，即旃陀罗笈多对印度河流域的接管，在本质上是臣民的"崛起"或"反抗"（*Early History*，pp. 122 – 23）。

32. 由 Diodorus 19. 14. 8 记载但未有详细说明。我们或许可以猜测欧德摩斯的主要动机是对那些战象的渴望。本书参考书目中的"旃陀罗笈多与印度半岛"条目下，引用的三部博思沃思的著作对亚历山大大帝入侵期间和之后印度半岛的混乱局面进行了详细的分析。

33. 他的名字在手稿中也被写作"Lipodorus"或"Leipodorus"，但一些现代的编辑已对其名字进行了修改。

第五章　雅典人的背水一战（二）

1. 希佩里德斯购鱼的习惯，可参看 Athenaeus 8. 27；对于他所招的各类妓女，可参看该书13. 58。除了这里提到的三个女子外，貌美的芙里尼（Phryne）也是希佩里德斯的情人。据记载，当希佩里德斯在法庭上为她做死刑辩护时，他将她的胴体赤裸裸地展现在陪审员们的面前，从而赢得了无罪开释［这也是让-里奥·杰洛姆（Jean-Léon Gérôme）在19世纪创作的极富戏剧性的画作的主题］。

2. 这则逸事与 pseudo-Plutarchan，*Lives of the Ten Orators*（*Moralia* 849）

中简短的希佩里德斯传记有关。

3. 利奥斯典纳斯之死对士气的影响可以参看 Pausanias 1.25.5。

4. 参看 Plutarch, *Phocion* 24.1 - 2。

5. 参看伪亚里士多德的传记, *Moralia* 849f。

6. 关于奥林匹娅斯何时、使用哪个名字的相关文献记载较为混乱：文献中也曾出现称她为"Myrtale"和"Stratonice"的记载。根据 Carney, *Olympias*, p.16 的说法,"［奥林匹娅斯］似乎在不同的历史时期拥有不同的名字或别号,而且这些变化总是发生在她生命中的重要时刻"。

7. Plutarch, *Alexander* 10.8 记载了腓力二世遭刺杀之后围绕奥林匹娅斯的相关质疑, Justin 9.7.1 - 2 更为直接地指责她涉嫌同谋, 但其他与亚历山大大帝相关的文献并未提及她涉嫌其中。现代学界的观点也存在分歧。

8. 参看 Plutarch, *Alexander* 10.8, Pausanias 8.7.7 则补充了骇人听闻的细节。

9. 相关文献证实是克利奥佩特拉寄出了这封信, 但倘若没有她母亲的参与, 她这样做的可能性其实很小。

10. 随后复杂场景的相关细节参考了 Plutarch, *Eumenes* 3.3 - 7。我对普鲁塔克关于列昂纳托斯与欧迈尼斯想法的推论进行了一些扩展。

11. 参看 Plutarch, *Alexander* 40.1, 其中有一个古怪的细节, 即列昂纳托斯用骆驼拉的货车从埃及进口了用于摔跤练习的沙子。

12. 罗马的奈波斯（Nepos）所写的欧迈尼斯的传记, 在某些地方与普鲁塔克的有所不同, 他声称列昂纳托斯在意识到欧迈尼斯打算背叛他之后便打算将其除掉, 而欧迈尼斯的趁夜逃离实际上是为了逃命（*Eumenes* 2.4 - 5）。

13. 我的翻译是基于沃辛顿整理的演说文本（*Greek Orators* Ⅱ）。由于这篇演说稿只有一份残缺的副本, 许多解读仍然未有定论, 或者只能依赖于编辑者的插入诠释。我当时没有参考如下版本：Judson Herrman, *Hyperides*: *Funeral Oration*（Oxford, 2009）。

14. Herodotus 7.33 – 36 详细描述了波斯人在公元前 480 年建造的横跨赫勒斯滂海峡的桥梁。建造这座桥梁的关键是由纸莎草与白亚麻（7.25）制成的非常坚固的缆绳，这些缆绳穿过船只的甲板，将它们绑在一起。

15. 现存最早的德摩斯梯尼的政治演说 "On the Naval Boards"，提出了改革海军军费筹措制度的计划。德摩斯梯尼本人曾在议事会任职，目睹了许多滥用职权的行为。

16. Bosworth，"Why Did Athens Lose the Lamian War?"，p.15 引述证据表明，在战争爆发前的两个夏季里，雅典只有四十艘船在海上航行。这就意味着只有八百名桨手拥有宝贵的海军服役经验。

17. 参看 Diodorus 18.12.2，他解释说这些人是一支财宝护卫队，但没有说明他们携带的钱财是用来做什么的。大多数历史学家的假设是，亚历山大大帝在逝世之前就已经预料到将会与雅典爆发战争。

18. 因为狄奥多罗斯在讲述希腊战争时几乎完全忽略了海上战争，因此关于这场战争的许多不确定性无法得到证实。Ashton，"Naumachia"与 Bosworth，"Why Did Athens Lose the Lamian War?" 都为重构场景做出了极佳的努力。

19. 参看 Plutarch, Demetrius 11。

20. 相关例证可参看 Green，"Occupation and Co-existence," and Bosworth，"Why Did Athens Lose the Lamian War?"

21. 虽然没有文献来源可以证实，但海克尔等人推测时给出的理由是战争开始时菲拉还在西里西亚（见该书第 96 页的相关注释）。Strabo 12.3.10 和 Memnon 4.4 则记述了克拉特鲁斯将现任妻子阿玛斯特里丝许配给了赫拉克利亚的戴欧尼修斯（Dionysius of Heracleia）。

22. 由于雅典历法的变化不定，所以不可能给出与普鲁塔克及其他文献所提供的古代日期相对应的格里历日期。

23. 后面两个场景的细节参看 Phocion 26.3 – 28。

24. 这是我对这句话的理解，但就像普鲁塔克引用的许多精辟之语一样，

346

这句话也有多种解释。

25. 参看本书页边码第 88 页及第三章注释 24。

26. 据 *Lives of the Ten Orators* (846)，克兰农战役结束后不久，安提帕特在围攻色萨利的法萨卢斯（Pharsalus，又译作法尔萨鲁斯）后，便开始要求德摩斯梯尼投降。

27. 例如，雅典伟大的统帅与波斯战争的英雄地米斯托克利（Themistocles），在他的政敌上台之后，便被迫离开雅典，并遭到了逮捕与审判的威胁，最终在波斯帝国总督的任上结束了自己的生命。

28. 佛提乌摘要的第 13 章简要提到了阿基亚斯的垮台。文章的措辞表明阿里安认为这是一个重要事件，但是佛提乌只向我们透露了一点信息。

29. *Lives of the Ten Orators* 849.

30. 另一种说法称，希佩里德斯咬住自己的舌头以免提供有罪的信息（*Lives of the Ten Orators* 849）。

31. 细节参看 Plutarch，*Demosthenes* 29。普鲁塔克并没有给出关于梦境意义或重要性的解读。

第六章 尼罗河上的惨剧

1. Diodorus 18. 26. 3.

2. 有人质疑：维尔吉纳一号墓中的遗骸——可能是腓力二世及其妻子的遗骸（见下注）——在下葬前是否经过了火化，还是直接采取了土葬？马其顿人曾同时采用火葬与土葬，但在亚历山大时代，正如文献资料所证明的那样，他们更偏向于火葬。

3. 支持二号墓葬有腓力三世（又名阿里达乌斯）遗骸的人普遍认为，一号墓中安葬着腓力二世、他的妻子克利奥佩特拉以及他们尚在襁褓中的婴孩。这三个人的遗骸——与这三位王室成员的年龄大致相当——被古代的盗贼散落在墓穴的地板上。

4. 我假定 Arrian，*Events After Alexander* 提到的阿基亚斯与第五章提到的

赏金猎手是同一个人。

5. 认为是阿尔塞塔斯提出这个理由的推论并未直接得到证实，而是我根据 Justin 13.6.5 进行的推断。Arrian, *Events After Alexander* 21 只是说阿尔塞塔斯努力撮合佩尔狄卡斯与妮卡亚。

6. 参看 Diodorus 18.16.3，但该处与狄奥多罗斯自己所写的第 31 卷的片段相矛盾，该片段声称阿里阿特是死于战斗。

7. 在克拉特鲁斯离开后，银盾兵在西里西亚的现身必须从他们后来的行动中推断得出；请参看本书页边码第 32 页及第一章注释 34。

8. 此处我使用 "married" 一词是不太准确的，因为我们并不清楚在后来婚姻破裂之前，佩尔狄卡斯与妮卡亚是否已经举行过实际意义上的结婚仪式。

9. Arrian, *Events After Alexander* 表示克利奥佩特拉之事与库娜涅之事仅间隔了数天。

348 10. 接下来的大部分内容，包括库娜涅与阿尔塞塔斯之间对抗的细节，都参考了 Polyaenus 8.60。

11. 关于阿尔塞塔斯早年生活的记载很少，但是他的兄弟佩尔狄卡斯在宫廷长大，并且是腓力二世的侍从之一，所以完全有理由认为阿尔塞塔斯也有相同的经历。

12. Bosworth, *Legacy of Alexander*, pp. 11 – 12 以及其他几位当代研究者，都假设是第二种情况，但是没有给出明确的证据。

13. 不仅腓力二世的母亲叫欧律狄刻，就连腓力二世所娶的两个妻子似乎也采用了这个名字（参看 Ogden, *Polygamy, Prostitutes and Death*, pp. 22 – 24）。

14. 或许安提柯的朋友兼盟友、吕底亚总督米南德（Menander）看到佩尔狄卡斯派往克利奥佩特拉处的使者欧迈尼斯往来于萨第斯，并询问了其任务目标（至少后来发生了这种情况）。

15. 参看 Diodorus 18.26 – 2。在对希腊文本的描述与解读中，存在很多不清楚的地方。最重要的部分则是该书 18.27.2 的内容，一位 19 世

纪的编辑者对一些字母进行了修正，从而描述了一个有雕饰的金色
橄榄花环，而不是一个在紫色布匹上由黄金制作而成的花环。相关
详细讨论参看 Stewart, *Faces of Power*, pp. 215 – 21。

16. 没有证据直接表明阿里达乌斯和托勒密之间存在密谋，但大多数学
者还是认为密谋是存在的，因为假如没有密谋的话，他们很难截获
亚历山大大帝的遗体。而且值得一提的是，托勒密后来提出让阿里
达乌斯履任空缺的国王监护者之职（见本书第七章第一节）。
Aelian, *Historical Miscellanies* 12.64 讲述了一段虽然精彩但可能是杜
撰的故事，故事中提到托勒密制造了仿冒的遗体和棺椁，然后以假
换真。灵柩车的诸个方面及其行程的讨论可以参看 Erskine, "Life
After Death"；Badian, "A King's Notebooks"。

17. 该传说是在很久以后的一部作品，即 *Alexander Romance* (3.32) 中被
发现的，而亚历山大大帝的遗体只在 "救主" 托勒密统治时期才被
安放在孟菲斯，所以这一事实让这则传说的早期起源得到了确定。
Pausanias 1.7.1 则告诉我们，是托勒密二世将遗体从孟菲斯运到了
亚历山大里亚，虽然许多学者认为托勒密一世在变更王室寓所的时
候，必然会亲自转移遗体。

18. 这是从后来银盾兵愿意服从国王守护者波利伯孔的命令而做出的推
断，即使其他四位将军都违反了这些命令（见本书第九章）。

19. 从 Arrian, *Events After Alexander* 的手稿残本中被拆分和覆写的两页中
的一页里找到的信息证实了这一点，该手稿即所谓的梵蒂冈重写本
（F 24.1 in the Roos edition of Arrian）。 349

20. 显然，佩尔狄卡斯已经将克利奥佩特拉任命为吕底亚的总督，而将
前任总督米南德降职为驻军指挥官。只有梵蒂冈重写本中收录的
Arrian, *Events After Alexander* (F 25.2) 残卷中记载了一位女性获封
为行省总督的非凡任命。

21. 这段记载是从梵蒂冈重写本（F 25.3 – 8）中找到的，在其他文献中
并未被提及；即使是波利艾努斯也未曾在其所写 *Stratagems of War* 中

提及。

22. 相关外交策略之细节主要参看 Plutarch, *Eumenes* 5 – 6.2。

23. Plutarch, *Eumenes* 6.3 – 6. 此类记载只能从普鲁塔克转引的卡迪亚的希洛尼摩斯所撰的历史中找到，希洛尼摩斯是欧迈尼斯在后亚历山大时代的亲密伙伴与至交知己。

24. 参看 Plutarch, *Eumenes* 7.2。

25. Plutarch, *Eumenes* 7.4 – 7 中的描述，与狄奥多罗斯在 18.31 中的描述相似，我认为这是真实的，虽然一些学者怀疑这是源自卡迪亚的希洛尼摩斯对欧迈尼斯英雄式的美化。

26. 普鲁塔克表示，欧迈尼斯此时发现克拉特鲁斯还未死去并且仍有意识，于是握住了他的手，对他表示哀悼，但这似乎过于戏剧化，因而并不可信。在狄奥多罗斯记载的版本中，克拉特鲁斯在欧迈尼斯与涅俄普托勒摩斯交战之前就战死沙场了。Nepos, *Eumenes* 4.4 则依据一则完全不同的史料来源，表示欧迈尼斯为了挽救克拉特鲁斯的生命而做出了徒劳的努力。

27. 这里叙述的事件，在 Arrian, *Events After Alexander*（其馆藏目录编号 PSI 1284 为人所知）的纸莎草残篇中有所描述，并在学者中引发了诸多争论。对敌军方阵的胁迫可能发生在与涅俄普托勒摩斯的战斗之后，也可能发生在与克拉特鲁斯和涅俄普托勒摩斯的战斗之后，纸莎草残篇没有提供确切情境的线索。因为两种说法都有令人信服的理由，所以这个问题仍旧悬而未决。根据 Thompson，"PSI 1284"反驳 Bosworth，"Eumenes, Neoptolemus"的观点，我更愿意将事件发生的时间定位在此时。

28. 我猜测应该是欧迈尼斯的谦逊令安提帕特发笑。据 Plutarch, *Eumenes* 8.3 记载，安提帕特说了一则笑话来解释为什么会如此有趣，但是我发现这句话其实非常晦涩难懂。布莱恩·博斯沃思在私下的交流中对这个笑话进行了详尽的解释，但也承认其晦涩难懂。古代作家记录的幽默或精辟的言论常常给现代的诠释者带来了不少严重的困扰。

29. 辩护可能并非托勒密亲自做出的，虽然文献来源 *Events After Alexander* 1.28 保留了这种可能性。

30. 只有 Diodorus 18.33.2，用晦涩难懂的术语提到了这个策略。佩尔狄卡斯似乎想要借此让一条废弃的旧运河通航，但是突然而至的水流破坏了他的工程。

31. 佩尔狄卡斯灾难性的埃及作战的细节参考了 Diodorus 18.33–36.5，的记载，这是我们迄今为止所能获得的关于此事件的最为完整的资料来源。

32. 这个假设并不是我自己做出的，而是 Diodorus 18.37.1 记载的，可能基于希洛尼摩斯原文中做出的判断。

第七章 欧迈尼斯的命运

1. 并没有证据表明培松与托勒密在谋害佩尔狄卡斯的时候相互勾结，但是研究者经常会基于托勒密的政治手腕而对此做出肯定的假设。有足够多的间谍和逃兵在他们之间往来，所以两者很容易保持相互间的联系。

2. 这是 Diodorus 18.36.6 所载的版本；相比之下，Arrian, *Events After Alexander* 1.28 似乎记述了托勒密与军队领导层之间的小规模会议。

3. 这是基于托勒密后来拥有印度战象这一事实所做出的推论，此时似乎是托勒密掌握这些巨兽的最佳机会。虽然在埃及获得非洲象并非难事，但直到托勒密逝世之后，非洲象才被训练用于战争。

4. 由于 Arrian, *Anabasis* 关键段落中的希腊文本存在不确定性，所以相关记载也是模棱两可的。7.8.1 讲述了亚历山大大帝从俄庇斯遣回老兵的事宜，而我们拥有的手稿中也提及他承诺给那些（和他在一起）留下来的人奖励。然而，一些当代的编辑人员删除了被译作"那些留下来的人"的词语，假定亚历山大大帝是想奖励退伍的老兵，而不是继续留在亚洲的人。然而，他麾下的老兵在其逝世后提出的要求与手

351

稿文本相契合。

5. 可参看 Arrian, *Events After Alexander* 1.33。一些学者认为，这人与佩尔狄卡斯政权中的阿塔罗斯不是同一个人，后者被王家军队判处了死刑，因此不会很快出现在他们的中间。我依据 Heckel, *Who's Who* 以及其他人的观点，假设这人确实是曾在佩尔狄卡斯手下效力的阿塔罗斯。

6. 接下来的场景细节参考了 Polyaenus 4.6.4，并且根据 Arrian, *Events After Alexander* 1.33 的内容加以补充。

7. Heckel, *Who's Who* 中列出了十二个同名者，但在几个人传记里的注释表明他们可能与已经列出的其他人是同一个人。对这些重名的历史人物进行分类无疑是历史研究中最具挑战性的工作。Bosworth, "New Macedonian Prince" 就是很好的例子，它消除了另外两位尼卡诺尔之间所存在的身份差异。

8. 参看 Plutarch, *Demetrius* 14。

9. 我对佩尔狄卡斯与欧迈尼斯所持动机的看法比许多历史学家更为宽容。在我看来，这两个人的行为或许完全是出于自身利益和对权力的渴望，但是想要保证亚历山大大帝的继承人——尤其是罗克珊娜诞下的幼子——的安全和权威，也许同样是他们的主要动机。当然，虽然根据古代文献的记载，欧迈尼斯对年幼的亚历山大非常关心，但是我认为，我们不能将所有的这些记载都归诸希洛尼摩斯——为这些文献提供依据的历史学家——对欧迈尼斯的偏袒。哥德堡重写本（Göteborg palimpsest）中呈现的重要的新证据，表明欧迈尼斯在向自己曾经在佩尔狄卡斯政权里的同僚们——他对这些人无须掩饰——提出建议的时候，试图恢复之前的巴比伦协定——这是帝国建构的唯一合法方案——而不是寻求一个更为野心勃勃的目标（见本书页边码第215页）。

10. 参看 Justin 14.1。

11. Bosworth, "Ptolemy and the Will of Alexander" 提出了一个虽然巧妙但

在我看来并不能令人信服的论点，即《亚历山大的最后时日与遗嘱》是托勒密及其支持者创作的，作品可以追溯到公元前 308 年前后。Heckel, *Last Days and Testament of Alexander* 提出了一个截然不同的观点。

12. 在我看来，Bosworth, "Alexander's Death," p. 409 提出了一个不能令人信服的观点，他表示是欧迈尼斯出版了这些（可能遭到篡改的）日志以澄清自己下毒弑君的指控。

13. 关于托勒密撰写亚细亚征战回忆录的日期，学者们没有达成一致意见，但几乎可以肯定的是，创作日期在公元前 321 年之后。有人会认为，托勒密是在自己晚年，即公元前 290 年或公元前 280 年前后撰写的回忆录，但是该观点缺乏确凿证据。

14. 克利奥佩特拉在与欧迈尼斯交往的过程中展现的不适与勉强的原因，可参看 Arrian, *Events After Alexander* 1. 40。

15. Arrian, *Events After Alexander* 的摘要谈到了克利奥佩特拉对安提帕特提出的未具名的控诉（1. 40）；据推测，对方涉嫌对亚历山大大帝投毒可能是其控诉的主要内容。

16. Josephus, *Jewish Antiquities* 11. 8 记述了亚历山大大帝在造访耶路撒冷期间与大祭司协商的事情，而其他文献并未记载此事。

17. 希罗多德（Herodotus）可能是个例外，因为他曾提及一个实行割礼的"巴勒斯坦地区的叙利亚人"民族（2. 104）。但是，这样一个游历丰富且充满好奇心的希腊人并不知道这个民族更为具体的名称，这一情况仍然值得研究者去关注。关于泰奥弗拉斯托斯对犹太人非常有限的了解，请参阅 chapter 1 of Bezalel Bar-Kochva, *The Image of the Jews in Greek Literature: The Hellenistic Period* (Berkeley, Calif., 2009)。

18. 参看 Josephus, *Jewish Antiquities* 12. 1。它通常与托勒密第一次入侵腓尼基和空叙利亚（以及其他地方）有关，Diodorus 18. 43 曾提到该事件，并且认为该事件可以追溯到公元前 319 年。

19. 最完整的版本可以参看 Augustine，*City of God* 4.4，虽然这个故事在奥古斯丁时代之前就已经广为流传了；Cicero，*Republic* 3.14.24 中也有所提及。

20. 马其顿普通人的挥霍无度，可能是导致这种永不满足的薪酬需求的原因。Arrian，*Anabasis* 7.5 中提到，公元前 324 年，即使已经掠夺了亚洲的大部分地区和波斯帝国最富庶的城市，但是仍然有数千名亚历山大大帝的士兵负债累累。

21. Justin 14.1 最为完整地讲述了这个故事，但 Plutarch，*Eumenes* 8.6 同样有所提及。

353 22. 通过数字成像技术来恢复重写本的详细情况，以及相关文本的初步版本，可以在 Dreyer，"Arrian Parchmen" 中找到（见参考书目中的"残本文献与评述"部分）。

23. 目前尚不清楚欧迈尼斯是否与旧佩尔狄卡斯政权的官员举行了首脑会议，或是通过信函进行了交涉。皮西迪亚与切兰纳之间只有数日的行程。

24. 遗憾的是，我一直无法理解普鲁塔克在此给欧迈尼斯所做的评述："诚如古语所言，*olethrou oudeis logos*。"希腊文中没有这句"古语"的其他例子，而从上下文来看，它的意义——字面上的意思是"对于破坏，并无记载"——并不明晰。普鲁塔克显然认为这是一句非常值得留意的话，但是我自己和我咨询过的其他人都没有意识到这一点。

25. 可参看 Polyaenus 4.6.6。值得一提的是，在波利艾努斯所列的谋略中，安提柯的条目篇幅远胜于其他马其顿将领（当然，亚历山大大帝的篇幅肯定更长）。

26. Arrian，*Events After Alexander* 1.44 – 45.

27. 研究者们经常认为佛提乌摘要的《亚历山大死后之事》并不代表原著的全部内容，但是我认为这种假设并没有根据。对于后亚历山大时代的史家而言，最大的问题是从哪里收尾，而安提帕特穿越赫勒斯滂海峡无疑是一个相当不错的终点。

28. 参看 Polyaenus 4.6.19。

29. 该要塞位于 10000 英尺高的哈桑山（Mount Hasan）上，靠近今日土耳其语名为维兰谢希尔（Viransehir）的地方。这里呈现给游客的是罗马式的和中世纪时期留存的遗迹，而非欧迈尼斯所处时代的遗迹，据我所知，欧迈尼斯时代的遗迹已经全无踪影了。

第八章　故土战火

1. 我们无法确定贫困者是否在事实上或者在法律上被剥夺了投票的权利，参看 Hughes，"After the Democracy" 第四章中的讨论。

2. 由于雅典人必须自备装备以服兵役，军队按照财富多寡产生了高度分层。那些买不起重装步兵盔甲的人——胸甲、头盔和长矛都是中产者的标准财产——会被划归海军，然而矛盾的是，海军恰恰是雅典战争机器中最为强大的武器。因此，穷人们为这座城市在战斗中赢得的荣耀做出了巨大的贡献。

3. 见本书页边码第 69 页。目前还不清楚他受到惩罚，是因为其贿赂丑闻而被定罪，还是因为曾支持将亚历山大大帝敬为神祇的措施（见本书页边码第 85 页），或者是因为一系列不尽相同的违规之举（Diodorus 18.18.2 曾提到了三项未具名的定罪，普鲁塔克则认为有不少于七项的定罪）。

4. 接下来的内容参看 Plutarch，*Phocion* 30.3。

5. Plutarch，*Phocion* 29.3. 塞罗尼安山脉一般被认为是欧洲希腊北部的界线，而泰纳龙则是最南端，据普鲁塔克所述，安提帕特时常会将敌人放逐到这个区域以外。

6. Plutarch，*Phocion* 20，30，and 38.2 记述了这个经历丰富之人的各种逸事。在 38.1 中，普鲁塔克告诉我们，福库斯最终缉捕并报复了那些打倒自己父亲的人。

7. 卡山德残酷处决德马德斯之事给普鲁塔克留下了深刻的印象，以至于

354

他竟然分别在 *Phocion* 30.8－9 与 *Demosthenes* 31.4－6 中各叙述了一遍。相比之下，狄奥多罗斯则将卡山德排除在故事之外，取而代之的是让安提帕特以冷静的方式处决两名雅典人（18.48.3－4）。

8. 参看 Bosworth，"A New Macedonian Prince"（见本书参考文献"利奥斯典纳斯与拉米亚战争"部分）。

9. 马其顿中部周围的高地一直对佩拉施加的权威感到不安。

10. 如 Polyaenus 4.6.7 所述。即使 Diodorus 18.44.2 对其行进速度的估计被夸大了，安提柯也不可能在他从诺拉出发的急行军中带着那些缓步移动的大象同行。据推测，他一直将这些野兽安置在皮西迪亚附近的某处，或者让它们提前出发，等候自己的到来。

11. Diodorus 19.16 描述了这三名囚犯的越狱企图，多喀摩斯成功地获得了自由。

12. 事实上，安提柯派去佩拉与安提帕特商议的那个人，就是带着老者逝世的消息返回的人。

13. 参看 Diodorus 19.11.9。

355 14. 关于波利伯孔的血统或早期生活，我们知之甚少，但这种记载的匮乏具有特别的意义。在亚历山大大帝的军队中，他只担任过步兵指挥官，却从未指挥骑兵作战，这再次表明他的家族出身并不光彩。

15. 如 Diodorus 18.52.7 所述。

16. 我们无法确定 Diodorus 18.58.3 和 Plutarch，*Eumenes* 13.1 所描述的不同信息是出自同一封信还是两封不同的信。

17. Diodorus 18.56 详细地介绍了该法令的确切内容。

18. Plutarch，*Eumenes* 11 与 Nepos，*Eumenes* 5 保存了下文所述的细节，毫无疑问该细节来自希洛尼摩斯的著作，该著作提供了欧迈尼斯被困诺拉时的情况。

19. 变更誓言的故事仅载于 Plutarch，*Eumenes* 12.2 和 Nepos，*Eumenes* 5.7 中，但是遭到了 Anson，"Siege of Nora"的否决，Bosworth，"History and Artifice，"pp.66－67 也赞同了 Anson 的看法。Anson 认

为这个故事是希洛尼摩斯臆造的，目的是为欧迈尼斯的行为开脱，在他看来，这种行为是与安提柯的短暂联盟以及对阿吉德王室的背叛。然而，其他大多数历史学家认为这个故事是有依据的。Michael Dixon，"Corinth，"pp. 163 – 67 在按照时间顺序对欧迈尼斯派往安提帕特处的特使希洛尼摩斯的动向进行分析时，对这一立场提出了新的支持，表明欧迈尼斯在离开诺拉的时候一定已经了解了发生在欧洲的、迫在眉睫的内战，甚至此时已经被波利伯孔募为盟友。

20. 相关史料并没有给出这些信件确切的到达时间。Dixon（见前注）提出，欧迈尼斯在离开诺拉之前，就已经从希洛尼摩斯那里获悉了波利伯孔的提议。

21. 相关细节可参看 Plutarch, *Phocion* 18. 2。

22. 关于福基翁与马其顿将军之间的合作还有很多有待确定的地方，因为我们的主要参考文献来源于普鲁塔克，而后者倾向于清除福基翁的所有不当行为，并将他的故事描述为一场悲剧（参看 Lamberton, "Plutarch's *Phocion*"）。

23. 在公元前 318 年作为银盾兵的联合指挥官登上历史舞台之前，透塔摩斯没有留下任何历史记载。

24. 在 Diodorus 18. 60. 2 中发现的间接陈述，似乎表明了欧迈尼斯的确切措辞。应该再次强调的是，狄奥多罗斯关于这一时期事件的主要信息来源是卡迪亚的希洛尼摩斯，而后者是欧迈尼斯大部分活动的目击者。后文引用的内容代表了狄奥多罗斯的引述。

356

25. 至少有四个史料来源描述了这个梦，以及由此而来的搭建大帐的过程，虽然细节上存在出入：Diodorus 18. 60 – 61；Plutarch, *Eumenes* 13. 3 – 4；Nepos, *Eumenes* 7. 2 – 3；以及 Polyaenus 4. 8. 2。这里给出的版本最接近波利艾努斯的叙述。

26. 关于这些物品是如何与欧迈尼斯一同出现在基因达的，学界一直存在争议。也许是这个希腊人在巴比伦以某种方式获得了这些物品之后将之保留；也许它们是作为王家宝藏的一部分被存放在基因达要塞中。这些王家物品似乎并不止一套。

27. 从此处到本章结尾的细节取自 Plutarch, *Phocion*。

28. 我对 Plutarch, *Phocion* 34.2 评述的解释是,福基翁是以非常不光彩的方式返回雅典的,因为他是被人用推车运送回来的。而其他人则将这句话解释为福西翁因为自己身体虚弱而无法跋涉。

29. 苏格拉底被控告与定罪背后的动机,当然比我在这里所说的要更加复杂。但其中必然包含一个事实,那就是两位在不同时期与斯巴达人合作的政治领袖都曾是苏格拉底的学生。

30. 参看参考书目中"考古与物证"部分的 Palagia, "Impact of Ares Macedon"。

31. 在对早期战争的著名分析中,修昔底德对自由派雅典人和保守派斯巴达人之间争夺霸权的斗争提出了同样的观点。由于每个希腊城市都可以呼吁超级大国的支持,因此每个希腊城市的敌对政党的热情都被点燃了。

第九章 生死相搏

1. 现存文献没有关于阿瑞斯托诺斯早年生活的记载,我们也不知道他是在什么时候成为护卫官的,但 Heckel, *Who's Who* 推测他从腓力二世时代开始直到亚历山大大帝时代都在为国效力。

2. 亚历山大时代历史学家之间存在一个重要的分界线,那就是他们赋予马其顿人的合宪程度。有些人认为这个国家合乎法律,且遵守着严格的政治惯例;其他人则关注到他们参与了一场强权即真理的大混战。这场辩论以颇为有趣的方式就亚历山大大帝的继承问题展开。我在这里坚持温和的立宪主义立场,并且认为自己的观点得到了例证的支持:在亚历山大大帝逝世后的头六年里,建立和服从合法国王的动力是无可动摇的,直到找到这样一位国王的希望彻底破灭。Carney, *Olympias*, p. 86 则对相反的立场进行了总结:"在马其顿社会中,合法性从来都不是一个重要问题。在亚历山大大帝逝世之后,当然还有在佩尔狄卡斯离世之后，合法性对于历史学家来说，根本就不是一个有效的概念。"

3. 参看参考书目中"罗克珊娜、亚历山大、巴耳馨与海格力斯"部分的 Heckel，"IGii2 561"。

4. 亚里士多德在他的生物学论著中提供了如此详细的关于大象的信息，以至于人们认为他曾亲眼见过大象，从而令人产生了奇怪的猜想，即亚历山大曾将一头大象从亚洲运回雅典供他研究（L. Sprague de Camp 的小说 *An Elephant for Aristotle* 中曾如此假设）。然而，更有可能的解释是，亚里士多德从在波斯国王宫廷任职的希腊医生克特西亚斯（Ctesias）那里收到了关于这些野兽的书面记载。

5. Lawrence Tritle 甚至声称达米斯曾发表了一篇关于大象饲养管理的论著，虽然我并没有找到证实这一点的证据。参看 Lawrence Tritle "Alexander and the Greeks," pp. 121 – 40, *Alexander the Great：A New History*, Waldemar Heckel and Lawrence A. Tritle, eds. （Malden, Mass. 2009）。

6. 这是我对 Diodorus 18.70.5 所描述的掘进策略的目标进行的假设，在该策略中，洞顶的木质支柱会被点燃。

7. 根据 Diodorus 18.63.6 的说法，欧迈尼斯的海军战略目标是让波利伯孔得以侵入亚洲，尽管有人怀疑欧迈尼斯会认为他自己前往欧洲一事可能更为紧迫。

8. 参看 Polyaenus 4.6.9。

9. Diodorus 18.72 和 Polyaenus 4.6.8 的记载略有不同。

10. 卡山德对雅典人的财产限制没有他父亲那么严格，将公民权利限制在拥有 1000 德拉克马及以上资产的人身上。

11. 这里指的是法勒鲁姆的德米特里（Demetrius of Phaleron），虽然他的故事超出了本书叙述的范围，但是其故事同后亚历山大世界中的任何事迹一样颇具吸引力。

12. 狄奥多罗斯仅在 18.75.1 与 19.35.7 中简要提及卡山德第一次返回马

其顿的情况，即使是学者也经常忽略这一点。卡山德返回马其顿是为了测试自己所能获得的政治支持，然后再次启程前往希腊以进一步巩固他在那里的地位。Adams，"Antipater and Cassander"很好地描述了卡山德的举动。

13. 显然，欧迈尼斯获悉该地区有一条废弃的运河并让其恢复通航，导致水流再次改道。

14. 引述这场战斗的作者阿特纳奥斯在13. 560f中对此战的描述，主要参考了萨摩斯的杜里斯（Duris of Samos）的作品。杜里斯写了一部关于公元前4世纪中叶到公元前3世纪初的希腊世界历史事件的叙事史，但是该书现在已经散佚了。普鲁塔克尽管有时会利用这份文献，但并不认为那是一个非常可靠的资料来源。

15. Carney，*Olympias*，p. 76 为国王遭囚提供了不同的解释，他认为奥林匹娅斯是希望迫使腓力退位。

16. 参看 Diodorus 19. 11. 8 和 Plutarch，*Alexander* 77. 1。奇怪的是，奥林匹娅斯并没有亵渎安提帕特的坟墓；显然，出于对马其顿舆论的尊重，她仍然受到了一些限制。

17. 参看 Plutarch，*Demetrius* 28. 5。

18. 后来安提柯清点了相关藏品，并由 Diodorus 19. 48. 6 – 8 记载了下来。米蒂利尼的喀热斯（Chares of Mytilene）也证实了"攀缘藤蔓"曾被用作皇家卧室装饰品（Athenaeus 12. 514f）。

19. Diodorus 19. 19 讲述了安提柯艰难穿越米底的故事。安提柯选择了一条山路来减少酷暑的影响，但是因为他拒绝贿赂沿途的部落居民，所以在向北进发时不断地受到部民的骚扰和阻挠。

20. Diodorus 19. 35. 6 认为这是她的期冀。

21. 据说亚历山大大帝在俄庇斯的宴会有九千名宾客，而朴塞斯塔斯的宴会显然在效仿前者。

22. 当士兵们看到远方敌军的盔甲反射出的光芒时，他们变得更加焦虑了。根据普鲁塔克的说法，一些部队甚至发誓在欧迈尼斯重新指挥之前都不会参与战斗，欧迈尼斯让人将他所卧的担架抬到他们的身边，然后拉开帘子，无力地伸出一只手，让士兵们爆发出激烈的战吼（Plutarch, *Eumenes* 14.3）。但 Bosworth, "History and Artifice" 和 Roisman, "Hieronymus of Cardia" 对此都持怀疑态度。

23. 关于帕莱塔西奈之战和伽比埃奈之战的细节，Bosworth, *Legacy of Alexander* 的第四章和 Devine 所写的两篇文章给了我很多启发，以上作品均列在参考文献"欧迈尼斯"部分。相关事件的基本叙述来自狄奥多罗斯的记载；而 Plutarch, *Eumenes* 在记录这两场战役时不仅内容混乱而且十分简短。

24. 这里使用的拼写法基于狄奥多罗斯和普鲁塔克的作品；其他史料来源则使用了"Gabiene"的拼写法，这种拼写的名词也经常出现在现代历史著作当中。Bosworth, *Legacy of Alexander*, p. 127 认为该地应该位于现今伊朗的伊斯法罕（Isfahan）附近。

25. Polyaenus 4.6.10 记载了这一策略，但没有具体说明它被应用在了哪场战斗当中，而帕莱塔西奈之战提供了最为合适的情境。

第十章　尘封墓穴

1. 关于亚历山大大帝遗体的命运，或者遗体寻回的可能性，一直都是诸多猜测与传说的焦点。可参看 Nicholas Saunders, *Alexander's Tomb：The Two-Thousand Year Obsession to Find the Lost Conqueror*（New York, 2006）。

2. 这是 Justin 14.2 提供的独家记载。以下有关欧迈尼斯对银盾兵百般讨好的细节都取自同一段落。

3. 据 Justin 14.4，欧迈尼斯在自己对银盾兵的最后一次演说中提到了这些内容。

4. Plutarch, *Eumenes* 16 讨论了相关内容。很显然，欧德摩斯向欧迈尼斯透露了总督与银盾兵计划在战斗结束之后直接暗杀他的消息。不过，普鲁塔克还提及安提贞尼斯也参与了密谋，但是他并没有明显的理由去袭击他如此忠实跟随的指挥官，所以这使相关记载变得颇为可疑。Bosworth，"History and Artifice"也提到了一个问题，即普鲁塔克在《欧迈尼斯传》（*Eumenes*）中竭尽全力与其笔下有相似经历的罗马人传记《塞尔托里乌斯传》（*Sertorius*）建立联系，为此经常会使用一些不可靠的材料。由于塞尔托里乌斯（Sertorius，又译作塞多留）是被自己麾下的军官密谋杀害的，而普鲁塔克可能深挖了其原始材料，以便找到有关欧迈尼斯的相似事件。

360　5. 这是相关文献（Diodorus 19.38.1；Plutarch，*Eumenes* 15.8）做出的判断，但是人们早就认识到，由于这些作品都是基于欧迈尼斯的党羽希洛尼摩斯的作品撰写的，所以它们会对朴塞斯塔斯产生负面的偏见。而真相可能与普鲁塔克所记载的谋杀阴谋更为密切相关，或者与欧迈尼斯和朴塞斯塔斯在大战略上存在的各种分歧有关。Heckel，*Who's Who*，p.205 则表示，朴塞斯塔斯可能一直寻求在冬季脱离欧迈尼斯，但是为安提柯的突然进军所阻。

6. 参看 *Eumenes* 16.4。普鲁塔克给出的年龄范围受到了一些人的怀疑，但 Hammond，"Alexander's Veterans After His Death"证明了这一点是非常合理的见参考文献的"安提贞尼斯、银盾兵与马其顿军队"部分）。

7. Justin 14.3 提供了细节。

8. Justin 14.4 和 Plutarch，*Eumenes* 17.3 提供了这篇演说的不同版本，虽然两者的要点非常相似。在银盾兵拒绝了他的请求之后，据查士丁的记载，欧迈尼斯对那些银盾兵大加斥责。在此处我较为武断地选择了普鲁塔克版本中的部分内容。

9. 相较于查士丁的版本，我更喜欢普鲁塔克的版本。查士丁将这些战象与亚洲军队描述成欧迈尼斯麾下的部队，是一种仪仗部队，并非安提柯派出的安保人员。

10. 尼阿库斯居然在为安提柯效力，这一情况让人十分疑惑，我们所参考的相关文献都没有解释他是如何抵达该处的。上一次他出现在历史记载中的时候，还在巴比伦议事会中倡议让海格力斯作为王位的继承人（见本书页边码第 44 页）。

11. Nepos, *Eumenes* 12 提供了另外一种说法，虽然他认为欧迈尼斯是在安提柯不知情的情况下被他的看守给勒死了，但还是认可其他文献中提到的安提柯决定对欧迈尼斯执行死刑的事实。

12. Plutarch, *Eumenes* 19。没有记载表明欧迈尼斯在他逝世的时候到底是谁的丈夫。在八年前的苏萨婚礼中，亚历山大大帝让他与一位名叫阿托妮丝（Artonis）的出身名门的波斯女性成婚。但这位女子不太可能是最终收到欧迈尼斯骨灰的遗孀。

13. 该部分由 Plutarch, *Eumenes* 19 以典型的道德说教的方式进行了叙述，作为众神对银盾兵们在背叛欧迈尼斯时所犯下的不敬之罪施以的惩罚。

14. Diodorus 19.49.3 告诉我们是奥林匹娅斯——而非亚历山大——仍然对获救抱有希望，不过我认为她的孙子还是会受到祖母影响的。 361

15. 参看 Polyaenus 4.11.3。

16. 关于奥林匹娅斯的受审与死亡，有很多不甚清晰的地方；狄奥多罗斯和查士丁的记载存在分歧。此处依据了狄奥多罗斯的记载。Carney, *Olympias*, pp. 82 – 85 对相关记载进行了彻底的研究。

17. 大多数年表认为欧迈尼斯与奥林匹娅斯差不多在同一时间死亡，而安提柯获胜的消息往往需要数周才能抵达欧洲海岸。

18. Plutarch, *Alexander* 74.6.

19. 这是古人类学家 Antonis Bartsiokas 提出的观点，参看 *Science* 228 (2000)。见序幕注释 3。

20. 据博尔扎和帕拉贾（见序幕注释 2）的记载，权杖随后从坟墓中发现的物品中消失了。

21. 墓葬发掘者还提出了另一种可能性，即王冠可以调整为供人单独佩戴或者嵌套在另外一顶冠冕之上。

22. 没有明确的证据可以表明究竟是谁修建了维尔吉纳三号墓，但其明显对应的日期则表明卡山德应对此负责。然而，Diodorus 19.105 却表示卡山德秘密杀死了亚历山大并将他的遗体藏了起来。最有可能的情况是，当这个男童的死亡被不可避免地泄露出去之后，卡山德觉得有必要为其举办适当的王室葬礼。参看 Adams， "Cassander, Alexander IV and the Tombs at Vergina," *AncW* 22 （1991） 27 – 33。Franca Landucci Gattinoni， "Cassander and the Legacy of Philip and Alexander II in Diodorus' *Library*," pp. 113 – 21 of *Philip II and Alexander the Great：Father and Son, Lives and Afterlives*, eds. Elizabeth Carney and Daniel Ogden （Oxford and N. Y., 2010） 提出了另一种关于陵墓修建的观点。

尾　声

1. 参看 "On Compliancy," *Moralia* 530d。
2. 然而，保萨尼亚斯却记载海格力斯是被毒药杀死的。Justin 15. 2. 3 并没有具体说明暗杀的形式，但是提供了特别的信息，即海格力斯的母亲巴耳馨也在卡山德的授意下惨遭杀害。

参考文献

以下缩写形式用于指代古典学与历史学方面的相关期刊：

AC   Acta Classica
AHB   Ancient History Bulletin
AJA   American Journal of Archaeology
AJP   American Journal of Philology
AM   Ancient Macedonia
AncW   Ancient World
CQ   Classical Quarterly
G&R   Greece and Rome
GRBS   Greek, Roman, and Byzantine Studies
JHS   Journal of Hellenic Studies
TAPA   Transactions of the American Philological Association
ZPE   Zeitschrift für Papyrologie und Epigraphik

原始文献译本的在线网址

Arrian. *Events After Alexander* (summary of Photius). http://www.isidore-of-seville.com/library-arrian/events-2.htm.

Athenaeus. *Deipnosophistae.* http://digicoll.library.wisc.edu/Literature/subcollections/DeipnoSubAbout.html.

Diodorus Siculus. *Library of History.* http://penelope.uchicago.edu/Thayer/E/Roman/Texts/Diodorus_Siculus/home.html.

Justin. *Epitome of Pompeius Trogus.* http://www.ccel.org/ccel/pearse/more fathers/files/justinus_04_books11to20.htm.

Memnon. *History of Heracleia.* http://www.attalus.org/translate/memnon1 .html.

Cornelius Nepos. *Eumenes.* http://www.isidore-of-seville.com/library-nepos /eumenes-2.htm.

Plutarch. *Alexander, Demosthenes, Demetrius, Eumenes, and Phocion.* http://penelope.uchicago.edu/Thayer/E/Roman/Texts/Plutarch/Lives /home.html.

Polyaenus. *Stratagems of War.* http://www.attalus.org/translate/polyaenus4B .html.

Pseudo-Plutarch. *Lives of the Ten Orators.* http://www.attalus.org/old /orators1.html.

Quintus Curtius Rufus. *Life of Alexander the Great* (full text available only in Latin). http://penelope.uchicago.edu/Thayer/E/Roman/Texts/Curtius /home.html.

综合研究

Adams, Winthrop Lindsay. "The Games of Alexander the Great." In Waldemar Heckel, Lawrence Tritle, and Pat Wheatley, eds., *Alexander's Empire: Formulation to Decay,* pp. 125–38. Claremont, Calif., 2007.

———. "The Hellenistic Kingdoms." In Glenn R. Bugh, ed., *The Cambridge Companion to the Hellenistic World,* pp. 28–51. Cambridge, U.K., 2006.

Agostinetti, Anna S. *Gli eventi dopo Alessandro.* Rome, 1999.

Bengtson, Hermann. *Die Diadochen: Die Nachfolger Alexanders (323–281 v. Chr.).* Munich, 1987.

Berve, Helmut. *Das Alexanderreich auf prosopographischer Grundlage.* Munich, 1926.

Billows, Richard A. *Kings and Colonists: Aspects of Macedonian Imperialism.* New York, 1995.

Bosworth, A. B. "Alexander the Great and the Creation of the Hellenistic Age." In Glenn R. Bugh, ed., *The Cambridge Companion to the Hellenistic World,* pp. 9–27. Cambridge, U.K., 2006.

———. *The Legacy of Alexander: Politics, Warfare, and Propaganda Under the Successors.* Oxford, 2002.

Briant, Pierre. *From Cyrus to Alexander: A History of the Persian Empire.* Winona Lake, Ind., 2002.

Cloché, Paul. *La dislocation d'un empire: Les premiers successeurs d'Alexandre le Grand.* Paris, 1959.

Errington, R. M. "Diodorus Siculus and the Chronology of the Early Diadochoi, 320–311 B.C." *Hermes* 105 (1977), pp. 478–504.

———. "From Babylon to Triparadeisos, 323–320 B.C." *JHS* 90 (1970), pp. 49–77.

Fontana, Maria José. *Le lotte per la successione di Alessandro Magno dal 323 al 315.* Palermo, 1960.

Goukowsky, Paul. *Essai sur les origines du mythe d'Alexandre.* Nancy, 1978.

Green, Peter. *Alexander to Actium: The Historical Evolution of the Hellenistic Age.* Berkeley, Calif., 1990.

Hammond, N. G. L. *The Macedonian State: Origins, Institutions, and History.* Oxford, 1989.

Hammond, N. G. L., and F. W. Walbank. *The History of Macedonia.* Vol. 3, *336–167 B.C.* Oxford, 2001.

Heckel, Waldemar. *The Marshals of Alexander's Empire.* New York, 1992.

———. "The Politics of Distrust: Alexander and His Successors." In Daniel Ogden, ed., *The Hellenistic World: New Perspectives,* pp. 81–95. London, 2002.

———. "The 'Somatophylakes' of Alexander the Great: Some Thoughts." *Historia* 27 (1978), pp. 224–28.

———. *Who's Who in the Age of Alexander the Great: A Prosopography of Alexander's Empire.* Malden, Mass., 2009.

Hornblower, Jane. *Hieronymus of Cardia.* Oxford, 1981.

Meeus, Alexander. "Alexander's Image in the Age of the Successors." In Waldemar Heckel and Lawrence Tritle, eds., *Alexander the Great: A New History,* pp. 235–50. Malden, Mass., 2009.

Ogden, Daniel. *Polygamy, Prostitutes and Death: The Hellenistic Dynasties.* London, 1999.

Parke, H. W. *Greek Mercenary Soldiers, from the Earliest Times to the Battle of Ipsus.* Oxford, 1933.

Romm, James. "The Breakup and Decline of Alexander's Empire." In James Romm, ed., *The Landmark Arrian: The Campaigns of Alexander,* pp. 317–24. New York, 2010.

Rosen, Klaus. "Die Bundnisformen der Diadochen und der Zerfall des Alexanderreiches." *AC* 11 (1968), pp. 182–210.

Seibert, Jakob. *Historische Beiträge zu den dynastischen Verbindungen in hellenistischer Zeit.* Wiesbaden, 1967.

———. *Das Zeitalter der Diadochen.* Darmstadt, 1983.

Shipley, Graham. *The Greek World After Alexander, 323–30 B.C.* New York, 2000.

Stewart, Andrew. *Faces of Power: Alexander's Image and Hellenistic Politics.* Berkeley, Calif., 1993.

Waterfield, Robin. *Dividing the Spoils: The War for Alexander the Great's Empire.* New York, 2011.

Wheatley, Pat. "The Diadochi, or Successors to Alexander." In Waldemar Heckel and Lawrence Tritle, eds., *Alexander the Great: A New History,* pp. 53–68. Malden, Mass., 2009.

Will, Edouard. *Histoire politique du monde hellénistique (323–30 av. J.-C.).* Nancy, 1966.

———. "The Succession to Alexander." In *The Cambridge Ancient History.* Vol. 7, *The Hellenistic World,* chap. 2. Cambridge, U.K., 1984.

纪年问题

Anson, Edward. "The Dating of Perdiccas' Death and the Assembly at Triparadeisus." *GRBS* 43 (2002), pp. 373–90.

———. "Dating the Deaths of Eumenes and Olympias." *AHB* 20 (2006), pp. 1–8.

Boiy, Tom. *Between High and Low: A Chronology of the Early Hellenistic Period.* Frankfurt, 2007.

———. "Cuneiform Tablets and Aramaic Ostraca: Between the Low and High Chronologies of the Early Diadoch Period." In Waldemar Heckel, Lawrence Tritle, and Pat Wheatley, eds., *Alexander's Empire: Formulation to Decay,* pp. 199–208. Claremont, Calif., 2007.

Hauben, Hans. "The First War of the Successors (321 B.C.): Chronological and Historical Problems." *Ancient Society* 8 (1977), pp. 85–120.

Smith, Leonard C. "The Chronology of Books XVIII–XX of Diodorus Siculus." *AJP* 82 (1961), pp. 283–90.

Walsh, John. "Historical Method and a Chronological Problem in Diodorus, Book 18." In Pat Wheatley and Robert Hannah, eds., *Alexander & His Successors: Essays from the Antipodes,* pp. 72–87. Claremont, Calif., 2009.

Wheatley, Pat. "The Chronology of the Third Diadoch War." *Phoenix* 52 (1998), pp. 257–81.

———. "The Date of Polyperchon's Invasion of Macedonia and Murder of Heracles." *Antichthon* 32 (1998), pp. 12–23.

———. "An Introduction to the Chronological Problems in Early Diadoch Sources and Scholarship." In Waldemar Heckel, Lawrence Tritle, and Pat Wheatley, eds., *Alexander's Empire: Formulation to Decay,* pp. 179–92. Claremont, Calif., 2007.

考古与物证

Andronikos, Manolis. "Regal Treasures from a Macedonian Tomb." *National Geographic* 154 (1978), pp. 55–68.

———. *Vergina: The Royal Tombs and the Ancient City.* Athens, 1984.

Borza, Eugene, and Olga Palagia. "The Chronology of the Macedonian Royal Tombs at Vergina." *Jahrbuch des Deutschen Archäologischen Instituts* 122 (2007), pp. 81–125.

Carney, Elizabeth. "The Female Burial in the Antechamber of Tomb II at Vergina." *AncW* 22 (1991), pp. 17–26.

Fredricksmeyer, E. A. "The Origin of Alexander's Royal Insignia." *TAPA* 127 (1997), pp. 97–109.

Hammond, N. G. L. "Arms and the King: The Insignia of Alexander the Great." *Phoenix* 43 (1989), pp. 217–24.

Markle, Minor M. III. "The Macedonian Sarissa, Spear, and Related Armor." *AJA* 81 (1977), pp. 323–39.

Oikonomides, A. N. "The Epigram on the Tomb of Olympias at Pydna." *AncW* 5 (1982), pp. 9–16.

Palagia, Olga. "The Grave Relief of Adea, Daughter of Cassander and Cynnana." In Timothy Howe and Jeanne Reames, eds., *Macedonian Legacies: Studies in Ancient Macedonian History and Culture in Honor of Eugene N. Borza*, pp. 195–214. Claremont, Calif., 2008.

———. "The Impact of Ares Macedon on Athenian Sculpture." In Olga Palagia and Stephen V. Tracy, eds., *The Macedonians in Athens, 322–229 B.C.*, pp. 140–51. Oxford, 2003.

残本文献与评述

Atkinson, John E., ed., and John C. Yardley, trans. *Curtius Rufus: Histories of Alexander the Great, Book 10.* Oxford, 2009.

Bizière, François. *Diodore de Sicile: Bibliothèque historique, livre XIX.* Paris, 1975.

Dreyer, Boris. "The Arrian Parchment in Gothenburg: New Digital Processing Methods and Initial Results." In Waldemar Heckel, Lawrence Tritle, and Pat Wheatley, eds., *Alexander's Empire: Formulation to Decay*, pp. 245–64. Claremont, Calif., 2007.

———. "Zum ersten Diadochenkrieg: Der Göteborger Arrian-Palimpsest (MS Graec 1)." *ZPE* 125 (1999), pp. 39–60.

Goralski, Walter J. "Arrian's *Events After Alexander:* Summary of Photius and Selected Fragments." *AncW* 19 (1989), pp. 81–108.

Goukowsky, Paul. *Diodore de Sicile: Bibliothèque historique, livre XVIII.* Paris, 1978.

Landucci Gattinoni, F. *Diodoro Siculo: Biblioteca Storica Libro XVIII, Commento Storico.* Milan, 2008.

Noret, Jacques. "Un fragment du dixième livre de la *Succession d'Alexandre* par Arrien retrouvé dans un palimpseste de Gothenbourg." *AC* 52 (1983), pp. 235–42.

Rathmann, Michael. *Diodoros: Griechische Weltgeschichte: Buch XVIII–XX.* Stuttgart, 2005.

Yardley, John C., and Waldemar Heckel. *Justin: Epitome of the Philippic History of Pompeius Trogus.* Vol. 1, *Books 11–12: Alexander the Great.* Oxford, 1997.

亚历山大大帝的逝世与安葬

Alonso, Victor. "Some Remarks on the Funerals of the Kings: From Philip II to the Diadochi." In Pat Wheatley and Robert Hannah, eds., *Alexander & His Successors: Essays from the Antipodes,* pp. 276–98. Claremont, Calif., 2009.

Anson, Edward. "Alexander and Siwah." *AncW* 34 (2003), pp. 117–30.

Atkinson, John, Elsie Truter, and Etienne Truter. 2009. "Alexander's Last Days: Malaria and Mind Games?" *Acta Classica* (1 January). http://www.thefreelibrary.com/Alexander's+last+days%3a+malaria+and+mind+games%3f-a0221920136.

Badian, Ernst. "A King's Notebooks." *Harvard Studies in Classical Philology* 72 (1968), pp. 183–204.

———. "The Ring and the Book." In Wolfgang Will and Johannes Heinrichs, eds., *Zu Alexander der Grosse: Festschrift G. Wirth,* pp. 605–25. Amsterdam, 1987.

Borza, Eugene N. "Alexander's Death: A Medical Analysis." In James Romm, ed., *The Landmark Arrian: The Campaigns of Alexander,* pp. 404–6. New York, 2010.

Borza, Eugene N., and Jeanne Reames. "Some New Thoughts on the Death of Alexander the Great." *AncW* 31 (2000), pp. 22–30.

Bosworth, A. B. "Alexander's Death: The Poisoning Rumors." In James Romm, ed., *The Landmark Arrian: The Campaigns of Alexander,* pp. 407–10. New York, 2010.

———. "The Death of Alexander the Great: Rumour and Propaganda." *CQ* 21 (1971), pp. 112–36.

———. "Ptolemy and the Will of Alexander." In A. B. Bosworth and Elizabeth Baynham, eds., *Alexander the Great in Fact and Fiction,* pp. 207–41. Oxford, 2002.

Depuydt, Leo. "The Time of Death of Alexander the Great: 11 June 323 B.C., ca. 4:00–5:00 p.m." *Die Welt des Orients* 28 (1997), pp. 117–35.

Erskine, Andrew. "Life After Death: Alexandria and the Body of Alexander." *G&R* 49 (2002), pp. 163–79.

Green, Peter. *Alexander of Macedon.* Berkeley and Los Angeles, 1974.

Greenwalt, William. "Argaeus, Ptolemy II, and Alexander's Corpse." *AHB* 2 (1988), pp. 39–41.

Heckel, Waldemar. "The Earliest Evidence for the Plot to Poison Alexander." In Waldemar Heckel, Lawrence Tritle, and Pat Wheatley, eds., *Alexander's Empire: Formulation to Decay,* pp. 265–76. Claremont, Calif., 2007.

———. *The Last Days and Testament of Alexander the Great: A Prosopographic Study.* Stuttgart, 1988.

Landucci Gattinoni, Franca. "La morte di Alessandro e la tradizione su Antipatro." In Marta Sordi, ed., *Alessandro Magno: Tra storia e mito,* pp. 91–111. Milan, 1984.

Mayor, Adrienne. "The Deadly River Styx and the Death of Alexander." *Princeton/Stanford Working Papers in Classics* (September 2010). http://www.princeton.edu/~pswpc/pdfs/mayor/091008.pdf

McKechnie, Paul. "Omens of the Death of Alexander the Great." In Pat Wheatley and Robert Hannah, eds., *Alexander & His Successors: Essays from the Antipodes,* pp. 206–26. Claremont, Calif., 2009.

Schachermeyr, Fritz. *Alexander in Babylon und die Reichsordnung nach seinem Tode.* Vienna, 1970.

Schep, Leo. "The Death of Alexander the Great: Reconsidering Poison." In Pat Wheatley and Robert Hannah, eds., *Alexander & His Successors: Essays from the Antipodes,* pp. 227–36. Claremont, Calif., 2009.

Tomlinson, R. A. "The Tomb of Philip and the Tomb of Alexander: Contrasts and Consequences." *AM* 8 (1999), pp. 1184–87.

安提贞尼斯、银盾兵与马其顿军队

Anson, Edward. "Hypaspists and Argyraspids After 323." *AHB* 2, no. 6 (1988), pp. 131–33.

———. "Alexander's Hypaspists and the Origin of the Argyraspids." *Historia* 30 (1981), pp. 117–20.

Epplett, Christopher. "War Elephants in the Hellenistic World." In Waldemar Heckel, Lawrence Tritle, and Pat Wheatley, eds., *Alexander's Empire: Formulation to Decay,* pp. 209–32. Claremont, Calif., 2007.

Garlan, Yvon. *Recherches de poliorcétique grecque.* Paris, 1974.

Hammond, N. G. L. "Alexander's Veterans After His Death." *GRBS* 25 (1984), pp. 51–61.

Heckel, Waldemar. "The Career of Antigenes." *Symbolae Osloenses* 57 (1982), pp. 57–67.

佩尔狄卡斯与巴比伦协定

Meeus, Alexander. "The Power Struggle of the Diadochoi in Babylon, 323 B.C." *Ancient Society* 38 (2008), pp. 39–82.

———. "Some Institutional Problems Concerning the Succession to Alexander the Great: *Prostasia* and Chiliarchy." *Historia* 58 (2009), pp. 287–31.

Rathmann, Michael. *Perdikkas zwischen 323 und 320.* Vienna, 2005.

Rosen, Klaus. "Die Bundnisformen der Diadochen und der Zerfall des Alexanderreiches." *AC* 11 (1968), pp. 182–210.

———. "Die Reichsordnung von Babylon (323 v. Chr.)." *AC* 10 (1967), pp. 95–110.

Wirth, Gerhard. "Zur Politik des Perdikkas 323." *Helikon* 7 (1967), pp. 281–322.

腓力（阿里达乌斯）

Bosworth, A. B. "Philip III Arrhidaeus and the Chronology of the Successors." *Chiron* 22 (1992), pp. 55–81.

Carney, Elizabeth. "The Trouble with Philip Arrhidaeus." *AHB* 15 (2001), pp. 63–89.

Greenwalt, William. "Argead Name Changes." *AM* 8 (1999), pp. 453–62.

———. "The Search for Arrhidaeus." *AncW* 10 (1984), pp. 69–77.

希佩里德斯、德摩斯梯尼、德马德斯与福基翁

Bearzot, Cinzia. *Focione tra storia e trasfigurazione ideale.* Milan, 1985.

Cooper, Craig. "(Re)making Demosthenes: Demochares and Demetrius of Phalerum on Demosthenes." In Pat Wheatley and Robert Hannah, eds., *Alexander & His Successors: Essays from the Antipodes,* pp. 310–22. Claremont, Calif., 2009.

Gehrke, Hans-Joachim. *Phokion: Studien zur Erfassung seiner historischen Gestalt.* Munich, 1976.

Goldstein, Jonathan A. *The Letters of Demosthenes*. New York, 1968.

Hansen, Mogens Herman. *The Athenian Democracy in the Age of Demosthenes: Structure, Principles, and Ideology*. Oxford, 1991.

Hughes, Steven. "After the Democracy: Athens under Phocion (322/1–319/8 B.C.)." Dissertation, University of Western Australia, 2008.

Lamberton, Robert. "Plutarch's *Phocion*: Melodrama of Mob and Elite in Classical Athens." In Olga Palagia and Stephen V. Tracy, eds., *The Macedonians in Athens, 322–229 B.C.*, pp. 8–13. Oxford, 2003.

Schaefer, Arnold. *Demosthenes und seine Zeit*. Leipzig, 1887.

Tritle, Lawrence. *Phocion the Good*. New York, 1988.

Worthington, Ian. "Alexander and Athens in 324/3 B.C.: On the Greek Attitude to the Macedonian Hegemony." *Mediterranean Archaeology* 7 (1994), pp. 45–51.

———. "The Context of (Demades) on the Twelve Years." *CQ* 41 (1991), pp. 90–95.

———. "Demosthenes' (In)activity During the Reign of Alexander the Great." In Ian Worthington, ed., *Demosthenes: Statesman and Orator*, pp. 90–114. London, 2000.

———. *Greek Orators II: Dinarchus, Hyperides*. Warminster, U.K., 1999.

———. *A Historical Commentary on Dinarchus*. Ann Arbor, Mich., 1992.

Worthington, Ian, Craig Richard Cooper, and Edward Monroe Harris, trans. *Dinarchus, Hyperides, and Lycurgus*. Austin, Tex., 2001.

安提帕特、卡山德、菲拉与克拉特鲁斯

Adams, Winthrop Lindsay. "Antipater and Cassander: Generalship on Restricted Resources in the Fourth Century." *AncW* 10 (1984), pp. 79–88.

———. "The Dynamics of Internal Politics in the Time of Cassander." *AM* 3 (1982), pp. 2–30.

Ashton, Norman G. "Craterus from 324 to 321 B.C." *AM* 5, no. 1 (1993), pp. 125–31.

Badian, Ernst. "Two Postscripts on the Marriage of Phila and Balacrus." *ZPE* 73 (1988), pp. 116–18.

Baynham, Elizabeth. "Antipater and Athens." In Olga Palagia and Stephen V. Tracy, eds., *The Macedonians in Athens, 322–229 B.C.*, pp. 23–29. Oxford, 2003.

———. "Antipater: Manager of Kings." In Ian Worthington, ed., *Ventures into Greek History: Essays in Honor of N. G. L. Hammond*, pp. 331–56. Oxford, 1994.

Carney, Elizabeth. "The Curious Death of the Antipatrid Dynasty." *AM* 8 (1999), pp. 209–16.

Fortina, Marcello. "Cassandro, re di Macedonia." *SEI* (1965), pp. 8–122.

Heckel, Waldemar. "A Grandson of Antipatros at Delos." *ZPE* 70 (1987), pp. 161–62.

———. "Nicanor son of Balacrus." *GRBS* 47 (2007), pp. 401–12.

Landucci Gattinoni, Franca. *L'arte del potere: Vita, e opere di Cassandro di Macedonia.* Stuttgart, 2003.

———. "Cassander's Wife and Heirs." In Pat Wheatley and Robert Hannah, eds., *Alexander & His Successors: Essays from the Antipodes*, pp. 261–75. Claremont, Calif., 2009.

Wehrli, Claude. "Phila, fille d'Antipater et épouse de Démétrios, roi des Macédoniens." *Historia* 13 (1964), pp. 140–46.

利奥斯典纳斯与拉米亚战争

Ashton, Norman G. "The Lamian War: A False Start?" *Antichthon* 17 (1983), pp. 47–56.

———. "The Lamian War: *Stat magni nominis umbra.*" *JHS* 104 (1984), pp. 152–57.

———. "The *Naumachia* near Amorgos in 322 B.C." *Annual of the British School of Athens* 72 (1977), pp. 1–11.

Bosworth, A. B. "A New Macedonian Prince." *CQ* 44 (1994), pp. 57–65.

———. "Why Did Athens Lose the Lamian War?" In Olga Palagia and Stephen V. Tracy, eds., *The Macedonians in Athens, 322–229 B.C.*, pp. 14–22. Oxford, 2003.

Green, Peter. "Occupation and Co-existence: the Impact of Macedon on Athens, 323–307." In Olga Palagia and Stephen V. Tracy, eds., *The Macedonians in Athens, 322–229 B.C.*, pp. 1–6. Oxford, 2003.

Habicht, Christian. *Athens from Alexander to Antony.* Cambridge, Mass., 1997.

Mathieu, Georges. "Notes sur Athènes à la veille de la guerre lamiaque." *Revue de Philologie* 3 (1929), pp. 159–83.

Schmitt, Oliver. *Der Lamische Krieg.* Bonn, 1992.

巴克特里亚的希腊人叛乱

Holt, Frank L. *Alexander the Great and Bactria: The Formation of a Greek Frontier in Central Asia.* New York, 1988.

Schober, Ludwig. *Untersuchungen zur Geschichte Babyloniens und der Oberen Satrapien von 323–303 v. Chr.* Frankfurt, 1981.

Sidky, H. *The Greek Kingdom of Bactria: From Alexander to Eucratides the Great.* Lanham, Md., 2000.

Thomas, C. G. "Alexander's Garrisons: A Clue to His Administrative Plans?" *Antichthon* 8 (1974), pp. 11–20.

安提柯与德米特里

Anson, Edward. "Antigonus, the Satrap of Phrygia." *Historia* 37 (1988), pp. 471–77.

Bayliss, Andrew J. "Antigonos the One-Eyed's Return to Asia in 322: A New Restoration for a Rasura in IG II² 682." *ZPE* 155 (2006), pp. 108–26.

Billows, Richard A. *Antigonos the One-Eyed and the Creation of the Hellenistic State*. Berkeley, Calif., 1990.

Briant, Pierre. "Antigone le Borgne." *Centre de Recherches d'Histoire Ancienne* 10 (1973), pp. 145–217.

Wehrli, Claude. *Antigone et Démétrios*. Geneva, 1968.

Wheatley, Pat. "The Young Demetrius Poliorcetes." *AHB* 13, no. 1 (1999), pp. 1–13.

旃陀罗笈多与印度半岛

Bosworth, A. B. *Alexander and the East: The Tragedy of Triumph*. Oxford, 1996.

———. "Calanus and the Brahman Opposition." In Wolfgang Will, ed., *Alexander der Grosse: Eine Welteroberung und ihr Hintergrund*, pp. 173–203. Bonn, 1988.

———. "The Indian Satrapies Under Alexander the Great." *Antichthon* 17 (1983), pp. 37–45.

Matelli, Elisabetta. "Alessandro Magno e Candragupta: Origine delle notizie occidentali sulle dinastie Nanda e Maurya." In Marta Sordi, ed., *Alessandro Magno: Tra storia e mito*, pp. 59–72. Milan, 1984.

Smith, Vincent A. *The Early History of India: From 600 B.C. to the Muhammadan Conquest, Including the Invasion of Alexander the Great*. Oxford, 1914.

Trautmann, Thomas R. *Kautilya and the Arthasastra: A Statistical Investigation of the Authorship and Evolution of the Text*. Leiden, 1971.

托勒密与埃及

Bouché-Leclerq, Auguste. *Histoire des Lagides*. Paris, 1903.

Burstein, Stanley M. "Alexander's Organization of Egypt: A Note on the Career of Cleomenes of Naucratis." In Timothy Howe and Jeanne

Reames, eds., *Macedonian Legacies: Studies in Ancient Macedonian History and Culture in Honor of Eugene N. Borza*, pp. 183–94. Claremont, Calif., 2008.

Ellis, Walter M. *Ptolemy of Egypt*. New York, 2010.

Huss, Werner. *Ägypten in hellenistischer Zeit, 332–30 v. Chr.* Munich, 2001.

Rodriguez, Philippe. "L'évolution du monnayage de Ptolémée Ier au regard des événements militaires." *Cahiers Glotz* 15 (2004), pp. 17–35.

Roisman, Joseph. "Ptolemy and His Rivals in His History of Alexander." *CQ* 34 (1984), pp. 373–85.

Seibert, Jakob. *Untersuchungen zur Geschichte Ptolemaios I.* Munich, 1969.

Strasburger, Hermann. *Ptolemaios und Alexander.* Leipzig, 1934.

Turner, Eric. "Ptolemaic Egypt." In *The Cambridge Ancient History.* Vol. 7, *The Hellenistic World.* Cambridge, U.K., 1984.

Wheatley, Pat. "Ptolemy Soter's Annexation of Syria, 320 B.C." *CQ* 45 (1995), pp. 433–40.

奥林匹娅斯、库娜涅、阿狄亚与帖撒罗妮加

Carney, Elizabeth. "The Career of Adea-Eurydike." *Historia* 36 (1987), pp. 496–502.

———. "Olympias, Adea Eurydice, and the End of the Argead Dynasty." In Ian Worthington, ed., *Ventures into Greek History: Essays in Honor of N. G. L. Hammond,* pp. 357–80. Oxford, 1994.

———. *Olympias, Mother of Alexander the Great.* New York, 2006.

———. "The Sisters of Alexander the Great: Royal Relicts." *Historia* 37 (1988), pp. 385–404.

———. "Women and Military Leadership in Macedonia." *AncW* 35 (2004), pp. 184–95.

———. *Women and Monarchy in Macedonia.* Norman, Okla., 2000.

Heckel, Waldemar. "Kynnane the Illyrian." *Rivista Storica dell'Antichità* 13–14 (1983–84), pp. 193–200.

———. "Polyxena, the Mother of Alexander the Great." *Chiron* 11 (1981), pp. 79–86.

Macurdy, Grace H. *Hellenistic Queens: A Study of Woman Power in Macedonia, Seleucid, Syria, and Ptolemaic Egypt.* New York, 1932.

Miron, Dolores. "Transmitters and Representatives of Power: Royal Women in Ancient Macedonia." *Ancient Society* 30 (2000), pp. 35–52.

欧迈尼斯

Anson, Edward. "Discrimination and Eumenes of Cardia." *AncW* 3 (1980), pp. 55–59.

———. *Eumenes of Cardia: A Greek Among Macedonians.* Leiden, 2004.

———. "The Siege of Nora: A Source Conflict." *GRBS* 18 (1977), pp. 251–56.

Bosworth, A. B. "Eumenes, Neoptolemus, and PSI XII. 1284." *GRBS* 19 (1978), pp. 227–37.

———. "History and Artifice in Plutarch's *Eumenes.*" In Philip A. Stadter, ed., *Plutarch and the Historical Tradition*, pp. 56–89. London, 1992.

Briant, Pierre. "D'Alexandre le Grand aux diadoques: Le cas d'Eumène de Kardia." *Revue des Études Anciennes* 74 (1972), pp. 32–73.

———. "D'Alexandre le Grand aux diadoques: Le cas d'Eumène de Kardia." *Revue des Études Anciennes* 75 (1973), pp. 43–81.

Devine, A. M. "Diodorus' Account of the Battle of Gabiene." *AncW* 12 (1985), pp. 87–96.

———. "Diodorus' Accounts of the Battle of Paraitacene (317 B.C.)." *AncW* 12 (1985), pp. 75–96.

Dixon, Michael. "Corinth, Greek Freedom, and the Diadochoi." In Waldemar Heckel, Lawrence Tritle, and Pat Wheatley, eds., *Alexander's Empire: Formulation to Decay*, pp. 151–78. Claremont, Calif., 2007.

Hadley, Robert A. "A Possible Lost Source for the Career of Eumenes of Kardia." *Historia* 50 (2001), pp. 3–33.

Landucci Gattinoni, Franca. "Eumene: Epelus aner kai xenos." In Marta Sordi, ed., *Conoscenze etniche e rapporti di convivenza nell'antichità*, pp. 98–107. Milan, 1979.

Picard, Charles. "Le trône vide d'Alexandre dans la cérémonie de Cyinda et le culte du trône vide à travers le monde Gréco-Romain." *Cahiers Archeologies* 7 (1964), pp. 1–17.

Roisman, Joseph. "Hieronymus of Cardia: Causation and Bias from Alexander to His Successors." In Elizabeth Carney and Daniel Ogden, eds., *Philip II and Alexander the Great: Father and Son, Lives and Afterlives*, pp. 135–48. Oxford and N.Y., 2010.

Schäfer, Christoph. *Eumenes von Kardia und der Kampf um die Macht im Alexanderreich.* Frankfurt, 2002.

Thompson, W. E. "PSI 1284, Eumenes of Cardia vs. the Phalanx." *Chronique d'Égypte* 59 (1984), pp. 113–20.

Wirth, Gerhard. "Zur grossen Schlacht des Eumenes 322 (PSI 1284)." *Klio* 46 (1965), pp. 283–88.

罗克珊娜、亚历山大、巴耳馨与海格力斯

Brunt, P. A. "Alexander, Barsine, and Heracles." *Rivista di Filologia* 103 (1975), pp. 22–34.

Heckel, Waldemar. "IGii2 561 and the Status of Alexander IV." *ZPE* 40 (1980), pp. 249–50.

Holt, Frank L. "Alexander the Great's Little Star." *History Today* 38, no. 9 (1988), pp. 30–39.

Kosmetatou, Elizabeth. "Rhoxane's Dedications to Athena Polias." *ZPE* 146 (2004), pp. 75–80.

Tarn, William W. "Heracles Son of Barsine." *JHS* 41 (1921), pp. 18–28.

索　引

（索引中的页码为本书页边码）

图书在版编目（CIP）数据

王座上的幽灵：亚历山大之死与马其顿帝国的分裂 /
（美）詹姆斯·罗姆（James Romm）译；葛晓虎译. --
北京：社会科学文献出版社，2022.5
书名原文：Ghost on the Throne：The Death of
Alexander the Great and the Bloody Fight for His
Empire
ISBN 978 - 7 - 5201 - 9199 - 9

Ⅰ. ①王… Ⅱ. ①詹… ②葛… Ⅲ. ①亚历山大大帝
（前 356 - 前 323）- 人物研究 ②古希腊 - 历史 Ⅳ.
①K835. 407 = 2 ②K125

中国版本图书馆 CIP 数据核字（2021）第 227595 号

审图号：GS（2022）1972 号。 书中地图系原书插附地图。

王座上的幽灵

亚历山大之死与马其顿帝国的分裂

著　　者 / 〔美〕詹姆斯·罗姆（James Romm）
译　　者 / 葛晓虎

出 版 人 / 王利民
责任编辑 / 沈　艺
责任印制 / 王京美

出　　版 / 社会科学文献出版社·甲骨文工作室（分社）（010）59366527
　　　　　　地址：北京市北三环中路甲 29 号院华龙大厦　邮编：100029
　　　　　　网址：www. ssap. com. cn
发　　行 / 社会科学文献出版社（010）59367028
印　　装 / 三河市东方印刷有限公司

规　　格 / 开　本：889mm × 1194mm　1/32
　　　　　　印　张：14.25　插　页：0.5　字　数：323 千字
版　　次 / 2022 年 5 月第 1 版　2022 年 5 月第 1 次印刷
书　　号 / ISBN 978 - 7 - 5201 - 9199 - 9
著作权合同
登 记 号 / 图字 01 - 2017 - 1414 号
定　　价 / 86. 00 元

读者服务电话：4008918866